普通高等学校“十四五”规划旅游管理类精品教材
教育部旅游管理专业本科综合改革试点项目配套规划教材

总主编 ◎ 马 勇

旅游学概论（第二版）

Introduction to Tourism (Second Edition)

主 编 ◎ 邓爱民 任 斐
副主编 ◎ 涂 玮

華中科技大學出版社
http://press.hust.edu.cn
中国 · 武汉

图书在版编目(CIP)数据

旅游学概论/邓爱民,任斐主编. —2 版. —武汉:华中科技大学出版社,2022.7(2025.7 重印)
ISBN 978-7-5680-8103-0

Ⅰ. ①旅…　Ⅱ. ①邓…　②任…　Ⅲ. ①旅游学-概论　Ⅳ. ①F590

中国版本图书馆 CIP 数据核字(2022)第 113288 号

旅游学概论(第二版)　　　　邓爱民　任斐　主编

Lüyouxue Gailun(Di-er Ban)

策划编辑:李　欢
责任编辑:王梦嫣　刘　烨
封面设计:原色设计
责任校对:曾　婷
责任监印:周治超
出版发行:华中科技大学出版社(中国·武汉)　　电话:(027)81321913
武汉市东湖新技术开发区华工科技园　　邮编:430223
录　　排:华中科技大学惠友文印中心
印　　刷:武汉科源印刷设计有限公司
开　　本:787mm×1092mm　1/16
印　　张:20.25
字　　数:494 千字
版　　次:2025 年 7 月第 2 版第 8 次印刷
定　　价:59.80 元

华中出版

本书若有印装质量问题,请向出版社营销中心调换
全国免费服务热线:400-6679-118　竭诚为您服务

Abstract 内容提要

本书紧密结合中国旅游发展的实际，从旅游和旅游业的产生、发展到对未来旅游业的预测，从世界旅游和旅游业到中国旅游和旅游业，从旅游和旅游业的现象到问题及其解决方法，从旅行和旅游历史演进和世界范围的大环境到以中国旅游和旅游业的现状和未来为核心，对旅游和旅游业做了全面翔实的叙述和分析。全书共有 14 章，内容涵盖旅游、旅游学、旅游业、旅游研究等相关理论与实践，主要内容包括：第 1 章为旅游与旅游学的相关理论；第 2 至 9 章为旅游的产生和发展、旅游活动、旅游业、旅游资源、旅游产品、旅游市场、旅游形象、旅游影响等基础知识与原理；第 10 至 12 章为旅游行业组织、旅游行业管理与旅游政策法规等基础理论；第 13、14 章为旅游发展模式与趋势以及旅游行业前沿领域的新发展。本书结合教学内容重点和难点，培养学生运用相关知识分析、解决实际问题的能力。另外，本书提供学生自主阅读推荐，理论与实践、课堂与课外相结合，培养学生自主学习能力，提高行业认知能力和职业素养。

This book closely focuses on the actual situation of China's tourism development, from the emergence development of tourism to predicting the future of tourism, from the world travel and tourism to China's travel and tourism, from the phenomenon of tourism to the problems and their solutions, from the travel and tourism historical evolution and environment of the world to the present and future of China's tourism and tourism as the core, with a comprehensive detailed description and analysis on the travel and tourism industry. The book is divided into 14 chapters, covering travel, tourism, tourism industry, tourism research and related theory and practice. The main contents include: Chapter 1 on the travel and tourism theory; Chapter 2 to 9 on the emergence and development of tourism, tourism activities, tourism industry, tourism resources, tourism products, tourism market, tourism image, tourism influence and other basic knowledge and principles; Chapter 10 to 12 on the the basic theory of tourism organization, tourism industry management , related policies and regulations; Chapter 13 and 14 on the tourism development mode, trend and the new development in tourism industry. Mastering the key and difficult points can help students to analyze and solve the problems. And the book provides recommended reading materials, combines theory with practice, in-class study with after-class study, aiming to train student's autonomous learning ability and improve the cognitive ability and professional quality.

总序

Introduction

伴随着我国社会和经济步入新发展阶段，我国的旅游业也进入转型升级与结构调整的重要时期。旅游业将在推动形成以国内经济大循环为主体、国内国际双循环相互促进的新发展格局中发挥出独特的作用。旅游业的大发展在客观上对我国高等旅游教育和人才培养提出了更高的要求，同时也希望高等旅游教育和人才培养能在促进我国旅游业高质量发展中发挥更大更好的作用。

《中国教育现代化2035》明确提出：推动高等教育内涵式发展，形成高水平人才培养体系。以“双一流”建设和“双万计划”的启动为标志，中国高等旅游教育发展进入新阶段。

这些新局面有力推动着我国高等旅游教育在“十四五”期间迈入发展新阶段，未来旅游业发展对各类中高级旅游人才的需求将十分旺盛。因此，出版一套把握时代新趋势、面向未来的高品质和高水准规划教材则成为我国高等旅游教育和人才培养的迫切需要。

基于此，在教育部高等学校旅游管理类专业教学指导委员会的大力支持和指导下，教育部直属的全国重点大学出版社——华中科技大学出版社——汇聚了一大批国内高水平旅游院校的国家教学名师、资深教授及中青年旅游学科带头人，在成功组编出版了“普通高等院校旅游管理专业类‘十三五’规划教材”的基础上，再次联合编撰出版“普通高等学校‘十四五’规划旅游管理类精品教材”。本套教材从选题策划到成稿出版，从编写团队到出版团队，从主题选择到内容编排，均作出积极的创新和突破，具有以下特点：

一、基于新国标率先出版并不断沉淀和改版

教育部2018年颁布《普通高等学校本科专业类教学质量国家标准》后，华中科技大学出版社特邀教育部高等学校旅游管理类专业教学指导委员会副主任、国家“万人计划”教学名师马勇教授担任总主编，同时邀请了全国近百所开设旅游管理类本科专业的高校知名教授、博导、学科带头人和一线骨干专业教师，以及旅游行业专家、海外专业师资联合编撰了“普通高等院校旅游管理专业类‘十三五’规划教材”。该套教材紧扣新国标要点，融合数字科技新技术，配套立体化教学资源，于新国标颁布后在全国率先出版，被全国数百所高等学校选用后获得良好反响。编委会在出版后积极收集院校的一线教学反馈，紧扣行业新变化，吸纳新知识点，不断地对教材内容及配套教育资源进行更新升级。“普通高等学校‘十四五’规划旅游管理类精品教材”正是在此基础上沉淀和提升编撰而成。《旅游接待业（第二版）》《旅游消费者行为（第二版）》《旅游目的地管理（第二版）》等核心课程优质规划教材陆续推出，以期为全国高等院校旅游专业创建国家级一流本科专业和国家级一流“金课”助力。

二、对标国家级一流本科课程进行高水平建设

本套教材积极研判"双万计划"对旅游管理类专业课程的建设要求，对标国家级一流本科课程的高水平建设，进行内容优化与编撰，以期促进广大旅游院校的教学高质量建设与特色化发展。其中《旅游规划与开发》《酒店管理概论》《酒店督导管理》等教材已成为教育部授予的首批国家级一流本科"金课"配套教材。《节事活动策划与管理》等教材获得国家级和省级教学类奖项。

三、全面配套教学资源，打造立体化互动教材

华中科技大学出版社为本套教材建设了内容全面的线上教材课程资源服务平台：在横向资源配套上，提供全系列教学计划书、教学课件、习题库、案例库、参考答案、教学视频等配套教学资源；在纵向资源开发上，构建了覆盖课程开发、习题管理、学生评论、班级管理等集开发、使用、管理、评价于一体的教学生态链，打造了线上线下、课内课外的新形态立体化互动教材。

在旅游教育发展的新时代，主编出版一套高质量规划教材是一项重要的教学出版工程，更是一份重要的责任。本套教材在组织策划及编写出版过程中，得到了全国广大院校旅游管理类专家教授、企业精英，以及华中科技大学出版社的大力支持，在此一并致谢！衷心希望本套教材能够为全国高等院校的旅游学界、业界和对旅游知识充满渴望的社会大众带来真正的精神和知识营养，为我国旅游教育教材建设贡献力量。也希望并诚挚邀请更多高等院校旅游管理专业的学者加入我们的编者和读者队伍，为我们共同的事业——我国高等旅游教育高质量发展——而奋斗！

总主编

2021 年 7 月

第二版前言

Preface

2022年10月，习近平总书记在二十大报告中提出“加快构建新发展格局，着力推动高质量发展”“推进文化自信自强”“增进民生福祉，提高人民生活品质”“推动绿色发展，促进人与自然和谐共生”，这些重要论述为中国旅游业的发展指明了方向。自2018年文化和旅游部设立以来，旅游业的行政管理和综合治理模式进入了一个新的阶段，同时我国旅游业的发展也进入了一个崭新的阶段。2022年7月，习近平总书记在新疆考察时强调，要正确处理经济社会发展和生态环境保护的关系，推动文化和旅游融合发展，打造富民产业。习近平总书记的重要讲话是二十大精神在旅游业实践中的生动体现，为我国旅游业的发展指出了一条文旅深度融合发展的路径。2023年我国旅游业迎来了寒冬之后的第一个春天，旅游已经成为深受大众喜爱的休闲娱乐方式之一，同时也成为满足人们美好生活需要的有效途径。在新征程背景下，如何实现旅游业的高质量发展，通过旅游提升人民幸福感、增进民生福祉，让旅游成为真正的幸福产业；如何为旅游目的地和景区进行文化赋能，以文化拓展旅游经济发展空间，以旅游加快传统文化的活化和传播，提升旅游者的文化自觉和文化自信，推动文化强国建设；如何在保证旅游业高速发展的同时保护和优化景区的生态环境，实现人与自然和谐共生；如何协调好旅游发展过程中的利益共同体，使旅游业真正成为富民产业，推动共同富裕的实现，这些问题成为新时期旅游从业者需要共同面对的时代课题，也是需要我们共同努力实现的伟大目标。

中国旅游管理专业高等教育已走过40余年的历程，“旅游学概论”作为旅游学科的核心和基础课程，主要以国内外旅游发展的实践为基础，系统阐释旅游学科的基础知识与基本原理。它是旅游管理专业学生系统地接受旅游学科基础知识，宏观地认识和把握旅游活动，全面地了解旅游行业，并为后续专业课程的学习打基础的重要课程。因此，在本书首次出版之后的第三年，我们本着紧跟时代和行业的变化与发展的主旨，对本书进行了全面的修订。本次修订坚持“体例不变、局部微调”的原则，在保留原版特点的基础上，依据行业的发展和变化增加了更多贴近实际的内容，并且增加了一部分新的知识和案例。本书发行3年以来，得到不少师生的喜爱，修订之后的版本保留了原版的优点，同时较之以前结构更合理，内容更丰富，更加贴近时代发展的前沿趋势和行业发展的实际情况，理论部分内容深入浅出有利于学生理解和教师课堂授课，修订后的版本增加了大量的案例、图片、表格和有趣的小资料等，增加了本书的可读性，有助于学生提升理论联系实际的能力，也有助于教师丰富课堂授课的方法和形式。

本书由邓爱民、任斐主编。各章的编写分工如下：第 1 章、第 2 章由孟秋莉编写；第 3 章、第 10 章由邓爱民、任斐、张兰编写；第 4 章、第 11 章由任斐和李慧编写；第 5 章、第 14 章由邓爱民和桂橙林编写；第 6 章、第 7 章由邓爱民和祝小林编写；第 8 章、第 9 章由王建芹编写；第 12 章、第 13 章由任斐和张馨方编写。再版的修订工作由中南财经政法大学旅游管理学院邓爱民教授拟订方案及统稿校对，由郑州大学旅游管理学院任斐老师负责全部章节内容的修改、替换及更新工作。

感谢为本书编写提供文献参考和各种帮助的专家学者以及出版社工作人员。本书作为教学与理论研究的阶段性成果，难免有不当之处，欢迎广大专家和读者批评指正。

邓爱民、任斐
2022 年于武汉

第一版前言

Preface

中国旅游管理专业高等教育已走过30余年的历程,"旅游学概论"作为旅游学科的核心和基础课程,主要以国内外旅游发展的实践为基础,系统阐释旅游学科的基础知识与基本原理。它是旅游管理专业学生系统地接受旅游学科基础知识,宏观地认识和把握旅游活动,全面地了解旅游行业,并为后续专业课程的学习打基础的重要课程。本教材致力于构建旅游学科应用理论,在基础理论研究上有新的突破,使旅游研究从"旅游概论"部门经济层面上升到"旅游学"社会系统层面。本教材是在对旅游现象的内涵和外延做出基础理论分析后,对旅游现象的各方面再做进一步实际层面的考察。从分析旅游发展大背景开始,而后着眼于旅游业结构、旅游的经济运行,走了一条从理论探索到实践应用提炼、从规范研究到实证研究的路线。这对提高本科生的归纳推理和理论演绎能力,关注和研究学科体系与方法体系有极大的帮助。

本书紧密结合中国旅游的实际,从旅游和旅游业的产生、发展到未来预测,从世界旅游和旅游业到中国旅游和旅游业,从旅游和旅游业的现象到问题及其解决方法,从旅行和旅游历史演进的大跨度及世界范围的大环境到以中国旅游和旅游业的现状和未来为核心,对旅游和旅游业做了全面翔实的叙述和分析。对于许多旅游和旅游业的相关定义、现象和问题,本书并没有强加给读者某种观点,而是启发读者思考、比较、寻找答案。本书共有14章,每一章前设有学习导引和学习重点,章后设有本章小结、思考与练习、案例分析。编者从学生学习的角度出发,在本书最后附有学生自主学习材料目录,注重学生对所学知识的掌握和自学能力的培养,这种结构有利于学生在较短时间内预习、学习和复习各部分内容。

本书由邓爱民、孟秋莉主编。各章的编写分工如下:第1章、第2章由孟秋莉编写;第3章、第10章由邓爱民和张兰编写;第4章、第11章由邓爱民和李慧编写;第5章、第14章由邓爱民和桂橙林编写;第6章、第7章由邓爱民和祝小林编写;第8章、第9章由王建芹编写;第12章、第13章由邓爱民和张馨方编写。

感谢为本教材编写提供文献参考和各种帮助的专家学者以及出版社工作人员。本书作为教学与理论研究的阶段性成果,难免有不当之处,欢迎广大专家和读者批评指正。

编　者

2019年5月于湖北大学

目　录

Contents

第一章

旅游与旅游学

学习引导

鉴于旅游者活动的特征和多样性，关于旅游的定义，尽管许多专家学者、政府组织以及统计机构已提出各种各样的概念，但仍未形成一个公认的旅游定义。有些著作和文章将旅游称为"旅游业"或"旅游和接待业"。本章主要讲解了旅游和旅游者的定义及其相关概念；旅游与接待、休闲、娱乐的关系；旅游产品、旅游业及其结构、旅游系统；最后讲述了旅游学科框架体系，以及主要的旅游课程。

学习重点

通过本章学习，重点掌握以下知识要点：

- 旅游定义与相关概念
- 旅游及其广义背景
- 旅游学研究对象
- 旅游学科框架体系

核心概念

当日短途游览者 Excursionist
旅游者 Tourist
旅游系统 Tourism System
旅游研究 Tourism Research
旅游课程 Tourism Curriculum
旅游业 Tourism Industry

第一节　旅游定义与相关概念

一、关于旅游和旅游者的定义

(一)旅游的定义

由于人们所处的历史时期不同,各时期社会经济发展水平不一,对旅游认知的角度与方法等存在差异,故而人们对旅游定义的内涵和外延有着不同的理解。将旅游作为一种社会现象,进行较为系统、全面、科学的研究,是在20世纪。

为人们所普遍接受的有瑞士学者汉泽克尔(Hunziker)和克拉普夫(Krapf)于1942年在他们合著的《旅游总论概要》一书中提出的旅游定义。该定义指出,旅游是非定居者的旅行和暂时居留而引起的现象和关系的总和,这些人不会长期定居,并且不从事任何赚钱的活动。这个定义引入了旅游的社会属性,说明旅游不仅是旅游者个人的活动,而且是涉及与之有关的一切关系所构成的综合现象,由于其阐述深刻而又科学,1981年被国际旅游科学专家协会(International Association of Scientific Experts in Tourism,简称AISET)所采用,故又被称为"艾斯特"(AISET)定义。这个定义的不足之处在于最后部分的叙述不能很好地说明近年蓬勃发展的商务旅游。

1995年,世界旅游组织(UNWTO)和联合国统计委员会对旅游的定义是,人们出于休闲、商务和其他目的,离开惯常环境,到某些地方去以及在那些地方停留的活动。并确定这种在外地的暂时停留以不超过1年为标准,同时指出,访问的主要目的不应是通过所从事的活动从访问地获取报酬。

与"艾斯特"(AISET)定义不同,这个定义明确说明旅游目的包括商务活动。将不够确切的"不从事任何赚钱活动"的提法舍去,以"访问的主要目的不应是通过所从事的活动从访问地获取报酬"来作为区分旅游者和非旅游者的标准。虽然商务旅游者也会从本次旅行所从事的商务活动中取得报酬,但这些报酬是所在企业支付的,而不是从访问地获得的,这与劳工与移民等非旅游者从访问地获取报酬有明显区别。

尽管准确地定义旅游的概念有诸多困难,目前学术界和各类旅游组织还是从不同的角度给出了各自的定义,这些定义虽然有一定的局限性,但仍具备实用性。

知识活页　什么是旅游

（二）旅游者的定义

1. 国际联盟统计专家委员会的定义

1937年，国际联盟统计专家委员会（Committee of Statistics Experts of the League of Nations，简称CSELN）对国际旅游者的定义为，到不是本人通常定居的另外一个国家，停留时间不少于24小时的任何参观访问者，并确认下列几种人属于国际旅游者：

（1）为了娱乐、家庭或健康而旅行的人。

（2）为了参加国际会议，或作为任何一类（科学、行政、外交、宗教、体育等活动）代表而旅行的人。

（3）为了商务而旅行的人。

（4）在海上乘邮轮途中停靠某国，即使停留时间不到24小时的人。

定义具体规定了以下几种人不属于国际旅游者：

（1）无论有无劳动合同，都在该国从事一项工作或商业活动的人。

（2）到该国定居的人。

（3）在国外学习或寄宿的学生。

（4）边境居民和定居在某国而工作在别国的人。

（5）过境但没有停留的旅行者，即使行程超过24小时。

国际联盟统计专家委员会关于旅游者的定义，对旅游统计、市场研究与推销，以及旅游业发展都起到重要作用，但这个定义存在以下不足：

（1）只适用于国际旅游者，不适用于国内旅游者。

（2）对旅游者的动机未加以严格限制，定义内涵过于宽泛。

（3）虽然明确规定旅游者在异国访问必须超过24小时，但却忽视了作为旅游者在异地访问的"短暂性"，即旅游者不能长期待在异国或作永久居留。

2. 官方旅游组织国际联盟的定义

在1950年，世界旅游组织的前身国际官方旅游组织联盟（International Union of Official Travel Organization，简称IUOTO）采用了1937年的定义，并提出了两点修改意见：

（1）在国外寄宿于企业或学校的人也属于旅游者。

（2）当日短途游览者和中转旅行者不属于旅游者。因为，当日短途国际旅游者是在另一国家访问不超过24小时的人。而中转过境旅游者，他们只是路过一个国家而不作法律意义上的停留的人，不管其停留时间多长。

3. 罗马会议的定义

1963年，联合国在罗马召开国际旅行和旅游会议（简称罗马会议）。该会议在国际联盟对旅游者定义的基础上，做了进一步修改和补充，并提出了参观访问者（Visitor）、过夜旅游者（Tourist）和当日短途游览者（Excursionist）三种人的定义，并规定过夜旅游者和当日短途游览者都包括在参观访问者之内。

罗马会议把参观访问者（Visitor）定义为"除了从事在参观访问国有报酬的职业外，基于

任何原因到达通常不是自己定居的国家参观/访问的人”。参观访问者包括:

(1) 过夜旅游者(Overnight Tourist),到一个国家进行短期参观/访问,停留时间至少24小时,旅行的目的包括休闲(娱乐、度假、健身、求学、从事宗教或体育活动)、商务、探亲、代表团活动。

(2) 当日短途游览者(Excursionist),指在参观访问国停留不超过24小时的临时参观访问者,包括邮轮上的旅游者。

4. 联合国统计委员会的定义

1976年11月,联合国统计委员在有世界旅游组织以及其他国际组织代表参加的会议上,根据1963年罗马会议的提议,进一步明确国际参观访问者(International Visitor)的定义,并确定了国际过夜旅游者(International Overnight Tourist)和国际当日短途游览者(International Excursionist)这两个术语的范畴。

这些定义后来成为大多数国家在进行旅游者统计时所遵循的主要依据,具体内容如下。

(1) 国际参观访问者包括:

① 访问参观某国不到1年,特别是为了娱乐、度假、医疗保健、宗教仪式、家庭事务、参加国际体育项目、会议和会务工作、求学或其他学生工作的人员,以及前往别国中途停留的人员。

② 在某国港口停留的飞机或船只上的乘务人员。

③ 在某国工作不到1年的商业人员,企业中非居民性的外国雇员。

④ 到某国安装在本国购买机器或设备停留时间不到1年的人。

⑤ 国际组织雇佣执行任务不到1年的人员,或长期出国的人员、移民回国作短暂停留的侨民。

但下列几种人不属于国际参观访问者:

① 为移民或就业而进入目的地国家的人。

② 外交代表或领事代表或军事人员访问该国的人。

③ 上述从属人员或国内雇员、陪同人员。

④ 避难者、流民以及边境工作人员。

国际访问者包括两类:来自国外的访问者(A Visitor to A Country from Abroad)和出国访问者(A Person Visiting Abroad)。

(2) 国际参观访问者又分为国际过夜旅游者和国际当日短途旅游者两类。前者指在目的地国家接待设施中度过至少一夜的国际游客;后者指利用目的地国家的设施少于一夜的国际游客,包括那些乘坐邮轮仅上岸游览的游客,但不包括到达他国却未在法律意义上进入该国的过境中转乘客。

国际参观访问者的两个分类虽然比1963年罗马会议的定义复杂得多,但不能取代该定义的一般性。1991 年 6 月，世界旅游组织在渥太华召开的关于旅游和旅行统计的国际会议上界定了国际参观访问者、国际过夜旅游者和国际当日短途游览者的内涵(见图 1-1)。

世界旅游组织参照国际旅游者的分类，又提出国内旅游者的分类(见表 1-1)。

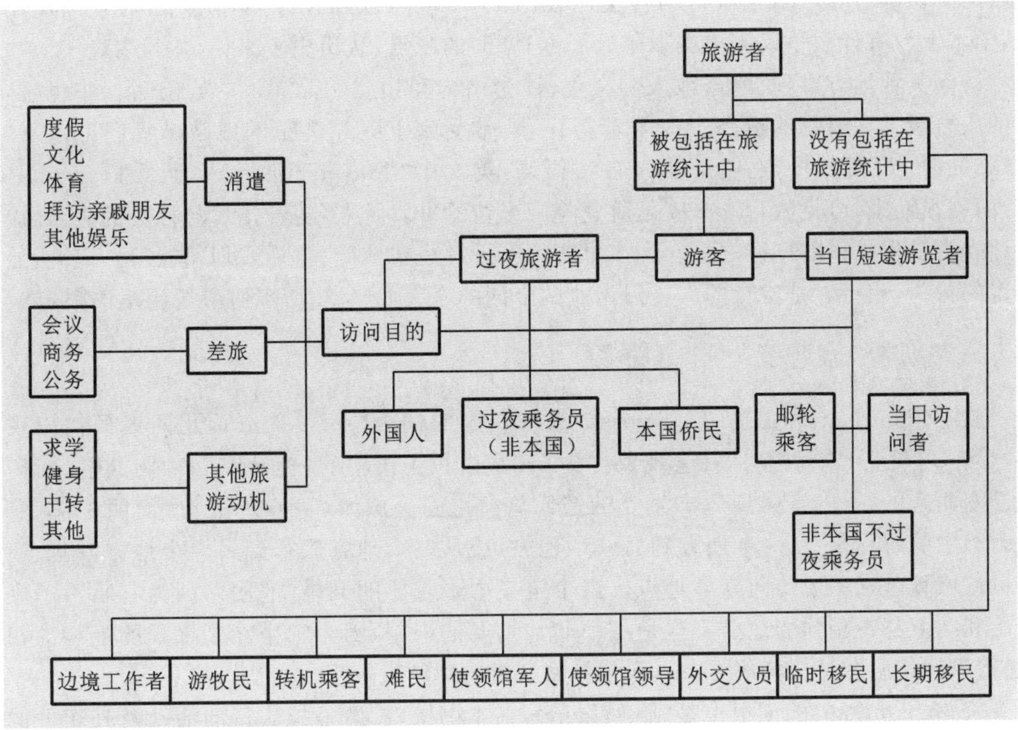

图 1-1　国际旅游者分类

(资料来源：世界旅游组织。)

表 1-1　旅游者的分类

	国　际	国　内
参观访问者	旅行到通常不是他定居所在国并且是他通常环境以外的国家，时间不超过 1 年，主要目的不是在参观访问国从事经济报酬活动	定居在某国的居民在本国内旅行到某地，但不是他通常周围环境，停留时间超过 24 小时，少于 1 年，主要目的不是在参观访问地从事经济报酬活动
过夜旅游者	旅行到通常不是他定居所在国，停留时间不少于 1 夜，但不多于 1 年，目的不是在该国从事经济报酬活动	定居在某国的居民在本国内旅行到某地，但不是他通常周围环境，停留时间至少一夜，但不超过 12 个月，主要目的不是在参观访问地从事经济报酬活动
当日短途游览者	某国定居居民在当日旅行到不是他通常环境的国家，在该国停留时间少于 24 小时，但没有过夜，目的不是在该国从事经济报酬活动	在本国内旅行到某地，但不是他通常周围环境，停留时间少于 24 小时，但不在该地过夜，主要目的不是在参观访问地从事经济报酬活动

二、旅行和旅行者

旅行(Travel)，最基本的含义是指从一个地方到另一个地方的行为或为了达到任何一种目的所做的行程。因为旅行的含义比较广泛，所以可以用在许多环境中，对它的使用含义，学术上没有什么争议。根据卡尔(Kaul,1985)的观点，从历史上来说，旅行者(Traveller)是指访问其他地方，以获取该地人们文化、社会结构和物质状况知识的冒险者。中世纪，欧洲的旅行包括在崎岖的道路上的艰苦历程，常常受到土匪和逃犯的威胁。我们可以从“旅行”的词源上了解这一点，它原本来自法语词，英文中“Travel”(旅行)一词从“Travail”(劳苦)的词根而来，可见旅行本来就是既危险又艰苦的事。后来，随着技术与社会的进步，旅行逐渐成为追求娱乐的途径之一。许多早期的旅行者是靠步行、骑马或划船旅行。因此，旅行是走的行为，旅行者是旅行的人。因为这两个词的含义太广泛，所以有必要用术语限定。

三、旅游和旅游者

旅游(Tourism)和旅游者(Tourist)都有相同的词根“旅”(Tour)，此词根最初出现于1811年，可见它是一种新的社会现象，“Tour”是由拉丁语中的“辘轳”(一种圆圈的转盘)一词演变而来的，所以有回到原出发点的巡回旅行之意。旅游(Tourism)在《简明牛津字典》(1973)中的解释是：从一个地方到另一个地方，或从一个地方旅行到另一个地方，一次巡回游览或旅程包括参观访问许多地点。这个定义中最重要的词是“巡回”，因为它暗示了旅游开始和结束都在相同的地点。这是一个非常重要的限制，因为它排除了单程的迁移。相对于迁移者，旅游者是在老地方——通常是回到常驻地结束行程。

旅游(Tourism)的词根也是“旅”(Tour)，在本书中，旅游是指旅行的活动及其相关的一切。另外一个有“旅”(Tour)词根的单词是旅游者(Tourist)，是指旅行的人，而不是指工作或旅游业。旅游和旅游者的界限虽然不一定被每个人接受，但有着广泛的认同，本书中的这两个单词都是指此类含义。

和其他社会现象相比，旅游(Tourism)作为社会现象出现较晚，它是在20世纪中叶，由托马斯·库克公司(Thomas Cook Company)创办，标志着一个新的行业——旅行社，以及一种新的社会现象出现，当代的旅行者已经成为旅游者了。

目前，旅游包括在相同地方开始和结束的巡回游程。为了克服定义中包括某人在自家房屋周围活动的问题，人们对巡回游程进行了距离和时间的限制。

首先，了解一下时间的限制。旅游者活动的游程从开始到结束最短时间是24小时，最长时间通常是1年。虽然这是人为的界定，但很实用(特别是针对统计数据)，并且有充足的理由。规定最短时间是24小时是慎重的，因为一个人离家24小时必须购买接待业的服务，即食物、饮料、住宿。如果没有这项规定，那么一个人到本地商店或剧院的活动也会被认为是旅游活动。规定最长时间为1年(有些规定为6个月)则把旅游活动和迁移或在异国短时间定居区分开来。然而这些限制也有缺点，比如某人离家20个小时和24个小时很可能做相同的事情，某人离家51周和离家53周几乎没有什么不同。规定24小时和1年的时间限制有利于测定和调查，并得到广泛的认同。

其次，对距离的界定是考虑到不把那些在自家附近夜宿的人包括在旅游者范畴内。因此，对最远距离没有限定——你可以环球旅行，并回到起始点。然而对最短距离的限定则是人为的。既然在自家周围活动不算旅行，那么要成为旅行者必须离开自家环境，这个距离通常是 100 千米，但不同国家的距离限定会有所不同。在中国，某人要去别国旅行需要相当长的旅程，但是在西欧，这样的旅程可能只需要开车一天或几个小时，所以一个人要穿越国界成为国际旅游者，距离的限定就不存在。如果一个人住在离国界不到一千米路程的地方，他越过国界，并在那里住上一夜，那么他就是旅游者。因为别国的环境和自家周围的环境完全不一样，尽管距离很近。

再次，还有一个对旅游的限定不容忽视。那就是必须考虑到旅游的目的。一般认为，旅游者不应该在目的地从事获取经济报酬的活动（旅游签证大多禁止在目的地国家工作）。到某地休息、放松、改变环境、培养爱好或从事体育活动的人是旅游者，那些探亲、访友、参加婚礼、看病、疗养的人也是旅游者。如果商人在原来所在地获取报酬，那么商务旅行也被包括在旅游定义中。例如，美国的商人参加上海一周的会议或促销会，那么他也是旅游者（尽管是商务的而不是娱乐的）。但到另外一个国家找工作的人不是旅游者。

现在你也许认识到给旅游下一个定义是如此困难。实际上，如果你能使用这个词语，让相关人员都能理解，那么就没有必要太担心它的定义问题。认识到定义旅游的复杂性（旅游、休闲、接待和娱乐活动的模糊界定）和给出定义的重要界限（即使是主观任意性不被每个人接受的），这就已经足够了。

最后总结一下，如果你认为旅游是一次巡回旅程，旅游者是旅行的人，就不会太离谱。活动包括巡回旅程时间，多于 24 小时少于 1 年，距离最少 100 千米，离开自家周围环境。旅游可以是必需的（商务或出席婚礼），也可以是自愿的（娱乐型），游览参观的主要目的不是在所在地挣得报酬。整个旅程可以是在一个国家内发生（国内旅游），也可以是国家之间发生（国际旅游）。这个定义不是为了囊括旅游的每个细微区别，而是解释其广泛含义。

第二节 旅游及其广义背景

旅游和其他领域有着密切的关系，这些领域也声称从事旅游活动。从事接待管理、休闲和娱乐研究的部分学者认为，旅游是他们特长的学术领域的一个分支。本节讨论相关领域的一些实用性定义，并介绍一个融合旅游、接待、休闲和娱乐为一体的模式。

一、旅游（Tourism）和接待（Hospitality）的关系

接待和旅游有着密切的关系，但又在许多方面不尽相同，可以说有自己完全不同的含义。接待是一个相当古老的词，可以追溯到 1000 多年前，但“旅游”一词则出现于 18 世纪后期。

接待（Hospitality）可以定义为接见并照料，通常被商业性组织（如饭店）称作为客人服务的行为。接待包括提供餐饮、住宿、娱乐和其他服务。此类服务的对象不仅仅是远方旅游者，尽管旅游者是顾客的主体，但不构成全部市场。英语中，“接待”（Hospitality）一词和“医

院”(Hospital)及“旅店”(Hospice)有相同的词根，这让我们加深了对这个词的理解。许多欧洲早期长途旅行者是因为宗教而旅行，如参观圣地的神殿并在那里祈祷，或参观圣地遗址以便获得灵感，或为自己的错误行为忏悔。

为了帮助这些旅行者，基督教教会允许他们在分布于乡村的宗教村舍过夜，有疾病和将要离世的旅客也被安排在内。后来，这些村舍的用途不再与医院（Hospital）或旅店(Hospice)有关，却有相同的词源。旅游包括旅客过夜住宿并有餐饮活动，因此旅游和接待有着密切关系，但餐饮活动在没有游客的地方也存在。接待可以包括经营和管理各类俱乐部、宴会运作、工厂食堂、家庭宴会等，这些都不涉及游客。正因为接待业具有这些以非游客为基础的活动，所以导致接待业人士和学术界人士把旅游当作接待业的分支。

人们承认“接待”不是“旅游”的同义词，但也认为两者有着密切的关系。因为没有接待业的服务和支持，旅游业不可能存在。所以从旅游业的角度来看，接待业是它的分支。

二、旅游(Tourism)和休闲(Leisure)的关系

休闲研究的对象是一个广泛的领域，许多休闲专家和学术界人士认为旅游是休闲研究的一个分支。休闲有许多定义，旅游专业的学生可以把休闲定义为在空闲时间内的活动。它包括任何时间长度，可以是几个小时，也可以是几个月。许多短时间的休闲活动主要集中在家里(看电视或从事园艺活动)或者社区周围(本地游泳馆、电影院或图书馆等)。因为看电视、从事家庭园艺或者去图书馆都不是旅游活动，所以许多休闲活动不涉及旅游内容。

较长的休闲时间，周末、年假、调休通常被用于进行旅游活动。例如，周末去海滨度假，去郊区农家乐游玩，乘邮轮进行为期一周的巡游。这样，旅游和休闲发生了密切的关系。过夜的商务旅行，如一个商人去香港参加会议，不被认为是休闲活动，因为从事工作性质的活动不是在休闲时间内发生的。与接待一样，“休闲”与“旅游”密切相关，但他们不是同义词，两者之间存在差异，不是所有的休闲都涉及旅游，也不是所有的旅游都和休闲有关系。

三、旅游(Tourism)和娱乐(Recreation)的关系

娱乐是指自愿从事非经济性的有意义的活动，是为了让自己放松、高兴。它可以是任何活动，例如，可以是坐在椅子上听音乐，也可以是登山活动。和休闲概念相似的是，娱乐活动可以在家中发生，也可以在地球上其他任何地方发生。有些娱乐活动包含在旅游活动之内，许多旅游活动内容也是娱乐活动，如去度假村打高尔夫球、到剧场看杂技演出、去黑龙江滑雪、在亚龙湾潜水。

四、旅游、接待、休闲、娱乐的关系

旅游、接待、休闲和娱乐四者之间的密切关系可参见图 1-2。

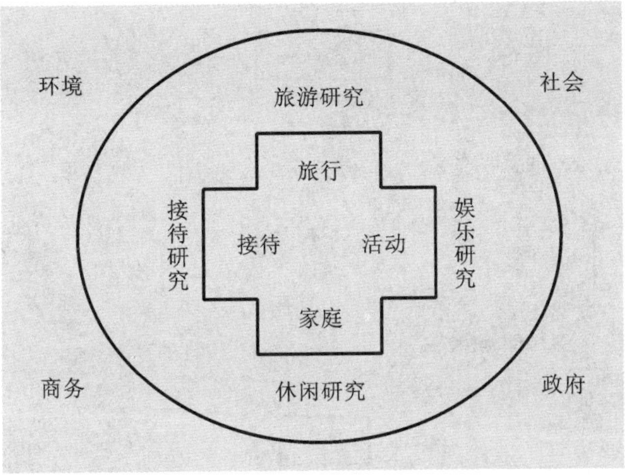

图 1-2　旅游、接待、休闲和娱乐之间的关系

第三节　旅游学研究对象

旅游学是将旅游作为一种综合的社会现象，以其所涉及的各项要素的有机整体为依托，以旅游者活动和旅游业活动在旅游运作过程中的内在矛盾为核心对象，全面研究旅游的本质属性、运行关系、内外条件、社会影响和发生发展规律的新兴学科。关于旅游学的研究对象，不同的学者提出了不同的看法，概括起来共有两种观点：一种观点认为旅游学以旅游三要素即旅游者（旅游主体）、旅游资源（旅游客体）、旅游业（旅游媒介）为研究对象；另一种观点认为旅游学的研究对象是旅游现象，包括旅游现象的产生、发展及其内部各种关系的运动规律等。本书认为，根据旅游学的定义，旅游学的主要研究对象应该是旅游产品、旅游业和旅游系统，本节将对上述主要研究对象进行详细阐述。

一、旅游产品

旅游产品实际上是一个混合产品，它包括游客从离家到返回，所购买、看见、经历和感受的一切。它包括到目的地，在目的地内和离开目的地的旅程，在目的地的住宿、旅行，以及购买的一切物品，包括食品、饮料、纪念品等。旅游产品也包含非直接购买的经历和期望，这也是整个旅程的一部分（见图 1-3）。

由于旅游产品的重要组成要素是服务，游客在旅游中将接触到许多人，这些人包括旅行代理人、机场地勤人员、机组人员、各饭店（汽车旅馆）服务人员、餐馆服务人员、商店收银员、导游、信差、当地居民等。接触的人越多，错误越容易出现，游客的期望越不容易实现。因此，旅游从业人员（包括当地居民）提供的服务是旅游产品的重要组成部分（见图 1-4）。

旅游产品由以下四个元素构成：

（1）到达目的地的方式，即交通。

（2）目的地便利设施，如住宿、交通、零售、餐饮等。

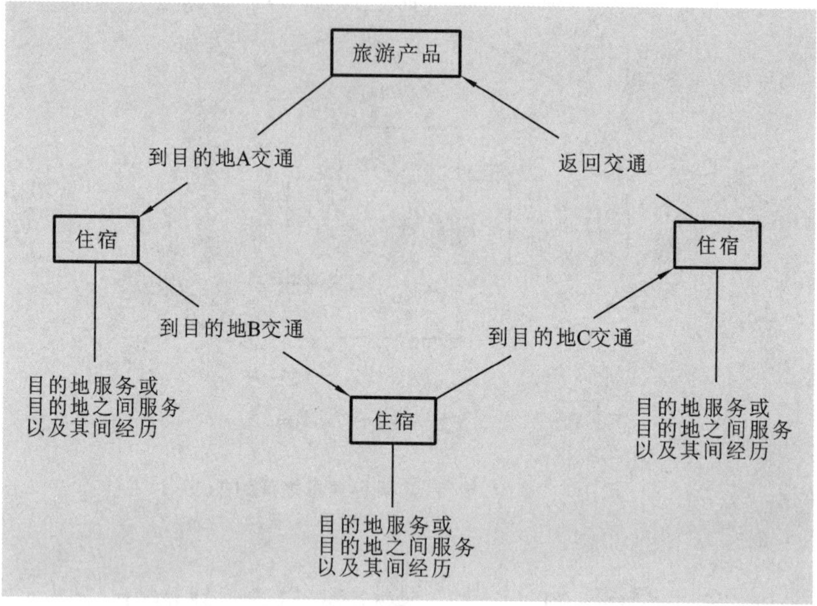

图 1-3　旅游产品的购买过程

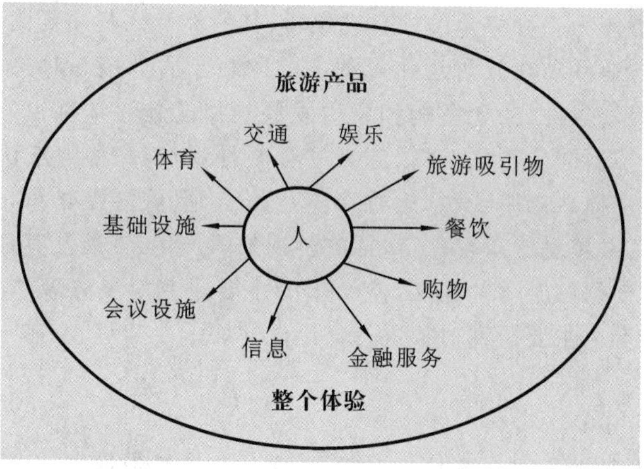

图 1-4　旅游产品的组成要素

(3) 目的地吸引物,如景点、重大活动。

(4) 接触的各类人。

便利设施本身不吸引游客,但缺少便利设施可能使游客不选择该目的地。便利设施对目的地的吸引力起到增强或削弱的作用。吸引物是吸引游客到该地区的事物和活动,它们是吸引游客到该地旅游的主要原因。

人力资源是一项难以分类的资源,人力资源对任何旅游目的地都极为重要。目的地可能有很好的吸引物和便利设施,但如果游客感到不受当地居民欢迎,或他们体验到的服务质量很差,这都将削弱旅游产品的吸引力。口头宣传在旅游中很重要,许多国家就是凭借口头广告而拥有很高的游客回头率。因此,吸引物和便利设施的质量可能因人为因素引起的不良印象而变得黯然失色，从而影响游客对目的地的回访。服务是旅游产品的重要组成部分，服务的质量直接影响游客购买产品的意愿。

在 21 世纪，旅游业及其支持性产业的服务文化应有以下特点：

(1) 可持续性的。

(2) 具有稳定的服务水准和高标准的管理水平。

(3) 具有更高的文化敏感性。

(4) 崇尚一种服务文化，并致力于服务的最高标准。

(5) 确立企业教育和培训的标准。

一个旅游目的地(国家、地区、度假地)常被错误地看成旅游产品自身，实际上，目的地仅仅是一个能够购买和消费任何不同旅游产品的地理区域。换言之，尽管旅游目的地被规划和开发成吸引游客数量有限的地方，并且这些游客可能寻找相同类型的度假经历。然而，在更多情况下，旅游目的地包括了不同类型的产品。我们可以把旅游目的地比喻成一个舞台，在这个舞台上可以表演许多不同的戏剧(旅游产品)，尽管舞台形式只设计成某种类型的戏剧表演，但绝不可能只适合一种类型的表演。

二、旅游业及其结构

旅游业的构成是什么，这个问题正如旅游的含义和构成旅游者的条件是什么一样，一直没有定论。政府旅游部门采用包容一切的方法解释旅游，并认为旅游业是世界上最大的产业，但学界一些人士则对此持更谨慎的态度。例如，赖博(Leiper)认为旅游业是世界范围内的商业活动，但它必须有许多产业提供支持，这些产业既服务于非游客又服务于游客，而并不是某一个产业叫“旅游业”，这个观点在《1996 澳大利亚年鉴》中得到描述：

“从统计上说，旅游最好被认为是需求方的活动，是消费者中特殊的一类活动，它包括访问者购买或消费的任何商品。对于供给方不局限于特定的商品或特定的经济活动，例如，可以在以下地点购买服务：机场、饭店、主题公园、景点、娱乐和艺术场地、博物院、历史圣地、咖啡店、饭馆、赌场、旅行代理商、零售商。正因为这一点，它不是传统意义上的产业，传统产业包含商业活动，主要从事相似的经济活动。”

在有的国家统计的产业分类中没有“旅游业”这一栏。较接近的是“住宿”“咖啡店和餐馆”“赌场”“注册俱乐部”“汽车租赁店”“酒吧”，所有这些既为本地居民提供服务，也为游客提供服务。许多人认为，缺少对产业核心的清楚定义给许多旅游商带来了重大障碍。

史密斯(Smith，1988)把旅游业的定义重心放在供给方，特别是旅游产生的便利设施。根据这个观点，旅游产业可以解释为“在家乡以外，直接提供商品和服务，以实现商务、娱乐、休闲活动的一切商业的混合”。

游客活动产生了各种服务和产品的需求，以下分类虽然没有包罗一切，但基本上说明了游客对各种服务和产品的需求。

(1) 旅游产品的场所设施。

(2) 往返目的地的交通(包括空中、海上和陆上交通)。

(3) 目的地的住宿(包括饭店、汽车旅馆、度假村、农舍、野营地等)。

(4) 观光。

(5) 娱乐(电影院、剧场、主题公园,以及滑雪、垂钓、划船等活动)。

(6) 餐宴。

(7) 购物。

(8) 金融活动。

(9) 翻译服务。

这些服务和产品可直接为游客提供需要的服务,但游客很少看到或想到旅游业还有间接服务者。支持性产业向供应商提供支持、帮助和指南,没有这些支持性产业,大部分旅游部门就不能运营。这些支持性产业包括金融业、建筑业、印刷业、保险业、批发业、零售业。图 1-5 显示了旅游业的两层结构。

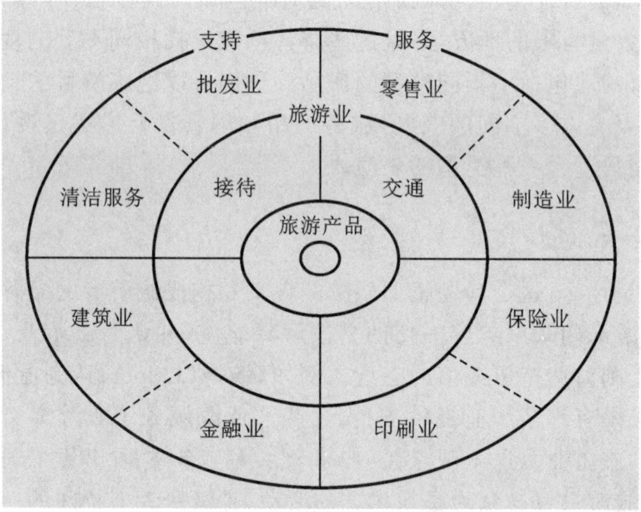

图 1-5　旅游业的两层结构

“一个产业”概念,实际指旅游业是由各种各样的部门和下属产业构成,如交通、住宿、餐饮、购物和娱乐。这个概念同时认为旅游产品是一个混合产品,从消费者的角度来看,它是指整个过程。这就是说,各旅游产品和服务的个体供应商只提供了整个产品的一部分,但旅游者把旅游产品当作一个整体,这个观点对于理解旅游很重要,因为它说明了各个部门通力合作共同完成一件产品的重要性。一个部门产品或服务的不合格反映了整个系统产品或服务的不合格。所以产业中职工个体追求或部门成功不能使整个旅游产品成功,整个旅游产品的成功依赖于不同部门之间紧密的合作,从而最终促使游客感到满意。只有当旅游业中的不同部门承认其实际只是整个旅游业中的一部分,其才能认识到作为整体向游客提供优质产品是很困难的。

三、旅游系统

如果把旅游当作一个系统而不是一项产业,我们可能更容易理解旅游的含义。尽管旅游是由许多产业或产业部门提供服务的,但这些产业或产业部门都密切相关。若某一个部门瘫痪,将严重影响另一个部门的经营。例如,2003 年,由于伊拉克战争爆发,中东航线的中断严重影响了当地的住宿业、零售业和旅游业。

米尔(Mill)和莫瑞逊(Morrison)设计了一个简单而有用的四元素旅游模型:市场(潜在游客)、旅行(运输业)、目的地(参观的地方或地区)、营销(鼓励潜在的市场参与旅游活动)。尽管这个模型是以旅游营销为核心,但对于理解旅游活动如何运营是很有用的。

赖博(Leiper)从地理学而不是营销学的立场设计了一个简单实用的旅游系统模型(见图 1-6)。赖博的模型包括三个部分:客源地、目的地和中间地。这个模型再一次说明用系统概念能帮助理解旅游活动和运营。

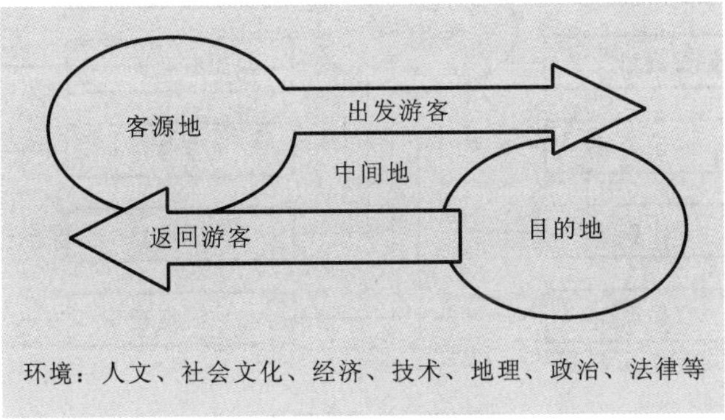

图 1-6　旅游系统模型

第四节　旅游学科框架体系

一、旅游学科课程体系

中国旅游高等教育始自 1979 年,迄今已形成专科、本科、研究生三个层次的合理结构。专业设置的门类比较齐全,近 30 个专业课程涉及旅游业的大部分领域,已形成自己的专业体系。专业体系涵盖基础研究、旅游管理、旅游资源开发与管理、景区(点)规划与建设、旅行社管理、饭店管理、会展管理、休闲与娱乐管理、烹饪与餐饮管理及旅游教育等。

这种迅速增长的状况一方面说明旅游对中国经济的重要性在增强,另一方面说明近些年来课程和学生的数量也在增长。

尽管课程和学生的数量增长很快,旅游依然只是专业课程而不是学科,然而建立旅游学科并不遥远,并且国际上相关研究刊物几乎每月新增加一种。

1985 年,贾法里(Jafari)设计了一个图表,阐释了旅游课程是一门涉及多达 16 门不同学科的综合性课程(见图 1-7)。

尽管 16 门学科不能按照明显的顺序排列,但可以分成四类:①社会学、心理学和人类

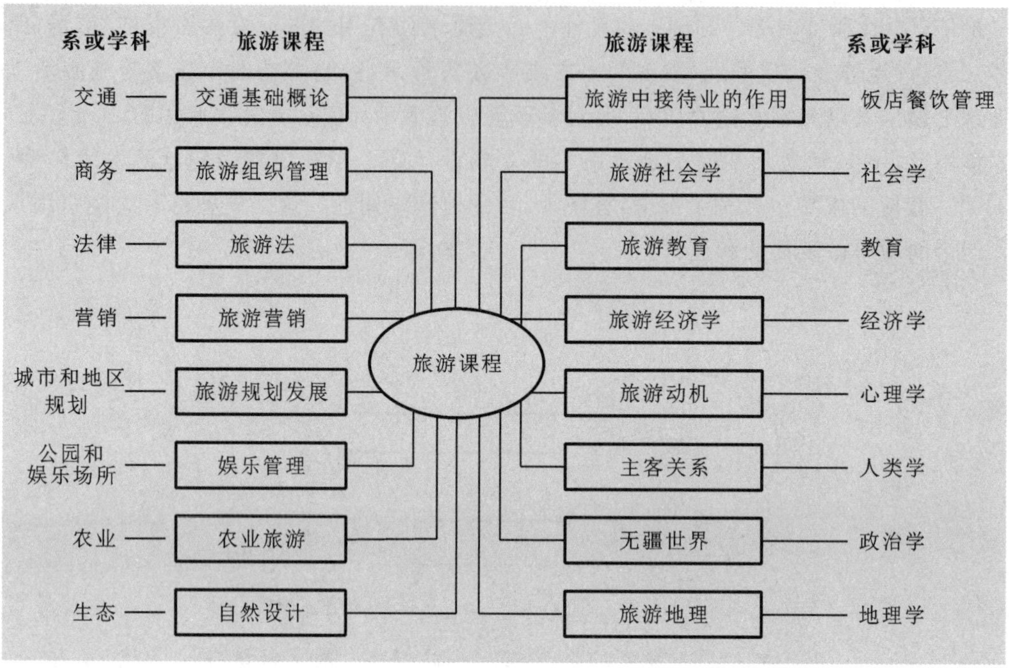

图 1-7　旅游课程结构

学，它们与旅游中的人的因素密切相关；②地理、生态、农业、公园和娱乐场所，它们与旅游的空间资源要素紧密相连；③商务、法律、营销、经济、交通和住宿，它们与旅游的商业性相关；④政治、城市和地区规划、教育，它们与旅游的管理和运作有关。尽管旅游学科的学生不必学习上述全部课程，但大部分旅游课程涵盖了上述学科的许多内容。

二、旅游学科理论框架

从全世界范围来看，旅游管理学科作为知识体系已经形成，并且相对独立。在从 20 世纪 70 年代至今的旅游研究实践中，旅游知识开始出现且不断累积，截至目前已经形成了高度发达的知识体系。这些知识以“旅游”为核心，具有高度可识别性，其特殊性不断凸显。旅游学术期刊的发展是我们窥探旅游知识体系化、独立化的最好窗口。

在旅游学科发生、发展的几十年中，人们的旅游活动和旅游体验越来越多样化、复杂化、个性化，研究者对于旅游现象的范畴、形式、内容的认识也在变化，旅游研究议题所涉及的学科领域越来越多，其理论面向也越来越丰富。

学科理论的框架性整合始终是一个极其困难的问题，它不但应该反映对学科知识体系现状的认识，也需要反映对学科知识体系未来的愿景。因此，吴必虎和张骁鸣(2016)认为采取简单的体系胜过采取复杂的体系，因为体系越简单，通常越能达成共识，也越能体现出开放性、成长性。两位学者以事物本身的发生、发展、产生影响的时间顺序为基础，串联起了一种简单理论框架体系，即“发生学—本体(论)—(多元)效应”这样一个三位一体的视角，并尽量适应相应知识领域的发生、发展、成形的逻辑顺序(见图 1-8)。

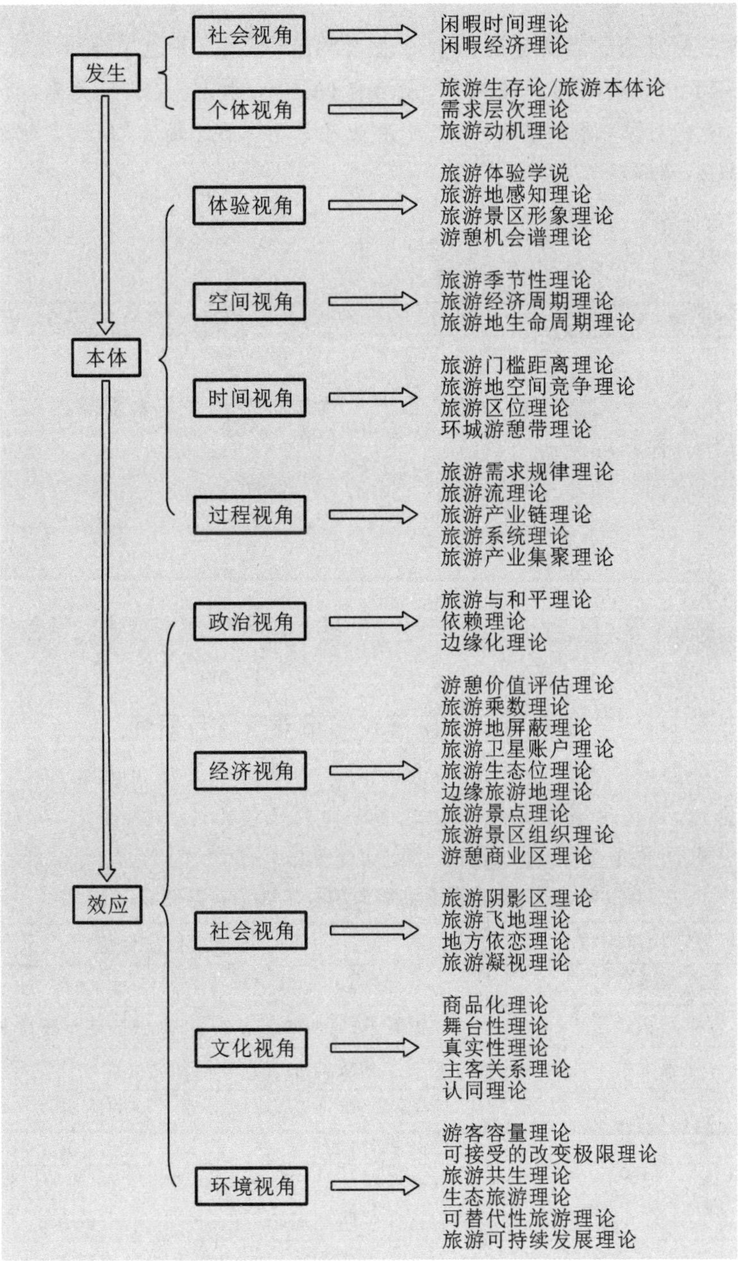

图 1-8　旅游学科理论框架图

（资料来源：吴必虎，张骁鸣．旅游学科的理论和方法基础[J]．旅游学刊，2016(10)．）

本章小结

本章主要讨论了理解旅游的四个重要内容，首先，讲述了旅游及其相关概念；其次，考察了广义旅游的一般内容，如旅游和接待、休闲、娱乐的关系；再次，学习了旅游学的研究对象，诸如旅游产品、旅游业及旅游系统；最后，介绍了旅游学科框架体系，以及旅游课程等内容。

思考与练习

1. 你认为一个完整的旅游定义至少应该包括哪几个基本要素？
2. 为什么说旅游是一个系统？

案例分析

世界著名旅游院校的培养宗旨与目标

在西方各国的旅游院校教育中，以美国和瑞士的学校最负盛名，其均把培养既具备专业理论知识，又有丰富实践经验的优秀行业管理人才作为目标，从而在激烈的国际市场竞争中立于不败之地(见表 1-2)。

表 1-2　世界著名旅游院校培养宗旨与目标

世界著名旅游院校	培养宗旨与目标
康奈尔大学	为全球培养 21 世纪接待业的领袖
密歇根大学	凭借教学、科研和服务的实力，做接待业教育事业的带头人
休斯敦大学	为饭店和餐饮业培养本科和研究生层次的掌舵人物
洛桑酒店管理学院	为国际接待业，尤其是世界一流的酒店、餐馆和连锁饭店培养高层管理者
瑞士酒店管理学院	以高质量的教育培养学生各种技能，使他们在竞争激烈的酒店行业中脱颖而出
瑞士 HTMi 国际酒店旅游管理学院	训练学生成为国际旅游业管理层的专才

(资料来源：根据《中国旅游业“十一五”人才规划》整理。)

问题：

国外著名旅游院校的培养目标对我国旅游专业教育有什么启示？

第二章

旅游的产生和发展

学习引导

本章主要讲述了旅游从早期到现在的演化和发展过程，概述了促使旅游发展的各种因素（动力因素和促进因素），并介绍了世界旅游和中国旅游的发展历史。旅游产生的条件、中世纪欧洲的旅行发展、产业革命后的旅游发展、中国旅游业的发展历程，是本章讨论的重点问题。

学习重点

通过本章学习，重点掌握以下知识要点：

- 旅游产生的条件
- 中世纪欧洲的旅行发展
- 产业革命后的旅游发展
- 中国旅游业的发展历程

核心概念

客源国 Generating Country　入境旅游者 Tourist Arrival
旅游动力因素 Tourism Motivating Factor
旅游促进因素 Tourism Promoting Factor
国际旅游收入 International Tourism Receipt

第一节　旅游产生的条件

19 世纪和 20 世纪,旅游经历了一段快速发展时期,为了便于理解其中的原因,我们有必要了解一下影响旅游需求因素,也称为"旅游需求决定因素"。旅游需求受到经济、社会和心理因素以及它们之间相互关系影响,而旅游需求因素可以简化成两种情况:①旅游动力因素;②旅游促进因素。

旅游动力因素与心理学有关,能够解释人们为什么旅游或不旅游,它们是内部因素或内在因素;旅游促进因素与经济学和社会学有关,并能据此预测一个人是否有能力或被激励去旅游,它们是外部因素或外在因素。

动力因素和促进因素在两方面发生作用:一方面,它们能鼓励或阻止人们从事旅游活动并进行旅游消费;另一方面,当一个人已决定旅游时,动力因素和促进因素也会发生作用,它们影响潜在游客对旅游活动内容和目的地的选择。换言之,某些因素可能鼓励人们旅游,但实际选择去什么地方和做什么则可以由另外一些因素决定。本章主要讨论旅行和旅游的发展,以及用旅游促进因素解释其中的原因。

一、旅游动力因素

动力因素能够解释人们为什么这样做,解释行为的原因。它们是内在的,与我们的感情、感觉和内部驱动力有关。动力因素可以是有意识的,也可以是潜意识的,它们是感到需求或需要的结果。具体行为或行动很少是一种动力或欲望的结果,因为人的动力是在各种复杂的关系作用的系统中发生的。一个人选择旅游需要三个条件:可支配收入、空闲时间和旅游愿望。

旅游规划者、开发商和推销者必须知道以下问题:

(1) 什么促使人们旅游?

(2) 什么促使人们到目的地 X,而不是到目的地 Y 或目的地 Z 旅游?

(3) 什么促使人们参与某项具体的旅游活动?

旅游似乎成为人们缓解每日工作和常规生活方式带来压力的安全阀和平衡器,旅游使人们"逃避"现实。旅游动机是一个复杂的问题,将在第六章学习。

二、旅游促进因素

旅游促进因素是指使人能够旅行和旅游的因素。尽管促进因素和动力因素都影响旅游产品的需求,但通常在宏观上,促进因素更能显示需求方式的一般趋势。很明显,社会变量如年龄、职业、教育水平等会影响整个需求。然而,这些变量更容易决定目的地的选择或旅游的类型,而不是是否旅游的决定因素。可支配收入和空闲时间是两个较重要的旅游促进因素。

19 世纪,旅游的迅速发展主要是因为工业革命产生了大批中产阶层。现在我们已经认识到，一个国家的个人实际收入越高，该国家人口外出旅游的可能性就越大。这说明，收入增加，旅游的可能性也增加，但这并不是说收入增加，旅游服务和产品的需求也自动增加。收入增加可能导致消费者购买优质旅游产品代替劣质旅游产品。即使收入持续增加，劣质旅游商品的需求也可能不变或下降。

由于法律的规定和带薪假日概念的出现，空闲时间不断增加，20 世纪的旅游需求也随之增加。当然，空闲时间不可能全部用于休闲，因为还要满足生理需要，从事家务和社会活动。空闲时间可以定义为“不从事必须要做之事，而用来做想做之事的时间”。

一个人的空闲时间可以分为三个阶段：下班以后时间、周末、假日。用来旅游和旅行的空闲时间主要是周末和假日。延长周末会增加国内旅游的可能性，延长假日不仅影响国内旅游，也会影响国际旅游。

旅游需求增长，旅游服务和设施的压力也随之增长。如果这些设施和服务的供应者不能满足需求，那么人们的旅游只能在必需时才会发生，休闲旅游的可能性会降低。在这种情况下，较重要的旅游设施便是交通及住宿设施。交通和住宿部门的发展和旅游的发展紧密相关，如果这些部门不能提供基本服务，对普通人来说，旅行和旅游将是一件很困难的事。19 世纪和 20 世纪旅行和旅游的发展以及大众旅游的产生，主要是因为交通的价格下降、交通的范围扩大和运输的速度提高。

可支配收入、可自由支配的空闲时间、基本旅游设施和服务如交通及住宿都是重要的旅游促进因素。没有这些，人们很难外出旅游，虽然它们被认为是重要的客观条件，但旅游促进因素决不仅限于此，其他旅游促进因素还包括：

(1) 政治稳定与和平（地区紧张会导致旅游人次的大幅度下降，如美国“9・11”事件导致旅游人次大幅下降）。

(2) 可接受的货币交换方式。

(3) 自由获取旅游资料。

上述因素会促进或推动旅游的发展，缺少任何一个因素都会极大地影响旅游业的发展。中世纪的旅行人数和次数很有限，因为当时政治不稳定，商业和贸易活动稀少，交通不便，空闲时间（如果有的话）也很少。那时的旅行是危险和累赘的，与之相比，现代旅游更安全、方便、舒适（Gee，Choy，Makens，1984）。

虽然经济因素一直被认为是旅游发展的一个重要的促进因素，但社会力量对于旅游发展的促进作用也不可忽视。下面列出了一些重要的社会因素：

(1) 体力劳动减少。在许多发达国家，不到 50％的劳动力从事体力劳动。人们对健康问题的关注使其积极参与户外活动，如远足、野营、骑车等，这些活动都与旅游有关。

(2) 员工福利增长。统计表明，员工的福利占工资的比例在增加。

(3) 交通技术改善，相对成本价格下降。大众交通越来越便利，每公里的成本也减少了。

(4) 人的寿命延长。随着医疗条件的改善，人们更加长寿，体力更加充沛。这些人将有时间和钱去旅行。

(5) 跨国公司的发展。由于这些公司生产和销售的需要，商务旅游开始增加。

在 20 世纪七八十年代，西方国家工作时间逐渐减少，空闲时间逐渐增多。然而，在 20 世纪 80 年代后期，这种趋势发生改变，特别是对于管理阶层来说，一直持续到 20 世纪 90 年代后期，上班族的工作时间越来越多，空闲时间和旅游时间越来越少。对于无业人员，他们拥有时间，但没有资金度假。从长远的角度来看，工作时间加长背离正常趋势，或许会引发一种新的旅游发展趋势。

知识活页　颇具想象力的休闲制度设计：黄金周

第二节　中世纪欧洲的旅行发展

长期以来，到目的地休闲、放松只属于少数特权阶层。工业革命之前，大部分人都被束缚在土地上，工作和空闲没有明显界限。夏天，早上劳动，晚上歇工；冬天，白天工作时间变短，但每天还要照料牲畜。对于许多人来说，他们没有机会出远门，只能满足于工作间隙几个小时的休息，当宗教节日或圣日来临时，他们才能暂时休息，所以假日（Holiday）由此诞生。

随着工业革命的到来，工厂里的工人逐渐增多，工作日在固定时间开始和结束，工作和休息时间也越来越固定，在某些日子休息开始成为习惯。由于当时非工作日很少，个人收入微薄，早期工人还不能远离周围环境享受到某地游览之愉。起初，工人只能在一天内游览乡村或海滨，后来，他们的收入和假期都增多了，一日游也变成了几日游或几周游。

几个世纪以来，随着后工业社会的发展，几乎每个人都有机会旅游度假。在世界各地，出门度假已经成了一种社会现象，而且也产生了一些社会影响。节假日的延长使人们一年可以休假不止一次。放长假时，人们会去较远的地方，并待上一两周，假期较短时，人们旅游的路程不会太远，并且会较为平均地分布在一年中。

一、早期的旅行

人类旅行已经有很久的历史了。早期的旅行即摆脱每日繁杂的劳动，挣取丰厚的收入，尽情享受户外旅行。然而，早期的旅行是艰辛的，因为那时的旅行者只能步行、骑马或乘船，这样不仅行进速度缓慢，旅行者也不舒服，在旅途中还常常遭遇危险。

最早的旅行描述与古希腊和古罗马的文明有关。古希腊人见证了奥林匹克运动会和许多其他重要节日的发展。历史上最早赞成旅行的人是色诺芬（Xenephon），他在书中提到去雅典旅行会给人们带来好处，著有《远征记》《希腊史》《回忆苏格拉底》，他还建议修建大众消费的旅行住所。而柏拉图(Plato)是历史上第一个批评旅游的人。

二、古罗马时代的短途游览

古罗马时代的旅行规模宏大。罗马帝国提供了广阔、便利的道路交通网以及旅行必需的政治和平与稳定。许多罗马帝国以外的旅行者来到这里,同样也能感受到古希腊和古埃及的辉煌。

罗马帝国时期兴起了最早的海岸度假地,如那不勒斯(Naples)和奥斯提亚(Ostia)。那不勒斯港湾的巴亚(Baiae)气候宜人,植被茂盛,还有富含对人体有益的矿物质的温泉。这里很快成为旅行者的天堂。连西塞罗(Cicero)也爱前往这个快乐的地方。

随着罗马帝国的衰落,欧洲道路网也失修了,长途旅行再一次变得危险而艰辛。直到19世纪,长途交通的状况才和罗马帝国的权力一样慢慢恢复。

三、朝圣旅行

第二次旅行浪潮发生在中世纪早期,最初是由宗教热引发的。当旅行在欧洲再一次变得安全后,教会鼓励教徒到圣地朝圣。朝圣旅途通常遥远而艰辛,并持续数月,甚至几年。耶路撒冷是基督教朝圣的主要圣地,罗马(意大利)、坎特伯雷(英国)、圣地亚哥-德孔波斯特拉(西班牙)也是重要的朝圣地。

当代旅游的部分特征已经在那时显现出来。宗教类的纪念品贸易在朝圣地发展起来。

沿着既定的路线,教徒在每隔一天旅行路程的地方修建了旅馆。这些宗教住宿房屋是最早的寄宿场所,为教徒提供食物和住宿。夜晚还为人们提供娱乐活动,合唱、讲述圣地故事以及朝圣旅途的奇观。旅客客栈也建立起来,在英国至今还保存着中世纪的两个朝圣客栈。

在此时期,朝圣旅行逐渐向度假、聚会、观光旅行发展。

四、健身温泉疗养旅行

旅行者寻找"圣坛"是为了获取灵感和神灵的恩赐,而寻找温泉疗养场所是为了强身健体。人类很早就对温泉和温泉池感兴趣。古罗马人首先发现了泡温泉的快乐以及其有利于强身健体,并建造了一些温泉城,如英国的巴斯(Bath)和巴克斯顿(Buxton),德国的巴登巴登(Baden-Baden)和威斯巴登(Wiesbaden),法国的维希(Vichy)。然而,随着罗马帝国的衰落,人们对温泉的概念也模糊了。许多温泉成了小小的"圣坛",中世纪的"圣坛"是许多病人向往的地方,旅行者来此是为了治疗各种身体疾病。例如,英国的诺福克的温泉因能治好胃病而闻名,格洛斯特郡的温泉能治皮肤病,弗林特郡的温泉是詹姆斯二世治疗关节炎的地方。

温泉城在布局结构上反映了旅游功能。在城中心有水泵房和许多口井,井周围是人行道和花园。游客可以在这些露天场所自由散步,有些城市还设计了专门供骑马的地方。法国的维希等城镇都反映了这些布局特征。

在温泉场所中的活动是受严格控制的,下面的每日活动表可以反映这一点:

08:00 在住所吃早餐;

09:00 在药水供应室(泵房)饮水 3 杯;

11:00 在修道院做早祷告;

12:00 骑马,散步或逛商店;

14:00 吃午餐;

15:00 再去药水供应室(泵房);

17:00 喝茶;

19:00 玩球,听音乐会,去剧院或游戏室。

尽管温泉城是为了吸引旅行者前来治疗身体疾病而建的,但并不是每个旅行者都是这种想法,所以有些温泉场所会遭到人们的抱怨。

五、大旅行

正如朝觐是为了修行,洗温泉浴是为了身体健康,大旅行则是贵族绅士为了追求一段完整的教育。牛津大学、博洛尼亚大学、巴黎大学相继建立后,年轻的绅士通过在欧洲大陆进行一系列的游学,完成大学教育。中世纪之后,这种大旅行是贵族的特权,经常持续数月。

大旅行通常是离开英国,在巴黎停留短暂时间,在冬天来临之前翻越阿尔卑斯山脉……巡游的路线如下:英国—巴黎—隆河谷—里维埃拉—阿尔卑斯山脉—罗马(学习一段时间)—佛罗伦萨—那不勒斯—威尼斯。在大旅行的早期,翻越瑞士和奥地利之间的阿尔卑斯山脉对于贵族绅士来说太艰难,德国地理环境太原始。后来,随着时间的推移,这些地理环境发生了改变。

后期,更多的非贵族加入这种大旅行,旅行的时间也从一到两年减少为一到两个月。重点也变为观光游览,欣赏大自然,而不是长期在国外大学学习。阿尔卑斯山脉也不再是人们不可企及的地方,回程也包括了德国和其他国家。

在 19 世纪早期以前,大旅行一直是上流社会的重要活动。

第三节　产业革命后的旅游发展

产业革命为社会带来了广泛而深刻的变化。工作方式、休假制度、收入水平和交通技术都影响着旅游。交通技术可能对旅游发展产生了最深刻的影响。产业革命之前的旅行方式是步行、骑马、乘船或乘马车。乘船要借助风力和水流,骑马和乘马车要依靠道路。19 世纪道路交通的改善极大地提高了陆路交通的通达性,但真正对旅行起革命性作用的是铁路和蒸汽轮船。

一、铁路交通

19 世纪早期,铁路交通首先在英国出现,这项新技术不久就从欧洲传到印度和世界其他地方。1869 年,美国建成了第一条横贯北美大陆的铁路——太平洋铁路,全长 3000 多千米,这条被美国人看成奇迹的铁路为美国的经济发展做出了巨大贡献,也为美国旅游业的发展奠定了基础。

运输游客只是铁路的部分业务，原有的马车运载公司开设的旅馆逐渐失去了老顾客，因为他们不再乘马车，而改乘高速、舒适的火车。许多火车公司在终点和风景如画的地方建造了大型旅馆。此外，铁路公司和地产投资公司在海岸地带开发度假村。

为了在周末充分利用现有的铁路交通基础设施，铁路公司发售廉价的当日往返车票，鼓励工薪阶层游览沿海地区，至于其他旅游景点的往返票价要比通常的单程票贵一点。铁路的出现使人们迎来了大众旅游的时代。

尽管新兴的蒸汽轮船客运不如铁路运输，但蒸汽轮船服务的对象是国际旅游市场，而铁路运输服务的对象是国内市场。由于蒸汽动力，穿越大西洋、从欧洲到非洲、从亚洲到大洋洲的航程极大地缩短。交通工具的速度和安全性始终是旅游繁荣的必要条件。

现代休闲人士对海岸的狂热只是近代发生的事。工业革命之前，人们认为海岸是危险的地方。人类最早开发海洋实际上是开发传统矿物温泉的延伸。在海边度假是为了健康，而不是休闲娱乐。医学专家建议饮用海水治疗疾病。男士直接饮用海水，女士饮用牛奶稀释过的海水。饮用海水的风尚很快演变成直接在海水里面洗澡的狂热，这并不让人感到吃惊。

早期的海滨浴，男士传统上是裸浴的，所以海滨浴受到严格管制。女士游泳要穿泳衣，且鼓励她们乘更衣车到深水处，以免被异性有意或无意看见裸露的手臂和大腿。19 世纪的欧洲则没有这么审慎、保守。铁路使海岸度假地繁荣起来，正是由于铁路公司，葡萄牙的埃什托里尔(Estoril)和美国的大西洋城(Atlantic City)才得以开发。同样，铁路对内陆的开发也产生了深刻影响。例如，加拿大的莱克路易斯(Lake Louise)，美国的卡茨基尔(Catskills)，澳大利亚的新南威尔士(New South Wales)的卡通巴(Katoomba)，英国的凯斯维克(Keswick)，都是因铁路的发展而发展起来的。和以前的温泉城一样，铁路度假地在设计方面也反映了旅游功能。公园和花园供游客游览，人行道和远足路线设有标志指明城镇中心的火车站和旅馆饭店。定居点则修建在沿海地带、湖泊岸边和河流河床沿线。

铁路运输的优势在于它能快速低价地把大量游客运送到旅游目的地，所以铁路推动了社会各阶层的旅游。在铁路出现之前，只有贵族能外出度假，而不是全部阶层，但随着铁路的出现，中产阶层等也能外出旅游了。当铁路延伸到法国东南港口戛纳(Cannes)时，中产阶层人士也来到这里，并把贵族挤到了蒙特卡洛(Monte Carlo)。这种大众市场紧随特殊阶层市场的趋势在今天依然存在，只不过已经是世界范围的了，而不再局限于大洲内。

二、公路交通

尽管 19 世纪末就发明了内燃机，但直到 20 世纪人们才认识到汽车的重要性。早期的汽车非常昂贵，是富人才买得起的奢侈品。第一次世界大战开始时，英国拥有的汽车比美国少 2 万辆，只有不到 13 万辆。

20 世纪 20 年代，随着批量生产技术的发明，汽车拥有者越来越多，而路况的改善也使汽车能够到达比火车更远的地方。铁路运输只能在既定的铁路线上运送大量乘客，而汽车却能够开往可能到达的任何地方。

汽车对旅游产生了巨大影响：80% 以上的国内旅游是通过汽车运输完成的。相较于火车，汽车能使人们携带更多的行李和货物，人们还可以把帐篷放在车顶并作为临时住所。现在,房车也同样受到人们欢迎,房车的前身就是汽车。公路线路的增加又一次改变了饭店住宿需求。铁路引发了19世纪道路旁客栈的衰退,也使城镇中心地带产生了对住宿的需求。公路旅游的回归重新引发了对道路两旁旅馆的需求。汽车旅馆是18世纪的马车客栈在20世纪的重现。

公路交通的另一个问题是停车。例如,加利福尼亚州的迪士尼乐园每年为了接待1000万的游客,公司不得不提供面积巨大的停车场。停车问题是许多在汽车时代设计修建的度假地所面临的主要问题。例如,在英国北部的约克(York)面临容纳汽车和马车的问题。这座历史上由围墙围起来的城实际上是车海里矗立的一座岛屿。

三、航空交通

毫无疑问,20世纪对国际旅游产生最大影响的是飞机,特别是喷气式飞机。正如铁路迎来了国内大众旅游时代的到来,喷气引擎促进了国际大众旅游业的发展。

在第一次世界大战之前,航空业还处在初级发展阶段。起初得到发展的是商业航线,它有政府的强力支持和控制。飞行员的任务是为了保卫国家领空不受侵犯,航线的开发是国家权力的延伸。早期的航线主要是邮政航线。即便在第二次世界大战之后的一段时间,乘客的数量仍然很少。

1959年,第一条从洛杉矶到纽约的喷气式飞机航线使用的是波音707喷气式客机。1970年,引进的大型喷气式客机能装载350人,接着出现的是长距离飞行只需加油一次的远程大型客机。到2004年,480座到660座的飞机如空中客车A3××出现在密集的航线上。

航空运输对旅游产生了深刻的影响。航空旅行使人们在有限的时间内到达较远的地方度假,住在北欧和北美的人可以在短时间内到南欧和加勒比地区度假。

航空运输使远距离的旅行成本大大降低,包机和航线管制的撤销再一次降低了旅行成本。在飞机时代来临之前,许多人的经济能力负担不起的目的地现在已经成为他们前往旅行的地方。20世纪60年代,包机商开始瞄准特定的假日目的地,夏威夷、加勒比海、西班牙和北非是理想距离的旅游度假地点。航空运输使任何一个购买机票的人能到达世界各地。

航空业的迅速发展改变了人们的旅游习惯。生活在寒冷气候地区的度假者现在可以立刻到世界上较热的地区,北欧和北美的海岸度假地在冬天被南欧、北非和加勒比地区取代。在中国也有这种旅游习惯,北方冬天的寒冷驱使人们到温暖的南方旅游。

四、一些历史性主题

旅游发展的历史有许多和当今相关的主题。

第一,从旅游的发展历史可以看出,个人的自由时间极大地影响着旅游活动。只有当工业化到来的时候,工作和空闲时间才清楚地分开,也只有在这个时候(18世纪末、19世纪初),我们现在所说的旅游才成为大众型的消遣。

第二,个人收入也在很大程度上影响旅游。在旅行早期(除了宗教性的朝圣),只有很富有的人才能外出旅行——温泉度假地和大旅行是富人的特权。

第三,交通状况明显影响旅游的选择。在罗马帝国衰落后,欧洲的道路网也年久失修,铁路和蒸汽机的出现使旅行重新焕发生机。

第四，旅游系统的各部分受到其他部分变化的影响。铁路旅游的发展导致了许多道路两旁客栈的萧条，而主要铁路线终点站的旅馆却迅速发展起来。当 20 世纪公路旅游再一次超过铁路旅游时，住宿设施再一次在主要道路交通网繁荣起来。

第五，早期旅游活动发生在西欧（西欧首先爆发工业革命）。后来，北美爆发工业革命，形成第二个主要客源地区。新兴的东南亚国家成为第三个客源地区。当代，中国成为东南亚的客源国，也是东南亚国家的旅游目的地。

第四节　中国旅游业的发展历程

在某些方面，中国的旅游发展是独特的，但另一方面，它也有与世界其他地方相似的发展状况。中国旅游也受到社会经济和交通技术发展的制约。

一、中国早期旅游活动(1923—1949 年)

鸦片战争后，西方列强用枪炮打开了中国大门，外国的商人、传教士、官员、学者等纷纷来到中国。之后出现的洋务运动也促使一些中国人到国外考察、留学、经商，而且人数不断增加。在这种情况下，西方的旅游企业、公司随后也踏上中国这块土地。

中国旅游业诞生在上海。上海被开辟为通商口岸之后，与国际联系较密切，加上交通发达、民族资本相对集中，逐渐具备发展现代旅游业的条件。20 世纪初，英国的通济隆旅行社、美国的运通旅游公司、日本的国际观光局等先后在沿海若干大城市，如上海、天津和广州建立旅游经营机构，总揽了中国旅游业务。同时，欧美的航运公司、邮轮也相继承揽旅游业务，主要为来华的外国人和中国的出境人员提供服务，其中多数人的目的并不是游览，旅游活动在当地居民中也并不普遍。

1923 年 8 月 15 日，上海商业储蓄银行经理陈光甫在该银行中附设了“旅行部”，其业务范围是代办国内外车票、轮船票和飞机票，分行设立旅行部柜台。

1924 年 1 月，旅行部脱离银行国外部，独立对外开展业务。同年春天，旅行部组织了第一批国内旅游团，由铁路局开专列，从上海赴杭州游览，不久又组成第一个赴日本旅游的“观樱团”。

从 1923 年 8 月起的 5 年间，上海商业储蓄银行在 11 家外埠分行开设了旅行部分部，其间还先后与 20 家中外铁路公司、23 家中外航运公司建立业务关系。上海商业储蓄银行旅行部开创了中国旅游发展史上四个“第一”：创办第一艘旅美学生专轮；设立国内第一个游览团；组织第一个国外游览团；发行中国第一张旅行支票。

1927 年 6 月 1 日，旅行部从上海商业储蓄银行独立出来，正式成立中国旅行社，这是中华人民共和国成立前第一家旅行社。

中国旅行社最初的业务是代办车船票，后扩展到托运行李、接送旅客、组织个人和团体的旅游活动。此外，还办理留学生出国手续，设立避暑区服务站，组织短程的团体游览，组织境外旅游。

1928 年至 1938 年是中国旅行社大发展的十年。中国旅行社在苏州、无锡、镇江、杭州、蚌埠、徐州、济南、青岛、天津、北京、沈阳、西安、武汉、广州、南昌等58个城市设立分社和支社,另外在纽约、伦敦、加尔各答、河内、仰光、马尼拉及中国香港等地设立中国旅行社或办事机构,承办外国人来华旅游业务。

除中国旅行社外,当时还出现了铁路游历经理处、公路旅游服务社、浙江名胜导游团、中国汽车旅行社、国际旅游协会、友声旅行团、精武体育会旅行部、萍踪旅行团、现代旅行社等一批旅游组织和旅行社。

在这个时期,旅馆、饭店等也有了迅速的发展。20世纪20年代至30年代,上海、北京、天津、武汉等大城市,宁波、汕头、青岛、大连等商业港口城市,长沙、郑州、南京、张家口等交通枢纽城市,掀起了一股建造旅馆、饭店的热潮。仅上海就有中西旅馆、饭店300多家,如维多利亚饭店、圣乔治饭店、远东饭店、爵禄饭店、金门饭店、大中华旅馆等,加上各地的交通旅馆,全国共有1000余家旅馆、饭店。

20世纪30年代,上海在中国沿海航运业枢纽的地位和中国海运中心、东亚交通中心的地位已经确立。1930年至1937年,全国新建铁路2400多千米,在建的有1000千米,国道从1927年的129170千米增长到1936年的974000千米。同期,民用航空已有中国航空公司、欧亚航空公司、西南航空公司3家,开辟了10条航线。远洋航运企业有轮船招商局、中国邮轮公司、中华航业公司等,远航于欧洲、美洲、亚洲、大洋洲之间,通信设施也有显著发展。

二、中国现代旅游业的发展(1949年至今)

(一)新中国成立后的起步阶段(1949—1956年)

中华人民共和国成立初期,国民经济迅速恢复和发展,国际威望也与日俱增,不仅有许多外国人想来华访问,广大海外侨胞也想回国探亲访友,因此,创办旅行社、开展旅行业务很快就被提到国家对外事务的议事日程上来。

1949年10月17日,以接待海外华侨为主旨的厦门华侨服务社成立,这是中华人民共和国成立后第一家旅行社。之后,泉州、福州、深圳、汕头、广州等地也设立了华侨服务社,中国旅行社的框架体系开始形成。

1954年4月15日,根据周恩来总理提议,经政务院批准,中国国际旅行社在北京宣告成立,同时在上海、杭州、南京、武汉、广州、天津等14个城市建立分社,中国国际旅行社是中华人民共和国经营国际旅游业务的第一家全国性旅行社。

1957年4月22日中国华侨旅行服务总社成立,统一领导和协调全国华侨和港澳同胞探亲旅游接待服务。

1974年1月3日中国旅行社成立,与华侨旅行总社(1973年由华侨旅行服务总社改名)联合经营。

为了加强对全国旅游工作的统一领导,1964年中国旅行游览事业管理局成立,明确了发展旅游事业的方针政策是扩大对外政治影响、为国家吸取自由外汇,中国旅游业开始发展。1965年,全国接待外国旅游者达12877人次,创历史最高纪录。

(二)中国旅游业的停滞期(1966—1977年)

1966—1977年,受政治冲击,中国旅游业处于停滞甚至倒退阶段。一方面,旅游接待成为不计成本、不讲效益的政治性任务；另一方面，国务院对接待外国旅游者的数量规模有所控制，1966 年接待国际旅游者 7590 多人，至 1974 年全国接待国际旅游者 4.49 万人，综合服务外汇收入仅 370 万美元。

在这个阶段，旅游以外事接待为主，是为政治服务的，在配合外交工作、宣传中国的建设成就、加强国际友好往来方面发挥了作用，但并没有发挥真正意义上的经济功能，不完全属于产业范畴。

（三）改革开放初期的初创阶段（1978—1987 年）

1978—1987 年是改革开放以后中国旅游业发展的第一个十年，国家为改革开放大局提出了大力发展旅游事业的要求。旅游业出生就有“为什么干”“怎么干”的问题，需要国家从战略上明确旅游业的性质和定位。国家第一个关于旅游业发展的战略性文件——《国务院关于加强旅游工作的决定》中有两个定位：第一个是双重性质双重目标，“旅游事业在我国既是经济事业的一部分，又是外事工作的一部分”，旅游业发展要“政治经济双丰收”，这是用以确定旅游业“中国式道路”特征的定位；第二个是把旅游放在经济领域中比较、调试后的定位，“旅游事业是一项综合性事业，是国民经济的一个组成部分，是关系到国计民生的一项不可缺少的事业”——这也是第一次关于产业重要性的精准定位，为旅游业在“社会经济发展阶段”的大发展中“选对跑道”“对上表”。

1979 年，全国旅游工作会议提出，旅游工作要从“政治接待型”转变为“经济经营型”，但是国内旅游方面仍实行不宣传、不提倡、不组织的“三不”方针。此时，我国的旅游业依然以发展入境旅游为主。

1982 年，中国旅行游览事业管理总局与中国国际旅行社分开，中国旅行游览事业管理总局正式更名为国家旅游局，加快了旅游业向经济产业转变的步伐。

1984 年，中央提出了加快旅游基础设施建设，要采取国家、地方、部门、集体和个人一起上，以及自力更生和利用外资一起上的方针。

1985 年，从只抓入境旅游，转变为入境旅游、国内旅游一起抓，相互促进。国务院决定把旅游事业发展规划列入国家的“七五”计划，并在“七五”计划中明确指出，要大力发展旅游业，增加外汇收入，促进各国人民之间的友好往来。旅游的产业地位首次得到明确。

（四）旅游业产业化进程阶段（1988—1997 年）

这个阶段也可以前后拉长一点，从 1986 年国民经济“七五”计划，到 1998 年 12 月，中央经济工作会议把旅游业明确为国民经济新的增长点。1981 年，国务院主持制定了旅游业第一个发展规划，在五年后列入国家第七个国民经济发展计划。五年实践、五年探索有多难可以想见，最终这个发展规划敲定了作为“国民经济一个组成部分”的产业应该有的基本政策体制保证，旅游业在国民经济的轨道上开始了产业化进程。旅游业产业化进程和国家 20 世纪 90 年代开始的扩大内需和经济结构转型同轨同频同行。旅游业随着 1992 年国家市场机制的完善而转型，主动在国民经济发展中承担更大的责任。这一阶段是开启产业化市场化发展进程的十年。

1994 年开始推动国内旅游发展时，人均 GDP 才 317 美元，而到 1998 年旅游业成为国民经济新的增长点时，人均 GDP 已经达到 873 美元。2000 年中国首次将旅游列入国债投资计划，投入 13 亿元加强旅游基础设施建设，支持项目遍及全国 30 个省（自治区、直辖市）的 114 个重点旅游区。这个阶段是国家转轨变型启动内需的经济发展阶段，中国经济进入了发展的快车道，国内旅游发展势头强劲，出境旅游冲破了多年的政策局限，形成了入境旅游、国内旅游和出境旅游三大市场全面发展的局面，旅游业这个大雪球成功从“先导性产业”轨道拐进了国内需求的“大产业轨道”。

（五）旅游业市场化进程深入阶段（1998—2009 年）

从 1998 年到 2009 年，“假日制度”推出，大众旅游风生水起，旅游市场繁荣兴旺。在国家经济整体转型的大背景下，为充分发挥旅游业在“保增长、扩内需、调结构”等方面的积极作用，《国务院关于加快发展旅游业的意见》（国发〔2009〕41 号）提出：把旅游业培育成为国民经济的战略性支柱产业和人民群众更加满意的现代服务业。这又是一次“双目标定位”，之后《中华人民共和国旅游法》的颁布体现了旅游业对国民经济作用的“增强凸显”，同时也是旅游业对国民生活重要性的“深度显现”。

这一阶段，国家经济持续发展，2006 年人均 GDP 超 2000 美元，这个跑道越来越长，雪层越来越厚，旅游市场需求催动，雪球已经大到超过所有人的预想。

（六）旅游业全面融入国家战略阶段（2010 年至今）

这一阶段的旅游业是“全面融入国家战略”的阶段。党的十八大以来，按照《国务院关于促进旅游业改革发展的若干意见》（国发〔2014〕31 号），旅游业以主动与新型工业化、信息化、城镇化和农业现代化相结合的更大格局，以对经济社会文化生态多方协同的改革精神，全面融入国家战略体系，在推动“旅游＋”“大旅游”“全域旅游”的过程中，转型升级形成新格局。按照“五位一体”总体布局和“四个全面”战略布局，“全域旅游”不仅是符合旅游业规律的发展要求，而且是促进经济社会统筹推进和协调发展的重要载体。习近平总书记指出，发展全域旅游，路子是对的，要坚持走下去。“大力发展全域旅游”成为 2017 年中央经济工作会议对旅游业定位的重要肯定。

改革开放后，我国旅游业的发展（见图 2-1）明显是一条非均衡发展的轨迹：从无到有，从小到大；从单一市场发展，逐步到三大市场全面发展；从重点地区率先发展，到全域发展；从旅游行业发展到旅游产业发展，再到“旅游＋”的产业集群发展；从单领域突进到全域发展；从单一功能到多功能的综合性。旅游产业的定位不断提升，旅游产业的能量、规模、效能不断增强。

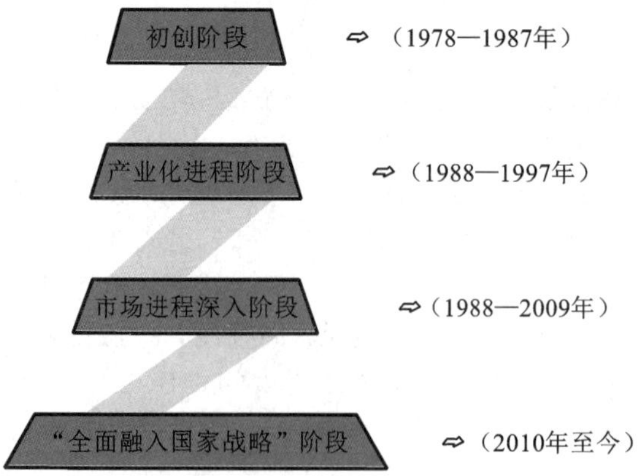

图 2-1　改革开放后我国旅游业发展格局

（资料来源：《中国青年报》，2018 年 8 月。）

党的十九大报告提出:中国特色社会主义进入新时代,我国社会主要矛盾已经转化为人民日益增长的美好生活需要和不平衡不充分的发展之间的矛盾。我国旅游业发展其实是一个行业样本,社会主要矛盾的重大转变在其中有所体现。人们的需求升级了,除了“吃没吃、吃得好不好”,有了更多的关切,关切“更好的教育、更稳定的工作、更满意的收入、更可靠的社会保障、更高水平的医疗卫生服务、更舒适的居住条件、更优美的环境、更丰富的精神文化生活”。这些“关切”是经济发展的进步,更重要的是人的格局的展开。今天的国人不仅关注怎么活着,还普遍关注个人的发展、社会的发展。人的全面发展和社会全面进步对民主、法治、公平、正义、安全、环境等各方面的需要日益增长,人民的需要从物质文化领域向物质文明、政治文明、精神文明、社会文明、生态文明全面拓展。这正是生产力决定生产关系,进入一个新的发展平台,看到的风景和要解决的问题属于新的阶段。

旅游业作为直接为人服务的行业,能够深切感受到整个社会需求提升带来的生活观念、生活水平、生活方式的各种改变。随着市场的爆炸式发展和需求的各种演变,原来尚可掌控的产业如今是“混沌世界”。业者、学者、研究者,唯在历史和趋势的大层面上,从社会发展和人民需求的这个“历史巨变”中,“对标”旅游的“吃喝玩乐”之闲事的“标度”“方位”和“节点”,能比较简明梳理出旅游业发展的基本轨迹。同时,旅游产业的“轨迹”和“定位”,也标记和标注了“社会发展阶段”主要矛盾之变。

因此,纵观我国旅游业的发展历程,不难发现,我国旅游业的发展走在一条人民需求的“渐变线上”,和这个需求恰当匹配的发展定位,不是人为定位或拔高的过程,社会主要矛盾的渐次变化决定了旅游业的作用位点不同。旅游业的定位过程,也是不断深化的旅游业和经济社会关系的一个认识过程。

本章小结

本章我们主要学习旅行到旅游发展的历史。首先,本章分析了旅游动力因素,接着介绍了一些重要的旅游促进因素。当今工业社会对旅游的发展,产生了重大影响。其次,本章简单回顾了从古罗马旅行到当今的旅游发展史。在早期,圣徒朝觐、温泉度假和大旅行都产生了深远的影响。近代,铁路、公路、航空对旅游产生了重要的影响。任何有关旅游发展的描述都离不开欧洲,因为正是在欧洲产生了各种规模的旅游。中国旅游部分介绍了中国旅游业的发展历史,它是世界旅游业发展史的一部分。

思考与练习

1. 举例说明旅游动力因素和旅游促进因素的差异。
2. 简单描述欧洲旅行发展历史,并详细叙述特定时期的状况。
3. 概述中国旅游发展历史,解释同时期中国旅游和欧洲旅游发展的相似之处和差异。

案例分析

中国旅游市场的发展

改革开放以来,我国旅游业快速发展,产业规模不断扩大,产业体系日趋完善,已经成为世界旅游大国,正在向世界旅游强国迈进。同时,我国正处于新型工业化、信息化、城镇化和农业现代化快速推进期,实现与“新四化”融合成为旅游业重要的发展方针。信息化作为新技术革命的主要内容,正在并将继续对人们的生产生活和社会交往发生重大而深远的影响。旅游活动高度依赖信息资源,信息化是将旅游业培育成为现代服务业的主要技术支撑力量。

中经未来产业研究院发布的《2016—2020年中国旅游业发展前景与投资预测分析报告》显示,2015年,全年国内游客40亿人次,比上年增长10.5%,国内旅游收入34195亿元,比上年增长13.1%。入境游客13382万人次,比上年增长4.1%。其中,外国人2599万人次,比上年下降1.4%;香港、澳门和台湾同胞10783万人次,比上年增长5.6%。在入境游客中,过夜游客5689万人次,比上年增长2.3%。国际旅游收入1137亿美元,比上年增长7.8%。国内居民出境12786万人次,比上年增长9.7%。其中因私出境12172万人次,比上年增长10.6%;赴港澳台出境8588万人次,比上年增长4.4%。中国国内旅游、出境旅游人次和国内旅游消费、境外旅游消费均列世界第一。

(资料来源:http://mt.sohu.com/20160727/n461234659.shtml.)

问题:

中国三大旅游市场迅猛发展的原因是什么?

第三章 旅游活动

学习引导

旅游活动是旅游科学的基础理论问题。本章在学习旅游活动的"艾斯特"定义和本书对其定义的基础上，进一步熟悉基于不同划分标准旅游活动的分类，重点讲解国内旅游、国际旅游、团体旅游和散客旅游；分析旅游活动的特征及未来发展趋势，需要重点理解旅游活动的季节性、地理集中性以及旅游模式的规范性；在对旅游活动的发展历程进行简要概述和分析现代旅游活动发展的基础上，预测其未来发展趋势。

学习重点

通过本章学习，重点掌握以下知识要点：

- 旅游活动的概念
- 旅游活动的类型
- 旅游活动的特征
- 旅游活动发展趋势

核心概念

旅游活动 Travel Activity　旅游主体 Tourism Subject
旅游客体 Tourism Object　团体旅游 Group Inclusive Tour
散客旅游 Independent Tour

第一节 旅游活动的概念

旅游活动是在一定社会经济条件下产生并发展起来的一种社会生活现象，是人们出于和平目的的非定居者的旅行和暂时逗留全过程的综合性活动。只有清楚地了解旅游活动的基本含义、类型和特征，才能深入理解旅游活动中的问题。

一、旅游活动的定义及属性

(一)旅游活动的定义

从旅游专业研究文献中不难发现，旅游活动多种多样，不仅包括人们出于观光、度假、娱乐等消遣性目的而外出的旅游活动，还包括因出席会议、洽谈商务、修学求知或进行科学考察外出的旅行活动。

20 世纪 70 年代，国际旅游科学专家协会(International Association of Scientific Experts in Tourism)，将瑞士学者汉泽克尔和克拉普夫在 1942 年提出的“旅游是非定居者的旅行和暂时逗留而引起的现象和关系的总和，这些人不会导致长期定居，并且不从事任何赚钱的活动”被采用为该组织对旅游的标准定义，因此，这一定义常常被人们简称为“艾斯特”(AIEST)定义，该定义反映了旅游活动异地性、暂时性、非移民性和非就业性，学术界将其作为旅游活动的专业定义。

世界旅游组织对旅游活动的定义是，人们离开惯常环境并停留在一个地方，连续停留时间不超过 1 年，以休闲、商务和其他目的为目的的活动。这个定义可以细分出四个限制性因素：首先，旅游被定义为一种活动，不是一个产业，这是从需求的角度来定义的；其次，旅游活动需要离开其惯常环境并停留在目的地；再次，旅游活动有个时间限制，连续停留时间不超过 1 年；最后，旅游不仅以休闲为目的，以商务为目的的活动也包括在内。

本书中考虑到旅游活动涉及的人、物、空间等各方面，而且是一种动态的过程，是人们游览全过程的一种活动，于是将旅游活动定义为，在一定经济社会条件下产生、发展起来的社会生活现象，是人们出于移民和就业任职之外的其他任何原因离开自己常住地前往异国他乡的旅行和在外逗留全过程的综合性活动。

旅游活动是一种社会生活现象。社会是人与人关系的总和，旅游活动并非孤立产生，而是在一定的社会经济条件下出现的社会生活现象。旅游既是一种社会需要，又是一种生活消费需要。原始社会，社会生产力低下，人们劳动所获十分有限，人们的社会活动也仅限在氏族部落范围内进行，所以不会产生早期的旅行活动。古代和近代旅游活动的出现和发展，以及现代旅游活动大规模、大范围地进行，是社会生产力发展的结果。不同时代社会生产力及经济条件的差别，又导致旅游活动在各个时代从形式到内容都有所差异。

旅游活动成为新的消费形式。随着人们生活水平的提高，在满足基本生活需求之后，利用闲暇时间和满足基本生活开支之外的收入开展旅游活动成为多数人的选择，利用旅游活动来放慢生活节奏、享受生活。旅游活动已经成为人们的一种新的消费形式。

旅游活动包括旅行和游览全过程，具有暂时性和非就业性。旅游活动的全过程包括两部分:一部分为实现空间转移上的旅行,主要表现在离开惯常居住地前往旅游目的地的过程,在旅游目的地之间的空间转移以及结束游览返回居住地的旅行;另一部分为在旅游目的地逗留参与的各项活动,在逗留过程中会涉及住宿、餐饮、娱乐、购物、短程交通等活动。

(二)旅游活动的属性

1. 社会属性

旅游活动是一种社会现象,在不同社会时期,旅游现象具有不同的特点。

2. 经济属性

旅游活动尤其是现代旅游,与经济的关系十分密切。其具体表现为,经济发展的水平决定着旅游的规模、内容、方式和范围;旅游的发展又促进着社会的进步和经济的繁荣。

3. 文化属性

旅游活动是人类在基本生存需要得到满足后产生的一种精神文化追求,包括休闲、追求体验、获得新知等,是人类社会的一种文化现象。

4. 政治属性

旅游活动与政治的关系十分密切。其具体表现为,稳定的政治环境才会促进旅游的发展;旅游活动作为一种交往活动,有利于加强民族的相互了解和友谊,有利于改善国际关系和促进世界和平。

从旅游者的角度分析旅游活动的本质属性,是从旅游活动产生的原因看,旅游活动是人类在基本生存需要得到满足后产生的一种精神文化需求,本质属性是文化属性。而从旅游经营者的角度,是从旅游活动兴起的原因看,因为经济利益的驱动,旅游可以产生巨大的经济效益,所以从该角度,旅游活动是一种经济现象,本质属性是经济性。从不同角度出发,旅游活动的本质属性有所区别,目前学术界对于旅游活动的本质属性尚存争议。

二、旅游活动的要素

人们离开常住地进行旅游活动的过程中,涉及自然环境、政治、经济、文化、科技等因素,面临食、住、行、游等问题。旅游活动是一项涉及面广、综合性强的活动,它的进行需要一定的条件。在此对旅游活动的要素进行探讨。

"旅游活动的要素"这一表述,在某些情况下,用来指旅游活动的内容,即构成旅游活动的要素有哪些;而在有些情况下,旅游活动指旅游活动得以开展需要涉及的要素,即旅游活动体系的构成要素。

旅游者的旅游活动需要借助一定的交通工具实现空间上的转移,前往异地的旅行过程中需要食宿、参观和游览,此外,还需要娱乐消遣和购物活动,上述需要共同构成完整的旅游活动。因此,从旅游活动内容的构成要素而言,基本要素包括食、住、行、游、购、娱,其通常称为旅游活动六要素。如今,激发人们旅游的动机和体验要素越来越多,有研究者提出拓展新的旅游要素。传统的六要素为旅游基本要素,新的六要素"商、养、学、闲、情、奇"为旅游发展要素或拓展要素。"商"是指商务旅游,包括商务旅游、会议会展、奖励旅游等旅游新需求、新要素;"养"是指养生旅游,包括养生、养老、养心、体育健身等健康旅游新需求、新要素;"学"即修学旅游,它不是单纯的旅游也不是纯粹的留学,而是介于游与学之间,贯穿了语言学习和参观游览，包括修学旅游、科考、培训、拓展训练、摄影、采风、各种夏令营和冬令营等活动；"闲"指休闲度假，包括乡村休闲、都市休闲、度假等各类休闲旅游新产品和新要素，是未来旅游发展的方向和主体；"情"则指情感旅游，包括婚庆、婚恋、纪念日旅游、宗教朝觐等各类精神和情感的旅游新业态、新要素；"奇"是指以探奇为目的的旅游新产品、新要素，包括探索、探险、探秘、游乐、新奇体验等，在我国发展迅速。新六要素也只是基于现阶段实践的总结，今后还会拓展出更新、更多的旅游发展要素。但目前得到统一的是"食、住、行、游、购、娱"六要素。

从旅游活动整个体系而言，旅游活动又可分为三个基本要素。旅游活动由旅游主体、旅游客体、旅游媒体三个基本要素组成，旅游活动的主体即旅游者，旅游活动的客体即满足主体来访目的的旅游资源或旅游对象，旅游活动的媒体即帮助主体完成旅游经历，为其提供各种便利服务的旅游业，三者缺一不可。三个基本要素相互作用、相互联系、相互制约，构成旅游活动这一复杂的综合性整体——人类生活的高级消费形式，并产生经济效益和社会效益（见图 3-1）。

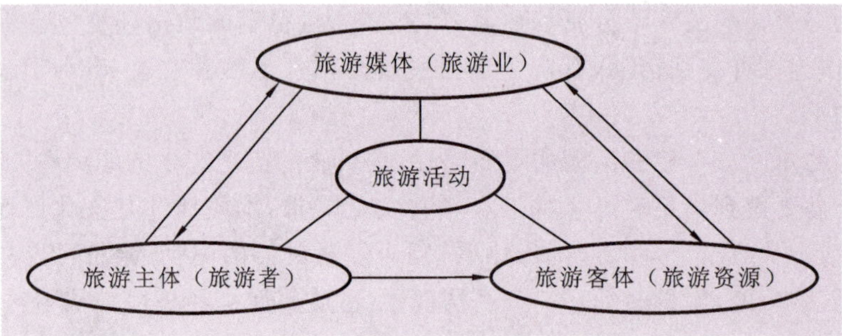

图 3-1　旅游活动的构成

旅游活动的"六要素说"和"三体说"是旅游学界普遍认同的。在此基础上，国内外学者也提出了不同看法。加拿大学者斯蒂芬·史密斯认为，旅游是一种人类经历、一种社会行为，是一种地理现象、一种财源、一种商业活动和一种行业。谢彦君指出，"要素论"以旅游过程为主线，实际上没有抓住主要矛盾，是功利性的。旅游活动既包括旅游者活动，也包括旅游产业活动。吴必虎的分析更为全面、深刻：六要素仅反映了直接与旅游者接触的因素，主要包括旅行服务、接待服务、游览和娱乐服务方面的条件，甚至有些直接与旅游者接触的因素，也未能完全概括，如面向旅游者的各种信息产业活动（旅游信息和旅游目的地营销）、旅游者途中接触到的自然环境和社会文化环境等，而这些因素对旅游活动产生的影响有时是不可忽视的。"三体说"未必能充分考虑到对三要素发生重要影响的政策、法规、文化传统等支持系统的作用。运用系统理论，西方提出的旅游系统涉及客源地（旅游需求）、目的地（旅游供给）、其间的通道或渠道（信息、交通、营销等）三大子系统。而东方国家的政府力量相对更为强大，在中国增加了一个支持系统，支持系统包括政策法规、生态环境、基础设施和社区设施。吴必虎提出的游憩活动（旅游活动）是一个开放的系统，包括客源市场系统、出行系统、目的地系统和支持系统四个部分，对四个部分的详细描述如图 3-2 所示。

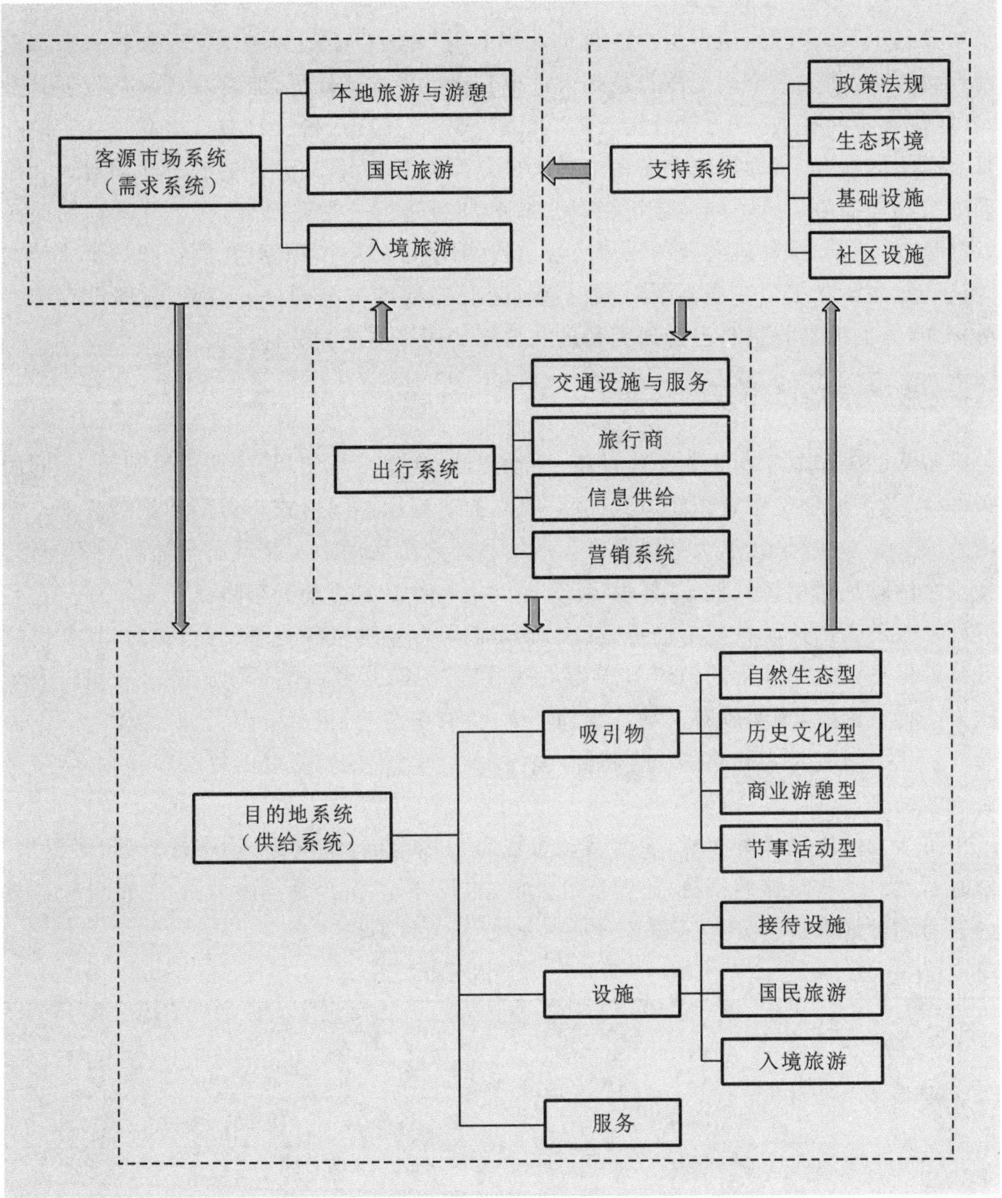

图 3-2　旅游活动系统

（资料来源：吴必虎，1998 年。）

第二节　旅游活动的类型

随着现代旅游活动的大众化、多样化，旅游活动已成为大众的消费形式，参加旅游的人数越来越多，人们既有乘飞机、汽车、火车、轮船旅游，也有自己驾车、骑自行车和徒步旅游。

除观光、度假、商务和会议旅游外，生态旅游等各种专项旅游活动更是精彩纷呈；科学技术的进步和交通工具的发展，使得世界各地的距离日趋“缩小”，加上人们求知、探秘和猎奇欲望的增长，使旅游活动的空间范围日益扩大。第二次世界大战以后，旅游业产业化程度日益提高，产业规模不断扩大，成为持续增长的“朝阳产业”。在现代科技日益进步和世界旅游业竞争日益激烈的情况下，为适应旅游者多层次多方面的需求，各式各样的旅游活动形式和旅游活动项目应运而生。将不同的旅游活动形式和项目进行分类并研究，对于开发利用旅游资源、组织旅游活动、推动旅游业的发展有着重要作用，以旅游市场营销、测量和评价旅游的影响为代表的旅游学术研究也需要对旅游活动进行必要的类型划分。目前，我国没有统一的划分标准，人们通常根据自己的研究目的和角度选用不同的划分标准。

一、旅游活动类型及其分类

旅游活动类型是指由于旅游者动机、活动范围、交通工具使用、旅游资源利用、不同的经济条件，以及旅游业经营者组织方式的不一样，而表现出不同形式与类型的旅游活动。根据国内外的资料与实际情况，大致可称之为现实具体旅游活动中所表现出来的若干不同形式，包括旅游活动项目的差异性、多样性、特色性。每一种旅游活动类型得以产生，首先，它是以能够激发旅游者的旅游欲望为前提；其次，它是以可开发的资源为基础的；最后，它是以旅游业经营者提供的设施和活动组织方式为条件，以旅游经营者提供不同旅游需求相应的活动方式为产物。因此，现实旅游活动类型的产生，具有旅游者、旅游资源、旅游经营者三方面互为条件、互为作用、互为影响的综合特征，缺一不可。当代旅游活动的复杂多样，必然带来了旅游类型的多样性。

旅游活动的类型多种多样，旅游活动可以以地域范围、组织方式、旅行距离、消费水平、停留时间、费用来源、旅游动机、旅游资源性质、旅行方式、旅游者年龄身份、住宿设施等方面的内容为划分标准进行分类（见表 3-1）。

表 3-1　旅游活动的类型

划分标准	类型	
地域范围	国际旅游	跨国旅游、洲际旅游、环球旅游
	国内旅游	地方性旅游、区域性旅游、全国性旅游
组织方式	团体旅游	
	散客旅游	自助旅游、半自助旅游
旅行距离	远程旅游、近程旅游	
消费水平	豪华型旅游、标准型旅游、经济型旅游	
停留时间	过夜游、不过夜游	
费用来源	公费旅游、奖励旅游、自费旅游	
旅游动机	观光旅游、文化旅游、度假旅游、商务旅游、宗教旅游、修学旅游、娱乐消遣旅游等	
旅游资源性质	海岸带旅游、温泉旅游、森林旅游、名山旅游、江河旅游、农业旅游、乡村旅游、民族风情旅游、美食旅游等	

续表

划分标准	类型
旅行方式	航空旅游、铁路旅游、汽车旅游、游船旅游、自行车旅游、徒步旅游、太空旅游、观光马车旅游等
旅游者年龄身份	青少年旅游、中老年旅游、学生度假旅游、新婚蜜月旅游、干部休假旅游等
住宿设施	豪华宾馆、中等旅馆、一般旅馆、帐篷、旅游民宿等

(一)按照旅游活动的地域范围划分

按照地域范围划分,旅游活动可分为国际旅游和国内旅游两种形式。

国际旅游是指跨越国界的旅游活动,包括入境旅游和出境旅游。前者指外国居民到本国的旅游活动,后者指本国居民到他国的旅游活动。中国的出境旅游指的是中国内地居民(目前不包括港澳台居民)到其他国家或特定区域开展旅游活动。因此,我国内地旅游统计资料上将我国香港、澳门、台湾地区游客赴内地旅游,内地游客赴我国香港、澳门、台湾地区旅游也纳入国际旅游中。国际旅游又可分为跨国旅游、洲际旅游和环球旅游。跨国旅游,是指离开常住国到他国的旅游活动;洲际旅游,是指跨越洲际界限的旅游活动;而环球旅游,是指以世界各州的主要国家的港口风景城市为游览对象的旅游活动。

国内旅游是指国家内的居民离开常住地到国内另一地方进行的旅游活动。按照旅游范围的大小,国内旅游可再分为地方性旅游、区域性旅游和全国性旅游等形式。国内旅游的特点是,对进行这种旅游活动的人没有国籍的限制,游客可以是本国公民,也可以是常住本国的外国人。

一般来说,国内旅游的发展先于国际旅游的发展。比如欧美等旅游业发达的国家,20世纪50年代初,居民大多进行国内旅游,参与国际旅游的人数相对较少,进入20世纪60年代后,出国旅游的人数不断增多。再如经济较为发达的日本,居民出国旅游是到20世纪70年代以后才发展起来的。那么,国内旅游与国际旅游存在哪些差别呢?差别不仅仅是简单的跨越国界,还有国内旅游旅程相对较短,旅游费用较低,所需时间较少,而且国内旅游文化和语言等障碍少,不需要办理护照与签证等繁杂的手续。因此,国内旅游是旅游业发展的基础,国际旅游是国内旅游的延伸。

(二)按照旅游活动的组织方式划分

按照组织方式划分,旅游活动可分为团体旅游和散客旅游两种形式。

1. 团体旅游

团体旅游(Group Inclusive Tour,GIT),也称集体综合旅游或团体包价旅游,指将一定数量的有着共同或相似目的的人们组织起来,人数达到一定规模后有组织地进行集体旅游活动。通常我们所说的团体是指有组织的接受旅行社安排旅游活动的旅游。按照国际惯例,所谓团体是指参加旅游的旅游者至少为10人的旅游团。旅游者一般按旅游批发商制定的日程、路线、交通工具、收费标准等做出抉择后事先登记,付款后到时成行。优点是日程、线路、所住旅馆、参观景点都按计划进行,安全舒适,价格也相对便宜,尤其去某些语言不通的国家和地区,团队派有导游,这种旅游方式颇受旅游者欢迎。团体旅游的组织者多为旅行社，还有政府部门、企业和社会组织。团体旅游是自20世纪50年代以来旅游活动中所采取的主要方式，在国际旅游和国内旅游中都广泛存在。团体旅游具有方便、经济、顺利和安全等优点，但在日程、线路、观光停留时间等方面不自由。

2. 散客旅游

散客旅游，又称自助或半自助旅游，在国外称为自主旅游(Independent Tour)，相对于团体而言，人数较少，不通过旅行社组织或者旅游者只委托旅行社购买单项旅游产品或旅游线路产品中部分项目的旅游活动。它是旅游者根据自身兴趣，自行设计旅游线路和活动项目，个人、家庭或朋友结伴而行，零星现付各项旅游费用的旅游形式。目前，散客旅游市场正日益扩大，我国的合资、外资企业中的外籍员工以及较富裕的民众，为旅游业提供了潜在的散客客源。在客源竞争十分激烈的情况下，散客旅游业务开展得成功与否，对旅行社的发展和经济效益的好坏将起着非常重要的作用。"散客"并非只是单个旅游者，可以是一个家庭、几个朋友，或者是临时组织起来的散客旅游团；散客并不意味着完全不依靠旅行社，全部旅游事务都由旅游者自己办理。实际上不少散客旅游活动都借助旅行社的帮助，其旅游日程、线路等由旅游者自行选定，然后再由旅行社做某些安排，如出游前的旅游咨询、交通订票、客房代订、安排导游等。散客旅游在线路、观光停留时间、费用上有很大的自由性，但是旅游者自身需要花费大量时间查询资料和进行旅行安排，旅游过程中各项事情也难以预料。

(三)按旅游资源性质划分

按照资源性质划分，旅游活动可分为海边旅游、山地旅游、城市旅游、温泉区旅游等。西班牙没有特殊的自然风光，文物古迹也不如希腊、意大利，但它的旅游业收入却占据欧洲第一，为什么会出现这种好局面呢？原因是欧洲大部分国家多阴雨天，人们有强烈的晒阳光的需求，而西班牙的气候是干燥的地中海气候，十分方便人们晒太阳。他们利用自己这种有利的自然资源，在地中海沿岸开拓了阳光海岸旅游区，接纳了大批欧洲旅游者前来度假晒太阳，使国家取得了大笔可观的外汇收入。又如日本，尽管国土面积不大，旅游资源不多，但它是海中岛国，有丰富的地热温泉资源。日本就广泛利用这一资源来发展旅游业，建立了许多温泉疗养旅游胜地。一个国家或一个地区，必须根据本地旅游资源的状况，因地制宜地确定自己的发展重点。

(四)按住宿设施特征划分

按照住宿特征划分，旅游活动可分为包括豪华宾馆、中等旅馆、一般旅馆、帐篷、旅游民宿等。对中国来说，有部分来华的国际游客，对于住豪华的高楼大厦并不十分感兴趣，因为这种建筑在他们国家已司空见惯，来华正是想体验与众不同的生活方式，所以那些建筑别致的民族式的居舍，如蒙古包、陕西窑洞、云南竹楼、北京四合院、绍兴园亭木屋，只要内部卫生舒适，服务周到，便会得到青睐，不仅让外国旅游者愉悦度过假期，而且传播了中国传统文化，真乃两全其美。

二、旅游活动基本类型及其特点

旅游者外出旅游有不同的目的，据此可将旅游活动划分为观光旅游、文化旅游、度假保健旅游、商务旅游、宗教旅游、修学旅游和娱乐消遣旅游等。按旅游目的划分的旅游活动类型是旅游活动最基本的类型，都具有自己的特点，对于研究旅游市场需求具有重要意义，以下对不同类型进行着重分析。

（一）观光旅游

观光旅游是指以领略异地他乡的自然风光、都市景观或社会风情为主要内容的旅游活动，从中获得自然美、艺术美、社会美的审美情趣，达到消遣娱乐、休闲和愉悦身心的效果。观光旅游是世界上最古老、最常见、最基本的旅游类型，是世界上开展最为普遍的旅游活动类型，也是我国旅游类型的主体，还是我国接待量最大的旅游类型。随着大众旅游需求的持续增长和不断升级，传统的单一观光旅游市场越来越窄，现在大多通过发展海钓、狩猎、房车露营等新产品为旅游者创造愉悦的新渠道，形成新的旅游观光模式。

此类型的旅游对旅游目的地社会生活参与程度低，活动更多是被动地进行，其特点如下：

（1）它一般以旅游者对旅游吸引物的静态观赏为主，通过观赏游览异国他乡的自然景观和人文景观，增长见识、开阔视野、陶冶情操，获得新、奇、异、美、特的感受。但是缺乏活动中的参与性和交流性。

（2）观光旅游者更喜欢知名度较高的旅游地。

（3）观光旅游者流动性大，实现的消费量不大；旅游者对旅游景点特色和价格比较敏感，花费普遍较少。

（4）与度假旅游相比，其活动空间更大，但在各个游览地逗留时间短。

（二）度假旅游

度假旅游是为了摆脱日常工作和生活环境造成的身心紧张，而去海滨、山区等环境优美的地方放松一段时间的旅游活动。它以松弛精神、享受临时变换环境所带来的欢愉为主要目的。由于度假旅游能够调节人们的生活节奏，摆脱日常紧张工作带来的烦恼，此类型的旅游者日趋增多。近代真正意义上的度假旅游源于20世纪30年代欧洲旅游度假区的兴建，在第二次世界大战结束后，随着世界经济的飞速发展和带薪假日的实行，度假旅游在世界范围内迅猛发展，并形成产业化的规模。从度假旅游的发展轨迹可以看出，近代以度假旅游为主要形态的休闲经济的崛起，不仅是对人本意义的超越，也是一种社会发展与文明程度的标志。在发达国家，度假旅游所占比重最大。其特点是追求娱乐、参与、消遣、刺激和享受；对旅游产品的质量、旅游安全和价格比较敏感；外出季节性较强，几乎都会选择旅游目的地最好的季节，利用带薪假期外出旅游；对旅游目的地和旅行方式的选择自由度大；重游率较高，出游和停留时间较长。经过多年的发展，在步入以经济全球化和知识经济为主要特征的今天，度假旅游呈现出一些新的发展趋势。

1.全球化趋势

随着知识经济的发展，人们文化水平的提高，人们的思想观念和社会形态发生了很大变化。全球旅游也已经开始由20世纪以传统走马观花式为主的观光旅游，向在一地的停留时间相对较长、更加强调休息与放松，以促进身心健康为目的的度假休闲旅游转变。如今，在欧美等发达国家，度假旅游已经成为一种势不可挡的潮流。据统计，法国度假旅游者已占全国人口的58%，英国这一比例高达70%，美国的度假旅游者占出国旅游者的60%左右。同时，度假旅游大众化的趋势也越来越明显。

2. 市场化趋势

在古代的欧洲和中国，度假旅游只有贵族和特权阶层能够享受。中华人民共和国成立后，为体现党和国家政府对工人阶级的关怀，中央有关部门及地方政府、企业先后在北戴河、黄山、庐山等地修建了一批具有度假村性质的疗养院，以接待离退休干部或先进工作者、劳动模范。但这种社会福利性的休养度假，在改革开放后很快被市场化的旅游经营所取代。在西方，度假旅游早在16世纪就步入了市场化运作的轨道，像早期比利时以矿泉闻名的斯巴小镇、美国纽约卡茨基尔山度假中心这些度假胜地，以及法国的地中海俱乐部这样的度假组织都是通过市场孕育产生和发展起来的。

3. 产业化趋势

20世纪欧美发达国家推行带薪休假，有力地推动了度假旅游的蓬勃发展。21世纪第三世界国家经济的崛起，进一步刺激了度假旅游的产业化发展，使度假旅游不再是少数人奢侈的生活方式，而成为一种大众化的活动。从世界性的度假目的地和客源的空间组合来看，旅游度假区已逐步由以往集中在环加勒比海、环地中海地区，扩大到南太平洋澳大利亚黄金海岸、东南亚等地区。随着世界重心向亚太地区转移，亚太地区将涌现出更多新兴的旅游度假地。而且，世界各国为满足本国旅游者的度假需求，还先后修建了不同规格档次、不同类型的旅游度假区。这些度假区是度假旅游的重要依托，其规模化的建设是度假旅游产业化发展的重要标志。据世界旅游组织的相关统计，度假旅游产品已常年占有旅游市场20%的份额，它对于旅游产业结构调整起着积极作用，是旅游业向纵深发展的标志。

4. 生态化趋势

旅游者前往旅游度假区主要是为了摆脱城市生活带来的负效应、环境的污染及错综复杂的社会关系，以达到回归自然、放松心情的目的。西班牙国家旅游局的抽样调查分析结果表明，愿意到恬静的环境中的度假旅游者占调查人数的52%。对我国上海市民周末度假旅游意向调查结果显示，选择“回归大自然、野趣浓、环境幽静”为目的地者占51.2%。由此可见，优美的生态环境对于度假旅游具有重要意义。近年来，度假旅游的开发已经开始日益重视度假旅游目的地生态环境（空气质量、地表水质、噪音状况）、污染控制和管理、环保设施建设等方面的质量等级水平。而且，在生态旅游这一态势下，度假旅游在游憩活动开展的同时，还十分注重生态平衡的保持，努力使旅游者的活动及当地居民的生产和生活与旅游环境融为一体，以实现“保护—利用—增值—保护”的良性循环。

5. 战略化趋势

度假旅游促使旅游产品升级换代，对于旅游产业结构调整起着重要作用。这种产业发展的趋势以及度假旅游带来的巨大经济效益与社会效益，使度假旅游在国民经济中的地位越来越显著，其战略化发展的趋势已受到政府及理论界的密切关注。总体说来，度假旅游的开发方向应当以特色为战略灵魂、以质量为战略根本、以效益为战略目标、以产业为战略水准，在宏观层面上重视政府主导战略、产品开发战略、形象建设战略、产业融资战略、市场开拓战略、科技支撑战略的综合运用。

6. 创新化趋势

度假旅游是旅游业发展的一种高级形式和创新发展结果，在此基础上，度假旅游还必须不断持续创新以适应不断变化的、多样化的旅游市场需求。当今，度假旅游已经成为人们一种必不可少的生活方式，度假客源也由以团队为主转向以散客为主，不带孩子的伴侣在度假者中占据越来越大的比重，无主题的度假旅游向有主题的度假旅游转化，度假旅游的发展新特点都表明，度假旅游的开发经营必须在规划模式、管理理念、产品开发、营销管理体制、品牌体制等方面进行创新，才能持续健康发展。

7. 产品化趋势

度假旅游发展的一个显著特征是其产品化趋势越来越明显。度假旅游发展之初是疗养康复阶段，这一阶段的主要产品是海水浴、温泉浴、矿泉浴、阳光浴、医疗保健以及少量的娱乐活动。度假旅游发展到第二阶段是疗养与游乐相结合阶段，这一阶段在传统的温泉浴、医疗浴的基础上增加了许多参与性体育运动与娱乐项目，主要以水上或陆地体育活动和室内游乐为主，如划船、捕鱼、网球、保龄球等。度假旅游发展到现在已进入游乐度假阶段，这一阶段的旅游产品出现了多样化、高科技化等诸多特点，出现了众多大型的旅游度假村、度假俱乐部以及大型的度假娱乐设施，如高尔夫球馆、大型游乐场等。

8. 享乐化趋势

度假旅游强调休闲和娱乐，为了满足旅游者的这种享受的需要，旅游经营者们不断开发与增加旅游产品的享乐性功能。一般大型的旅游度假区虽然在生态环境方面追求回归自然，在服务娱乐设施上一般都设有高尔夫球场、网球场、游泳池、健身房、饭店、餐厅，以及可以为旅游者安排各种演出活动的娱乐中心等，使旅游者在尽享大自然之美的同时，也能尽享家庭之舒适与温馨，还能尽享康复、餐饮、休闲、娱乐之便利。为使不同年龄和不同生理特点的旅游者都享受到度假旅游的乐趣，旅游经营者倡导无障碍型度假硬件设施与服务，不仅为残疾人提供特殊服务，也为老人、妇女、儿童提供各种便利。此外，为使旅游者在生理方面获得享受的同时获得更多心理上的享受，旅游经营者越来越注意将文化因素引入度假旅游产品设计，使度假旅游者尽享民俗、文化和艺术的乐趣。

（三）文化旅游

文化旅游是指带有文化考察、文化交流、文化学习等目的，以满足人们文化知识需要而进行的旅游活动。文化旅游即通过旅游实现感知、了解、体验不同文化具体内容之目的的行为过程，泛指以鉴赏异国异地传统文化、追寻文化名人遗踪或参加当地举办的各种文化活动为目的的旅游。其一般涉及体验目的地的民族历史、生活方式、风俗习惯、民族艺术、社会组织以及文化教育。知识性和参与性是这类旅游活动的突出特点，寻求文化享受已成为当前旅游者的一种风尚。人们通过文化旅游可以得到积极的休息和娱乐，同时获得知识的启迪和充实。随着教育的普及和现代科学技术的日益发展，人们文化素质不断提高，意识观念日益更新，反映在旅游活动中，即追求文化知识的欲望越来越强，将旅游活动中包含的文化知识作为衡量旅游活动是否丰富的标准之一。将文化与旅游活动结合起来以吸引旅游者的活动类型引起了各地区旅游业界的重视。

中国拥有众多文物古迹和自然资源，是吸引国外旅游者开展内容丰富的文化旅游的重要资源。近些年来，我国已经接待了大批学习汉语、针灸、中国烹饪的外国旅游团，还有众多参加中医药文化交流、书法绘画交流等活动的旅游团。

文化旅游的特点有：

（1）旅游者具有较高的文化素养和较强的求知欲，渴望通过旅游活动来学习各方面的知识，开阔视野。

（2）多数旅游者具有某种专长或特殊兴趣，乐于与人切磋交流，相互启发，提高专业水平。

（3）对导游的文化知识有较高的要求，对某方面的专业知识深度有一定要求，对旅游日程安排的周密性和旅游线路的科学性比较敏感。

（四）宗教旅游

宗教是人类文化的瑰宝，对人类的发展有着深远的影响和巨大的推动作用。宗教旅游是一种以宗教朝觐为主要动机的旅游活动，是世界上很古老和稳定的旅游类型。在古代，宗教信徒是较早的旅行者，他们带去了文化的融合与发展，也促进了各国之间的交流与进步。不管是玄奘西行还是鉴真东渡，其意义皆非比寻常。宗教信徒都有朝圣的历史传统。凡宗教创始者的诞生地及其遗迹遗物等，甚至传说"显圣"地以及各教派的中心，都可成为教徒们的朝拜圣地。

宗教型旅游者主要是通过旅游达到宗教交流、陶冶身心、祈求平安的目的。例如，希罗多德（古希腊史学家）不畏旅途的艰险，游历了腓尼基、埃及、希腊、黑海等地，记载下各地的历史和习俗。在封建社会，宗教朝圣活动得到了进一步的发展，中世纪的欧洲国家大多是政教合一的国家，时至今日，一些国家和地区的宗教朝圣活动仍久盛不衰。如今，越来越多的人选择到宗教圣地旅游和重拾情怀。随着科技的发展与文化的进步，宗教圣地的"特色文化"也越来越多样化，能够给予人们更多精神熏陶上的选择与寄托。其特点是具有宗教信仰、知识或出于兴趣；注重宗教景点场所的原真性和接待形式的规范性，强调灵验性和归宿；具有很高的市场稳定性和重游率。

（五）商务旅游

商务旅游泛指工商界人士因商务目的而去异国他乡的访问活动。其特点是参加者有一定的身份地位，对旅游产品和服务质量要求较高；费用主要为团体的公费开支，支付能力较强，对价格不大敏感，消费较高；因公务在身，他们对旅游目的地和旅游时间没有太多选择余地，一般以就近短途和短时为多；人数相对较少，但出行次数较多，季节性不强。因此，商务旅游是颇有价值的市场，尤其对航空公司、饭店企业等来说更是如此。

全球差旅管理巨头嘉信力旅运公司（Carlson Wagonlit Travel，简称 CWT）的一项名为"更快、更智能、更好"的研究发现，影响未来商务旅行发展较大的五个趋势是移动技术、定制化、分享经济、新的预订解决方案和虚拟支付。研究发现，旅行者的期待越来越高，移动技术和定制化的趋势不言而喻，消费者在日常生活中对移动设备严重依赖，并且期待其延伸到工作中。由于消费者与移动设备的连接愈加紧密，消费者希望旅游服务能够更加定制化。新的预订解决方案也是影响商务旅行发展的主要趋势之一，价格追踪技术及配套酒店产品属于此列，预订中止和重新预订也划分在预订技术的范围内，这其中涉及的趋势包括移动技术、大数据和个性化。虚拟支付对商务旅行具有广泛的影响，预订时使用虚拟支付能使差旅费用管理更加简单，并鼓励商务旅行者服从差旅政策。

（六）保健旅游

久居都市的人们，总向往到空气较为新鲜的大自然去锻炼身体。而著名的园林景区、自然保护区、避暑疗养地，更以其清新的空气、宜人的气候、丰富的景观，吸引着中外旅游者。在这种优良的环境中，保健旅游发展迅猛。保健旅游是指旅游者以治疗疾病、恢复健康、强健身体为主要目的的旅游活动类型。主要有疗养旅游、休闲度假旅游、温泉旅游、森林旅游、体育保健旅游、气功专修旅游等形式。保健旅游作为旅游产品，除了具备一般旅游区的常规旅游环境和旅游设施条件，还需要为旅游者提供较好的保健、医疗服务和设施。保健型旅游者的主要目的是通过参加有益于身心健康的旅游活动，治疗某些慢性疾病、消除日常疲劳。其特点是：

(1) 旅游者对自然环境条件有明确的选择。喜欢去气候温和、阳光充足、环境幽雅、空气清新和远离喧嚣的地方。

(2) 保持健康或恢复健康的欲望较强，对旅游项目中保健、康体、医疗等功能比较敏感。旅游者带有明确的目的性，以身体保健为主，以观光和娱乐为辅，旅游与健身有机结合。

(3) 参与此类旅游活动的旅游者具有较明显的年龄构成，主要为发达国家的某些旅游者、经济收入较高且有较多闲暇时间的旅游者、参加疗养的中老年旅游者和参加体育旅游的中青年旅游者。

(4) 旅游者停留时间较长，近距离旅游者居多。

（七）生态旅游/探险旅游

“生态旅游”这一术语，是由世界自然保护联盟于 1983 年提出的，其强调的是对自然景观的保护和可持续发展的旅游。1993 年，国际生态旅游协会将其定义为具有保护自然环境和维护当地人民生活双重责任的旅游活动。或解释为，在一定的自然区域中保护环境并提高当地居民福利的一种旅游行为。这种保护自然的理念和行为的终极目的是以人为本，保护人类自己。

世界各国根据各自的国情，开展生态旅游，形成了各具特色的生态旅游。生态旅游发展较好的西方发达国家包括美国、加拿大、澳大利亚等国，目前，这些国家的生态旅游产品已从原来的人文景观和城市风光，升级为“保护较为原始的大自然”，其中最具代表的是定位为自然生态系统优良的国家公园。生态旅游/探险旅游是目前旅游市场新兴的一种高级旅游形式。生态旅游是在保护生态环境的前提下开展的一种以生态景观欣赏和体验为内容的自然旅游活动，生态旅游者/探险旅游者的主要目的是通过旅游来接触大自然、了解大自然、宣传和保护大自然，在休息和娱乐的同时获得知识的启迪和充实自己。生态旅游所选择的生态景观一般是原始未开发的原生态环境；参加者必须具备环境保护意识和行为习惯；在规划方面，为了体现对生态旅游目的地生态环境的保护，需要对旅游者数量进行严格的限制，同时对接待设施也需要进行严格的控制。生态旅游者的特点是具有丰富的自然科学、社会科学综合知识，较强的生态保护意识和求知欲；具有某种专长或特殊兴趣，乐于与当地居民交流；一般经过专门培训，有基本的生存本领；对接待设施和服务内容相对较宽容，但对旅游日程安排的周密性和旅游线路的科学性比较敏感。

(八)新型旅游

旅游活动已经成为当今人们最热衷的一项活动,在中国市场体系日趋成熟、产业规模逐步扩大、产业结构不断优化、产业能级不断提升的同时,旅游活动的各种新型业态也相应地开始大量涌现。这些新型业态在原来传统旅游活动的基础上经过不断发展、演变、融合、创新,逐渐成为构建整个"大旅游业"的新生力量和主力军。新型旅游活动包括在原有旅游业态的基础上,由市场需求作为动力而推动衍生出来的之前没有的一批新的旅游活动方式。

现阶段在国内外特别是欧美等西方发达国家,诸如商务旅游业、会奖旅游业、文化娱乐旅游业、旅游信息业、修学旅游业、邮轮旅游业、营地旅游业、租车旅游业、影视旅游业、医疗旅游业等众多新兴旅游活动都已经有相当大的发展。除此之外,背包旅游、换房旅游、分时度假、科技旅游、军事旅游、数字旅游等众多新型旅游方式也相继出现。

(1) 基于自然环境基础上的新型旅游,包括营地旅游业、自然探索游、自驾车式郊游等。

这些新型旅游在国外已经风靡,是主要的旅游方式。以营地式自驾游为例,西方营地旅游业的发展是随着国际露营运动和自驾车旅游的发展应运而生的,自驾车旅游在第二次世界大战后迅速成为风靡全球的旅游方式,近十几年来,伴随自驾车旅游市场的不断完善,国外正规的旅游营地有很大的发展:服务项目扩展到车辆维修、设备租赁、提供保险、餐饮住宿、休闲度假以及户外活动等,营地的规模也越来越大。又如将森林资源与旅游结合而产生的森林旅游,世界上较早发展森林旅游的是拉丁美洲,其森林旅游已占到整个旅游收入的90%;美国92%以上的林地(包括公有林地和私有林地)都允许公众进入,进行户外游憩,每年森林旅游者超过3亿人次,年消费高达3000亿美元。有专家预测,在21世纪,森林旅游人数将以两位数百分比增长,全球旅游总人数中,有一半以上的旅游者要走入森林。由此可见,森林旅游对都市人有着挡不住的诱惑。

而我国基于自然资源的旅游还普遍处于非常原始的状态,营地旅游停留在农家乐的阶段;而森林旅游、自然探索游还停留在走马观花式的快速消费而非享受性消费阶段。不过,这些新型旅游活动在国内的发展速度非常惊人,并且很多基础性的硬件或者政策性条件都已经具备。以森林旅游为例,2006年年底,我国森林公园总数达2067处,分布遍及全国各地,初步形成了多样化的森林风景资源的保护管理和开发建设体系。

(2) 基于文化的新型旅游,包括影视游、历史再现游、历史感受游或民族特色游等。

国外的文化类新型旅游活动发展如日中天,是很多地方的支柱产业,以著名的影视旅游城市洛杉矶为例,其影视旅游的正式开端是在1963年,标志是好莱坞环球影城的建成。最初好莱坞环球影城只是一个影视拍摄场所,后逐渐演变成参观游览地。目前,全球共有5个环球影城,其周围设有众多旅馆、网球场、游泳池、高尔夫球场、餐厅、购物中心等,可以同时容纳大量游客。另外值得一提的是,类似于洛杉矶这样的依靠影视建立旅游业的城市还有戛纳、柏林等。世界影响很大的三个国际性电影节为柏林电影节、戛纳电影节和威尼斯电影节,在这些电影节举办期间,举办地区吸引了成千上万的游客,而这几个城市也就随之成为著名的影视旅游城市。而如各类文化游,比较著名的是意大利和法国,我们不难注意到,在这两个国家,其历史文化已经与国家(或者特定城市)串联在一起了,其发展达到了城市与旅游结合为一体的程度。

对比国外,我国影视游还处于起步状态,但是由于影视行业的迅猛发展,也带动了影视游的快速发展。国内目前方兴未艾的影视业催生了一大批经营成功的影视基地，先后共有30多家影视城投资兴建落成，如浙江的横店影视城、河北的涿州影视城等。其中的佼佼者就是无锡影视基地，被视为影视文化与旅游相结合的成功典范。建成以来，已有100多部影视剧在此拍摄，并且吸引了数以百万计的中外游客前来观光。而在影视节方面，目前举办较为成功的有上海国际电影节、上海电视节、中国长春电影节以及落户长沙的金鹰电视艺术节等，这些影视节的发展对旅游也起到了巨大的推动作用。

从影视游中可窥一斑而知全豹，国内文化旅游的致命缺陷是软件方面的匮乏和硬件方面的劣质与伪造。开发真正有层次、有利可图的文化旅游项目，软件和硬件是未来发展新型旅游业态的关键问题。

(3) 基于某种目的新型旅游业态，包括商务旅游、修学旅游、养生旅游、会展旅游等。

从旅游的发展史可知，旅游的形成来源于种种有目的的出行，如长途经商、探险、游学等。而这些基于某种目的的旅游在很大程度上恢复了旅游最早的形态。国外在这一点上已经形成了非常完善的市场，甚至已经开始向一些非常小众的市场拓展。例如，商务游中的高尔夫游就是一种目标群体非常明确的小众旅游模式。国外高尔夫与旅游的结合主要有两种形式，一种是酒店及各种娱乐设施均围绕高尔夫旅游者展开的高尔夫主题游；另一种是以高尔夫休闲为配套设施，与其他景点相结合进行。

同其他几种主要的新型旅游活动方式一样，这一类基于某种目的的新型旅游活动方式在国内的发展也处于一个原始但迅猛的发展态势中，但存在发展不均衡与缺乏管理(软件条件)的问题。以高尔夫旅游市场为例，自改革开放以来，我国高尔夫球场迅猛发展。山东、海南、云南等省份高尔夫旅游项目发展十分迅速，尤其是山东省针对近邻国家市场需求重点培育高尔夫旅游，现已成为山东半岛旅游业新的增长点。我国修学游的发展情况，存在很大的不均衡性，经历了短暂的火爆之后，我国修学旅游由于出现华而不实等种种问题而难以发展，出境游仅有部分南方省份与东南亚各国的联系让人略感欣慰，而内陆省份不论从规模还是效益方面都显得非常原始甚至空白。而如果从入境修学旅游市场来看，虽然以北京为首的个别省市发展迅速，但是大部分省份发展较慢。

(九)专项旅游

专项旅游是指人们以某项主题或专题作为自己核心追求的旅游活动。在专项型旅游活动过程中，人们对于旅游行为具有明显的指向性，是为了满足自身某一特殊的需要，如宗教旅游是以朝圣、求法、布道、拜佛、取经等为主要目的的旅游活动；科考旅游则主要是以科技交流和科学考察为主题的旅游活动；特种旅游是旅游者为了寻求新鲜刺激，对挑战极限怀着强烈的兴趣，对神秘境地充满好奇，从而进行探险，满足自己寻求刺激、新鲜和快感的需要的旅游活动。

首先，专项旅游的特点是多采取团体形式。旅游团一般由同一职业或专业，或对该专业具有共同兴趣的人员组成，如医生旅游团、律师旅游团等；其次，专项旅游专业性强。旅游团除进行一般的参观游览外，主要是为了参观与其职业或专业对口的有关单位，并与其对口专业的人员进行座谈交流。因此，接待这种旅游团虽然工作量较大，但对接待国或地区有关方面了解最新信息、收集先进的科学技术、研究成果和管理经验大有裨益。

专项旅游的主要形式有文化旅游、艺术旅游、民俗旅游、修学旅游、乡村旅游、探险旅游、红色旅游、农业旅游、工业旅游、社会旅游、生态旅游、自驾车旅游等。

1. 红色旅游

红色旅游是指以革命纪念地、纪念物及其所承载的革命精神为吸引物，组织接待旅游者进行参观游览，以学习革命精神、接受革命传统教育和振奋精神、放松身心、增加阅历的旅游活动。红色旅游是将红色人文景观和绿色自然景观结合起来，将革命传统教育与促进旅游产业发展结合起来的一种新型的主题旅游形式。其打造的红色旅游线路和经典景区，既可以观光赏景，也可以了解革命历史，增长革命斗争知识，学习革命斗争精神，培育新的时代精神，并使之成为一种文化。

2. 农业旅游

农业旅游是组织旅游者在农业游览基地观光旅游、丰富农业知识、交流农业经验、体验农业生产劳动与农民生活、享用农业成果、利用田园休憩健身的旅游活动。农业旅游是一种以农业和农村为载体的新型生态旅游业。近年来，伴随全球农业的产业化发展，人们发现，现代农业不仅具有生产性功能，还具有改善生态环境质量，为人们提供观光、休闲、度假的生活性功能。随着收入的增加、闲暇时间的增多、生活节奏的加快，以及竞争的日益激烈，人们渴望多样化的旅游，尤其希望能在典型的农村环境中放松自己，于是，农业旅游应运而生。

知识活页　乡村旅游：多重演化筑造梦想乡旅生活

3. 工业旅游

工业旅游是组织旅游者到工厂参观有关产品的制造过程，了解工厂的生产、销售情况，让旅游者获取相关知识的旅游活动。工业旅游是伴随着人们对旅游资源理解的拓展而产生的一种旅游新概念和产品新形式。我国近年来发展的工业旅游主要是依托运营中的工厂、企业、工程等开展参观、游览、体验、购物等活动。例如，我国著名工业企业上海宝钢、广东美的等相继向旅游者开放，许多项目获得了政府的高度重视。2007 年，上海推出了“2007 年上海工业旅游年票”。年票精选了近百家上海工业旅游景点，集产业对比、怀旧和创新等元素于一体，反映了上海工业企业、行业博物馆、创意产业园、工业园区以及重大工业成就，折射出上海工业的整体风貌，使旅游者更多、更深、更全面地了解作为中国工业发源地之一的上海工业的历史、现状和未来。

4. 社会旅游

社会旅游是指通过组织旅游者与社会各阶层进行接触，让旅游者对于一些社会现象和社会问题获得切身感受和体验而开展的旅游活动。例如，荷兰某旅行社推出了“巴黎流浪 4

日游”，全程花费459欧元，参加旅行团的成员不得随身携带现金、信用卡和手机，他们要学会在行程中像流浪汉一样在街上捡一些有用的东西或者靠卖艺来维持生活。旅行社会向他们提供乐器、画笔等，监督他们确实一切都按照要求来做。到了晚上，旅行社发硬纸板和报纸供他们睡觉。不过，旅游活动的最后一晚会让他们住进高级酒店，同时提供给他们一份不错的晚餐，形成鲜明对比。

第三节　旅游活动的特征

根据旅游活动的定义，旅游活动有着属于自身的本质特征。旅游活动与社会经济发展有着密切的联系，旅游活动具有与当时所处时代的社会经济、文化发展和科技水平等相符合的特点。当今，生活水平的提升和科技的发达，对现代旅游的发展也产生很大影响，表现出一系列的特征。

一、旅游活动的基本特征

根据定义，旅游活动具有以下几个方面的特征。

（一）综合性

旅游活动内容丰富，旅游者的活动不仅是游山玩水，同时兼具增长知识或参加会议等内容，整个过程涉及食、住、行、游、购、娱各方面的内容。同时，旅游活动是在具体的社会环境中发生和进行的，旅游者的旅游活动必然与环境中的许多因素发生联系。因此，旅游活动具有明显的综合性，这是旅游活动的最大特点。

（二）异地性

旅游活动与日常在定居地的生活方式不同，它必定是离开常住地到异地的一种活动形式。旅游是人类一种空间移动，而异地性就是离开惯常居住环境，领略不同地区间的差异性。异地性不仅指地理位置的不同，更重要的是指因地区不同而造成的旅游资源的差异性。差异性越大，异地吸引力就越强。

（三）暂时性

旅行的时间是有限的，旅游活动与长久改变定居不同，也与在异地就业有本质区别，它是在异地暂时的停留和实现旅游目的的活动。旅游者在结束一次全程旅游活动之后，须返回惯常居住地。

（四）享受性

旅游者在游历中以享受、放松的活动为主体。求新、求奇、求乐、求知等是人们进行旅游活动的共同追求，因此，旅游活动是人们为了追求物质上和精神上享受的活动，是随着社会生产力水平提高而出现并不断发展的高级消费形式。尽管各种旅游活动中，人们的目的、表现形式与内容有所不同并不断发展变化，但其共同点是获得内容不同的享受，获得身心的愉悦和满足。

(五)体验性

旅游者在游历过程中获得审美体验、感知体验、身心体验和逃逸体验等,个体通过与外部世界取得暂时性联系,从而改变心理状况,并调节心理结构的过程来获得旅游体验。

二、现代旅游活动的发展特点

纵观现代旅游活动发展历程,即20世纪后半叶至今的大众旅游活动。本节归纳现代旅游活动的五个主要特点:旅游主体的普及性、旅游时间的季节性、旅游模式的规范性、旅游范围的集中性和旅游发展的持续性。

(一)旅游主体的普及性

数据显示,2015年,我国国内旅游突破40亿人次,国民人均出游2.98次,旅游收入超过4万亿元。专家指出,当我国人均GDP(国内生产总值)从7000美元向10000美元迈进,人们出游意愿会增强。这预示着我国已经进入了大众旅游时代,目前,旅游已不再是高薪的代名词。现代大众旅游活动的普及性,首先是指旅游主体即旅游者范围已经扩展到普通劳动大众。

世界旅游组织于1980年9月27日至10月10日在菲律宾马尼拉召开世界旅游会议,会上通过的《马尼拉世界旅游宣言》明确指出,现代旅游是采取工人每年享有带薪假期的社会政策的结果,是对人类休息和娱乐基本权利的承认。现代旅游已经成为一种有利于社会稳定、人与人之间相互了解及自我完善的方式。第二次世界大战以前,已经有部分普通劳动者参与到旅游活动中,但是旅游者的主体为占社会少数的富裕人士,旅游活动是一种奢侈的高消费活动。第二次世界大战后,特别是20世纪60年代以后,情况发生了根本性变化,社会劳动生产率提高,国民经济增长,家庭收入增多,闲暇时间逐渐增多,更多的普通老百姓参与到旅游活动中来,旅游活动开始成为大众可以享有的权利和人类社会基本需要之一。

现代旅游活动的普及性还表现在20世纪80年代以后,女性旅游者人数明显增加,银发旅游市场、学生旅游市场受到普遍关注,修学、考察、夏令营等形式的旅游活动在世界各国推广。旅游度假正发展成人们生活中必要的组成部分,成为现代人重要的休闲方式和生活常态。

(二)旅游时间的季节性

现代旅游活动的季节性是指大众旅游者活动时间的分布上具有不均衡性,导致市场出现明显的淡旺季差异。在旅游经营中,人们一般把一年中旅游者来访人数(或某地人口中外出旅游的人数)明显增多的时期称为旺季,明显减少的时期称为淡季,其他时期称为平季。

1.旅游活动季节性的主要因素

旅游活动季节性变化在任何国家和地区以及旅游景区都是普遍存在的。形成旅游活动季节性的因素主要来自两个方面:旅游目的地国和旅游客源国。

就旅游目的地国来说,主要影响因素是该国的气候条件(这一因素对以自然资源为主要吸引物的国家和地区表现得尤为明显),或者是目的地国动态的旅游吸引要素,如重大节庆活动等。

在形成自然景观旅游资源的基本条件中,其中一个重要条件就是气候的区域性差异。气候作为某一地区的多年天气综合特征,是影响旅游资源中风景地貌的塑造、风景山体的形成，以及观赏生物的生长和演变的主要因素。

旅游活动的季节性中存在多样性。一是不同地区的同一季节性变化，以冰雪景观为例，世界上有很多令人陶醉不已的冰雪景观，如中国东北地区的雾凇，挪威和加拿大的广阔天然雪林等。二是同一地区的季节性相反变化，就中国来说，有夏季清凉的避暑胜地，如北戴河、庐山等地，有夏季异常炎热的“火炉”，如重庆、武汉等城市。三是季节性比较强的奇花异草，如中国的洛阳牡丹、开封菊花、漳州水仙花，以及荷兰的郁金香和日本的樱花等，只有在特定的季节里才能够欣赏到这些奇花异草。

旅游目的地动态的旅游吸引因素也很多，如重大节庆活动等。欢快热烈的中国春节、元宵节、中秋节、傣族的泼水节、壮族的“三月三”、德国慕尼黑啤酒节、泰国象节、摩洛哥的新娘节等，这些都是各民族长期以来形成的民族风情文化，不同的民族有不同的表达方式。还有借助运动会形成的旅游活动，如奥运会、亚运会等大型的国际组织活动。许多国家争办运动会，就因为其中蕴藏着无限商机。

就旅游客源国来说，主要的影响因素是旅游者出游动机和带薪假期。

旅游动机的种类复杂多样。可是，人们外出旅游极少是出于一种动机，往往是一种动机为主兼有其他动机。这是因为旅游是一种综合性的活动，不同的心理需要都可能通过旅游得到满足。因此，旅游动机决定人的旅游出行目的，也就形成了旅游活动季节性的因素。

国家地区的公共假日、带薪假期也是形成旅游客流的重要因素。从 1999 年国庆节开始，我国实行春节、劳动节和国庆节等小长假，也就是从那时起，中国大地出现了从未有过的假日旅游热。目前，我国国内旅游基本形成了每年四大高潮：春节长线旅游高潮，“五一”城市周边地区旅游高潮，暑期师生旅游高潮及“十一”和中秋节短线旅游高潮。旅游流量在这段时间迅猛增加，形成黄金周井喷式旅游高潮。同时，自 20 世纪 60 年代以来，世界上大多发达的工业化国家普遍实行的就业人员带薪休假制度，这对于季节性旅游也有很大影响。

2.旅游活动的季节性现状

就全球范围来看，近几年的旅游活动又具有明显的不间断性，即季节性差异缩小。下面从两个方面来分析差异性缩小的原因。

一方面，家庭事务型旅游和传统节日旅游较少受季节性影响；商务旅游在旅游客源市场的比重越来越大，并不受季节性约束。家庭事务型旅游是以家庭为主的旅游行为，他们一般避开旅游高峰期，主动选择性很大。商务旅游的时间为全年，从周一到周五，避免在七八月份举办重大活动，它分为个人商务旅行、各类会议、展览会、奖励旅游、新产品发布会等类型。随着跨国公司的增加及全球经济的紧密联系，基于共同的兴趣、专业和爱好成立的各类专业协会和社团的增加等因素，商务旅游的发展也越来越快。

另一方面，随着社会进步，经济发展和收入的提高，外出旅游休闲已经成为人们生活的常态；第二假期、分期度假等分散带薪假期形式的出现，以及旅游目的地国或地区采取积极措施，使旅游“淡季不淡”。当外出旅游成为人们生活的常态时，人们的旅游消费观念逐渐理性化，盲目性会相对减少。为了分散过度集中的旅游客流，许多国家出现分散带薪假期的新形式，如第二假期、分期度假等，这些新形式在一定程度上保护了旅游资源，也增加了游客数量。

(三)旅游模式的规范性

现代大众旅游是从规范化的团体包价旅游起步,该种规范化的旅游活动模式在相当长的时间里占据着支配地位。旅行社依据市场需求,以及拥有的旅游资源、旅游设施情况,通过事先设计、组织、编排旅游活动项目,再向社会推出包揽一切旅游服务,并且以总价格的形式一次性收取费用的旅游产品,然后组织旅游者按照预定时间、线路、活动内容,有计划地进行旅游活动。规范化的旅游活动因手续简便、价格低廉、方便易行、安全系数高等特点成为人们出游首选。旅游者参加旅行社组织的旅游团,以固定团队的形式出游。一般旅行团受到团体的限制以及成本因素,旅游方式大多不变,每到一个地方领队会给旅游者一段时间参观照相,然后就到下一站,尽可能让旅游者看多一些地方。这样能符合大多数的人对于旅游的要求,希望在最短的时间内看最多的东西。采取这种旅游方式,旅游者必须与团体配合,服从领队为团体行动的统一性与安全性以及避免有任何一个人因个别行动对团体造成不便或延误而进行的安排。旅游者不能私自单独行动。

团体包价旅游是 20 世纪旅游业发展的主导模式,推动现代旅游活动的快速发展。随着旅游者经验积累、旅游目的地的成熟,以及团队旅游缺乏灵活性、旅游产品无差别,20 世纪 80 年代后期,此模式逐渐被高自由度、个性化、多样化的散客旅游、自助旅游等形式所取代。

(四)旅游范围的集中性

现代旅游活动遍布世界各地,旅游者无处不在,随着交通运输工具的进步,世界各地之间旅行往来时间不断缩短;同时,通信和信息技术的发展带来沟通的便利,当今世界已经成为“逐渐缩小的世界”,跨区域或边远地区旅游活动的障碍和局限越来越小,人们通过各种手段来追求和开拓新的旅游活动天地。因此,地球上很难找到没有旅游者未曾涉足的地方:从经济发达的地区到经济欠发达的地区,从高山到峡谷,从沙漠到海洋,从南极到北极,乃至太空都有旅游者的身影。但旅游者的活动又不是平均或大致平均分布在地球上的各个地方。与之相反,旅游物吸引力的不同和地理分布的差异,形成了旅游者流量、流向的相对集中性,也就表现出旅游活动的空间分布特征的集中性。从世界旅游活动的分布格局来看,活动的开展往往集中在某些地区、某些国家,甚至相对集中于一些国家中的某些区域乃至某些景点,一些国家、地区成为热门旅游目的地。

现代旅游活动地域上的集中性,还反映在旅游者分布的相对集中。例如,我国国际旅游者并非是平均分布到各省市进行旅游活动,而是旅游者对旅游目的地进行选择,从而出现需求量大的旅游线路和旅游景区,即旅游热线和旅游热点。入境旅游者来华参观主要集中在北京、上海、广州、杭州、桂林、西安等城市。在同一城市,旅游者也相对集中在知名度高的景区和景点。

(五)旅游发展的可持续性

旅游业具有联动性广、经济性强的特点,可以对相关产业的发展起到显著的促进作用。研究表明,旅游业每增加 1 个单位效益就可以带动其他产业增加 4 个单位效益。与此同时,旅游业就业具有门槛低、覆盖面广、劳动密集的特点,可以有效带动其他行业就业。世界旅游组织研究发现,旅游业每增加 1 个就业岗位就可为其他产业带来 5 个就业机会。旅游业相较其他产业而言,具有资源消耗低、环境成本小的优势。发展旅游业,可以实现由依靠资源消耗促进经济增长的传统模式向低耗能、高收益的新模式转变，达到自然文化资源和生态环境可持续发展的和谐统一。同时，发展旅游业可以引领和带动相关服务业及服务贸易的快速发展，转变以能源密集型和污染密集型为主的贸易出口模式，发展低碳经济，构建低碳社会。

第四节　旅游活动的发展趋势

旅游现象的起源与发展的研究，是基础研究的逻辑起点和重要一步。根据旅游活动产生的原因、参与主体以及活动规模等方面的特征，旅游的发展可以分为古代旅游、近代旅游和现代旅游。依据旅游活动的发展历程以及从社会文化、经济发展、科学技术、环境保护四个方面的影响因素分析，旅游活动的未来发展趋势将呈六个方面的特征。

一、旅游活动的发展历程

人类从古代起就开始不断地旅行，不论其目的是什么。

（一）古代旅游活动的产生与发展（原始社会末期—19 世纪中期）

原始社会早期，在物质基础极其匮乏的条件下，人们为了谋求生存，并无外出旅游的条件和愿望。进入新石器时代，产生了畜牧业和农业的第一次社会大分工，但劳动所得并无剩余，即使由于自然天灾或战争，人们进行迁徙，但被迫性和求生性就决定了其并不属于旅游活动。

一般认为，旅游活动产生于原始社会末期、奴隶社会形成时期。第三次社会分工，即商业从农、牧、手工业中分离出来，商人需要去其他地方交换货物，最初的旅行活动不是消遣和度假，而是现实目的产生了旅行需要，商人开创了旅行道路。奴隶制社会时期，生产力提高、交换量扩大、艺术和科学创立、社会环境，这些稳定为旅行提供了客观条件。埃及法老大规模兴建金字塔和神庙，举行重大宗教集会，致使宗教旅行十分发达；古罗马的上流社会将游览和观光作为财富、地位和教养的象征；古希腊公务、经商和宗教旅行十分频繁。

公元 5 世纪，帝国衰亡、社会动荡，一直到 19 世纪中期，外出旅行的人都很少。

（二）近代旅游活动的产生与发展（19 世纪中期—20 世纪中期）

到了 19 世纪，因消遣而外出观光度假的旅游者在规模上超过商务旅游而成为主流，旅游活动具有普遍意义。首先，工业革命的发展使得城市化出现，人们从农村涌向城市，从事单一枯燥的劳动，渴求调适心情、回归自然，为近代旅游活动发展打下精神基础；其次，工业革命使得资产阶级经济实力显著增强，因此享乐旅游成为明显趋势；最后，技术进步大大缩短了空间距离，蒸汽机的发明使人们大规模流动成为可能。1830 年，利物浦至曼彻斯特铁路客运线的开通标志着铁路旅游时代的到来。

1841 年 7 月 5 日，托马斯·库克包租一列火车，运送了 570 人从莱斯特前往洛赫巴勒参加禁酒大会，往返行程 22 英里（1 英里≈1.61 公里），团体收费每人 1 先令，这是人类第一次利用火车组织的团体旅游，标志着近代旅游活动的开端。1845 年托马斯·库克成为世界上第一位专职的旅行代理商，创办了世界上第一家商业性旅行社——托马斯·库克旅行社，标志着旅游业的诞生，并编发了导游手册——《利物浦之行手册》，成为世界上第一本旅游指南。1846 年，托马斯·库克亲自带领一个旅行团乘火车和轮船到苏格兰旅行。旅行社为每个成员发了一份活动日程表，还为旅行团安排了向导。这是世界上第一次有商业性导游陪同的旅游活动，旅行社的业务得到较大发展。1865 年，库克开办了一家旅游用品商店，同年，为了进一步扩展旅行社业务，托马斯·库克与儿子成立托马斯父子公司，即通济隆旅游公司。托马斯·库克被称为“近代旅游业之父”。

随着旅游公司的迅速发展，许多运输公司也纷纷涉足旅游业。到 20 世纪，托马斯·库克旅游公司、美国运通公司和比利时铁路卧车公司成为世界旅游代理业的三大公司。

（三）现代旅游活动的产生与发展（20 世纪中期至今）

第二次世界大战之后，旅游业得以迅速发展，国际局势日渐稳定、国际人口迅速增加、世界经济快速发展、交通逐渐多元化以及带薪休假增加等因素使得旅游市场空前火爆，迎来了大众化的旅游时代。众多国家和地区对旅游业发展的重视和支持，使旅游业逐渐由新型产业向支柱产业跨越。总体来说，世界旅游的发展产生了前所未有的变化，现代旅游已经成为人们日常的社会活动，旅游的主体呈现普及性的特点。

二、影响旅游活动未来发展的因素

（一）社会文化方面

(1) 传统模式的家庭在减少。造成这一现象的原因：一方面是现在越来越多的人不愿意结婚而选择了单身生活；另一方面是当今社会的离婚率较高以及丁克家庭的出现。现在由一个人或者两个人组成的家庭越来越多了，这种家庭模式下，人的生活是自由自在的，没有牵挂，没有羁绊，可以随心所欲地选择时间、地点去旅游。

(2) 新的工作形式的出现。首先，人们将告别传统的工作方式，坐在办公室里的时间会越来越短，有充足的闲暇时间旅游，特别是进行以休闲和娱乐为目的的旅游活动。人们可以边赚钱边旅游，而不必等到每年一次甚至更长时间一次的假期。其次，人们将会经常离开公司所在的居住地到外地去工作，特别是那些高级管理人员和有专项技能的工作人员，这将会大大增加旅游的人数。

(3) 人口老龄化。第二次世界大战后，西方国家迎来了人口爆炸，现在那代人已经变成了中老年人，且在人口中占有很大比例，他们有钱、有时间而且身体健康状况良好，具备成为旅游者的所有条件。

(4) 人们的受教育水平普遍有所提高。自 20 世纪 70 年代以来，随着文化水平的提高，人们对待生活的态度发生了巨大的变化，在闲暇时间里，人们不仅寻求更贴近自然的和更能滋养心灵的旅游体验，而且寻求自己所不熟悉的异国情调，注重文化内涵，想要探索一切未知的奥秘，更追求肉体和精神的平衡。这些需求相应地会扩大户外型旅游产品的市场，如生态旅游、探险旅游等户外旅游活动。

(5) 人们比以往更追求享乐。在高层次的客源市场中，经济实力雄厚的旅游者和追求高级享受的旅游者越来越多，他们不畏惧高昂的价格，只追求新奇，这使专项旅游和豪华游艇等高消费的旅游产品的需求量大大增加。

(6) 人们将越来越乐于享受亲情和友情的温暖。未来,人们的社会观念会慢慢变得淡薄,人们将越来越认为社会所起的作用不再像以前那么大,而把注意力更多地转移到家庭和个人的交际圈的稳定上来。许多人都喜欢在周末和家人或者朋友进行一次短暂的旅行,这就导致了自助旅游的增加。

(二)经济方面

(1) 世界经济全球化。世界经济全球化是指世界各国经济在生产、分配、交换和消费环节的全球一体化趋势,是生产能力存量在全球范围内的转移活动。经济全球化是一个不可逆转的发展趋势:科技进步加快了产品、资金、信息、技术和人员等要素在全球的流动;跨国公司在海外生产、销售、研发不断扩大。各国加快开放和融入世界经济体系的步伐,国与国的界线已经越来越不明显,各个地区的旅游业也进入了世界这个大市场中,这就要求各地的旅游业要有自己的特点和卖点,只有这样才能在竞争中立于不败之地。

(2) 经济形态多元化,并偏重于第三产业。第三产业在世界经济中的地位日渐提高,它的发展将进一步受到国际社会和各国政府的重视。旅游业作为一种新兴产业,作为第三产业的一个重要组成部分,在世界经济的发展中将发挥越来越重要的作用。现代旅游业因其涵盖了食、住、行、游、购、娱等多重领域,既可以带动相关产业共同发展,扩大劳动就业和消费需求,还可以塑造地区品牌形象和扩大对外影响力,是发展劳动密集型产业和优化经济结构极具潜力的切入点。

(3) 贫富差距仍然很大。世界经济虽然总体上看是在不断发展的,但这种发展是不均衡的发展,是建立在富国更富、穷国仍很穷的基础上的发展。面对这种贫富悬殊的经济状况,旅游业应该针对不同的消费群体采取不同的营销方法,推出不同档次的产品。

(4) 体验经济的出现。人类社会迄今为止已经经历了三种经济形态:产品经济、商品经济和服务经济。美国著名的未来学家阿尔文·托夫勒在他的《第三次浪潮》中指出:服务经济的下一步是体验经济,商家将靠提供这种体验服务取胜。体验就是使每个人以个性化的方式参与到一项活动中,并获得一次难忘的经历。服务业特别是旅游业与体验经济更是密不可分的,每个人参加一次旅游活动都想获得一次难忘的体验,这就要求旅游业在体验经济时代能够进行产品创新,为旅游者提供难忘的体验。

(三)科学技术方面

(1) 信息技术的应用越来越普遍。有报告指出,信息技术的发展从根本上影响了旅游市场的营销方式,而且意义深远。因为旅游产品的真正业务实际是信息。旅游者和旅游业都越来越多地使用互联网,这将会对产品、市场和旅游业业务扩展有巨大的帮助,在世界范围内,互联网已经越来越多地被用于促销、查找、预订和支付旅游产品和服务了。

(2) 先进的交通工具和设备的出现。首先,随着科学技术的进步,更快、更安全、更舒适的交通工具正不断出现,这使人们外出旅游更加方便。比如磁悬浮列车,速度已经达到了400—500千米/小时,在1500千米以内,乘坐磁悬浮列车将比乘坐飞机更具有优越性。其次,特殊的交通工具和设备也为那些必须有先进设备才能够进行的难度较大的探险旅游和太空旅游提供了条件。

（四）环境方面

（1）全球变暖导致了世界气候的变化。特别是雪域地区、沿海地区和半干旱地区，它们将失去原有的地理环境和气候特点，甚至还会成为当地的一种自然灾害，这将严重地影响当地的旅游业。

（2）人们越来越重视生态环境的可持续发展。生态环境要持续发展，必须把握开发速度、控制接待人数、增强环境意识，否则太多的游客及相应的配套设施会对旅游地的环境造成过大的压力，如果破坏了旅游赖以生存的环境，旅游也就不可能持续发展。

（3）世界城市化的发展趋势。近 200 年来，世界城市化趋势加快（特别是在发展中国家），方兴未艾的经济全球化更使各国城市以前所未有的规模和速度发展。目前，世界上约有一半的人居住在城市里，预计今后世界城市化的趋势还会加速发展。长期生活在城市里的人会想从繁杂喧嚣、污染严重的现代都市中得到暂时的解脱，想回归大自然、亲近大自然、享受大自然、探索大自然的奥秘，对自然的、天然的吸引物越来越有兴趣，这就为乡村旅游和生态旅游的发展提供了客源基础。

三、旅游活动的未来发展趋势

（一）旅游成为人们新的生活方式

名山大川，千姿百态；民俗风情，丰富多彩。人们渴望通过直接感受而不是间接地从电视机见识到美丽的风景，了解各地各民族的历史、风土人情、文化艺术、饮食习惯等，增长见识，开阔眼界，陶冶情操，放松心情。由于旅游胜地多山清水秀、风景优美、鸟语花香，人们不仅可以一览大好河山的壮丽景色，而且能借此舒展情怀。旅游令人心旷神怡，胸怀开阔，使人在优美的环境中陶冶情操。在游览过程中，人们还能享受阳光的沐浴，增强体质。旅游休闲已经融入了国民的日常生活，成为人们日常生活不可或缺的组成部分。随着经济的发展和人们生活水平的提高，旅游将成为人们生活的必需品，人们的旅游消费呈现常态化增长，即随着经济的增长而增长，旅游的普及化程度将大大提升。

（二）生态旅游将成为新的旅游潮流

生态旅游将成为全球的潮流时尚。当人们身在青山绿水中，都市生活引起的紧张和压力会被抛诸脑后。人们对大自然热爱有加，常与野生动物“打交道”，并想与之交“朋友”的欲望更加强烈。生态旅游让不少游客倍感环境之宝贵，以自己的真诚、爱心和责任感去换取一片蓝天、一方绿地、一汪碧水。清风绿荫常在，猿啼鸟鸣常闻。生态旅游是以有特色的生态环境为主要景观的旅游，是指以可持续发展为理念，以保护生态环境为前提，以统筹人与自然和谐为准则，并依托良好的自然生态环境和独特的人文生态系统，采取生态友好的方式，开展的生态体验、生态教育、生态认知并获得身心愉悦的旅游方式，具有保护自然环境和维护当地人民生活双重责任的旅游活动。它的要点有：①生态旅游的物件是自然景物；②生态旅游的物件不应受到损害。生态旅游的内涵强调的是对自然景观的保护，以创造可持续发展的旅游事业。

（三）自由行和私人定制渐成主流

随着“80 后”“90 后”消费能力逐渐提高，他们已成长为旅游大军的中坚力量，游客群体呈现出年轻化的特点，旅游市场散客化和自由行趋势更加明显。同时，自由行产品对年轻人有着天然的吸引力，更容易满足年轻人对旅游多样化的需求。

此外，自由行的发展将有可能带来私人定制模式的火爆。私人定制具有自由、深度、私人化的特点，能够充分考虑到旅游消费者的需求，是对自由行的进一步升级。私人定制模式不仅能让游客感受到旅行当中更多的乐趣，同时也能对旅游行业本身起到推动和促进的作用。旅游服务将走向个性化。根据业内相关统计数据显示，我国旅游市场中，自由行人数每年增速远高于传统组团游增速，传统组团游有增速放缓的趋势。出境游自由行的比例更高，达到70%以上。自由行将成为年轻人出游的潮流，私人定制模式将引爆市场。

（四）线上旅游消费将继续渗透

在“互联网＋”的影响下，传统产业互联网化的趋势日益明显。在线旅游作为旅游行业互联网化的先锋队，将在未来保持强劲的发展势头。未来，线上旅游消费将继续渗透，在线旅游行业将保持高速增长。同时，旅游行业线上线下融合的趋势将继续加强。伴随着互联网的发展，旅游消费者对线上购买线下体验模式的认同度越来越高，而且线上平台还能记录、分享消费者的旅游体验。旅游产业加速线上线下融合的趋势，将对提升旅游产业的服务品质有促进作用。互联网对旅游的渗透已经成为旅游业的“新常态”，互联网与旅游的结合无疑将更加紧密。

（五）目的地主题游或更受青睐

随着国内旅游市场的发展，过去同质化、粗放和单一的旅游产品早已难以满足当今消费者的需求。为了吸引国内消费者的目光，提高旅游产品的竞争力，景区正在走向主题化、品牌化的道路。亲子游、蜜月游，以及音乐旅行、美食旅行、医疗旅行，甚至宇宙旅行，越来越多的“主题游”走进大众视野。主题游成为消费升级时代的典型代表，能让消费者更深度地了解当地的风土人情和历史文化。

（六）智慧旅游将持续发酵

大数据提升旅游管理智慧化，旅游大数据一个明显的发展方向是数据可视化呈现，即通过把复杂的数据转化为可以交互的图形，帮助用户更好地理解分析数据对象，发现、洞察其内在规律，极大地降低个人认知壁垒，将复杂未知数据的交互探索变得可行。依托旅游大数据的可视化发展趋势，管理决策层可以较直观地获取有价值的信息，以此辅助精准决策。对旅游地管理机构来讲，旅游大数据可视化发展将促进旅游管理信息共享与协同发展，并为政府提供一系列数据分析支撑，为管理决策层提供更加直观的决策依据，为挖掘更深层数据价值提供可能。智慧旅游是一种基于物联网、云计算、下一代通信网络、高性能信息处理、智能数据挖掘等技术在旅游体验、产业发展、行政管理等方面发挥作用的应用，使旅游物理资源和信息资源得到高度系统化整合和深度开发，并服务于公众、企业、政府等面向未来的全新的旅游形态。即游客与网络实时互动，让游程安排进入触摸时代。

智慧旅游具有以下功能：①导航。将位置服务加入旅游信息中，让旅游者随时知道自己的位置并快速到达目的地。②导游。在确定了位置的同时，在网页上和地图上会主动显示周边的旅游信息，包括景点、酒店、餐馆、娱乐、车站、活动（地点）、朋友和旅游团团友等的位置和大概信息。③导览。智慧旅游如一个自助导游员，有比导游更多的信息来源，如文字、图片、视频和3D虚拟现实，戴上耳机就能让手机、平板电脑替代数字导览设备。导览功能建设一个虚拟旅行模块，只要提交起点和终点的位置，即可获得最佳路线建议(也可以自己选择路线)，推荐景点和酒店，提供沿途主要的景点、酒店、餐馆、娱乐、车站、活动等资料。如果认可某条线路，则可以将资料打印出来，或储存在系统里随时调用。④导购。由于是利用移动互联网，旅游者可以随时随地进行预订。加上安全的网上支付平台，旅游者可以随时随地改变和制定下一步的旅游行程，而不浪费时间和精力，也不会错过一些精彩的景点与活动。

本章小结

本章对旅游活动的“艾斯特”定义进行了说明，同时对旅游活动进行了定义，从三个方面来帮助学生深入理解旅游活动。将旅游活动的要素构成分为三个方面，并对三个方面的关系进行说明。根据旅游活动不同划分标准划分旅游活动类型，并着重讲解了国际旅游与国内旅游、团体旅游与散客旅游，便于学生区分。最后，简述旅游活动的发展历程，并分析未来发展趋势。

思考与练习

1. 概念解释：旅游活动、国际旅游、国内旅游、团体旅游、散客旅游。
2. 旅游活动的类型有哪些？
3. 简述旅游活动的要素。
4. 旅游活动有哪些基本特征？
5. 分析旅游季节性的成因，以及如何做到“淡季不淡”。
6. 简述旅游活动发展历程，以及未来发展趋势及原因。

案例分析

案例一

秭归九畹溪景区日均接待漂流游客3000多人，最高峰达到6000多人。此外，天河漂流每天的接待量猛增到4000人以上，景区把每周的接待时间由2天调整为4天。

虽然夏季是全省漂流旅游的高峰，但鲜有人知的是，极端天气让景区有苦难言。漂流景区多位总经理感叹：“靠天吃饭真难！”影响漂流的因素太多了，遇到洪水、干旱及突发自然灾害，游客都不能漂流。说到漂流景区的经营困境，天河漂流景区总经理曾无奈地在QQ签名栏写道：“对不起，缺水，仅限周末接待。”

目前，湖北省大大小小的漂流景点接近40家，但能全天候开放接待游客的并不多，加上前期多家漂流景区受到水库出现干旱等极端天气影响，漂流行业洗牌在所难免。除了天气影响，漂流景区内部“杀价”竞争，也让整个行业苦不堪言。

(资料来源：根据相关资料整理。)

问题：

如何实现景区“淡季不淡”？

案例二

节假日旅游市场繁荣原本是符合经济规律的正常现象，可近几年黄金周各大景区爆棚、游客滞留现象频发，旅游也成为一种“打仗式”的糟糕体验。

“十一”黄金周期间，各大景区游客接待量普遍创新高，“爆棚”“拥堵”“滞留”依旧是旅游关键词。全国各大景区游客接待量普遍上涨，杭州西湖、故宫等大型景区游客接待量均超过游客量上限，四川九寨沟景区发生大规模游客滞留事件，上下山通道陷入瘫痪，不少游客开始往售票处聚集，要求退票和赔偿，现场一度陷入混乱。尽管后来景区及时采取了疏导、退票等措施，但恐怕此行留给游客的是心力交瘁多于美景记忆。网友也编出各种段子调侃拥堵“盛况”：法海都被挤到西湖里去了；故宫人山人海，长城不分内外；黄金周各大景区免费上演大片《人》等。

景区游客在超出有效接待量之后，游客的实际游玩时间大大缩短，多数时间都浪费在排队上。如购票排队40分钟，玩项目排队等待30分钟，上厕所排队等待15分钟，返程排队等待50分钟……所有程序无一能逃过排队，不时还有游客因插队而起冲突，如此“遭罪”，旅游何谈休闲。

黄金周道路拥堵、景区爆棚成为全民“吐槽”的焦点，最长的公休假期不但不能让人们闲适出游，反而愈发身心疲惫，一些群众戏称黄金周俨然已经成为“黄金粥”。

(资料来源：根据相关资料整理。)

问题：

请问如何才能舒适度假？景区逢假必堵的现象为何会发生？有没有另类的度假方式？

第四章

旅游业

学习引导

托马斯·库克组织的旅游活动被认为是近代旅游业的开端。一百多年过去了，如今旅游业的发展可谓日新月异。那么旅游业作为服务业的一支到底有何特殊性？我们常说的“旅游六要素”与旅游业又有何关联？

学习重点

通过本章学习，重点掌握以下知识要点：

- 旅游业的构成、性质与特点
- 旅行社行业
- 旅游住宿
- 旅游餐饮
- 旅游交通
- 旅游景区
- 旅游娱乐
- 旅游购物

核心概念

旅行社 Travel Agency　包价旅游 Package Tour　旅游住宿业 Tourist Accommodation Industry　旅游交通 Tourism Traffic　旅游景区 Tourist Attractions

旅游业作为旅游活动的三大要素之一，在旅游者和旅游资源之间起着桥梁作用。世界各国的旅游发展情况都可证明，旅游活动的大规模增长，实际上是由需求方面的推力因素和供给方面的拉力因素共同作用的结果。旅游业作为旅游供给的代表，其重要地位不言而喻，因此对其性质特点、主要行业构成的探讨有着重要意义。

第一节　旅游业的构成

了解旅游业的构成，必须先界定旅游业的定义，从释义中明晰其具体的构成要素。

一、旅游业的定义

作为旅游供给的重要提供者，关于旅游业的定义学术界并没有确切统一的回答，不同国家的学者从本国情况出发，对旅游业做出如下定义。日本旅游学家前田勇在《观光概论》一书中提出：旅游业就是为适应旅游者的需要，由许多独立的旅游部门开展的多种多样的经营活动。美国旅游学者伦德伯格认为旅游业是为国内外旅游者服务的一系列相关的行业，关联到游客、旅行方式、膳宿供应设施和其他各种事物。墨西哥学者在《旅游业是人类交往的媒介》中将旅游业定义为"旅游业可以看作因向旅游者提供服务和其他方便而形成的各种关系的总和"。世界旅游业理事会（WTTC）提出：旅游业是为游客提供服务和商品的企业，包括接待（旅馆、餐馆）、交通、旅游经营商和旅游代理商、景点，为游客提供供给的其他经济部门。

国内关于旅游业的定义也并未统一，关于旅游业与旅游产业之间也没有明晰的界定。李天元将旅游业定义为"是以旅游者为对象，为其旅游活动创造便利条件并提供其所需商品和服务的综合性产业"。王大悟、魏小安认为旅游业是满足旅游者在旅游活动中的食、住、行、游、购、娱等各种需要，以提供旅游服务为主的综合性产业，它由有关的国民经济以及旅游相关的行业、部门等构成，其中包括支撑旅游业生存和发展的基本行业，并涉及许多相关行业、部门、机构及公共团体。

纵观以上学者的观点，虽未形成统一的定义，但"旅游业是综合性产业""旅游业是以游客需求为取向"等观点是达成普遍共识的。因此，本书认为，旅游业是以旅游资源和旅游设施为依托，以旅游者为主要对象，向旅游者提供旅游活动所需的各种产品和服务的综合性产业。

二、旅游业的具体构成

关于旅游业的构成，主要有以下三种观点。

1."三大支柱说"

根据联合国的国际标准产业分类体系，以及通过对从事旅游业务的具体部门的分析，可以得到旅游业主要由三部分构成，即旅行社、交通客运部门和以旅馆为代表的住宿业部门，属于这三个部门的企业即构成三种类型的旅游企业。在国内，人们通常将旅行社业、住宿业和交通运输业称为旅游业的"三大支柱"。

2."五大部门说"

在国际学术中比较具有代表性的一种观点认为，人们对旅游业的称谓通常是以特定的地域或特定的旅游目的地作为单位，因此从国家或地区的旅游发展角度来看，旅游业由以下五大部门组成：住宿接待部门、游览场所经营部门、交通运输部门、旅行业务组织部门和目的地旅游组织部门。与"三大支柱说"相比，增加了以景点为代表的游览场所经营部门和目的地旅游组织部门。

3."六大旅游活动行业说"

从食、住、行、游、购、娱来看，按照我国目前的情况，旅游业的构成应包括以下行业：旅行社业、住宿业、餐饮业、交通客运业、景区游览业、旅游娱乐业、旅游用品和纪念品销售行业。

本书力求将旅游业与旅游产业的概念加以区分，因此采用"六大旅游活动行业说"。旅游产业是指旅游业和为旅游业直接提供物质、文化、信息、人力、智力、管理等服务和支持的行业的总称。旅游产业所包括的行业涉及第一产业、第二产业和第三产业。这些行业主要有：第一，旅游业本身所包括的行业；第二，为旅游业提供物质支撑的属于第一产业的农业、林业、畜牧业和渔业的相关部分；第三，为旅游业提供物质支撑的属于第二产业的轻工业、重工业和建筑业等部门和行业中的相关部分；第四，属于第三产业的邮电通信业、金融业、保险业、公共服务业、卫生体育业、文化艺术业、教育事业、信息咨询服务业等行业中的相关部分，以及国家机关中与旅游相关的部门，如旅游行政管理部门、海关、边检等。

因此，本书认为，旅游业由旅行社业、住宿业、餐饮业、交通客运业、景区游览业、旅游娱乐业和旅游购物品经营业构成。

第二节　旅游业的性质与特点

旅游业作为一项产业，具有经济性这一本质属性，而与其他产业相比，又有自身独有的特性，包括综合性、服务性、敏感性、依托性和涉外性。

一、旅游业的性质

旅游业作为国家产业结构中第三产业的一员，本质上具备产业的性质，而产业从事的是经济性质的活动，因此，旅游业的本质属性是经济性。旅游业是社会经济发展到一定阶段的产物，是建立在一定的经济发展水平之上的。旅游业提供的产品和服务是一种具有特殊使用价值的消费品，受市场经济、商品生产及交换等一系列经济发展的客观规律支配，旅游业产品和服务的生产都必须进行投入、产出的比较。以盈利为目的的各类企业构成旅游业的主体，旅游业的根本目的在于通过刺激旅游需求、提供便利服务来从中获取经济利润。我国把旅游业列入国民经济的重要组成部分，旅游业的发展能够增加外汇收入和拓宽货币回笼渠道，并且可以带动与旅游相关的其他经济行业的发展。

旅游业是为生产和生活服务的第三产业部门，是为旅游者完成旅游活动提供服务的行业。从消费角度看，旅游消费主要是一种文化性消费，旅游业是具有文化性质的服务业，这是由旅游本身的审美性和娱乐性决定的。旅游者在食、住、行、游、购、娱等方面所进行的消费，其本质是文化消费，如旅游者欣赏名山大川，了解文物古迹，体验民俗风情，品尝美味佳肴，感受旅游乐趣等。旅游业以生产和制造能满足这种旅游消费需求的产品为己任，并通过与旅游者的交换而获得经济效益。旅游经营者向旅游者提供具有一定文化内容的、有特色的产品和优质服务，满足旅游者的需求，帮助旅游者实现其旅游愿望，同时表现出旅游目的地国家或地区的文化发展水平，因此，旅游业具有文化性质。

虽然旅游业同时具备经济性和文化性两种属性，但这两种属性的作用和地位是不一样的。经济性是旅游业的本质属性，因此可以说，旅游业是具有丰富文化内涵的经济产业。

二、旅游业的特点

1. 综合性

旅游业作为旅游主体与客体之间的媒介，要提供包括食、住、行、游、购、娱等各个方面的一体化服务，提供多种多样的旅游产品满足旅游者多样化的旅游需求。在这一过程中，必然需要多种不同类型的企业来共同为其提供产品和服务，旅游业必须联合国民经济中的工业、农业、商业、建筑业、交通运输业等物质资料生产部门和文化、科技、教育、卫生、宗教、邮电通信、金融保险等非物质资料生产部门，共同向旅游者提供不同的商品和服务，进而形成产业集群。旅游业作为核心，将这些在传统产业划分标准下分别属于若干相对独立的行业联系在一起，旅游业因涉及各行业的联动从而具有综合性的特点。

2. 服务性

旅游业属于第三产业即服务业，是以出售劳务为特征的服务性行业。旅游业的产品主要是为旅游者提供满足其需求的服务，它向旅游者提供的产品是固定有形的设施和无形的服务，其中以无形的服务为主，有形设施和产品是旅游业为旅游者服务的依托和手段。就一次完整的旅游活动或旅游经历而言，旅游者的旅游需求更多是为了满足精神上的享受；从旅游产品总体来看，其价值并不是物化于消费品之中的，而是更多体现在服务中的。因此，旅游业具有服务性的特点。

3. 敏感性

旅游业的经营随时会受到多种内部和外部因素的影响和制约。内部因素是指业内组成部分之间以及有关的多种部门行业之间的比例关系的协调，其中某一部分出现脱节，都会造成整个目的地旅游供给的失调，从而影响整个目的地旅游业的经济效益。外部因素是指影响旅游业经营的外部环境，各种自然的、政治的、经济的和社会的因素一旦出现不利变化，都可能对旅游业的经营产生影响。比如自然灾害中的地震、泥石流等，政治因素如政治动乱等，经济因素中的经济危机等，这些影响因素都可能导致旅游业的停滞甚至倒退。

4. 依托性

旅游业以旅游资源为发展基础。旅游业必须以自然景观资源或人文景观资源为依托，因此从某种意义上讲，旅游资源的丰富与否，在很大程度上影响和决定了旅游业的发展。同时旅游业的发展依托于国民经济的总体发展水平。一方面，国民经济整体水平的提高决定了旅游供给水平，表现为旅游资源和设施建设的投入能力的提高；另一方面，国民经济发展水平又决定了人们可自由支配收入的高低和闲暇时间的长短，从而决定了旅游消费者的数量、消费水平和消费频率。我国近年来依托国家经济的快速发展，旅游业进入大众旅游的黄金发展期。

5. 涉外性

旅游具有异地性的特征，旅游者需要离开客源地到不同的旅游目的地进行旅游活动。跨国界的活动开展需要执行我国的对外政策、侨务政策和统战政策，因此，国际旅游具有很强的政策性。同时在当今全球化的背景下，国际旅游的需求越来越旺盛，出境游客和从业人员的行为在一定程度上代表了客源国的国家形象，具有很强的涉外性。

第三节 旅行社业

旅行社业是旅游业的主要构成部门之一。作为旅游中间商，其中介属性尤为显著。在国际旅游学术中，旅行社被认为是饭店和航空公司等旅游供应商的产品分销渠道。通过了解不同国家对旅行社的分类方式和我国旅行社的基本业务，可对旅行社行业有初步的认知。

一、旅行社的定义

世界旅游组织将旅行社定义为“零售代理机构向公众提供相关可能的旅行、居住和服务，包括服务酬金和条件的信息。旅行组织者或批发商在旅游需求提出前，以组织交通运输，预订不同的住宿和提供所有其他服务为旅行和旅居做准备的行业机构”。国际上普遍认为旅行社行业在旅游业经营中充当的是饭店和航空公司等旅游供应商的产品分销渠道的角色。

在我国，国务院颁布的《旅行社条例》对旅行社有具体定义：旅行社是指从事招徕、组织、接待旅游者等活动，为旅游者提供相关的旅游服务，开展国内旅游业务、入境旅游业务或出境旅游业务的企业法人。《旅行社条例实施细则》对“招徕、组织、接待旅游者活动”及“提供相关的旅游服务”有详细解释：为旅游者安排交通、住宿、餐饮、观光游览和休闲度假等方面内容，以及为旅游者提供导游、领队、旅游咨询、旅游活动设计等方面的服务。因此，凡是经营上述旅游业务的营利性企业，不管其所使用的具体名称是旅行社、旅游公司、旅游咨询公司，还是在线旅游服务商或其他名称，皆为旅行社企业。《中华人民共和国旅游法》（以下简称《旅游法》）中旅游经营章节也对旅行社有相关描述：设立旅行社，招徕、组织、接待旅游者，为其提供旅游服务，应取得旅游主管部门的许可，依法办理工商登记。

与旅游业是旅游者与旅游资源的媒介相似的是，旅行社作为为旅游活动提供服务的企业，是旅游供应商的分销渠道，其中介属性最为显著。通常情况下，旅游者所需的各种服务是由不同供应商提供的，如旅游饭店提供住房与餐饮服务，交通部门提供海陆空交通服务，景点提供游览服务等。旅行社并不是这些服务的原始提供者，只是将上述服务分销给旅游者。旅行社在旅游者与旅游供应商之间扮演中间人的角色，是中介服务机构。在代理和组合各种旅游服务的过程中，旅行社使供应商的服务价值得以实现的同时，满足广大旅游者的产品和服务需求。

二、旅行社的分类

不同国家的旅行社分类方式有所不同，本节主要介绍欧美国家以分销渠道标准的分类方式和我国历年旅行社条例中对旅行社分类的说明，以及从地理位置和在线旅行社等其他角度对旅行社进行分类。

（一）国外旅行社的分类

1. 欧美国家旅行社的分类

从欧美国家旅游分销渠道的相关信息可以窥见其旅行社行业的分类，与农业、制造业等基础产业的分销渠道类似，旅游产品也是通过批发商和零售商最终到达游客。

1）旅游批发商、经营商

旅游批发商、经营商，即主要经营批发业务的旅行社或旅游公司。此类旅行社主要从事生产、组织和推销旅游产品。它们预先以市场上最低的价格，大量购买交通运输企业、饭店、旅馆、游乐场所、旅游景区等旅游企业的产品，然后将其组合成包价旅游产品或集合旅游产品，通过旅游零售商向广大旅游者销售。旅游经营商同样需要进行旅游批发商的相关业务，但是两者在是否直接向旅游者出售自己的产品方面是有区别的。旅游批发商在组成自己的包价旅游产品之后，自己并不直接面向旅游者出售这些产品，而是通过第三方，即通过独立的旅游零售商，向大众进行零售；而旅游经营商在组合包价旅游产品之后，除也通过独立第三方向大众出售外，还拥有自己设立的零售网络，也就是说，旅游经营商自己本身也直接面向旅游者出售包价旅游产品。除了这一差别，旅游批发商和旅游经营商的主营业务完全相同，也正因此，欧美国家中的旅行社业内人士将旅游批发商和旅游经营商视作同一类型的旅行社企业，并且通常将旅游批发商和旅游经营商视为同义语。

在欧美旅行社行业中，旅游批发商、经营商的企业规模一般都比较大，集中化程度比较高，经济实力较为雄厚，与外界的社会联系也较为广泛，市场销售能力强。在组团来华旅游的欧美旅行社企业中，大多数是这类旅游批发商、经营商。

2）专项旅游策划、组织商

这类旅行社与前文的批发商相比，业务更加具有针对性、专业性，实际上是实行专门化经营的旅游批发商，其针对性体现在消费者类别的市场细分上，服务对象是以企业为典型代表的组织购买者或者团体客户。随着旅游活动专门化程度的提升，这类旅行社的作用愈加重要，如奖励旅游策划商和会议旅游策划商。

奖励旅游策划商是专门从事策划和组织奖励旅游活动的旅游批发商，直接为奖励旅游的团体客户提供服务，其主要收入来自对所策划和组织的奖励旅游产品的加价。会议旅游策划商是专门从事会议策划和相关服务安排的旅行社企业，负责为客户挑选会址、住宿及会议设施，安排与会者及其随行人员的参观游览活动，以及选择会议主办方认可的航空承运商。此外，很多会议策划商还从事策划和安排奖励旅游的业务。除了独立经营的会议策划商，还有部分会议策划商是受雇于规模较大的全国性社团组织、大型的非营利组织、政府机构、教育机构以及大型工商企业等。

3）旅游零售商

旅游零售商即对接旅游批发商的旅行社，主要经营零售业务，以旅游代理商为典型代表。旅游代理商代表旅游者向旅游批发经营商及各有关住、行、游、娱方面的旅游企业购买其产品。也就是代理上述企业向旅游者销售其各自的产品，即旅游代理商代理旅游批发经营商、交通或饭店等部门，向旅游者销售旅游产品、代理交通票务或预订客房等。旅游代理商是一个知晓旅游计划制订、线路、住宿、货币、价格、政策法规、目的地以及其他所有有关旅游活动安排的专家,能够为旅游者节省时间和金钱。如今旅游代理商的数量较过去有所减少,其正在逐渐被为旅游者提供信息并帮助他们实现预订服务的在线旅游代理商,如Expedia、Travelocity、Priceline等在线旅游巨头所取代,并且因其操作的便捷和低成本而发展迅速。

同时,互联网技术的发展还使得旅游供应商的直接销售成为可能,尤其是航空公司,它把互联网作为避开中间商、自己直接面向旅游者进行销售的方式。通过建立网站供旅游者网上预订,不仅可以降低分销成本,还可以直接与旅游者联系。随着网上预订量不断增加,互联网成为航空公司分销渠道的一大选择。

那么,互联网会导致旅游代理商消失吗?在佣金减少甚至取消的情况下,以此为主要收入来源的旅游代理商还能生存下去吗?很多人认为旅游代理商这一分销渠道会随之衰落。但是事实却是在各类旅游供应商中,通过旅游代理商实现的销售额,依然占据着较大的比重。这是因为广大旅游者从心理上和情感上还是希望能够直接进行面对面的"高接触"服务。这些知识广博、运作专业的旅游代理商,能够为旅游者节省时间、节约费用,而这些是难以单纯地通过使用计算机和互联网来实现的。

另外一个日益明显的趋势是,旅游代理商将更多地销售消遣性旅游服务产品。此外,它们的产品组合将逐渐偏向"复杂"和"高风险"的业务,如团体旅游、邮轮旅游、蜜月游及全包价度假等,而互联网则成为预订诸如"点到点"的航空机票或饭店客房之类的"简单"和"低风险"产品的首选方式。而且由于境外旅游安排的复杂性,旅游代理商仍是旅游者所偏爱的选择。

2. 日本旅行社的分类

外国旅行社的分类除欧美国家外,日本的旅游法规根据不同的经营权限,将旅行社分为三类:一般旅行社,可以承担外国人来日本旅游、日本人出国旅游、日本人和外国人在日本国内旅游等业务,即可以从事国际和国内旅游业务;国内旅游业,承担日本人及外国人在日本国内的旅游服务;旅游代办业,作为一般旅行社和国内旅游业的代理人,承办主要旅游业务和附带的旅游服务项目,与旅游者办理签订合同等事项。

(二)我国旅行社的分类

改革开放至1996年,我国旅行社分为一类、二类和三类。一类社从事对外招徕和接待海外游客来我国旅游;二类社从事接待由第一类旅行社和其他涉外部门组织来华的海外游客;三类社只经营国内旅游业务。

1996年颁布的《旅行社管理条例》按照旅行社的经营范围,将旅行业划分为国际旅行社和国内旅行社。国际旅行社的经营业务包括入境旅游业务、出境旅游业务和国内旅游业务,国内旅行社的经营范围仅限于国内旅游业务。同时规定每年接待旅游者规模达到10万人次以上的旅行社可以设立不具有法人资格的分社。

2009年国务院颁布《旅行社条例》(最新修订于2020年)代替1996年的《旅行社管理条例》。该条例并未对旅行社做出明确分类。该条例规定申请设立旅行社,经营国内旅游业务和入境旅游业务的,应当具备下列三个条件,即有固定的经营场所、有必要的营业设施和有不少于30万元的注册资本。

《旅行社条例实施细则》规定：国内旅游业务是指招徕、组织和接待中国内地居民在境内旅游的业务；入境旅游业务是指招徕、组织、接待外国旅游者来我国旅游，香港特别行政区和澳门特别行政区旅游者来内地旅游、台湾地区居民来大陆旅游，以及招徕、组织、接待在中国内地的外国人，在内地的香港特别行政区、澳门特别行政区居民和在大陆的台湾地区居民在境内旅游的业务。

《旅行社条例》规定：旅行社取得经营许可满两年，且未因侵害旅游者合法权益受到行政机关罚款以上处罚的，可以申请经营出境旅游业务。出境旅游业务是指旅行社招徕、组织、接待中国内地居民出国旅游，赴香港特别行政区、澳门特别行政区和台湾地区旅游，以及招徕、组织、接待在中国内地的外国人、在内地的香港特别行政区、澳门特别行政区居民和在大陆的台湾地区居民出境旅游的业务。基于对旅行社经济类型的考虑，将“外商投资旅行社”作为上述旅行社中的一个亚类，其中包括中外合资经营旅行社、中外合作经营旅行社和外资旅行社，并规定：外商投资旅行社不得经营中国内地居民出国旅游业务以及赴香港特别行政区、澳门特别行政区和台湾地区旅游的业务，但是国务院决定或者我国签署的自由贸易协定和内地与香港、澳门关于建立更紧密贸易关系的安排另有规定的除外。

由此可以看出，我国的旅行社除在业务范围是否涉及“出境”方面有所不同外，在业务开展方式上并无区别。与欧美国家的旅行社相比，我国的旅行社并无真正的批发商和零售商之分。事实上，几乎所有的旅行社在开展业务方面都是既经营批发业务，也经营零售业务。可见我国对旅行社的分类始终都是一种基于加强旅行社行业管理的需要而做出的行政规定，旨在规范我国旅行社行业的发展。

（三）其他旅行社分类方式

1. 客源地旅行社和旅游目的地旅行社

按旅行社所处的地理位置可以将其分为客源地旅行社和旅游目的地旅行社两种。在组织旅游服务的过程中，一家旅行社难以负责旅游者整个旅游活动过程，通常要由客源发生地和目的地旅行社进行密切合作才能完成，尤其是国际旅游活动。

客源地旅行社可以分为批发商和零售商两种。客源地的批发商是根据市场需求，设计各种旅游产品，向旅游地的旅行社购买服务产品，经过组合后分发给零售商销售，或者直接购买客源地旅行社组合好的旅游产品分发给零售商。客源地的零售商是把批发组合好的旅游产品销售给旅游者，向批发商索取佣金。

旅游目的地的旅行社分为接待社和外联社两种。旅游目的地的接待社是向旅游供应商购买服务，经过组合后销售给外联社，或根据外联社的预订购买供应商的服务。它在旅游者到达旅游目的地后，负责当地的导游及接待服务。旅游目的地的外联社一般是把接待社提供的旅游服务组合起来销售给客源地的批发商，或者根据客源地批发商的预订购买接待社的服务，然后销售给客源地的批发商。在旅游者到达旅游目的地后，要负责协调各接待社的服务，保证旅游过程的顺利进行。

2. 传统旅行社和在线旅行社

Online Travel Agency(OTA)是前文欧美国家对旅行社分类中提到的“在线旅游代理

商”，在我国 OTA 有很多称谓，如“在线旅游”“在线旅游代理”“在线旅游运营商”等。按照我国旅游相关法律法规规定的旅行社分类标准，OTA 译为“在线旅行社”更为合适，同时能与目前发展火热的各类旅游互联网企业相区分。

《旅游法》第四十八条规定：通过网络经营旅行社业务的，应当依法取得旅行社业务经营许可，并在其网站主页的显著位置标明其业务经营许可证信息。这是判断旅游网站是否属于在线旅行社的一个重要标志，也是是否允许其设置交易系统，接纳旅游者在网上“预订”或“购买”旅游产品的前提条件。依照《旅行社条例》对旅行社的定义，在线旅行社可以定义为，以互联网为核心，从事招徕、组织、接待旅游者等活动，为旅游者提供相关旅游或旅行服务的企业法人，其盈利模式主要来自旅游供应商的代理佣金和提供相关旅游和旅行服务的增值。因此，在线旅行社区别于其他旅游类网站的特征为在线旅行社应该具备“从事招徕、组织、接待旅游者等活动”的资格条件，即根据我国现行的法律法规，在线旅行社可以按照我国《旅行社条例》的相关规定进行经营资质的认定，可以开具旅行社发票；同时，在线旅行社应该具备“在线”经营的技术条件，可以进行旅游产品的在线查询、在线预订和在线交易（支付）活动。因此，目前我国与网络相关的旅游运营商分类如表 4-1 所示。

表 4-1　我国与网络相关的旅游运营商分类

<table>
<tr><th>运营商分类</th><th>盈利模式</th><th colspan="2">经营主体</th><th>代表企业</th></tr>
<tr><td rowspan="3">在线旅游经营企业</td><td rowspan="3">通过向旅游者销售旅游产品而获取收益</td><td rowspan="2">在线旅行社</td><td>网络旅游运营商</td><td>携程旅行网、途牛旅游网、同程旅行等</td></tr>
<tr><td>传统旅行社建立的网络平台</td><td>芒果网、中青旅遨游网等</td></tr>
<tr><td colspan="2">旅游供应商的销售网站</td><td>航空公司、酒店和景点的直销网站</td></tr>
<tr><td rowspan="2">在线旅游服务商</td><td rowspan="2">作为旅游企业线上服务的提供者，向旅游企业收取佣金或广告费</td><td colspan="2">旅游垂直搜索网站</td><td>去哪儿网、酷讯网等</td></tr>
<tr><td colspan="2">点评类网站</td><td>到到网、驴评网等</td></tr>
</table>

在线旅游经营企业，其主营业务是旅游产品，主要的营销关系模式为“B2C”（商对客电子商务模式）。在线旅游经营企业包括在线旅行社和旅游供应商的直销网站，即为旅游者提供酒店、机票、景点门票和包价类旅游产品的查询、预订和交易服务。其中在线旅行社，它具备《旅行社条例》所规定的旅行社业务经营资格、经营能力和经营条件，而其在线业务仅用于宣传、推广、招徕和预订环节，接下来的组接团业务环节（旅游产品的生产过程）都由其线下操作来完成。在线旅行社既包括以携程为代表的网络旅游运营商，又包括传统旅行社自己建立的网络平台。

在线旅游服务商，即为旅游企业提供线上服务的经营主体，主营业务庞杂，旅游产品只是其中之一；主要的营销关系模式为“B2B”（企业对企业电子商务模式）。在线旅游服务商为旅游企业宣传和发布旅游产品信息，提供网上的预约和交易平台，以向旅游企业收取佣金

(以点击率来衡量)或广告费作为盈利方式,包括旅游垂直搜索网站和点评类网站等,不具备组织、接待等旅游活动及为旅游者提供相关旅游服务的营运实体。

知识活页 在线旅游行业竞争激烈

三、我国旅行社的基本业务

我国旅行社开展业务主要可以分为两种方式,一种是批发形式——组织和接待团体包价旅游,另一种是零售形式——接待和安排散客旅游。

(一)包价旅游

包价旅游,即欧美国家的 Package Tour 或 Inclusive Tour,是指旅行社经过事先计划、组织和编排旅游活动项目,向大众推出的包揽一切有关服务工作的旅游形式。一般规定旅游的日程、目的地、交通、住宿、饮食、游览的具体地点及服务等级和各处旅游活动的内容安排,并以总价格的形式一次性收取费用,即我国业内人士所称的全包价旅游(产品)。通常以团体为主,按照国际惯例,团体指人数至少为 15 人。根据我国现行的行业管理规定,团体同行人数至少为 10 人(包括旅行社导游人员在内)。

20 世纪 60 年代以来,随着大众旅游的兴起,团体包价旅游迅速发展和普及,尤其是当今的入境旅游和出境旅游业务,所采用的大多是团体包价旅游。总体来说,包价旅游从需求方面看,对旅游者来说具有省心省力、安全感强、打包价格优惠等优势;从供给方面来看,团体包价旅游的流行主要是由于这一产品形式有利于实行批量生产,有利于节约成本和扩大经营。

同时,随着时间的推移和市场需求的变化,包价旅游的概念和旅行社组织包价旅游的做法也有了新的发展。比如根据旅游者的要求,有的包价旅游只包交通和食宿,有的在每日餐食中只包其中一餐,甚至也有只包出发地与目的地的往返交通的情况等。总之,旅行社可以根据旅游者的兴趣或要求,对包价旅游产品中所含的内容进行灵活设计。这便是我国旅行社业内人士所称的小包价旅游。

(二)散客旅游

所谓散客旅游,是相对于团体旅游而言的,按照国际上的行业惯例,主要指个人、家庭及 15 人以下的自行结伴旅游者。在我国旅游业的行业惯例中,散客通常是指个人独自旅游或 9 人及以下自行结伴的旅游者。

我国旅行社的散客业务主要分为散客成团业务和委托代理业务。散客成团业务，是指将来自不同客源地的旅游者就地临时拼组成团去某一目的地旅游。这种旅游团一般不设导游陪同，旅游者可以根据自己的兴趣自行旅游，在规定时间内返回出发地即可，旅行社根据旅游者的个人要求提供的不同服务项目分别计价和收费。

委托代办业务主要包括当地单项委托和联程委托。当地单项委托即某地旅行社接受到访散客的临时委托，为其代办预订饭店住房、租车以及提供导游、翻译服务等单项服务项目。联程委托的服务对象主要是入境旅游者，可分为国内和国际两种不同情况。国内联程委托也称当地联程委托，指地处入境口岸城市的某旅行社接受到访入境旅游者的委托，按照委托方提出的旅游路线和活动日程，为其安排按时抵离沿途各地的接送服务。国际联程委托是指旅行社按照境外旅游者的事先委托，为其安排入境到访期间所要求提供的各类旅游服务，包括提供翻译、导游、代订旅馆房间、代租汽车、代办旅游签证、代理各种票据，以及机场、车站、码头抵离接送等服务项目。

散客旅游接待量的大小往往是一个旅游目的地成熟程度的重要标志，因为同团队游客相比，散客数量的增长通常要求旅游目的地的接待条件更加完备和便利，否则该旅游目的地不足以吸引大量散客前来旅游。近年来，随着我国旅游供给条件的不断完善，旅游市场散客化程度显著提高。

第四节 旅游住宿

旅游住宿业由各种经营住宿服务的企业所构成，如宾馆、饭店、酒店、旅馆、旅社、度假村等，尽管称谓不同，但都是为旅游者提供住宿接待服务的经营主体。我国旅游住宿业以饭店、酒店、宾馆为主体，饭店多为北方地区的习惯称呼，酒店多为南方地区的习惯称呼，宾馆则多带有政府性质，这三种称谓其实大都相当于国际上所称的“Hotel”，这种接待类型的住宿业，可以采用文化和旅游部在正式文件中作为规范使用的“饭店”这一统称，以此来对旅游住宿业进行介绍。

一、住宿业的演进

从历史角度对世界住宿业进行分析，不难发现住宿业的演进与旅游活动的发展联系十分紧密，以下对其进行三个阶段的划分。

（一）客栈时期（产生至19世纪初）

世界上商业性住宿开始于分布在大道沿线和主要城镇中的小客栈和小客店（Inn）及类似的小型住宿场所，这类住宿场所规模小，设施简陋，仅提供基本的食宿，价格便宜。在19世纪之前，大多数旅行活动的开始都是出于贸易经商或宗教朝圣，市场规模方面旅行人数较少，旅行方式以徒步旅行为主，导致住宿的接待量很少。因此，客栈时期的住宿发展实为住宿市场需求规模所致，主要接待人数较少的宗教信徒和商人。

（二）饭店时期（19世纪初—20世纪中叶）

19世纪初，为了满足贵族的需求，在阶层较严格的英国，为王公贵族、达官显贵建立了第一家豪华饭店别墅，开启了奢华饭店时期。奢华饭店一般建在繁华的大都市，规模大，设施豪华，装饰极尽奢华，为世界留下了诸多传世的建筑精品。同时，奢华饭店的服务规范、讲究礼貌礼仪、重社会声誉、轻经济效益，接待对象以王公贵族、社会名流为主，典型代表为瑞士的里兹大饭店、德国的巴登-巴登饭店、法国的巴黎大饭店等，里兹更是成为奢华的代名词。

但是奢华饭店的服务对象的有限性让其难以长久发展。19 世纪中叶，铁路和轮船的问世促进了大规模的人员流动，因非经济性目的而外出旅游的人数有了大幅度增加，观光和度假成为很多人外出旅行的重要原因。旅游市场的需求和旅行社的出现，使得旅游住宿市场需求旺盛，商业饭店开始出现并迅速推广，其设施方便、环境舒适、清洁卫生、安全实用、价格合理，采用科学的经营管理方法，注重质量标准化，以商务旅行者为主要接待对象。这一时期，商业饭店成为旅游住宿和接待的主力军。

（三）以现代饭店为主的多种住宿设施竞争时期（20 世纪中叶至今）

第二次世界大战后，伴随着交通技术的迅猛发展，汽车和飞机分别成为人们中短程和远程旅行的主要交通工具，助推了旅游市场规模的扩大。随着大众旅游局面的形成，尤其是绝大多数现代旅游活动的参与者都是消遣型旅游者，住宿市场需求随之呈现出多样化的发展趋势，汽车旅馆、度假村、度假营地、青年旅社、度假公寓等在世界各地涌现，形成对现代饭店的竞争。

面对诸多新型住宿设施的竞争，饭店业自身也在不断变革和发展。如今饭店已经不仅仅是为旅游者提供住宿接待的场所，饭店功能的拓展和服务项目的增加都使很多饭店成为外来游客和当地社会的重要社交中心，饭店的设计、建造、装修、经营和管理也日益专业化。在当今的住宿业中，饭店业的规模仍在继续扩大，根据联合国世界旅游组织的估算，进入 21 世纪以来，全世界饭店客房总量的年增长率约为 2.5%，饭店业仍然是当今世界住宿业中最具代表性的中坚力量。

我国住宿业的发展可分为三个时期。古代的住宿代表为官办驿站、迎宾楼及民间客栈等。近代开始出现西式饭店、中西式饭店及招商客栈等。现代住宿业的特点为投资形式多样化，从事业型国宾馆、招待所转向企业型饭店，管理逐渐向国际先进水平靠拢，并推行星级评定制度。

二、饭店的分类

饭店作为一种统称，其形式种类十分丰富，可以从不同角度对其进行分类。根据接待对象可将饭店划分为商务型饭店、度假型饭店、长住型饭店、会议型饭店等；根据地理位置可将饭店划分为城市饭店、城郊饭店、乡村饭店、景区饭店、海滨饭店、公路饭店、机场饭店等；根据客房数量可将饭店划分为 600 间客房以上的大型饭店、300—600 间客房的中型饭店、300 间客房以下的小型饭店；根据经营方式可将饭店划分为独立经营饭店、集团经营饭店、联合经营饭店；根据价格形式可将饭店划分为欧式计价饭店、美式计价饭店、修正美式计价饭店、欧陆式计价饭店、床位与早餐式计价饭店等；根据档次或等级可将饭店划分为经济型饭店和星级饭店。

星级饭店作为饭店的等级划分具有权威性，世界各地普遍都对本国饭店实行等级评定，以控制饭店产品的质量和保障旅游者权利。

星级饭店的划分起源于法国，国际上饭店的等级一般划分为五个层次，以星号的多少作为标识，由低到高分别为一星级、二星级、三星级、四星级和五星级，代表着建筑物、装潢、设备、设施、服务项目、服务水平等方面的等级。但实际上，由于种种原因，世界各地对饭店等级的划分并不统一，有的地方划分为四个等级，有的地方划分为七个等级，我国的饭店等级划分为五个等级，特殊的是五星级之中包含白金五星级。

国际上对星级饭店评定的依据一般包括硬件和软件两个方面，如设施设备的档次和健全程度，服务项目的健全程度和提供服务的质量水准，顾客的满意度，社会形象等。同时包括参评饭店须有一定年限营业史，饭店等级不受规模大小的限制，获评等级并非永久不变等评定原则。

我国对饭店的评星工作依据国家标准《旅游饭店星级的划分与评定》(GB/T 14308—2010)，饭店评星工作在国家旅游局（现文化和旅游部）设立的全国旅游饭店星级评定机构的领导下进行，实行分级管理。全国旅游饭店星级评定机构负责制定饭店星级评定工作的实施办法和检查细则，授权并督导省级旅游饭店星级评定机构开展工作，组织实施五星级饭店的评定和复核工作，并对下属全国各级饭店星级评定机构所评出的饭店星级具有否决权。各省、自治区、直辖市旅游饭店星级评定机构在国家旅游局（现文化和旅游部）的指导下开展工作，负责组织实施本地区饭店的星级评定与复核工作，承担向全国旅游饭店星级评定机构推荐五星级饭店的责任，负责将本地区所评星级饭店的批复和评定检查资料上报全国旅游饭店星级评定机构备案。

三、住宿业发展趋势

（一）饭店集团化发展

第二次世界大战后，世界饭店业的规模有了相当大的发展，在饭店业激烈的竞争中，单一饭店的独立经营模式难以生存，许多饭店相继被吞并和转让产权。从 20 世纪 60 年代开始，饭店业主开始联合经营以扩大规模，由此产生饭店集团，至 20 世纪 90 年代，饭店集团已经成为饭店经营的主体。进入 21 世纪以来，由于集团化经营本身所具有的优势，加之产业竞争的国际化、经济的全球化、商业活动的信息化，以及随之而来的大规模兼并、重组等发展迅速，饭店集团化的经营趋势进一步加强。

饭店的集团化发展可以分为饭店连锁集团和饭店合作集团。

1. 饭店连锁集团

饭店连锁集团是一种以某一饭店公司的品牌为纽带，将若干成员饭店统一于该品牌旗下，实行集团化联号经营的紧密型饭店集团。本集团旗下所有的各成员饭店都使用相同的店名和店徽，经营相同的产品，采用相同的营业规程，提供相同水准的接待服务。例如我国的锦江、如家、格林豪泰和国外的洲际、希尔顿、雅高、凯悦等。

必须认识到的是，饭店连锁集团旗下的成员饭店，并非都由该饭店公司自己拥有产权和经营权，其形式可以分为完全成员、租赁成员、管理合同成员和特许经营成员。

完全成员是饭店连锁公司自己拥有产权，并直接经营管理。租赁成员是指饭店连锁公司从房地产开发商或其他渠道租来房产，自己经营管理，有经营权但无产权。管理合同成员是饭店连锁公司作为代理人，同饭店业主签订管理合同，派遣人员代为管理或协助管理，一般可分为两种情况，一种为饭店投资者在购进饭店房产后，自身无力经营或不擅长经营饭店业务，转而委托某一饭店连锁公司进行经营和管理；另一种是某些饭店企业因自身竞争力不够，希望借助某一饭店连锁公司的品牌和管理经验谋求生路，因而委托饭店连锁公司派遣管理人员，在该饭店连锁公司的名义下进行经营，我国饭店业中的中外合资饭店和中外合作饭店大多属于这类。特许经营成员是指饭店连锁公司向独立饭店业主出让特许经营权，饭店业主根据特许协定，在支付特许使用费或利润分成的前提下，使用饭店连锁集团的品牌，按照由饭店连锁公司设计和规定的服务程序和产品规范，在饭店连锁公司的督导下，由业主自行经营和管理，饭店连锁公司并不派人参与其经营管理，只在必要时对其经营工作给予指导。饭店连锁集团规模的扩大，主要是由于管理合同成员和特许经营成员的大规模加入。

饭店连锁集团的集团化经营，与独立经营的单体饭店企业相比，有着明显的优势，具体包括资本优势、技术经济优势、市场营销优势、集中采购优势、管理效率优势和分散风险优势等，为饭店连锁集团带来规模效益，这也是集团化经营成为大趋势的原因所在。

2. 饭店合作集团

饭店合作集团是独立饭店企业在饭店连锁集团盛行的压力下，在某些方面采取联合行动而产生的，即若干独立经营的饭店为追求通过集体联合行动所带来的规模效益而自愿组建起来的一种饭店合作组织。根据成员饭店间的主要合作领域，饭店合作集团可以分为营销合作集团、采购合作集团、员工培训合作集团和预订系统合作组织，且主要以前两者为主。

营销合作集团是很早出现的一类饭店合作模式，即加盟合作集团的饭店共同组建联合营销机构，该机构以合作集团的名义，为全体成员饭店开展宣传促销、招徕客源、协调各成员饭店形成一个规模较大的促销和销售网络，一般可分为地域性营销合作集团和基于共同目标市场而组建的营销合作集团，前者如英国的泰晤士流域饭店集团，后者如我国广州白天鹅宾馆所加盟的世界一流酒店组织，该合作组织成员分散于世界各地，且都是以商务旅游者为主要目标市场的高档饭店。采购合作集团所占比重最大，可借助集团大量购买的有利地位，同供应商进行谈判实现压价购买，因此吸引大量独立饭店加盟。

（二）住宿业多样化发展

随着旅游需求的多样化发展，住宿需求市场也呈现散碎化发展，分时度假、露营野营等住宿业态是住宿业多样化的代表。

分时度假是将饭店（多以度假村为主）的一间客房或一套旅游公寓的使用权分成若干个周次，按 10—40 年甚至更长的期限，以会员制的方式一次性出售给客户，会员获得每年到酒店或度假村住宿 7 天的一种休闲度假方式，并且通过交换服务系统会员可以将自己的客房使用权与其他会员异地客房使用权进行交换，以此实现低成本的到各地旅游度假的目的。这种模式可以很好地解决客房闲置率高的问题，在中国具有很大的市场潜力。

我国近年来以汽车露营为代表的露营旅游发展迅速，这种新兴的旅游方式作为住宿的一种选择，十分具有吸引力。露营者一般自驾、租赁房车或租住小木屋、小别墅等，露营场地一般来说能够提供多种设施和服务，如水电、网络服务、热水淋浴、洗熨设备等，以提高旅游者的舒适度。

第五节 旅游餐饮

旅游餐饮作为旅游六要素中的基本要素之一,近年来逐渐展现出其作为旅游吸引物的特质,能够满足旅游者更高层次的需求。除了对旅游餐饮的概念、分类等做基础性介绍,还对其发展趋势和餐饮产品设计进行介绍。

一、旅游餐饮的概念与分类

旅游餐饮是餐饮业中为旅游者提供餐饮产品与服务的部分,是保证旅游者旅游行程能够持续进行的基础性支撑要素,旅游者途中或在旅游目的地的饮食状况直接影响其对该次旅游行程满意度的评价。旅游餐饮中的饮食一般具有强烈的地域性、民族性、民俗性等人文特性,因此,旅游餐饮不仅能够满足旅游者的生理需求,还作为重要的旅游吸引物而满足其更高层次的审美需求。旅游餐饮在旅游营销中也扮演着重要的角色。

旅游餐饮种类繁多,随着大众旅游的兴起和餐饮行业的更新,旅游餐饮新形式更是层出不穷,主要分为饭店、特色餐馆、大排档、旅游快餐点和农家乐餐饮。

(一)饭店

饭店作为旅游六要素中"食"和"住"的主要供给者,是旅游餐饮的主要代表,尤其体现为跟团游中食宿打包这一形式。饭店早餐一般为自助餐形式,中晚餐一般为桌宴形式,具体菜品随饭店的档次而不同。国内经济型旅行团常见的菜品为"十菜一汤",而一般高档饭店的宴会不仅菜品种类多、质量好,并且非常讲究环境的设计,对于宴会菜单的设计以及餐具的配置都有严格规定。

(二)特色餐馆

特色餐馆主要指经营特色菜品的餐馆、传统老字号餐饮店、主题餐厅等。比如坐落在西湖边上,素以"佳肴与美景共餐"而驰名的"楼外楼"餐馆,北京的中华老字号"全聚德"等。主题餐厅是近年来兴起的一种餐厅形式,它往往围绕一个特定的主题对餐厅进行装饰,甚至食品也与主题相配合,营造出一种或温馨、或神秘、或怀旧、或热烈的气氛,千姿百态,精彩纷呈。例如,三亚的黎寨餐厅以"黎寨风情"为主题,餐厅装饰多以茅草盖顶,服务风格引入黎族待客风俗,清秀的黎家少女身着民族服装侍立两旁。

(三)大排档、旅游快餐点

这类旅游餐饮价格低廉、方便快捷。食摊大排档主要供应地方小吃,由于花样繁多而且价格较低,特别受旅游者的喜爱。比如秦淮小吃发源地——南京夫子庙,历史悠久、小吃品种繁多,形成了独具秦淮传统特色的饮食集中地,是我国四大小吃群之一。快餐服务点多分布在景区内部,方便旅游者购买,是旅游者节约时间时的首选,快餐服务点的设置也可以省出大量的就餐空间,减少投入,增加销售额,很多景区的餐饮服务大都以快餐服务为主。

(四)农家乐餐饮

这类旅游餐饮随着乡村旅游、农业旅游的发展而愈加受到旅游者欢迎。农家乐餐饮为旅游者提供地道的农家饭,原料新鲜、绿色、有机,使旅游者在农家品尝五谷杂粮和天然野味的同时,身心得到一种回归自然的享受。

二、旅游餐饮发展趋势

在如今体验经济时代下,旅游餐饮不再只是单纯满足旅游者生理需求的消费,而是整个旅游过程中具有个性化设计的、满足特殊心理需求的旅游体验环节,旅游餐饮作为竞争激烈的餐饮行业,正朝着特色化、高参与度、绿色化的方向发展。

(一)特色化

对旅游者来说,旅游目的地的饮食文化是深具吸引力的要素之一,在旅游目的地品尝地方风味是旅游者对目的地的期望之一。构成旅游饮食文化的一个基本前提,是根植于不同空间饮食文化的质的差异性。原料的选择、进食方式、就餐环境以及服务水平和方式等方面,各个地区表现出各自的特点。不同的地区都有自己独特的饮食文化,包括吃什么、如何吃和在哪儿吃等多方面。对旅游者来说,这也是旅游饮食情结之所在。旅游餐饮企业应该结合自己的地方特色,开发集菜品、就餐方式和就餐环境于一体的餐饮产品,弘扬地方饮食文化,讲究"色、香、味、形、器、质、养、净"饮食氛围和就餐环境的营造,使旅游者在游览秀丽的自然风光、绚丽的历史文化古迹的同时,品尝到独具特色的风味饮食,更加了解旅游目的地的风土人情。

(二)参与度高

在体验经济已经来临的今天,许多案例已经证明纯观光型的旅游产品不会持续太久,而具有参与性的旅游产品总是能够保持旺盛的生命力,旅游餐饮也不例外。很多旅游者已不再满足于只是游览和品尝,他们对菜肴的制作过程非常感兴趣,常常向服务员或厨师询问某些菜品的制作方法和工艺流程。旅游餐饮企业可以开发一些具有地方特色且让旅游者参与制作的菜品,或者让旅游者参观菜品的制作过程。当旅游者了解了某种菜品的制作过程后,可能会回家自己尝试甚至推荐给亲戚朋友,这样既可以使旅游者体验到旅游餐饮的乐趣,又能弘扬本地区的饮食文化。特别是对散客和背包客来说,这种形式更有助于他们增加在某一地的旅游时间。比如在乡村旅游盛行的今天,旅游者到菜地里采摘,亲手做农家菜,针对外国旅游者在北京旅游时的串胡同、包饺子等活动,这些都让旅游者在自己动手的过程中体验真正的异地风情。

(三)绿色化

随着生态旅游、农业旅游、乡村旅游的发展,旅游餐饮的绿色有机成为一大发展趋势,绿色饭店、绿色餐饮等给旅游者留下深刻印象。旅游餐饮企业按绿色餐饮的标准严格执行,提供从农田到餐桌的绿色服务,能够让旅游者远离农药残留、防腐剂等生活中常听到的食品安全隐患,开发时尚健康的绿色餐饮,提供无污染、天然的绿色菜品。

三、旅游餐饮产品设计

旅游餐饮产品设计的实施是系统化和整体化的统一。它需要考虑食品种类的选择,食品包装材料的设计,食品的生产、经营、管理等全过程。在这一过程中,应始终秉承生态性原则、因地制宜原则和可持续发展原则。

(一)旅游餐饮产品种类设计

对于旅游餐饮业而言,餐厅经营的食品种类直接关系到企业的经营特色。任何一家餐饮企业在开店之前都要确定其风格，而食品种类的确定对经营风格起着至关重要的作用。设计合适的旅游餐饮食品种类，有利于体现餐饮企业的经营特色，促进企业协调发展。

考虑到如今乡村旅游、农业旅游等的兴起和生态旅游餐饮的火热发展，这里重点以绿色旅游食品为例进行阐述。绿色食品出自良好的生态环境，对原产地及周围环境严格监测，其生产实行"从土地到餐桌"的全程质量控制，包括环境监测、原料检测、生产加工操作、产品质量、卫生指标、包装、保鲜、运输、储藏、销售控制等各个环节，是富含营养的无污染的食品。较受欢迎的绿色有机食品包括山野菜、食用菌类、五谷杂粮、水果及花卉等。

食用山野菜如今已经成为人们回归自然、关注健康的新时尚。近年来，随着对山野菜的不断开发利用和科学研究，山野菜成为宾馆、饭店和居民餐桌上的美味佳肴。山野菜多生长在深山幽谷、田野丘陵、林间草原和洼地等特殊环境中，与栽培蔬菜相比，具有迥然不同的清香，食之别具风味。

野生食用菌通常生长在雨量充沛、植被繁茂、人迹罕见的深山老林中，含有丰富的蛋白质、维生素、矿物质、微量元素和各种氨基酸。经科学研究，经常食用这些菌类，既能调节人体代谢，又可降低血压，还能减少胆固醇含量。对旅游者来说，在旅游中吃无污染的山野菜和食用菌，能增加其"回归自然"的感觉。

如今人们的口味已经发生很大变化，吃腻了大鱼大肉，转而发现五谷杂粮甚是美味。实际上五谷杂粮不仅营养丰富，也是偏远生态旅游区中的主要农产品，产量丰富且容易获得，价格便宜且少化学污染。这样的餐饮产品经济实惠，更能突出食品的地方特色和生态特色，非常适合久居城市的旅游者的口味。

适合旅游餐饮开发的食品种类还有很多，如黑色食品、花卉食品等。餐饮企业应结合本地特色和条件，考虑餐饮产品的营养、卫生，当地旅游的特点和旅游者的需求等方面，大力开发具有本地特色的旅游餐饮产品种类，使餐饮产品既能充分体现便利性和生态性，又能以特色吸引旅游者。

（二）旅游餐饮产品包装设计

随着旅游餐饮生态化、有机化的发展，在产品包装设计方面有很多新型包装材料得到广泛应用。一方面，包装废弃物造成的环境污染问题已成为世界关注的焦点，很多国家相继制定法律法规控制和规范包装容器生产市场；另一方面，由于包装材料与食品相接触，安全必须得到有效的保障。对于旅游景区而言，餐饮产品的包装可选择纸制材料、可食性材料和天然材料等。

纸制包装材料的生产过程是将废纸制成纸浆，然后用不同的模具将纸浆真空吸附成型，最后烘干。由于不经过传统的造纸工序，引起的环境污染小。生产原料除废纸外，还可以使用一年生草本植物如芦苇、稻草、甘蔗渣等。这些来源广、造价低、容易获得。纸制包装材料防油防水，耐热耐冷，无毒无味，生产过程中耗水量小，制成的一次性餐具不用冲洗，比较卫生，适合在旅游中广泛使用。

可食性材料，是指以蛋白质、淀粉、多糖等为加工原料制成的类似于塑料的材料，它不仅可以食用，还具有良好的弹性、强度，以及一定的抗菌消毒能力。可食性包装材料有以下优点：一是原料均取自绿色食物，来源十分广泛；二是大大降低了食品包装对环境的污染。因此非常适合在旅游区中使用和推广。

天然材料是指用植物的叶、秆、根及果皮等做包装的材料，如包粽子的箬叶、荷叶粉蒸肉中的荷叶等。这些天然材料不仅能增加食物的香味和滋味，也极易在自然界中分解，还能增加旅游餐饮产品的地方特色和生态特色。

（三）旅游餐饮产品生产设计

旅游是季节性很强的活动，餐饮业在经营中既要兼顾旅游的旺淡季，又要设法减少食品垃圾。解决该问题的有效方法是将工业化与手工操作相结合、中心厨房配送与分散餐点加工相结合。食品工业化，能满足食品需求数量大、要求供应速度快的旅游旺季的需求；手工操作能突出地方和生态特色，容易吸引游客并能充分利用众多的廉价劳动力。为了实现旅游餐饮食品加工的工业化，并尽量减少餐饮对旅游区的污染，可设立"中心厨房"，即原料由中心厨房集中采购，加工出食品后再分送到每一个餐点。在中心厨房加工的大部分原料，经过处理后不会对旅游区环境造成污染；蔬菜在中心厨房进行摘选和清洗，经过保鲜处理后送入旅游区，只需进行轻加工就可以提供给旅游者；活的家禽类在中心厨房进行宰杀，将不能食用的部分剔除，减少了食品对旅游区的污染。同时，使用中心厨房还减少了旅游区内餐饮设备的购置和使用数量，能够节约旅游区的能源和水资源，满足旅游景区的生态化发展。

第六节　旅游交通

随着科学技术的迅速发展，游客出行方式也愈加方便省时。旅游交通方式多种多样，各类旅游交通方式也存在不同的优势和劣势，游客可根据游程安排和自身偏好进行选择。

一、旅游交通的概念

国际上旅游业中的交通部门一般表述为"交通运输"（Transportation）或"客运交通"（Passenger Transportation），我国业界和学术界则习惯称作"旅游交通"。不管称谓如何，本质都是指旅游者利用某种交通方式，实现从一个地点到另外一个地点的空间转移过程。随着交通技术的进步，如今的旅游交通覆盖水、陆、空三大领域，包括汽车、飞机、火车、轮船等，这些旅行方式之间相互补充，相互配合，发挥各自优势，克服各自缺陷，为旅游者的旅游活动提供便利的代步条件。

旅游的发展与交通运输的发展是相互联系的，如今大众旅游的兴起，尤其是远程旅游很大程度上依赖于高速发展的交通技术。从需求方面看，交通运输是旅游者进行旅游活动的先决技术条件，因为外出旅行的第一步便是如何从出发地去往目的地，同时，发达的旅游交通能够缩短旅游时间、节省旅游费用、扩大旅游者的游览空间范围等，直接影响旅游者活动的规模、形式和内容。从供给方面看，旅游交通是旅游目的地旅游业的命脉，因为旅游业的发展最基础的便是依赖于充足的客源，交通运输能够保证足够的可进入性，同时，交通运输业也是旅游创收的重要来源，旅游者完成一次旅游活动的花费中，交通费是必不可少的，尤其在长途旅游活动中，交通费用所占总花费比例更高，成为目的地旅游收入的稳定来源。根据国家统计局近些年的抽样调查，在我国城镇居民国内旅游的人均消费结构中，城市间交通费和市内交通费两者合计所占的比重通常为人均消费的30%左右。

二、旅游交通的分类

(一)陆路旅游交通

陆路旅游交通包括公路交通和铁路交通。自驾车、搭乘公共汽车、包乘旅游大客车等汽车旅行方式是公路旅游交通的主体,并因私家车的普及、公路建设和高速公路网的发展和汽车旅行自由、便捷、灵活、随时停留的特点而成为旅游者短程外出的首选。

私家车普及率相当高的欧美国家为适应这一市场需求,为自驾旅游开办相关业务,包括组织并推出以自驾车方式开展的包价旅游,发展汽车租赁业务,在高速公路沿线兴办汽车旅馆、餐馆设施等。我国居民私家车的拥有量随着社会经济的发展也在不断攀升。但是随着自驾旅游活动规模的扩大,会导致旅游接待地产生交通拥挤和环境污染等问题,因此,接待地通常要求自驾车来访者将车辆停放在一定距离之外的指定地点,然后换乘公共代步工具进入。在公共客运方面,大客车节能效率是小汽车的三倍,因此价格相对低廉,并且可以解决游客在出行过程中行李安排以及转车换乘等问题,是受老龄旅游市场和消费层次相对较低的青年学生市场青睐的出游方式。但汽车旅行方式也有较明显的局限性,包括运输量小、速度慢不适合长途旅行、运费高、人均能耗大,尤其是自驾车旅游安全性较差等。

铁路旅游交通方式具有运力大、费用低廉、安全系数高、污染小、车内可自由活动、没有交通堵塞等优点。在世界旅游发展史上,火车曾经是人们外出旅游的主要交通工具,但自20世纪50年代开始,随着航空、高速公路以及汽车的发展,人们外出旅游时,短程多选择汽车,远程多选择飞机,铁路运输的地位不断下降,在客运市场所占的份额也越来越少。因此,自20世纪80年代开始,很多国家的铁路公司都采取了一些应对措施,开始推出新的服务项目,改进铁路运输技术,改善设施设备等,尤其是高速铁路的建设和高速列车的研制。在我国,铁路交通运输一直居于交通客运市场的主要地位,并随着近几年高铁的迅猛发展而备受青睐。

(二)航空旅游交通

飞机是航空旅游的交通工具,随着技术的推进和航空公司竞争带来的机票价格的下降,已经成为旅游者远程外出的首选。其具有快速高效、可跨越地面自然阻碍、耗时短、舒适等优点,同时也有费用较高、能耗大、运量相对较小、受气候条件影响大等缺点。

航空客运业务主要分为定期航班服务和包机服务。定期航班服务指航空公司在既定的运营路线上,按照所公布的航班时刻表提供客运服务,届时无论旅客多少,飞机都必须按照规定时间启程(特殊情况除外),因此特别吸引注重效率、追求服务可靠的商务旅游者。航空公司为提高航班的载客率,一般采取提前预付款旅行机票和当场付款旅行机票,前者是面向按规定提前一定时间预订并付款的旅客提供的一种减价机票,旅客购票后不得进行更改;后者则是一种当航班即将到期时,或者在航班起飞前某一特定时间内,所推出的临时减价机票。包机服务是一种不定期的航空包乘服务业务,随着20世纪60年代大众旅游的兴起,旅游包机业务有了很大发展,很多国家的旅游经营商在组织包价旅游,特别是国际包价旅游时,都使用包机作为主要的出行方式。与定期航班服务相比,旅游包机服务具有价格较为低廉、时间比较自由等优点,可以按照旅行社的要求定时间、定航线。

(三)水路旅游交通

水路旅游交通主要包括远洋定期班轮、海上短程渡轮和内河客运,具有运载力大、能耗小、舒适等优点，同时也有行驶速度慢，受季节、气候、水深、风浪等自然因素影响大，准时性、连续性、灵活性相对较差等缺点。

与铁路境况相同的是，在20世纪50年代后，其逐渐被高速、高效的汽车和飞机所取代，如今班轮、渡轮航运已演变为邮轮旅游，内河航运也演变为游船旅游，一定程度上可以说是一种旅游项目，因此现代的水路旅游交通具有悠闲、舒适的特点。邮轮被称作"漂浮的度假村"或"漂浮的旅馆"，在平稳的行驶中，旅游者既可以观光游览，也可以回船休息，并且船上提供多种多样的高端消遣娱乐设施。就世界范围来看，加勒比海海域、地中海海域和东南亚海域是邮轮旅游的热门地区，近年来我国豪华邮轮业也呈现快速发展的趋势。

三、影响旅游者选择旅游交通方式的因素

旅游者在确定旅游目的地后，如何在上述旅游交通方式中做出选择？影响旅游交通选择的因素主要来自旅游交通运输工具和旅游者自身两个方面。

（一）旅游交通运输工具

从供给方角度看，提供服务的旅游交通运输工具的具体情况直接影响着旅游者对交通工具的选择，具体包括三个方面：一是购买交通工具服务的花费，在其他因素不变的情况下，价格的变化会导致旅游者在交通工具的选择上做出不同的选择；二是旅游的距离，距离的远近会影响旅游者支出的费用和时间，所以在进行远程旅游时，在能承受的价格的前提下，旅游者更愿意选择快捷的交通工具；三是交通工具的运输速度，这与旅游的距离是相关的，但是由于现代社会人们的可支配时间较少，旅游者不管旅游距离的长短，都更愿意选择最快的交通工具，能够尽量减少交通时间，从而有更多的时间去游览、度假等。

（二）旅游者自身因素

从需求方角度看，旅游者自身的某些因素也会影响其对旅游交通方式的选择，包括旅游者的收入水平、闲暇时间、个人偏好等。收入水平和闲暇时间是客观制约因素，个人偏好是主观制约因素，两者共同对旅游者的选择产生影响。一般情况下，经济实力较弱的旅游者会选择价格相对低廉的交通工具，如火车等，而闲暇时间较少且有一定经济实力的旅游者会选择高速便捷的交通工具，如飞机等，而在旅游者收入和闲暇时间许可的范围内有多种选择的话，最终选择何种交通方式则取决于旅游者的个人偏好。

第七节　旅游景区

旅游景区是游客外出旅游的吸引因素，是旅游系统中的重要组成部分。倘若没有旅游景区对旅游者的吸引，旅游者对旅游交通服务、住宿服务、餐饮服务、购物服务等也就没有需求。因此，旅游景区在决定旅游目的地竞争力方面扮演着重要角色。

一、旅游景区的概念

从广义角度讲，任何一个可供公众参观游览或者开展其他消遣活动的场所都可以被看作旅游景区，如一座历史建筑、一所学校、一个自然保护区等。从狭义角度讲，规范意义上的旅游景区是指由某一组织或企业行使管理的封闭式景点，特殊之处表现在有明显的界线与

外界隔开，并设有固定的出入口，能够对来访者的出入提供有效控制。作为旅游业的组成部分，这一概念显然更加具有说服力。

国外学者一般认为，旅游景区是指专供来访公众参观、游乐或增长知识而设立和管理的长久性消遣活动场所。从这一定义中，可以得知旅游景区具有专用性、长久性和可控性等特点。专用性即旅游景区的功能是供旅游者开展旅游活动，而一些可供旅游者游览的如学校、养老院、部队等，其职能并非专供旅游者参观因而不能称为旅游景区。长久性是指旅游景区必须有长期固定的场所，这将旅游景区与临时举行的展览、庙会、流动演出、民俗表演等区分开来。可控性表现在旅游景区必须有人进行管理，能够对旅游者的出入进行有效控制，这将旅游景区与一般意义上开放式公共活动区域区别开来。

我国发布的国家标准《旅游景区质量等级的划分与评定》中对旅游景区做出了详细定义，即旅游景区（Tourist Attraction）是以旅游及其相关活动为主要功能或主要功能之一的空间或地域。本标准中旅游景区是指具有参观游览、休闲度假、康乐健身等功能，具备相应旅游服务设施并提供相应旅游服务的独立管理区。该管理区应有统一的经营管理机构和明确的地域范围，包括风景区、文博院馆、寺庙观堂、旅游度假区、自然保护区、主题公园、森林公园、地质公园、游乐园、动物园、植物园及工业、农业、经贸、科教、军事、体育、文化艺术等各类旅游景区。

二、旅游景区的分类

（一）一般分类标准

按照旅游景区的设立性质，可分为商业性旅游景区和公益性旅游景区。前者指投资者完全以盈利为目的而设立和经营的旅游景区，实质是旅游企业；后者指政府或社会团体出于社会公益目的而设立和管理的旅游景区，一般不实行门票制。

按照景区形成的原因，可分为自然旅游景区和人文（人造）旅游景区。前者是大自然的产物，后者则是人为产物，包括历史上的人为遗产和现代的人造结果。

（二）国外分类标准

Charles R. Goeldner 将景点（Attraction）分为主题公园或游乐园、自然景点、遗产型景点、娱乐型景点、商业型景点和工业景点等。

Middleton 依据景点的展示内容或表现形式，将旅游景区分为以下几种具体类别。

1. 古代遗迹（Ancient Monument）

古代遗迹尤其指那些经挖掘出土，并加以管理和保护的历史古迹，如古城防建筑、古墓葬等。我国的秦始皇兵马俑属于这类景区。

2. 历史建筑（Historic Building）

历史建筑指那些以历史上遗留下的，以各种建筑物为主要吸引因素而设立和管理的旅游景区，包括历史上遗留下的城堡、宫殿、名人故居、寺庙、传统民居等。

3. 博物馆（Museum）

博物馆的划分比较庞杂，可分为两大类：一类是以特定藏品为展示内容的博物馆，如各种科学博物馆、历史博物馆、军事博物馆等，这类博物馆也可按照藏品来源做进一步类别划分，如国家博物馆、地区博物馆、地方博物馆等；另一类是以特定场址为展示内容的博物馆，如我国的故宫博物院。

4. 美术馆(Art Gallery)

美术馆以收藏和展览历史或传统美术作品为主,如中国美术馆。

5. 公园和花园(Park and Garden)

作为景区景点的类别,这里所称的公园和花园是指那些以具有某种特色的自然环境和植物景观为主要观赏内容的旅游景区,如国家公园、自然保护区、园林等。

6. 野生动物园区(Wildlife Attraction)

野生动物园区指那些以观赏野生动物为主要活动内容的景区,如动物园、水族馆、观鸟园等。

7. 主题公园(Theme Park)

主题公园多是以某些主题为中心而兴建和管理的大型人造游览和娱乐园区,如迪士尼乐园、方特乐园等。

8. 早期产业旧址(Industrial Archeology Site)

早期产业旧址指那些在已经遗弃的早期矿产业旧址的基础上开发形成的旅游景区,主要供参观者了解该地历史上的社会生产及技术状况,如早期的采矿业、纺织业、铁路运输业以及运河码头等产业旧址。

(三)我国分类标准

按照旅游景区的质量等级进行分类很大程度上为我国所独有。我国于1999年颁布的国家标准《旅游景区质量等级的划分与评定》最早开始评定旅游景区质量等级,随后2003年进行修订。在评定标准中,旅游区(点)质量的等级依据《服务质量与环境质量评分细则》和《景观质量评分细则》中各考核项目,并参考《游客意见评分细则》中各评价项目进行综合评定。

现行标准将我国的旅游景区按质量划分为五个等级,从高到低依次为5A级、4A级、3A级、2A级和A级。旅游景区质量等级的标志、标牌、证书,由国务院旅游行政主管部门统一制作和颁发。旅游景区的质量等级评定工作按照国家和地方两级进行。国务院旅游行政主管部门负责组织全国旅游景区质量等级评定委员会;各省、自治区、直辖市旅游行政主管部门负责组织地方旅游景区质量等级评定委员会。全国旅游景区质量等级评定委员会负责5A级、4A级和3A级旅游景区的评定工作,地方旅游景区质量等级评定委员会负责2A级和A级旅游景区的评定工作。

三、旅游景区的功能

旅游景区的功能可分为以下几点。

(一)游憩功能

旅游景区能够提供休憩,放松身心,促进人与自然、文化的融合;优美神奇的大自然景色可以陶冶情操;底蕴深厚的人文景观可以启发灵感。随着我国国民经济的高速发展,城市化进程加快,回归自然、回望历史已经成为新时代人类的心灵追求,旅游已经走进千家万户,成为大众生活中较为普遍的消费选择。旅游景区有良好的生态环境、优美的自然风光、丰富的文物古迹等,是大众向往的休憩、游览的首选。

（二）景观功能

旅游景区有树立国家形象、美化大地景观、创造健康优美的生存空间的景观形象功能。每一个旅游景区，不论其整体或局部、实物或空间，大多数都具有特色鲜明的美的形象、美的环境和美的意境。它们由世界历史上的各种物体的形、色、质、光、声、态等因素相互影响、相互交织、相互配合而成，使人感受到险、秀、雄、幽、旷、奥、坦等千变万化的自然之美和瑰丽多彩的人文之美。

（三）生态功能

旅游景区具有保护自然环境、改善生态环境、防灾减害、造福社会的生态功能。一方面，旅游景区可以保护生物遗传的多样性，自然生态系统的每一个物种都是自然界长期演化的产物，其形成往往需要很长时间，设立旅游景区有助于保护大自然的物种和有代表性的动物种群，保证基因库的完整性。另一方面，旅游景区可以起到保护环境的作用，可以调节城市的小气候，维持二氧化碳与氧气的动态平衡，对保护生态和防灾减害都有重要作用，可以净化水和空气，对自然界的能量流动起到重要作用。

（四）科教功能

旅游景区有展现历代科技文化，纪念先人、先事、先物，增强德智育人的寓教于乐功能。一方面，人们可以利用旅游景区开展科研科普教育活动，旅游景区往往具有一定代表性和典型性的地形、地貌、地质结构、稀有生物及原种、古代建筑、民族乡土建筑等，具有重要的研究价值，游客在游览过程中可以获取生物学、地质学、人类学、社会学等各方面知识。另一方面，很多旅游景区都保存着不少文物古迹、摩崖石刻、诗联匾额、壁画雕像等，它们是文学史、革命史、艺术史、园林史等重要的史料，是历史的见证者，旅游者可以在游览中学到大量历史知识，领略到文学艺术的魅力。

第八节　旅游娱乐

随着大众观光旅游逐渐向休闲度假旅游、专项旅游过渡，“娱”作为旅游“六要素”中弹性最大的要素，占有越来越重要的地位，旅游娱乐对旅游业的作用也愈加明显。

一、旅游娱乐的概念

旅游娱乐是指旅游者以追求心理愉悦为过程和目的，在旅游目的地营业性文化娱乐场所中购买和消费旅游娱乐产品或服务的经济文化行为，涉及文学、艺术、娱乐、音乐、体育等诸多领域，能够丰富旅游者生活，满足旅游者精神需求。狭义的旅游娱乐一般指游乐园和主题公园，这与业界将“娱”和“游”要素统称的游览娱乐经营部门主要分为风景区和主题公园是一致的。

二、旅游娱乐的起源

旅游娱乐业的兴起和发展与国家工业化和人民生活水平的改善密切相连。它最早的雏形是古希腊、古罗马时代的集市杂耍，通过音乐、舞蹈、魔术等手段营造气氛、吸引旅游者。随着手工业向机械工业迈进、城市的大量出现，这种小型的流动的娱乐形式逐渐演变为专门的以户外为主的游乐场所。到20世纪上半叶，其形式也从轻松、温和的草地花园式，转化为以机械游乐器具为特色、追求喧嚣刺激的游乐园。第二次世界大战后，随着人们生活方式日趋多样化，以及科技的发展和经济的繁荣，形成了主题公园的旅游景区创新概念，童话乐园、探险乐园、野生动物园等相继在欧美地区发展起来。特别是美国于1955年在洛杉矶建立起第一个现代意义的主题公园后，以主题公园为代表的旅游娱乐业在世界各地得到广泛发展，从规模到科技和文化含量都有较大突破。

与西方发达国家相比，我国旅游娱乐业的起步较晚。自20世纪80年代起，中国旅游娱乐业开始起步，到1985年前后，以中小型的游乐园为主，直到1985年广州东方乐园的出现，标志着中国主题公园的出现。中国旅游娱乐业真正被纳入行业管理始于1997年，国家旅游局（现文化和旅游部）颁布了国家标准《游乐园（场）安全和服务质量》（现已被《游乐园（场）服务质量》替代），之后又在此基础上起草了《旅游景区质量等级的划分与评定》，再次对主题公园和游乐园进行质量评定和分级。

三、旅游娱乐业的作用

旅游娱乐作为六要素中的非基础要素，其产业发展潜力大，具有以下几点作用。

（一）丰富旅游活动内容，增强旅游产品吸引力

旅游娱乐项目的开发可以满足旅游者更高层次的旅游需求，不再是简单的走马观花式的游览，而是可以参与、互动的放松身心的旅游项目，因此能够丰富旅游者的活动内容，极大提高旅游者的兴趣，使整个旅游活动更加丰富、形式更加多样，增强旅游产品对旅游者的吸引力。

（二）提高旅游产品竞争力，增加旅游收入

旅游娱乐业作为旅游活动的一部分，是对旅游产品欣赏层次的补充，改善了旅游产品的结构，能够吸引更多的游客，增强旅游产品吸引力。虽然旅游娱乐在旅游业中创汇、创收比重并不大，但利润可观，发展前景广阔。旅游业是综合性很强的产业，它通过为旅游者提供食、住、行、游、娱、购等综合服务而取得经济收入。在这些综合性服务中，食、住、行具有相对的稳定性，其经济收入是有限度的，而旅游娱乐在旅游需求中的弹性较大，因此，其经济收入具有相对的无限性。

（三）减轻季节波动影响，平衡旅游收支

旅游娱乐项目与一般的自然景点不同，受季节气候的影响较小，并且旅游娱乐业的主要目的是满足旅游者除观赏外的旅游需求，具有很强的娱乐性，不但对旅游者有吸引力，对当地居民也有一定吸引力，能够减少旅游淡季带来的影响，平衡旅游收支。

（四）提高旅游活动质量，丰富文化内涵

旅游娱乐活动已渗透到旅游业各个组成部分中，它特有的文化内涵与参与性强烈地吸引着旅游者，对旅游活动起到增彩的作用，提高了旅游活动的质量。如今走马观花的观光型旅游正在失去魅力，更多的旅游者希望深入地了解旅游地社会、文化现象，更加注重参与性

和心理经历。旅游娱乐将艺术性、娱乐性和参与性融为一体，是一个国家或地区民族文化、艺术传统的生动反映。它不仅在专业娱乐场所出现，更多的旅游业经营者把旅游文娱引入旅游景区景点、旅游饭店，甚至各种旅游商品交易会和展示会，为旅游活动增添了更多的文化色彩。

第九节 旅游购物

旅游购物作为六要素中“购”的对应体现，随着国民经济的发展和旅游活动的深入而愈发重要，与“食”“住”“行”“游”相比具有较大的需求弹性空间，对目的地的经济贡献有较大潜力，一般来说，旅游业发达的国家和地区都十分重视发展旅游购物业。

一、旅游购物相关概念

旅游购物，是指旅游者为了旅游或在旅游活动中购买各种实物商品的经济文化行为，它不仅包括专门的旅游购物行为，还包括旅游中一切与购物相关的行为总和，但不包括任何一类旅游者出于商业目的而进行的购物活动，即为了转卖而进行的购物行为。概念中的“实物商品”是旅游购物业的核心，学术界一般表述为“旅游商品”，与被称为“旅游产品”的无形旅游服务相区分。

一般来说，旅游购物的范畴包括旅游商品、旅游购物设施和人员三个方面。旅游商品是旅游购物的核心层。任何一种购物活动离开旅游商品这一客体就无法发生，旅游购物中的其他活动终究也要围绕旅游商品而展开。因此，没有旅游商品的购物活动是无本之木、无源之水。如果旅游商品失去特色和吸引力，终究难以实现商品交换，其他两个因素也很难发挥作用。旅游商品购买离不开特定的购物设施，旅游商品与购物设施的不同组合给游客完全不同的心理感受，可增加魅力，强化经历，促进产品销售。现代市场经济的发展告诉我们，购物不是以往的简单商品交换活动，如今消费者越来越重视购物环境、购物设施的现代化、特色化、人性化，购物已经成为现代人的一种休闲消费方式，对环境的要求也越来越高。

对旅游者而言，在旅游目的地的陌生环境中游览、寻找、发现并购买称心如意的商品，将是一次难得的人生体验，也是了解当地风土人情的一个重要途径。商品交换背后是复杂的人与人的关系，研究购物行为必须分析交易中的买卖关系。人作为购物中的“软件”要素，旅游从业人员的服务态度、服务水平、商品知识、热情程度，以及特定购物环境中的其他相关人员都会影响旅游者的购买活动。在旅游购物活动中旅游者接触到各种各样的人员，如店主、销售员、导游，甚至当地居民等，这些人既为旅游者提供有异国风情的商品，而且与他们的交流沟通也会给旅游者留下难忘的旅游经历。

旅游商品是旅游活动的产物，随着旅游活动的开展而不断涌现。东汉时期，随着张骞出使西域，开启了东西方政治、经济、文化交流，同时也进行着旅游商品的交易，如核桃、葡萄等水果以及胡琴、香料等。关于旅游商品的定义，陶汉军(1994)认为旅游商品是旅游者在旅游活动中购买的，以物质形态存在的实物，亦称为旅游购物品。张文敏(2000)认为旅游商品是针对旅游者设计的，是旅游者为旅游而购买或在旅游过程中购买的具有文化内涵的旅游商品。苗学玲(2004)认为旅游商品是指由旅游活动引起旅游者出于非商业目的而购买的，以旅游纪念品为核心的有形商品，这一定义强调旅游商品是一种“角色”商品，即一般商品，只是因为购买者是旅游者，才有了一个共同的名称——“旅游商品”。

综合以上学者的观点可进行如下定义：旅游商品是指旅游者所购买的具有纪念性、艺术性、地方性、民族性、礼品性、实用性、便携性的有形商品，也称为旅游购物品。

二、旅游商品的分类

根据不同的分类标准，可将旅游商品划分为不同的类型。苗学玲(2004)通过旅游商品的购买时间的不同，将旅游商品分为旅游前购买的商品和旅游中购买的商品两大类，旅游前购买的商品指旅游者旅行前在居住地购买的，准备在旅途中使用的商品；旅游中购买的商品分为日用品、免税商品、旅游纪念品等，其中旅游纪念品是旅游商品的核心，包括旅游工艺品、土特产品和旅游印刷品等。蒋冰华(2005)则通过旅游者购买旅游商品的实际用途的区别，将旅游商品分为旅游工艺品、旅游纪念品、文物古玩及其仿制品、土特产品和旅游日用品。本书将旅游商品分为旅游纪念品和旅游日用品。

(一)旅游纪念品

旅游纪念品是旅游商品的核心，也是最常见的形式，具有显著的纪念性、地方性、艺术性、收藏性和礼品性，形式内容十分丰富，如工艺品、仿制品和土特产品等。

工艺品是指用本地特色材料制作的、工艺独特、制作精美、设计新颖的商品，是传统文化艺术宝藏的重要组成部分，如雕塑、金属、刺绣、花画工艺、蜡染、各种玩具等工艺品，同时还包括以旅游区的人文景观和自然景观为题材、体现地方特色传统工艺和风格的、带有纪念性的工艺品。这类商品的品种多、题材丰富、数量大、纪念性强，具有很强的艺术性、收藏性、使用性和礼品性，一般样式精美也不太昂贵，便于馈赠，还可留作纪念，可以给旅游者带来美好的回忆。

仿制品主要指文物古玩及其仿制品，即国家允许出口的古玩、文房四宝、仿制古字画、出土文物复制品、仿古模型等。这类旅游商品的真品相对比较昂贵，适宜于高消费型旅游者购买；仿制品则价格适宜，深受广大游客的欢迎。

土特产品的种类十分丰富，具有很强的地方特色，并且唯本地质量最佳，是旅游者必购的自用品和礼品。

(二)旅游日用品

旅游日用品是旅游者在旅行过程中经常使用的物品，实用性是其最突出的特征。旅游日用品主要包括旅游者在旅行过程中所消费的主副食品，如富有旅游特色又便于携带和必需的面包、饮料、罐头、快餐食品等；也包括旅游者出于对旅游地点及气候等情况考虑而购买的日常用品，如登山鞋、雨衣、折叠伞、太阳帽、太阳镜、照相机等。这些物品有的是在离家之前准备的，有的是在旅游过程中购买的。尽管这些小商品不像工艺品、纪念品那样有意义和保存价值，但是它们都是旅游者的生活必需品。旅游购物品经营者应该重视此类商品的品种、数量的供应，以保证旅游者旅行生活的需要。

三、发展旅游购物的必要性

近年来，中国旅游产业已逐渐成为较具成长性的行业之一，但旅游购物品销售市场并不成熟，在某种程度上，中国旅游购物品已经成为制约旅游景区旅游消费的“软肋”，存在产品粗制滥造、缺乏创新和特色、产品配套不到位等一系列问题。但发展旅游购物又十分有必要，对客源地和目的地旅游业的发展都具有很强的带动力，具体可分为以下四点。

（一）旅游购物资源对旅游者具有很强的吸引力

现代旅游者在旅游活动中开始注重参与各种活动，寻求旅游中新的乐趣，而旅游购物则被大部分旅游者所喜爱。旅游者在选择旅游目的地时，越来越关心能否在当地购买称心如意的商品，能否信赖所购买商品的品质、价格等。不仅如此，旅游结束之后，在评价此次旅游是否满意时，购物也常作为一项重要的因素。因此可以说，购物旅游资源不亚于其他自然、人文旅游资源，是满足广大游客需要的一个重要因素，甚至已经成为某些旅游目的地较重要的旅游吸引力之一。比如中国香港被誉为“购物天堂”，正是依靠当地丰富的购物旅游资源吸引成千上万的国际游客。如今，购物已成为旅游者重要的旅游活动，甚至成为很多旅游者必不可少的一次经历，对旅游者具有很强的吸引力。

（二）发展旅游购物是提高旅游业整体经济效益的重要途径

旅游者的旅游活动涉及食、住、行、游、购、娱等多方面的内容，购物是其中很重要的环节，同旅游娱乐业一样，旅游购物品的需求弹性比较大，经济收入相对具有无限性，直接影响着旅游业的整体效益。就旅游商品本身而言，原材料丰富、就地取材，可直接换取外汇、创收利润高，为增加经济收入创造了良好的条件。

（三）发展旅游购物可以丰富旅游活动的行为层次

旅游购物品本身就是一项独特的旅游资源，经开发可以吸引旅游者，并可成为专项旅游活动，增加旅游乐趣，丰富旅游活动的行为层次。旅游购物不仅能满足旅游者的观赏需求，还可以引起其强烈的购物欲望。即使旅游目的地缺乏丰富的自然风光和人文旅游资源，只要旅游购物品丰富、有特色，仍然能够吸引大量旅游者前来。

（四）旅游购物品是无声的旅游宣传品

旅游购物品是一个国家或地区文化艺术、传统习惯的生动反映，可满足旅游者纪念、观赏、炫耀、自我满足的心理需求。同时对旅游目的地而言，旅游购物品也是一种持久有效的宣传资源，有助于树立目的地旅游业的良好形象，提高知名度，对旅游目的地的旅游宣传有着潜移默化的功效。

国家层面也十分重视旅游购物的发展。2014 年发布的《国务院关于促进旅游业改革发展的若干意见》，就详细提到如何发展旅游购物、扩大旅游购物消费。其中包括实施中国旅游商品品牌建设工程，重视旅游纪念品创意设计，提升文化内涵和附加值，加强知识产权保护，培育体现地方特色的旅游商品品牌。传承和弘扬老字号品牌，加大对老字号纪念品的开发力度。整治规范旅游纪念品市场，大力发展具有地方特色的商业街区，鼓励发展特色餐饮、主题酒店。鼓励各地推出旅游商品推荐名单。在具备条件的口岸，可按照规定设立出境免税店，优化商品品种，提高国内精品知名度。研究完善境外旅客购物离境退税政策，将实施范围扩大至全国符合条件的地区。在切实落实出入境游客行李物品监管的前提下，研究新增进境口岸免税店的可行性。鼓励特色商品购物区建设，提供金融、物流等便民服务，发展购物旅游。

知识活页　故宫文创

本章小结

综合不同视角的旅游业定义，并与旅游产业相区分，将旅游业的构成分为旅行社业、住宿业、餐饮业、交通客运业、景区游览业、旅游娱乐业和旅游购物业。

经济性和文化性是旅游业的属性，经济性是其本质属性。与其他产业相比，旅游业具有综合性、服务性、敏感性、依托性和涉外性等特点。

旅行社作为旅游中间商，是饭店业、交通客运业、景区等旅游供应商的产品分销渠道，OTA（在线旅行社）同样如此。我国旅行社的基本业务分为包价旅游和散客旅游。

旅游住宿业、旅游餐饮业、旅游交通业、旅游景区业、旅游娱乐业和旅游购物业构成旅游业的主体，与旅游六要素相对应，并随着科技的进步和时代的变更，呈现多样化、创新化的趋势。

思考与练习

1. 试阐述旅游业的构成、性质和特点。
2. 试阐述旅行社行业的不同分类方式和 OTA 的含义。
3. 试阐述旅游住宿业的发展趋势。
4. 试阐述旅游交通方式的种类和影响旅游者选择旅游交通的因素。
5. 查阅资料，试以我国某一景区为例，谈谈其运营建设的成功经验与启示。

案例分析

山海关景区：从5A到无A，从首批设立到首个被摘牌

山海关位于河北省秦皇岛市，汇集了中国古长城之精华，是明长城的东北关隘之一，素有“天下第一关”“边郡之咽喉，京师之保障”之称，与万里之外的嘉峪关遥相呼应，闻名天下，于2007年被评为首批国家5A级景区。

然而2015年的“十一”假期刚过，国家旅游局（现文化和旅游部）就公开通报取消山海关景区5A级资质。暗访发现，山海关景区存在价格欺诈问题，强迫游客在功德箱捐款现象普遍，老龙头景区擅自更改门票价格；环境卫生差，地面不洁，垃圾未清理，卫生间湿滑、脏乱；设施普遍破损，电子设备、寄存柜、展品等损坏严重，长时间无人维修；服务质量差，导游、医务等岗位人员缺失严重，安保、环卫人员严重不足。依据国家5A级景区标准和评分细则，山海关景区已不具备5A级景区条件，并存在严重的服务质量问题，全国旅游资源规划开发质量评定委员会决定取消其国家5A级景区资质。我国从旅游景区开展A级评定以来，对5A级景区最严厉的处罚是严重警告。而此次山海关被摘牌，是自2011年国家旅游局（现文化和旅游部）启动对既有星级资质的景区暗访工作以来，第一次取消5A级景区资质。

面对处罚，山海关区旅游局局长失声痛哭：“我是山海关的罪人，老局长的工作成果在我手上被败光了。我们愧对全国游客，愧对国家旅游局（现文化和旅游部）的信任，愧对山海关人民……”然而很多人却并不相信其眼泪，从5A到无A，从首批设立到首个被摘，两个第一之间的三尺坚冰，恐怕并非一日冻成。山海关区委书记也表示，被摘牌是个噩耗，同时也是一个契机，山海关景区的硬伤是体制上经营、所有和管理三权不分，摘牌让他们下定决心，推进体制改革，盘活资源，最直观的体现便是景区员工事业编制的身份导致的服务水平差、管理效率低。

5A级景区评定中包含退出机制，但长期以来一直难以兑现，2015年以来国家旅游局（现文化和旅游部）“重拳出击”，用摘牌、警告等方式，严格遵守5A级景区标准，这将提高5A级景区的含金量，也给旅游者带来更多好处。同时，这对于景区而言，并不是失去了重回5A级景区的机会。

国家旅游局（现文化和旅游部）相关负责人表示，5A级景区是公认的旅游景区的最佳品牌，也是旅游产业发展的重要支撑。国家旅游局（现文化和旅游部）对5A级景区的管理一直是严格的和动态的，“我们将通过摘牌、警告等手段，督促景区始终坚持以游客为本，不断加强管理，改进服务”。景区评定动态机制的启用，获得了业界和学界一致点赞，这毫无疑问将让景区绷紧服务的“弦”，提升景区的旅游体验。

（资料来源：根据相关资料整理。）

问题：

1. 山海关景区被摘牌对我国其他景区有何警示意义？
2. 查阅资料，试阐述我国旅游景区A级评定的动态管理机制。

第五章

旅游资源

学习引导

旅游资源是旅游业发展的前提，是旅游业的基础，是实现旅游活动的基本要素之一。正确认识和合理开发利用旅游资源，并使之成为富有吸引力的旅游目的地、旅游吸引物，是旅游开发、规划的重要任务之一。

学习重点

通过本章学习，重点掌握以下知识要点：

- 旅游资源的概念及特点
- 旅游资源的分类
- 旅游资源调查与评价的基本原则
- 旅游资源的开发与保护

核心概念

旅游资源 Tourism Resource　自然旅游资源 Natural Tourism Resource　人文旅游资源 Humanistic Tourist Resource　环境承载力 Environment Carrying Capacity　旅游资源保护 Tourism Resource Protection　旅游资源开发 Tourism Resource Exploitation

第一节　旅游资源的概述

一、旅游资源的概念

旅游资源是发展旅游业的基础和重要组成部分。一个国家或地区旅游事业发展得成功与否，从根本上说，取决于这个地区旅游资源的特色和丰度，取决于能否对旅游资源进行恰当的评价和合理开发，以及能否妥善处理好开发旅游资源与保护环境的关系。从我国现代旅游业兴起的角度来看，研究者对旅游资源做出了相当多的定义，各方对旅游资源的内涵理解存在着共同性，也有差异性，代表性的观点如下：

凡是能为人们提供旅游观赏、知识乐趣、度假休闲、娱乐休息、探险猎奇、考察研究，以及人民友好往来和消磨闲暇时间的客体和劳务，都可称为旅游资源。（郭来喜，1985）

旅游资源就是吸引人们前往游览、娱乐的各种事物等原材料。这些原材料可以是物质的，也可以是非物质的。它们本身不是游览的目的物和吸引物，必须经过开发才能成为有吸引力的事物。（黄辉实，1985）

凡是能够造就对旅游者具有吸引力环境的自然因素、社会因素或其他任何因素，都可构成旅游资源。（李天元、王连义，1990）

旅游资源是在现实条件下，能够吸引人们产生旅游动机并进行旅游活动的各种因素的总和。（陈传康、刘振礼，1990）

自然界和人类社会凡能对旅游者产生吸引力，可以为旅游业开发利用，并可产生经济效益、社会效益、环境效益的各种事物和因素都可视为旅游资源。（国家旅游局（现文化和旅游部）资源开发司、中国科学院地理研究所（地理科学与资源研究所），1992）

旅游资源是指对旅游者具有吸引力的自然存在的历史文化遗产，以及直接以旅游为目的的人工创造物。（保继刚，1993）

旅游资源是指在自然界或人类社会中凡能对旅游产生吸引性、有可能被用来规划开发成旅游消费对象的各种事与物（因素）的总和。（苏文才、孙文昌，1997）

旅游资源是旅游地资源、服务及其设施、旅游客源市场三大要素相互吸引、相互制约的有机系统，是有关这三大要素相互间吸引向性的总和。（杨振之，1997）

旅游资源是经过人们开发，并在特定时空范围内被利用的，对旅游者具有吸引力的自然界和社会界的客观存在。（刘伟、朱玉槐，1999）

旅游资源可以有广义和狭义两种理解。广义的理解涉及旅游活动的商品、设施、服务，包括人力、物质和资金资源，以及吸引物资源；狭义仅指具有经济开发价值的旅游吸引物。（王大悟、魏小安，2000）

从经济学角度看，旅游资源是指那些对旅游者构成吸引力和对旅游经营者具有经营价值的自然和社会事物与现象的总和。（张辉，2002）

旅游资源是所有能被即时或周期性欣赏，从而产生经济、社会、环境效应的自然与人文诸因素。（王洪滨、高苏，2010）

先于旅游而客观地存在于一定地域空间，并因其对潜在旅游者所具有的休闲体验价值而可供旅游产业加以开发的潜在财富形态。（谢彦君，2011）

从上面这些表述中可以看到，尽管各家之说表述方法不同、形式各异，但实际上却大同小异。其共同点都强调旅游资源具有吸引旅游者这一属性。此外，特别要强调两点：其一，能激发旅游者的旅游动机，是旅游资源的必备条件。一方面，人们可以由于各种各样的原因而对各种各样的事物感兴趣，这说明许许多多的事物都可以视作旅游资源；另一方面，并非一切能引起人们兴趣的事物都可以成为旅游资源，也就是说，除了要能激发旅游者的旅游动机，还必须能为旅游业所利用才行。其二，在具备上述条件的基础上，关键还在于能否获得良好的经济效益和社会效益。这里面包括开发的难易程度和开发后经营成本的高低，以及给当地经济建设和社会发展带来的影响等问题。显然，没有经济效益和社会效益则不能称为现实的旅游资源，只能称为潜在的旅游资源而已。

基于此，我们对旅游资源做出如下论述，凡是能激发旅游者的旅游动机，并促使产生旅游行为，且能为旅游业所利用并产生经济、社会及生态效益的现象和事物，都可称之为旅游资源。

二、旅游资源的特点

旅游资源同世界上其他各类资源一样，既有共性的一面，也有自身的特性，这正是旅游资源开发时必须正确认识并加以合理利用的，旅游资源的特点概括起来可以表述为如下几个方面。

（一）观赏性和体验性

旅游资源与一般资源主要的差别，就是它具有美学特征和观赏价值，其作为资源所共有的经济性在很大程度上是通过观赏性来实现的。尽管旅游动机因人而异，旅游内容与形式多种多样，但观赏活动几乎是所有旅游过程都不可缺少的。没有观赏性，也就无法构成旅游资源，旅游资源的观赏性越强，对旅游者的吸引力就越大。同时，体验性也是旅游资源区别于其他资源的又一特点，许多民俗旅游资源，如民族歌舞、民族婚庆等表现出的可参与性对异质文化区域的旅游者具有相当大的吸引力。

（二）时限性和区域性

时限性和区域性是旅游资源在时间和空间方面的特点。旅游资源的时限性是由所在地的纬度、地势和气候等因素所决定的，这些因素造成的自然景观的季节变化，使旅游业的发展在一年之中会出现明显的淡旺季之分。由于许多特色旅游资源只有在某些特定时段内才能被开发利用，所以不同类型旅游资源的组合，能有效延长旅游地可开发利用的时限。另外，旅游资源是地理环境的重要构成要素，地理环境的区域分异必然导致各地区旅游资源赋存环境的差异化，故而旅游资源的区域差异是客观存在的。这种区域差异反映到旅游资源上便形成独具一格的地方特色。

（三）多样性和综合性

由旅游资源的定义可知，它是一个集合概念，任何能够对旅游者产生吸引力的因素都可以转化为旅游资源。这些因素的共同作用，使旅游资源存在于自然和社会的各方面，其多样性和广泛性为其他资源所不及。此外,旅游资源各要素处在相互联系、相互作用、相互制约的环境中,共同形成和谐的有机整体。区域旅游资源的构成要素种类越丰富、联系越紧密,其生命力就越强,就越能吸引旅游者。旅游资源的综合性使其能满足旅游者的多元化需求,成为旅游开发的优势所在。

(四)垄断性和不可迁移性

旅游资源的可模仿性差,难以移植或复制,历史文化遗产和自然旅游资源,都因为地理上的不可移动性而具有垄断性的特点。比如我国的长江三峡、桂林山水、黄龙的彩池群等,均无法用人工力量来搬迁或异地再现。尽管许多主题公园仿制了逼真的诸如竹楼、蒙古包等少数民族的村寨或居室,但它缺乏地域背景、周边环境与民族习俗的依托,在旅游者的视域中,真假分明,从而失去了原有的意义和魅力。那些历史感强烈的资源,更无法离开特定的地理环境和历史背景,否则其历史价值与观赏价值难以体现。

(五)永续性和不可再生性

永续性是指旅游资源具有可重复使用的特点。与矿产、森林等自然资源随着人类的不断开采会发生损耗不同,旅游者的参观游览所带走的只是印象和观感,而非旅游资源本身。因此,从理论上讲,旅游资源可以长期甚至永远地重复使用下去,但实践证明,旅游资源如果利用和保护不当也会遭到破坏。过度使用的有形旅游资源可能被毁坏,甚至不可再生;维护不当的无形旅游资源一旦遭到破坏,也是短期内难以修复的。这就要求旅游资源的开发工作必须与保护和管理相结合,必须以科学、可行的旅游规划为依据,有序、有度地进行。

(六)吸引性和定向性

旅游活动以旅游者在空间上的移动为前提,而旅游资源所具有的吸引力,是引发这一空间行为的重要动因。无论是令人陶醉的自然风景和风格独特的古今建筑,还是特色浓郁的民族风情与各具千秋的美味佳肴,都因对旅游者具有极强的吸引力而成为重要的旅游资源。必须指出,旅游资源的吸引力在某种程度上涉及旅游者主观效用评价。就某项具体的旅游资源而言,它可能对某些旅游者吸引力颇大,却对另一些旅游者无多大吸引力,甚至根本没有吸引力。因此,任何一项旅游资源具有吸引力定向的特点,只能吸引某些特定的市场,而很少能对整个旅游市场都具有同样大的吸引力。

第二节　旅游资源分类

一、旅游资源的分类

同其他事物的分类一样,按照不同的分类标准,所划分出来的旅游资源的类型也会不尽相同。研究发现,人们对旅游资源类型有多种多样的归纳和表述,其根本原因就在于人们所采用的划分标准不同。

我们在此根据旅游资源表现内容的基本属性,将旅游资源划分为两大类:一类是自然旅游资源,另一类是人文旅游资源。

（一）自然旅游资源

所谓的自然旅游资源，是指以大自然造物为吸引力本源的旅游资源。自然旅游资源包括：

(1) 气候天象，如风和日暖、光照充足、空气清新、天象奇观等。

(2) 地文景观，包括山岳形胜、岩溶景观、风沙地貌、海滨沙滩、罕见的地质结构等。

(3) 水域风光，包括江河、湖泊、瀑布、水库、泉水、溪涧、冰川、滨海景观等。

(4) 生物景观，包括森林、草原、珍稀树种、奇花异草、珍禽异兽及其栖息地等，体现在具体环境上，如幽雅的垂钓环境、供观赏的野生动物园及野生动植物自然保护区。

（二）人文旅游资源

所谓的人文旅游资源，是指以文化事物为吸引力本源的旅游资源。人文旅游资源的构成比较复杂，它包括有形的和无形的两种。在有形的人文旅游资源中，又可分为历史的人造资源和今人有意识建造的当代人造旅游资源。可作如下划分：

(1) 历史文物古迹，包括历史建筑、文明遗迹、石窟石刻等。这些建筑和遗迹往往是一个国家或民族历史发展的物证，同时在设计和建筑风格上都有不同于其他国家或民族的独特之处，因此往往是有形的人文旅游资源中最宝贵的组成部分。

(2) 民族文化及有关场所，这里主要指民族历史、民族艺术、民族工艺、风俗习惯及节日庆典活动等。例如，博物馆、藏书馆、民俗展览和表演馆、民族工艺生产场所、反映民族特色的园林等。由于民族文化的独特性，其往往成为旅游者好奇和兴趣所在，特别是可供旅游者亲自参与的节日庆典活动，以及可让人亲身体验的民族生活方式和传统的民俗活动，往往对旅游者有更大的吸引力。

(3) 城乡风貌，包括历史悠久的文化名城、现代气息浓郁的现代都市、个性鲜明的特色城市、古建筑保存完好的古镇、清新宁静的乡村风光等。

(4) 现代人造设施，包括富有特色并具有一定规模的大型工程设施和文化休闲与康体娱乐设施。

(5) 宗教文化，即一切与宗教直接有关的文化现象，包括宗教建筑、宗教活动、宗教艺术等。

(6) 有影响的国际性体育和文化事件，如举办奥运会、世界杯、洲际运动会，以及国际性的音乐节、戏剧节、电影节等。这类重大国际事件往往最能引来大量的国际游客，同时也是主办国扩大旅游宣传的绝佳时机。

(7) 饮食购物，包括各种富有特色的地方风味美食、特产名品、特色市场与著名店铺等。

另外，根据旅游资源的利用情况，又可以将旅游资源划分为现实的旅游资源和潜在的旅游资源两类。不论是自然旅游资源，还是人文旅游资源，都有现实的和潜在的两种情况。现实的旅游资源是指不仅其本身具有魅力，而且已有条件并且正在接待大批游客前来访问的旅游资源。潜在的旅游资源则是指那些本身可能具有某种诱人的特色，但由于受当地交通条件或其他接待条件的影响，尚未被人们所知或者暂时无法使很多游客前来观赏的吸引因素。

二、旅游资源分类方法

旅游资源的内涵十分丰富，涉及自然、社会和人文多个方面，因此，目前国内外学者对旅游资源尚无比较确切统一的分类方法。

(一)按旅游活动内容分类

游览鉴赏型:以优美的自然风光、著名古代建筑、遗址及园林、现代城镇景观、山水田园、以览胜祈福为目的的宗教寺庙等为主。

知识型:以文物古迹、博物展览、科学技术、自然奇观、精湛的文学艺术作品等为主。

体验型:以民风民俗、社会时尚、节庆活动、风味饮食、宗教仪式等为主。

康乐型:以文体活动、度假疗养、康复保健、人造乐园等为主。

(二)按旅游活动的性质分类

按旅游活动的性质,可分为观赏型旅游资源、运动型旅游资源、休(疗)养型旅游资源、娱乐型旅游资源和特殊型旅游资源。

(三)按利用角度分类

根据其利用角度,可分为可再生性旅游资源与不可再生性旅游资源。可再生性旅游资源一般指那些在旅游过程中部分被消耗掉,但仍能通过适当途径为人工再生产所补充的一类旅游资源,旅游纪念品与土特产品均属此类。不可再生性旅游资源一般指那些在自然生成或在长期历史发展过程中的遗存物。这类旅游资源一旦遭到人为的破坏,其后果不堪设想且很难弥补。因此,对可再生性旅游资源要充分利用,对不可再生旅游资源则应以保护为原则。

(四)其他不同分类

1. 按传统旅游资源观分类

我国旅游资源包括自然景观资源、人文景观资源、民俗风情资源、传统饮食资源、文化资源和工艺品资源,以及都市和田园风光资源等。

2. 按现代旅游产业资源观分类

我国旅游资源包括观光型旅游资源、度假型旅游资源、生态旅游资源和滑雪、登山、探险、狩猎等特种旅游资源,以及美食、修学、医疗保健等专项旅游资源。

3. 按旅游资源质量和级别分类

2004 年 10 月,国家质量监督检验检疫总局(现国家市场监督管理总局)发布《旅游区(点)质量等级的划分与评定》(GB/T 17775—2003)。按照旅游交通、游览、旅游安全、卫生、邮电服务、旅游购物、经营管理、资源和环境的保护、旅游资源吸引力,以及市场吸引力等条件,将我国的旅游景区质量等级划分为五级,从高到低依次为 AAAAA、AAAA、AAA、AA、A 级旅游景区。

目前,旅游资源的划分主要依据 2017 年发布的《旅游资源分类、调查与评价》(GB/T 18972—2017)中提出的划分标准依据旅游资源的性状,即现存状况、形态、特性、特征将旅游资源划分为主类、亚类、基本类型 3 个层次,在这一分类方案中,旅游资源被分为 8 个主类,23 个亚类,110 个基本类型。其中前 4 个主类属自然旅游资源,后 4 个主类属人文旅游资源(见表 5-1)。

表 5-1 旅游资源分类表

主类	亚类	基本类型	简要说明
A 地文景观	AA 自然景观综合体	AAA 山丘型景观	山地丘陵内可供观光游览的整体景观或个别景观
		AAB 台地型景观	山地边缘或山间台状可供观光游览的整体景观或个别景观
		AAC 沟谷型景观	沟谷内可供观光游览的整体景观或个别景观
		AAD 滩地型景观	缓平滩地内可供观光游览的整体景观或个别景观
	AB 地质与构造形迹造	ABA 断层景观	地层断裂在地表形成的景观
		ABB 褶曲景观	地层在各种内力作用下形成的扭曲变形
		ABC 地层剖面	地层中具有科学意义的典型剖面
		ABD 生物化石点	保持在地层中的地质时期生物遗体、遗骸及活动遗迹的发掘地点
	AC 地表形态	ACA 台丘状地景	台地和丘陵形状的地貌景观
		ACB 峰柱状地景	在山地、丘陵或平地上突起的峰状石体
		ACC 垄岗状地景	构造形迹的控制下长期受溶蚀作用形成的岩溶地貌
		ACD 沟壑与洞穴	由内营力塑造或外营力侵蚀形成的沟谷、劣地，以及位于基岩内和岩石表面的天然洞穴
		ACE 奇特与象形山石	形状奇异、拟人状物的山体或石体
		ACF 岩土圈灾变遗迹	岩石圈自然灾害变动所留下的表面痕迹
	AD 自然标记与自然现象	ADA 奇异自然现象	发生在地表一般还没有合理解释的自然界奇特现象
		ADB 自然标志地	标志特殊地理、自然区域的地点
		ADC 垂直自然地带	山地自然景观及其自然要素（主要是地貌、气候、植被、土壤）随海拔呈递变规律的现象
B 水域景观	BA 河系	BAA 游憩河段	可供观光游览的河流段落
		BAB 瀑布	河水在流经断层、凹陷等地区时垂直从高空跌落的跌水
		BAC 古河道段落	已经消失的历史河道现存段落
	BB 湖沼	BBA 游憩湖区	湖泊水体的观光游览区与段落
		BBB 潭池	四周有岸的小片水域
		BBC 湿地	天然或人工形成的沼泽地等带有静止或流动水体的成片浅水区

续表

主类	亚类	基本类型	简要说明
B 水域景观	BC 地下水	BCA 泉	地下水的天然露头
		BCB 埋藏水体	埋藏于地下的温度适宜、具有矿物元素的地下热水、热气
	BD 冰雪地	BDA 积雪地	长时间不融化的降雪堆积面
		BDB 现代冰川	现代冰川存留区域
	BE 海面	BEA 游憩海域	可供观光游憩的海上区域
		BEB 涌潮与击浪现象	海水大潮时潮水涌进景象，以及海浪推进时的击岸现象
		BEC 小型岛礁	出现在江海中的小型明礁或暗礁
C 生物景观	CA 植被景观	CAA 林地	生长在一起的大片树木组成的植物群体
		CAB 独树与丛树	单株或生长在一起的小片树林组成的植物群体
		CAC 草地	以多年生草本植物或小半灌木组成的植物群落构成的地区
		CAD 花卉地	一种或多种花卉组成的群体
	CB 野生动物栖息地	CBA 水生动物栖息地	一种或多种水生动物常年或季节性栖息的地方
		CBB 陆地动物栖息地	一种或多种陆地野生哺乳动物、两栖动物、爬行动物等常年或季节性栖息的地方
		CBC 鸟类栖息地	一种或多种鸟类常年或季节性栖息的地方
		CBD 蝶类栖息地	一种或多种蝶类常年或季节性栖息的地方
D 天象与气候景观	DA 天象景观	DAA 太空景象观赏地	观察各种日、月、星辰、极光等太空现象的地方
		DAB 地表光现象	发生在地面上的天然或人工光现象
	DB 天气与气候现象	DBA 云雾多发区	云雾及雾凇、雨凇出现频率较高的地方
		DBB 极端与特殊气候显示地	易出现极端与特殊气候的地区或地点，如风区、雨区、热区、寒区、旱区等典型地点
		DBC 物候景象	各种植物的发芽、展叶、开花、结实、叶变色、落叶等季变现象
E 建筑与设施	EA 人文景观综合体	EAA 社会与商贸活动场所	进行社会交往活动、商业贸易活动的场所
		EAB 军事遗址与古战场	古时用于战事的场所、建筑物和设施遗存
		EAC 教学科研实验场所	各类学校和教育单位、开展科学研究的机构和从事工程技术试验场所的观光、研究、实习的地方

续表

主类	亚类	基本类型	简要说明
E建筑与设施	EA 人文景观综合体	EAD 建设工程与生产地	经济开发工程和实体单位，如工厂、矿区、农田、牧场、林场、茶园、养殖场、加工企业以及各类生产部门的生产区域和生产线
		EAE 文化活动场所	进行文化活动、展览、科学技术普及的场所
		EAF 康体游乐休闲度假地	具有康乐、健身、休闲、疗养、度假条件的地方
		EAG 宗教与祭祀活动场所	进行宗教、祭祀、礼仪活动场所的地方
		EAH 交通运输场站	用于运输通行的地面场站等
		EAI 纪念地与纪念活动场所	为纪念故人或开展各种宗教祭祀、礼仪活动的馆室或场地
	EB 实用建筑与核心设施	EBA 特色街区	反映某一时代建筑风貌，或经营专门特色商品和商业服务的街道
		EBB 特色屋舍	具有观赏游览功能的房屋
		EBC 独立厅、室、馆	具有观赏游览功能的景观建筑
		EBD 独立场、所	具有观赏游览功能的文化、体育场馆等空间场所
		EBE 桥梁	跨越河流、山谷、障碍物或其他交通线而修建的架空通道
		EBF 渠道、运河段落	正在运行的人工开凿的水道段落
		EBG 堤坝段落	防水、挡水的构筑物段落
		EBH 港口、渡口与码头	位于江、河、湖、海沿岸进行航运、过渡、商贸、渔业活动的地方
		EBI 洞窟	由水的溶蚀、侵蚀和风蚀作用形成的可进入的地下空洞
		EBJ 陵墓	帝王、诸侯陵寝及领袖先烈的坟墓
		EBK 景观农田	具有一定观赏游览功能的农田
		EBL 景观牧场	具有一定观赏游览功能的牧场
		EBM 景观林场	具有一定观赏游览功能的林场
		EBN 景观养殖场	具有一定观赏游览功能的养殖场
		EBO 特色店铺	具有一定观光游览功能的店铺
		EBP 特色市场	具有一定观光游览功能的市场

续表

主类	亚类	基本类型	简要说明
E 建筑与设施	EC 景观与小品建筑	ECA 形象标志物	能反映某处旅游形象的标志物
		ECB 观景点	用于景观观赏的场所
		ECC 亭、台、楼、阁	供游客休息、乘凉或观景用的建筑
		ECD 书画作	具有一定知名度的书画作品
		ECE 雕塑	用于美化或纪念而雕刻塑造、具有一定寓意、象征或象形的观赏物和纪念物
		ECF 碑碣、碑林、经幡	雕刻记录文字、经文的群体刻石或多角形石柱
		ECG 牌坊牌楼、影壁	为表彰功勋、科第、德政以及忠孝节义所立的建筑物,以及中国传统建筑中用于遮挡视线的墙壁
		ECH 门廓、廊道	门头廓形装饰物,不同于两侧基质的狭长地带
		ECI 塔形建筑	具有纪念、镇物、标明风水和某些实用目的的直立建筑物
		ECJ 景观步道、甬路	用于观光游览行走而砌成的小路
		ECK 花草坪	天然或人造的种满花草的地面
		ECL 水井	用于生活、灌溉用的取水设施
		ECM 喷泉	人造的由地下喷射水至地面的喷水设备
		ECN 堆石	由石头堆砌或填筑形成的景观
F 历史遗迹	FA 物质类文化遗存	FAA 建筑遗迹	具有地方风格和历史色彩的历史建筑遗存
		FAB 可移动文物	历史上各时代重要实物、艺术品、文献、手稿、图书资料、代表性实物等,分为珍贵文物和一般文物
	FB 非物质类文化遗存	FBA 民间文学艺术	民间对社会生活进行形象的概括而创作的文学艺术作品
		FBB 地方习俗	社会文化中长期形成的风尚、礼节、习惯及禁忌等
		FBC 传统服饰装饰	具有地方和民族特色的衣饰
		FBD 传统演艺	民间各种传统表演方式
		FBE 传统医药	当地传统留存的医药制品和治疗方式
		FBF 传统体育赛事	当地定期举行的体育比赛活动

续表

主类	亚类	基本类型	简要说明
G 旅游购物	GA 农业产品	GAA 种植业产品与制品	具有跨地区声望的当地生产的种植业产品及制品
		GAB 林业产品与制品	具有跨地区声望的当地生产的林业产品及制品
		GAC 畜牧业产品与制品	具有跨地区声望的当地生产的畜牧产品及制品
		GAD 水产品与制品	具有跨地区声望的当地生产的水产品及制品
		GAE 养殖业产品与制品	具有跨地区声望的养殖业产品及制品
	GB 工业产品	GBA 日用工业品	具有跨地区声望的当地生产的日用工业品
		GBB 旅游装备产品	具有跨地区声望的当地生产的户外旅游装备和物品
	GC 手工艺品	GCA 文房用品	文房书斋的主要文具
		GCB 织品、染织	纺织及用染色印花织物
		GCC 家具	生活、工作或社会实践中供人们坐、卧或支撑与贮存物品的器具
		GCD 陶瓷	由瓷石、高岭土、石英石、莫来石等烧制而成，外表施有玻璃质釉或彩绘的物器
		GCE 金石雕刻、雕塑制品	用金属、石料或木头等材料雕刻的工艺品
		GCF 金石器	用金属、石料制成的具有观赏价值的器物
		GCG 纸艺与灯艺	以纸材质和灯饰材料为主要材料制成的平面或立体的艺术品
		GCH 画作	具有一定观赏价值的手工画成作品
H 人文活动	HA 人事活动记录	HAA 地方人物	当地历史和现代名人
		HAB 地方事件	当地发生过的历史和现代事件
	HB 岁时节令	HBA 宗教活动与庙会	宗教信徒举办的礼仪活动，以及节日或规定日子里在寺庙附近或既定地点举行的聚会
		HBB 农时节日	当地与农业生产息息相关的传统节日
		HBC 现代节庆	当地定期或不定期的文化、商贸、体育活动等

第三节 旅游资源调查与评价

一、旅游资源的调查

旅游资源的调查是服务于旅游资源开发的前期基础工作。对于已开发的旅游资源来说，一方面，随着时间的变迁和开发措施的实施，其自身的构成因素及其在周边环境中的地位，可能会发生变化；另一方面，随着人类生产力水平的不断提高和认识能力的增强，旅游资源的数量会增加，范围也会得到拓展。对旅游资源进行调查，及时、系统、全面地掌握可供利用的旅游资源状况显得十分重要。

旅游资源调查的基本内容包括：

(1) 对旅游资源本身的调查，包括对调查区的旅游资源类型、数量、结构、规模、级别、成因，以及与旅游资源有关的重大历史事件、名人活动、文艺作品等基本情况的调查，并形成旅游资源的文字、照片、录像、专题地图等有关资料。

(2) 对旅游资源所处区域的环境、条件的调查，包括对该地的自然、社会和经济环境与条件以及环保状况的调查。

(3) 可能的客源分析和邻近地区的旅游资源对调查区客源产生的积极或消极的影响。

二、旅游资源的评价

旅游资源是旅游活动赖以开展的客体，同时它也是发展旅游业的物质基础。旅游资源要想成为具有吸引力的旅游景观，必须经过适当的开发和利用才能得以实现；就旅游资源的开发利用而言，其首要的问题是必须进行旅游资源的科学评价，这是一项非常重要的基础性工作。

（一）旅游资源评价的目的和意义

旅游资源评价是在旅游资源调查的基础上，对旅游资源的规模、质量、等级、开发前景及开发条件进行的科学分析和可行性研究，为旅游资源的开发规划和管理决策提供科学依据。旅游资源的评价直接影响着区域旅游资源开发利用的程度和旅游地的前途和命运。因此，客观而科学地评价旅游资源是旅游区综合开发的重要环节。

旅游资源评价的目的在于：

(1) 通过对旅游资源的类型、规模、结构、质量、功能和性质的评价，为旅游区的开发和改造提供科学依据。

(2) 通过对旅游资源规模水平的鉴定，为国家和地区进行旅游资源分级规划和管理提供系统资料和判断对比的标准。

(3) 通过对区域旅游资源的综合评价，为合理利用旅游资源，发挥整体、宏观效应提供可行性论证，为确定不同旅游地的建设顺序准备条件。

（二）旅游资源评价的原则

为了使资源评价做到公正客观和便于开发利用，一般应遵循一定的基本原则，以便达成共识。

1. 客观实际的原则

评价时应从实际出发，如实且科学地评价旅游资源的价值和功能。既不能任意夸大，也不能缩小，而应实事求是。

2. 全面系统的原则

不仅要注重对旅游资源本身的特色、质量、数量等各方面因素进行综合评价，而且还应综合衡量旅游资源所处区域的区位、环境、客源、交通、经济发展水平、建设水平等外部条件，全面完整地进行系统评价。

3. 动态发展的原则

旅游资源是一个动态发展的概念，因此评价时要用发展和进步的眼光看待变化趋势，从而对旅游资源及其开发利用前景做出积极、全面、正确的评价。

4. 效益估算的原则

评价旅游资源时，要综合考虑开发后经济、社会、环境三方面的效益前景，以充分合理地利用旅游资源，获得多效益的综合效应。

（三）旅游资源评价的内容

旅游资源评价既包括对资源要素和结构的评价，也包括对资源开发外部条件的评价。其内容主要应包括以下几个方面。

1. 旅游资源的特性和特色

任何类型的旅游资源都有自己独特的性质，即使完全同类的旅游资源也各具特色。旅游资源的特性和特色是衡量其对旅游者吸引力大小的重要因素，也是旅游资源开发的先决条件之一。它对旅游资源的利用功能、开发方向、开发程度和规模及其经济和社会效益起着决定作用。因此，旅游资源的特性和特色是旅游资源开发的生命线。

2. 旅游资源的数量、密度和布局

旅游资源的数量是指旅游区内可观赏景观的多少。其密度是指这些景观资源的集中程度，它可以用单位面积内景观的数量去衡量。旅游资源的布局则指景观资源的分布和组合特征，它是资源优势和特色的重要表现。景观数量大，相对集中并且布局合理的地区是理想的旅游开发区。因此，旅游资源的数量、密度和布局是区域旅游资源开发规模和可行性的重要决定因素。

3. 旅游资源的环境容量和承载力

旅游资源的环境容量，是指某项旅游资源自身或所处地区在一定时间条件下旅游活动的容纳能力，包括容人量和容时量两个方面。容人量指旅游景区游览单位面积所能容纳游人的数量。它反映了旅游景区的用地、设施和投资规模等指标。容时量指旅游景区游览时所需要的基本时间。它体现旅游景区的游程、内容、景象、布局和建设时间等内容。旅游资源越复杂、越含蓄、越有趣味，它的容时量就越大；相反，一览无余的景观，容时量较小。

4. 旅游资源的价值和功能

旅游资源的价值包括旅游资源的艺术欣赏价值、文化价值、科学价值、经济价值和美学价值，它是资源质量和水平的反映。旅游资源的功能是旅游资源可供开发利用的特殊功能，它和旅游资源的价值相呼应。一般说来,艺术和美学价值高的旅游资源,其功能表现在观光方面;文学和科学价值高的旅游资源,其功能主要表现于科学考察、文化旅游方面。除此之外,还有具备娱乐、休憩、健身、疗养和商务等功能的旅游资源。

5. 旅游资源区的区位与环境状况

旅游资源地理位置最重要的是它所处区位的吸引力。地理位置和交通环境是旅游资源开发可行性和开发效益、开发规模的重要外部条件。即使旅游资源区景色再美,如果交通闭塞、行程困难或地理条件不良,也很难招徕游客。同时,旅游资源的区位效应还表现在它周围的环境及与中心城市的关系。例如,旅游资源濒临名山、名海、名湖、名泉、名城、名道等,都会对游客产生扩大吸引力的作用。

6. 地区经济发展水平

一个地区旅游资源的开发,必须有坚实的经济基础做后盾,因为旅游地的建设需要一定的资金、人力和文化素质,这些条件都与地区经济发展水平密切相关。资金主要用于建设旅游地的游览、娱乐、美化、安全、卫生、餐饮、住宿、道路、场地、管理及供水、用电、通信等基础设施,依赖于地区的经济发展水平。评价旅游资源的开发规模,不可单纯依赖外来投资,更重要的是调查本地区的经济发展状况,如地区国民总收入、居民消费水平、居民平均收入状况、主要经济部门的收入渠道等。

7. 建设施工条件

旅游资源的开发必须有一定的设施场地。这种场地主要用于建设游览、娱乐设施及各种接待、管理设施,如修建游览道路、娱乐载体、宾馆饭店、停车场地等。这些设施建设要求不同的地质、地形、土质、供水等条件,旅游资源的开发与上述条件的难易、优劣有密切关系,因此,施工条件也应列为开发条件系列评价的内容。只有合理地评价施工条件,才能既不浪费资金,又有可行性施工效益。

第四节　旅游资源开发与保护

一、旅游资源的开发

所谓旅游资源开发,是指通过适当的方式把旅游资源改造成吸引物,并使旅游活动得以实现的技术经济过程。同其他各类资源一样,旅游资源必须经过开发才能发挥其功能,所以有效的开发利用是旅游资源得以实现其价值的有效途径和前提条件。

(一)旅游资源开发原则

1. 明确主题,突出重点

当代资源的开发常常是多种资源的综合开发,在开发时要求将各项资源综合起来考虑。旅游资源的可开发地及数量很多,不可能同时开发,必须突出重点,形成一个主题。也就是说,只有通过开发,使之具有一个鲜明的旅游形象,并且有自己的特点和自己独特的风格,才具有强大的吸引力。

2. 特色鲜明，协调一致

旅游者主要动机不外乎猎奇、喜新等共同的旅游心理，因此，与惯常环境区别越大就越有吸引力。旅游地只有体现本地旅游资源的原真性，才能满足旅游者的需要。旅游资源的开发要避免把旅游景观开发成其他知名旅游景观的复制品，而应通过艺术手法尽量保持和突出自己的特色。协调一致是要求各类旅游资源、各种旅游设施能围绕一个主题，也就是围绕旅游形象的协调一致。自然是原始的代表，开发时应注意旅游景观的视野，自然的延伸和渗透。基础设施的材料和修建技术，也应尽可能利用当地的产品和传统，增添自然的情趣。

3. 环境保护，生态平衡

开发旅游资源的目的是利用，但在某种意义上，对某些旅游资源，特别是对自然旅游资源和历史遗产资源来说，开发本身就意味着一定程度的“破坏”。随着大众旅游的发展，环境问题和生态平衡问题已成为世界各国旅游研究专家们所关注的热门课题。在开发利用旅游资源的同时，必须着眼于自然环境和生态平衡的维护，不能单纯、片面地强调开发而不顾对环境的破坏。

4. 统筹规划，分期开发

旅游资源的开发是一项综合性的事业，它涉及社会、经济等各个领域，而且与城建、交通、文化和旅游等多个部门关系密切，因此必须统筹规划，重点制定一套旅游资源开发的总体方案，以避免旅游资源开发的盲目性。同时还应确定重点开发地区和项目，切实区分轻重缓急，提高资源的利用效率，以达到“投入少、收效大”的目标。

5. 经济效益、社会效益和环境效益相统一

旅游资源开发的目的是发展旅游业，从而达到赚取外汇、回笼货币、解决就业、发展地区经济等目的，获得一定的经济效益。因此，旅游资源的开发首先要服从当地社会经济发展的需要。其次，在国家或地方决定发展旅游业时，也要根据经济实力和有关开发项目的投资效益预测，分期、有重点地优先开发项目，不盲目开发。最后，对开发项目投资规模、建设周期、游客吸引力、回收期限及经济效益等方面，进行投入产出分析。在讲求经济效益的同时，还要考虑社会和环境限度，避免资源破坏、环境质量下降、社会治安混乱等负面影响。因此，旅游资源开发应遵循经济、社会、环境三效益统一的原则。

知识活页　　**尼亚加拉瀑布开发规划**

（二）开发可行性研究

旅游资源开发项目的可行性研究包括以下几方面内容。

1. 开发者的实力和资质

在并非由政府投资开发的情况下，开发者的实力和资质是尤为重要的。我国旅游资源的开发多由各级政府投资进行，因此往往不注重对这方面内容的研究。实际上，即使是由政府投资，也应根据量力而行的原则对当地的经济实力和经营管理能力进行分析和评价，否则开发工作就会有风险。随着旅游业的快速发展，各类民间资本进入旅游业，民间资本在旅游投资中的比重不断增加，2012 年发布的《关于鼓励和引导民间资本投资旅游业的实施意见》更是鼓励民间资本投资旅游业，因此了解开发者的经济实力和经营资质就更有必要。

2. 分析和预测市场需求

分析和预测市场需求即主要通过市场调研工作掌握项目开发后的旅游者来源、客源类型、市场规模、游客的消费水平以及开发地周围一定距离内有无竞争的同类旅游点等。

3. 分析项目开发和经营的微观条件

项目开发和经营的微观条件包括劳动力条件、工程技术条件、旅游资源本身条件等，并就开发后的投资回收前景做出预测。

4. 分析当地宏观经济社会条件

当地宏观经济社会条件包括当地居民生活水平、社会风俗以及基础设施状况，并就开发后可能会影响到的更广泛的社会方面进行损益分析。

实际上，并非所有的项目可行性研究都必须包括上述所有内容。可行性研究报告中具体应包括哪些内容，取决于该可行性研究主要是为谁而作。一般来说，项目开发者所真正关心的是项目开发后能否获得理想的投资回报效果。如果项目可行性研究需要提交政府部门审批，则上述四个方面的内容都需涉及。当然，看待开发问题时必须要目光长远而不能贪图眼前的经济利益，必须要眼界宽阔，既要看到项目开发后的积极效果，也要看到项目开发可能给当地居民、社会及经济等带来的负面影响。只有充分预测项目开发后所带来的利益和损失，才能保证获得理想的经济效益和社会效益。

（三）旅游资源的开发原因

同其他产品一样，旅游资源、旅游产品同样会经历一个由盛到衰的演变过程。这一过程所经历的时间可能很短，也可能很长，视具体情况分析，但演变总会发生。这其中涉及旅游研究重要理论——旅游地生命周期理论，是由加拿大学者巴特勒（Butler）于 1980 年提出来的，其主要观点为，一个旅游地的发展变化过程一般要经历六个阶段：探索（Exploration）、起步（Involvement）、发展（Development）、稳固（Consolidation）、停滞（Stagnation）、衰落（Decline）或复兴（Rejuvenation），经过复兴以后的旅游地，又重新开始前面某几个阶段的演变。（见图 5-1）巴特勒还引入了一条 S 形曲线来表述旅游地生命周期的六个阶段。

旅游地由无到有、又从有转无的可能性很大，引起这种变化的原因是旅游资源的吸引力的变化。经初次开发后的旅游资源，即旅游地的旅游吸引物由于适应当时游客的需要而吸引力逐渐增大，来访的旅游者人数也逐渐增多并形成盛况。但随着时间的推移，供需双方都

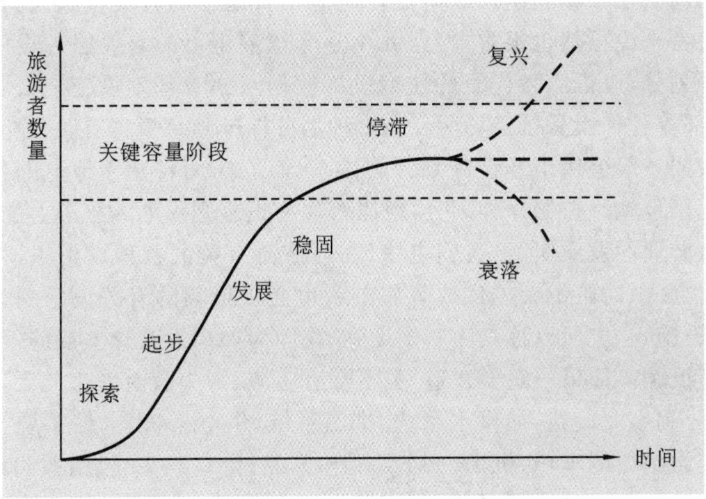

图 5-1　巴特勒的旅游地生命周期模型

可能出现新的变化情况。为了激活旅游市场，及时根据旅游地周期进行策略调整尤为必要，这就需要持续不断地开发项目、更新项目，保持旅游地的活力。

（四）旅游资源开发基本内容

旅游资源开发的目的就是使旅游资源为旅游业所利用，从而使其潜在的资源优势变成现实的经济优势。因此，旅游资源的开发实际上并非局限在对资源本身的开发上，而是在选定好旅游资源的基础上，为了更好地利用这些旅游资源而进行开发和建设，以便使旅游资源所在地成为一个有吸引力的旅游环境或接待空间。

1. 景点或风景区的开发建设

旅游资源的开发和建设是整个旅游开发工作的出发点。这样的建设不仅是对尚未利用的旅游资源的初次开发，也是对已开发好的景观或旅游吸引物的深度挖掘。不仅指从无到有的一个新景点的创造，也指对现实存在的旅游资源的整合和加工。从其性质来看，既以开发建设为主，也突出保持维护功能。此外，开发建设活动还是一个发展变化的动态过程，在旅游地生命周期的不同阶段表现出不同的侧重点。

2. 提高旅游地的可进入性

在开发问题上，交通是首先需要解决的问题。可进入性简单概括起来是能“进得来、出得去、散得开”。提高可进入性就是使旅游地同外界的交通联系以及旅游地内部的交通运输便利、畅通无阻，能够有效地缩短旅行时间。因此，提高可进入性不仅包括交通基础设施的建设，还必须包括各种交通运营的安排。

3. 建设和完善旅游基础设施

旅游者在旅游活动中的主要目标虽然是旅游吸引物，但在这一过程中，他们还有基本生活需要，这就决定了旅游地必须向旅游者提供相关服务所必需的旅游配套设施。旅游配套设施包括旅游基础设施（Infrastructure）和旅游上层设施（Superstructure）。纵观国内外的旅游研究文献，主要有两种划分标准。一种是根据旅游者对有关设施的依赖程度，将旅游者在目的地逗留期间必须依赖和使用旅游接待地区不可缺少的有关设施划为旅游基础设施;而将那些对旅游者来说虽然也很重要,但并不是非依赖不可的有关服务设施划为旅游上层设施。按照这种划分,以饭店为代表的住宿设施被划入旅游基础设施。旅游上层设施则多指影剧院、俱乐部等各种娱乐接待场所。另一种划分标准则是根据有关设施的建设特点,将建于地下和地表的一般公用事业设施划为旅游基础设施,而将建于地上的各种旅游服务设施划分为旅游上层设施。按照这种划分,饭店等住宿设施则被划入旅游上层设施。

根据我国旅游业的发展实践,我们主张,在与旅游有关的各种设施中,将主要使用者为当地居民,同时也必须向旅游者提供或者旅游者也必须依赖的有关设施划为旅游基础设施(亦可简称基础设施)。之所以称其为基础设施,是因为如果没有这些设施,便没有必要建造饭店等旅游接待设施。如果一定要建造,也不会有客源,因为旅游者来此无法生活。这类设施包括:①一般公用事业设施,如供水系统、排污系统、供电系统、电信系统、道路系统,以及与此相关的配套设施如停车场、机场、火车站和汽车站、港口码头、夜间照明设施等。②满足现代社会生活所需的基本设施或条件,如医院、银行、食品店、公园、治安管理机构等。而旅游上层设施则是指那些虽然也可供当地居民使用,但主要供外来旅游者使用的服务设施。换言之,如果当地没有外来游客,这些设施就失去了存在的必要,这类设施主要包括饭店、旅游问讯中心、旅游商店等。由于这类设施主要供旅游者使用,因此须根据旅游者的需要、生活标准和价值观念来设计建造,并据此提供相应的服务。

4. 完善旅游服务

旅游服务质量的高低在一定程度上会起到增加或减少旅游资源吸引力的作用。因此,要不断加强和完善旅游服务,并培训能够提供专业服务的人员。

二、旅游资源的保护

(一)旅游资源保护的重要性

在某种意义上,对旅游资源的开发本身就意味着某种破坏,这是不可否认的客观事实。但是,根据发展旅游业的需要而又必须对旅游资源进行开发,开发者可以通过周密的规划和完善的设计将发生危害的可能性减至最小。切记不可将保护和开发对立起来,保护是科学开发必须遵循的原则,也是合理利用旅游资源的基础。因此,要科学、合理地开发利用旅游资源,就必须要认真做好保护工作。毕竟旅游资源的脆弱性决定其很容易遭到破坏。这种破坏轻则造成旅游资源质量的下降,从而影响其吸引旅游者的能力;重则导致这些旅游资源遭到损毁而不复存在,从而使目的地的旅游业失去存在的基础。

目前,世界各国在大力开发旅游资源的同时,都十分重视旅游资源的保护问题,并将其视为旅游业持续兴旺发展的根本保证。1972 年,联合国教科文组织通过了《保护世界文化和自然遗产公约》,强调保护自然和文化珍品对人类生存的重要性。在这方面,我国也相继颁布了《中华人民共和国文物保护法》《中华人民共和国森林法》《中华人民共和国环境保护法》等一系列保护性措施法规。

(二)旅游资源遭到破坏的原因

旅游资源遭到破坏的原因,从大体上可以划分为自然原因和人为破坏两大类。

1. 自然原因

这类原因又可分为三种情况。第一种情况是天灾，如地震、滑坡、火山喷发、火灾、水灾等。这些是严重的。第二种情况是自然风化，如风蚀、日晒雨淋、水浸等。这类原因对旅游资源的破坏较为常见，尤其多见于对历史古迹和建筑物的破坏。例如，我国山西的云冈石窟由于长期的风雨剥蚀和后山石壁的渗水浸泡，大部分洞窟外檐裂塌，很多雕刻被风化，有些已断头失臂，有些则面目模糊。第三种情况则是生物原因造成的破坏。例如，某些鸟类以及白蚁的破坏作用也可对历史文物和建筑物的安全构成威胁。

2. 人为破坏

这里所指的是客观上的人为破坏。一部分是由旅游者造成的破坏。旅游活动的开展和大量旅游者的涌入，加快了名胜古迹自然风化和磨损的速度，导致古迹的损坏和衰败。旅游者的乱刻乱画更加重了问题的严重性。大量旅游者的踩踏使土壤板结，古树枯死；游客在爬山越岭、挖掘土石时，破坏了在自然条件下长期形成的稳定落叶和腐殖层，造成水土流失，使旅游区的自然生态环境受到威胁。每个旅游目的地的接待能力都是有限的，一旦超过最大承载量，其遭受破坏的可能性就会成倍地增加。另一部分是当地人或旅游企业造成的。这类人为破坏比旅游者造成的问题更严重，且有诸多不可控因素。在旅游资源所在地的市政建设中，由于无知，不少文物古迹被直接拆毁或占用，使得古人留下的这些宝贵遗产从此消失而无法恢复。另外，工业生产造成的空气污染以及落后的工业、农业生产方式，无计划的过度采石、伐木、取水，也对旅游资源造成严重破坏。此外，一些旅游区，由于旅游规划不当，无序开发，也会对景点建设造成破坏。

因此，人们应当对这类问题有清醒的认识。如果要使这些旅游资源将来能继续造福于人民，服务于国家和地区旅游业的发展，就要注意对它们加以保护。

（三）旅游资源保护工作

对旅游资源的保护可分为消极的保护和积极的保护两种。消极保护同积极保护之间的关系也就是“治”与“防”的关系。具体原则应当是以防为主，以治为辅，防治结合，运用法律、行政、经济和技术等手段，加强对旅游资源的管理和保护。

对于自然作用所带来的危害，主要应采取必要的技术措施加以预防。例如，将兵马俑坑和半坡遗址这样的古迹建为室内展览馆以减小风化作用的影响。对于因条件限制无法采取类似措施的旅游资源，则应经常检查，对发现的问题及时进行治理和修整。

为了防止由于旅游者的原因而对旅游资源可能带来的危害，首先应加强本地的旅游规划工作，然后科学核算出景区最大承载量，逐步推进旅游者流量监测常态化，采用门禁票务系统、景点实时监控系统等技术手段，最后制定出客流量控制预案。一旦出现接待量饱和，甚至出现超负荷的情况，应采取措施实施分流或控制旅游者进入数量等。此外，对于重要的文物建筑及珍稀动植物等要架设隔离装置，避免旅游者触摸攀爬，对违反有关规定者要予以制止，并视情节严重程度给予批评、罚款，追究其法律责任。

对于除旅游者以外的其他人为原因，除了加强旅游资源保护的宣传，还应制定必要的法律法规加以约束。由于旅游资源的多样性及其在一定程度上具有主观效用，难以制定全面的旅游资源保护法。但我国有不少法律法规都直接与旅游资源有关，如《中华人民共和国文物保护法》《中华人民共和国森林法》《中华人民共和国环境保护法》及《中华人民共和国野生动物保护法》等。在采取预防性措施的同时，对危害和破坏旅游资源的单位和个人要给予必要的行政处罚和经济处罚。对造成严重破坏者，要追究有关人员的法律责任。另外，还应重视科学研究，合理编制规划，从总体布局上予以协调组织，避免在风景区布置不必要的设施，破坏景区的整体环境。

无论是治理因自然作用对旅游资源造成的危害，还是因人为作用对旅游资源造成的破坏，关键是要分派和落实有关保护工作的责任，切实进行合理、科学的保护。

本章小结

旅游资源的特点：观赏性和体验性，时限性和区域性，多样性和综合性，垄断性和不可迁移性，永续性和不可再生性，吸引性和定向性。

根据旅游资源表现内容的基本属性，将旅游资源划分为两大类：一类是自然旅游资源，另一类是人文旅游资源。

旅游资源评价的内容：旅游资源的特性和特色，旅游资源的数量、密度和布局，旅游资源的环境容量和承载力，旅游资源的价值和功能，旅游资源区的区位与环境状况，地区经济发展水平，建设施工条件。

旅游资源开发基本内容：景点或风景区的开发建设，提高旅游地的可进入性，建设和完善旅游基础设施，完善旅游服务。

思考与练习

1. 用所学知识，分析可依据哪些其他标准对旅游资源进行分类并举例说明。
2. 列举并解释旅游资源的特点。
3. 简述旅游资源开发工作的基本内容。
4. 说明旅游资源开发中应遵循的原则，以及为什么要遵循这些原则。
5. 试析保护旅游资源的意义。
6. 讨论保护旅游资源的可行性措施。

案例分析

婺源李坑之困

从穷乡僻壤到“中国最美乡村”，婺源的乡村旅游开发不过二十余年，然而村民与景区经营者的纷争却从未停止，其核心无疑是利益分成 。随着婺源旅游经济格局从民营资本的单点开发转变为县政府主导的旅游集团资源整合，村民们的议价能力在14个景点打包180元的通票制下不堪一击，而村民的抗议方式还是封堵景区入口的老一套。为首的李坑村村民持续一个月围堵景区入口的代价是，彻底闭门整顿，拆除违章建筑，进行景区综合整治。

导火索：突如其来的伤人案件

2011年6月25日晚10时50分许，5名男子闯入婺源县李坑村叶一青的家。“你爸在家吗?”一个25岁左右的青年操着本地口音问叶一青，手里还攥着一把短刀。“不在家。”其母在楼上睡觉，父亲去了朋友家。然而，5名男子并不相信他。其中2名男子上楼查看确无所获，突然说“叫你爸爸不要再插手村里的事”后，一起扑向叶一青，对他的大腿连扎两刀。

当晚，叶一青被邻居们送到了婺源县人民医院抢救，所幸并没有伤及要害。

这一天是李坑村村委会与江西婺源旅游股份有限公司(以下简称“婺源旅游公司”)分成费谈判的第三天。叶进宝是村民代表之一，他曾在谈判会上指出了分成计算错误，并用手机拍了照。叶进宝随后得知血案的幕后指使人是一名当地的私人老板，和他并无恩怨，羁押在外地。

走访的多位村民均表示血案是“对老叶的打击报复”。然而婺源县秋口镇党委书记洪文胜却对此说法予以否认。李坑村村委会和婺源旅游公司关于分成费的谈判在此后的半个月仍未达成共识，终于在7月12日，发生了村民在村口拦堵游客的事件，随后，婺源旅游公司宣布李坑景点紧急关闭。

升级：波及甚广的综合整治

8月13日，婺源暴雨如注。景区入口处由于有隔离线，几名保安盯着进出的村民及车辆。景区内，家家闭户，街上只能偶尔遇到几个村民。四处散落着木架子、砖瓦石材，知情人称为“大拆迁后的杰作”。李坑村主街上张贴着由婺源县城乡管理监察大队于8月10日发出的“李坑景区综合整治工作安排的通知”，上面表明“8月11日开始拆除文昌阁至村委会老办公楼以及小菇尖的违章建筑”；同时，一家叫双峰客栈的门前张贴着被认定为有“违章建筑”的村民名单及“违章情况”，名单显示，李坑300余户村民中，有90余户建有“违章建筑”。

“他们现在对外解释景区关闭是为了创建国家旅游示范县而进行综合治理。”一位不愿透露姓名的村民说，“可事实上，景区7月12日关闭了，所谓的整治8月初才启动，就是找个理由罢了。”

据李坑村多位村民反映，“关闭景区”是“不得已”，因为分成费至今没有达成协议。按照惯例，李坑村村民每季度可领到门票的分红收入，然而截止到2011年7月底，李坑村村民均未领到分成费，这引发了李坑村村民“拦截游客”事件，婺源旅游公司宣布景区紧急关闭。

矛盾：沉疴四年的分成费

据当地村民介绍，“拦截游客”“关闭景点”在婺源并不是第一次发生。2007年4月14日，李坑村曾拒绝对外接待游客长达15天，直到劳动节前夕才恢复开放 。主要矛盾是，李坑村原居民与婺源旅游开发公司门票分成未能达成一致。4 年过去了，门票分成的问题至今没能彻底解决。

据悉，婺源旅游发迹于 2000 年，当时各景点由本地或江浙一带的老板承包投资兴建。2007 年，江西三清山旅游集团有限公司在婺源当地政府主导的招商引资中入驻婺源，收购婺源当地 14 个景点后，成立了婺源旅游公司。随后，李坑村村委会与婺源旅游公司签订合同：全村村民分成按门票的 19%的比例提取，双方通过协商后达成 3 年（2008—2010 年）一次性给予每位村民 1300 元的协议。

2011 年 1 月 1 日起，门票分成问题又重新面临讨论。6 月 22 日，辖区政府秋口镇政府通知李坑村各组长或组代表到秋口镇政府开会协商"门票分成"一事。据村民回忆，据当时婺源旅游公司副总王建红提出的去年门票收入的数字推算，每位村民应得门票分成款为每年 2308 元。当时，村民都同意，但并未得到镇政府领导正面答复。

突如其来的"李坑血案""关闭景点"让婺源旅游公司终于决定与村民代表谈判，并最终在 8 月初给出了"分成费每人每年 2100 元"的结论，但此标准迄今没有形成书面文字，更未经村民投票认可。

8 月 8 日，李坑景区整治工作领导小组突然下发通知，称"李坑景区无违章建筑户从今天下午开始发放 2011 年暂定的门票分成款"，要将生米煮成熟饭。"只要在谈判会上不低头并为老百姓说话的，不但像老叶一样被报复，也都成了违章建筑户，半年的分成费打了水漂，被镇政府以违章建筑罚款的名义没收了。"村民李某愤愤地说。

"发生这些事是婺源旅游的一个偶然，也是一个必然。"一位在婺源当地从事旅游景区开发长达 10 年之久的知情人士道，"一方面村民担心旅游公司瞒报门票收入，另一方面旅游公司认为村民眼见的旅游兴旺并非事实。"他认为，当初在各种问题都未彻底解决的情况下，就强行将景点捆绑出售并不妥当，如今的问题也不是关闭景区就能解决的。"如果不从机制上入手解决，类似事情还会发生。"

"我们并没有信口开河地要分成费，就是要求旅游公司能按照当初合同约定的 19%来分成。"当地多位村民如是说。有一位细心的村民曾看到一份经过婺源县审计局审计核实的分成费公告，其数据显示为每人每年 2308 元。然而这个说法却遭到了婺源旅游公司方面的否认，该公司的一位吴姓相关负责人表示，"一直在按照合同履行约定的分成费"，同时又以"不熟悉公司财务"为由拒绝透露景区门票收入。

此外，无论是婺源旅游开发公司还是李坑村村委会，从未公开过账务。

（资料来源：根据相关资料整理。）

问题：

如何解决李坑之困，请给出具体的建议。

第六章

旅游产品

学习引导

本章主要论述了旅游产品的概念以及旅游产品开发，共分为三节：第一节为旅游产品概述，介绍了旅游产品的概念、层次、要素、构成、特性以及分类；第二节为旅游产品开发概述，介绍了旅游产品开发的概念、原则以及开发策略；第三节为旅游线路设计，介绍了旅游线路设计的类型、原则、流程。

学习重点

通过本章学习，重点掌握以下知识要点：

- 旅游产品概念的界定
- 旅游产品新增的要素以及现代旅游业发展特点
- 旅游产品开发策略
- 旅游产品生命周期每个阶段的开发策略

核心概念

旅游产品 Tourism Product　旅游产品要素 Tourism Product Element 旅游线路设计 Design of Tourism Route　旅游产品生命周期理论 Tourism Product Life Cycle Theory

第一节　旅游产品概述

随着科技的发展，市场经济的繁荣，人民日益增长的收入中可自由支配的比例不断提高，可自由支配的闲暇时间增多，旅游越来越成为人们高质量的生活内容的组成部分。旅游业不但是朝阳产业，也是世界上较大的经济产业之一，而且将保持强劲、持久的经济势头。据了解，现在全国有28个省（自治区、直辖市）把旅游业定位为战略性支柱产业，85%以上的市、80%以上的区县将旅游业定位为支柱产业，旅游业成为新常态下经济增长的重要驱动力。受国内节假日调整的有利影响，我国国内旅游和出境旅游市场需求旺盛，旅游产业总体发展水平保持平稳。随着旅游在扩内需、稳增长、增就业、减贫困、惠民生中独特作用的凸显，国家顶层设计方面越来越重视旅游业的发展。当前我国旅游业已进入大众化、产业化发展的新阶段。

市场是商品交换的场所，市场经济是商品需求与供给运行活动的经济。事实证明，旅游业已经是市场经济十分重要的组成部分。旅游市场经济是旅游产品的需求与供给运行活动的经济。那么首先要了解什么是旅游产品，旅游产品由什么构成，又具有哪些特性。

一、旅游产品的概念

所谓产品，Kotler，Bowens 和 Makens 认为是指可向市场提供，供人们注意、获得、使用或消费，能满足人们的某种欲求或需要的任何东西，其中包括实物、劳务、场地、组织、咨询意见等。换言之，从市场营销来看，凡是可向市场提供能满足人们的某种需要或者能创造需求的任何东西，皆可成为产品。

从现代市场营销观念出发，产品是指向市场提供的能满足人们某种需要和利益的物质产品和非物质形态的服务。这里的产品大多是指制造业中的有形产品。在旅游市场学中，旅游产品（Tourist Product）既包括有形的内容，也包括无形的服务，它是一个整体概念。

从需求者即旅游者的角度，旅游产品是指旅游者支付一定的金钱、时间和精力所获得的满足其旅游欲望的经历。旅游者通过对旅游产品的购买和消费，获得心理上和精神上的满足。旅游者眼中的旅游产品，不单单是其在旅游过程中所购买的饭店的一个床位，飞机或火车的一个座位，或是一个旅游景点的参观游览，一次接送和陪同服务等，而是旅游者对所有这些方面的总体感受，是一次经历。从供给者的角度，旅游产品是指旅游经营者凭借一定的旅游资源和旅游设施，向旅游者提供满足其在旅游过程中综合需求的服务。通过旅游产品的生产与销售，旅游经营者达到盈利的目的。这里，旅游产品最终表现为活劳动的消耗，即旅游服务的提供。

营销学所研究的旅游产品主要是从供给者角度，即旅游服务提供者的角度来考虑的。旅游服务是与有一定使用价值的有形物结合在一起的服务，只有借助一定的资源、设施、设备，旅游服务才得以完成。供给者提供的旅游产品有广义和狭义之分。狭义的旅游产品是指旅游商品，即由物质生产部门生产，由商业劳动者销售的物品，它包括旅游者旅游期间购买的生活用品、纪念品等各种实物商品。这种旅游产品仅满足旅游者外出旅游时购物的需求。广义的旅游产品是指旅游企业经营者在旅游市场上销售的物质产品和由劳动提供的各种服务的总和。它又可分为整体旅游产品和单项旅游产品。整体旅游产品是以在旅游目的地的访问活动为基础,构成一次完整旅游活动的各项有形因素和无形因素的组合或集成。在旅游者看来,整体旅游产品是其通过支付费用而获得的一次完整旅游经历(Middleton,1988)。这一定义最初从需求角度提出,倘若从供给角度界定,则定义为一个旅游目的地为满足来访游客实现旅游经历的需要,而为其提供的各种接待条件及相关服务的总和。单项旅游产品是指旅游经营者借助一定的设施,向消费者市场提供的旅游服务项目。但对于旅游消费者而言,实际上亦属"经历"或"体验"型产品,旅游产品实为多种旅游服务的集合,是旅游目的地和旅游企业以特定的设施和劳务向旅游消费者提供的无形利益。本书的研究对象是广义的旅游产品。

(一)国外研究

服务是产品这一点已得到国际社会的认可,ISO 国际标准已经明确地将服务纳入产品范畴。国内外旅游理论界对旅游产品的概念提出了不同的看法,其中国外较具代表性的观点有以下三种。

1. 史密斯的旅游产品解释模型(1994)

史密斯认为目的地旅游产品的结构层次如图 6-1 所示。

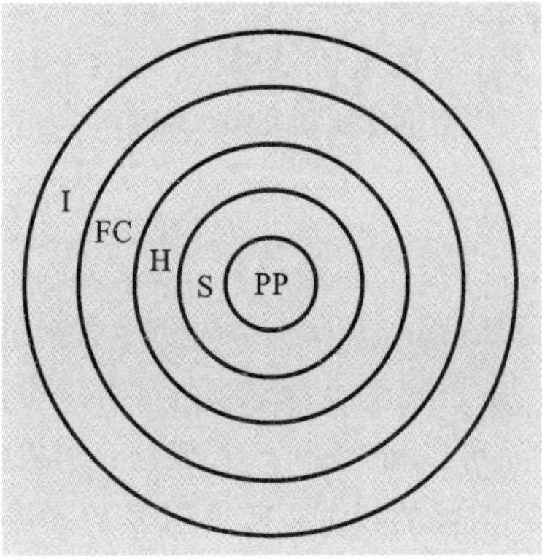

图 6-1　目的地旅游产品的结构层次

其中:

PP=实体环境(Physical Plant)　　FC=选择的自由度(Freedom of Choice)

S=服务工作(Service)　　I=游客参与(Involvement)

H=居民好客(Hospitality)

史密斯指出,整体旅游产品并非是上述五项要素的简单集合,而是所有这些要素间相互作用的结果。这意味着,除该模型所列的五项要素外,整体旅游产品的结构还涉及这些要素间的相互作用过程——该旅游产品的实现过程。

换言之,目的地的整体旅游产品结构实际上涉及六项要素:

(1) 实体环境——目的地的场地条件、自然资源、气候、基础设施等。

(2) 服务工作——目的地为满足来访游客的需要而提供的各种接待设施与相关服务。

(3) 居民好客——目的地民众对待外来游客的态度或情感,即当地民众在何种程度上能够以令游客心情舒畅的方式为其提供服务。

(4) 自由度——目的地为了能使游客对其旅游经历感到满意,允许游客自由活动的程度,即游客在开展活动方面感觉自由、宽松的程度。

(5) 游客参与——游客参与服务的过程及主客双方互动的情况。

(6) 旅游产品的实现过程——旅游产品实现过程的最后一道工序,需要由旅游者来完成。

史密斯认为,旅游业中对"旅游产品"这一术语的使用,乃是源于生产者的视角,所强调的是旅游供给方的生产过程,而非旅游消费者所获得的利益与结果。因此,"旅游产品"这一术语实际上反映的是旅游服务生产过程,因为在旅游消费者来到生产现场并参与最后阶段的工序之前,旅游产品并不存在。

2. 旅游营销学大师维克多·密德尔敦的观点(1998)

旅游产品是为了满足消费者某种需求而精选组合起来的一组要素,即景点、目的地设施和可进入性。对旅游者而言,旅游产品就是他从离家到回家这段时间的完整经历。

3. 4A 理论

Attraction——"旅游吸引物",即当地的旅游资源。

Access——"可进入性"或"可达性",即当地的交通运输设施和交通运输服务。

Amenity——当地的住宿、餐饮、娱乐、零售以及其他旅游生活设施和相应的服务。

Ancillary Service——当地旅游组织提供的相关服务,如旅游问讯中心。

(二) 国内研究

魏小安、冯宗苏(1991)提出,旅游产品是提供给旅游者消费的各种要素的组合,其典型的和传统的市场形象表现为旅游线路。

肖潜辉(1991)认为,旅游产品是旅游经营者所生产的,准备销售给旅游者消费的物质产品和服务产品的总和。旅游产品可以分解为三个部分:①旅游吸引物,②交通,③接待。其中,旅游吸引物的地位和作用是首要的,因为它是引发旅游需求的凭借和实现旅游目的的对象。

林南枝、陶汉军(1994,2000)将旅游产品的定义分为两个方面:从旅游需求方看来,旅游产品乃是旅游者为了获得物质和精神上的满足,通过一定的货币、时间和精力所获得的一次旅游经历;从旅游供给方来看,旅游产品是指旅游经营者凭借着旅游吸引物、交通和旅游设施,向旅游者提供用以满足其旅游活动需求的全部服务。旅游产品是一个整体概念,它是由多种成分组合而成的混合体,是以服务形式表现的无形产品。整体旅游产品构成的主要内涵有旅游吸引物、旅游设施、旅游服务和可进入性四个方面。其中,旅游服务是旅游产品的核心。

谢彦君(1999)提出,旅游产品是指为满足旅游者审美和愉悦的需要而在一定地域上被生产或开发出来以供销售的物象和劳务的总和。最典型、最核心的旅游产品形式就是旅游地,它是指出于交换的目的而开发出来的能够向旅游者提供美观和愉悦的客观凭借的空间单元。

王兴斌(2001)认为,旅游产品是以自然资源、历史资源和社会资源为原材料,以行、游、住、食、购、娱的配套服务为基本环节,针对客源市场的需求,按照特定的功能和主题,沿着一定的路线或区域设计、加工、组合而成,在市场上供旅游者挑选、购买、消费的服务性商品。

田里(2004)认为,旅游产品是指旅游市场上,由旅游经营者向旅游者提供的满足其一次旅游活动所需的各种物品和服务的总和,也可视为旅游者花费一定的时间、费用和精力所获得的一次完整的旅游经历。旅游产品从本质上说是旅游者购买的以服务形式为表现的无形产品。

冯卫红(2006)提出,旅游产品是旅游生产者和经营者为满足旅游者的旅游需求,对自然或人文旅游资源等原材料进行设计、开发并添加各种设施和服务而形成的综合性产品。其核心是经过开发的旅游资源即旅游景点、景区或旅游事项(节事、会展等活动)。

综上研究,在给旅游产品做出一个科学的界定前要明确旅游产品的生产经营者,旅游对象、旅游产品能够满足的需求,以及旅游产品的存在形态。对此,可做如下解释:旅游产品的生产经营者是专门从事旅游生产,为旅游者提供各种消费对象,满足人们在旅游过程中各种需求的个人或组织,他们的集合构成了旅游经营者。旅游产品的消费对象是那些具有旅游欲望,同时又具备一定的时间、金钱、体质等旅游条件的人,他们的集合为旅游者。旅游产品是用来满足旅游者特定的旅游需求,既可以包括食、住、行、游、购、娱的综合需求,也可以是其中一项或几项。每一种旅游需求都是特定的,旅游产品正是通过本身的不同形态和内容来满足这些特定的需求。因此,旅游产品的特定形态是满足上述三个条件的"旅游服务"或"旅游服务与物质实体的组合"。上述内容反映了旅游产品的本质属性——由旅游经营者提供,满足旅游者特定的旅游需求,其存在形态有两种(有形、无形)。对上述内容进行抽象概括就形成了旅游产品的特定内涵。以此内涵,便可确定旅游产品的外延范畴,并与其他产品进行区别。

根据上述分析,我们可以对旅游产品进行如下界定:旅游产品是旅游经营者为旅游者提供的满足其特定旅游需求的服务与事物的组合。

二、旅游产品的层次

分析旅游产品的层次有助于我们更加准确地理解其内涵,从而指导旅游产品的生产与开发在更为科学的层面上进行。

(一)旅游产品层次理论

随着服务营销的深入发展,格朗鲁斯(Gronroos,1987)针对服务产品的特点提出产品结构四层次理论(见图 6-2)。在旅游市场营销的研究中,菲利普·科特勒(Kotler,1999)采纳这一见解,将旅游产品的结构划分为四个层次。

在旅游产品消费过程中,核心产品是消费者购买该产品时所追求的核心利益。基本产品是为了保障消费者能够获取核心利益而必须具备的基本设施和服务项目。辅助产品并不是保障核心利益实现的必需品,却可以增加核心产品的价值,是辅助性的设施和服务项目。附加产品是旅游产品交付过程中的具体情境,包括便利程度、提供服务时的氛围、消费者与服务人员的互动情况、其他消费者的参与或在场消费者之间的互相影响。核心产品、基本产品和辅助产品决定了消费者能够得到些什么,却不能决定消费者怎样得到它们;附加产品的

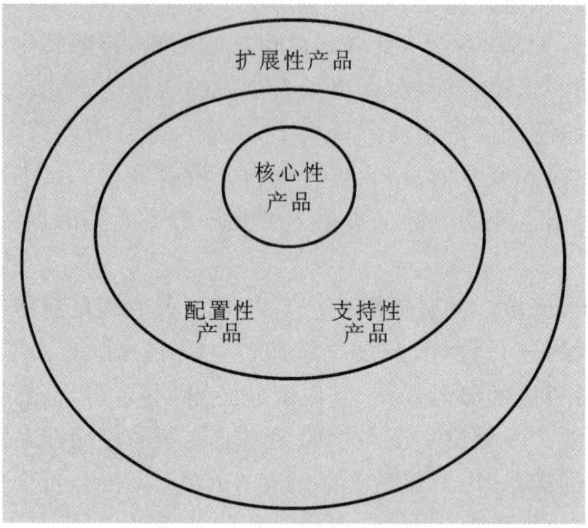

图 6-2　产品的结构层次

作用则在于,它决定着一个旅游企业如何提供服务,因而不仅影响着消费者对该企业服务产品的感知,而且决定着消费者利益的实现过程和实现方式。

(二)旅游产品的组合层次

整体旅游产品的概念告诉我们,任何一种旅游产品或服务都是一个整体系统,不单单满足某种需求,还要求其具有提供与之相关的辅助价值的能力。从这一点出发,可将旅游产品理解为核心产品、形式产品以及延伸产品三个层次的组合(见图 6-3)。

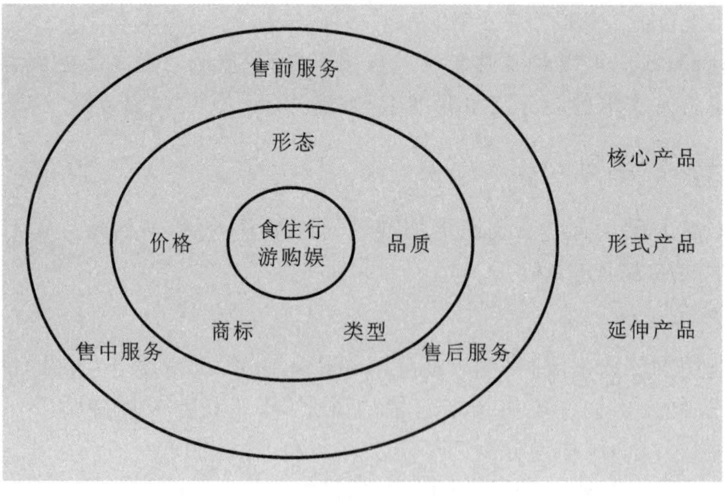

图 6-3　旅游产品的组合层次

核心产品向旅游消费者提供基本的直接的使用价值,以满足其旅游需求。具体而言,食、住、行、游、购、娱要素构成一件旅游产品的核心层。形式产品包括旅游产品的品质、形态、商标、价格和类型,它是指旅游产品实物或劳务的外在表现形式。延伸产品包括售前服务(咨询)、售后服务及销售过程中的其他服务,是旅游产品附加利益的体现。旅游企业只有向游客提供更实在和更完善的人性化产品，才能有效地满足游客的各种需求，从而在激烈的市场竞争中立于不败之地。

三、旅游产品的要素

长期以来，人们一说到旅游就会提及食、住、行、游、购、娱六个基本要素。本书认为六要素对旅游业的描述简洁准确，几乎涵盖了旅游的全部内容，无论旅游业如何发展，始终没有脱离六要素。众所周知，要素是构成事物必不可少的因素，是组成系统的基本单元，又是系统产生、变化、发展的动因。旅游六要素之所以经得起考验，就是因为食、住、行、游、购、娱确实是在每次旅游中几乎都会出现的。但是随着人们旅游的需求发生变化，人们对六要素的具体需求也发生了变化。

过去以传统的团队游为主，现在则是大量的散客游；过去以浮光掠影的观光游为主，现在大多是深度休闲游；过去以固定线路旅游为主，现在不少人开始尝试探险、探奇、探秘游。近年来，商务旅游、会议会展旅游、奖励旅游、养生旅游、修学旅游、科考旅游、摄影旅游、婚恋旅游、纪念日旅游、宗教朝觐旅游等新旅游形式层出不穷，年年新，月月新。由于旅游六要素是相互关联的，在“游”的形式不断出新的同时，游客对“购”的需求也在发生变化。

改革开放初期，由于物质缺乏，游客在旅游中大量购买的是便宜的紧缺商品。随着物质的丰富，越来越多的人出去旅游，经常会买一些纪念品带回家。但随着旅游次数的增多，人们在旅游购物时更加趋于理性。游客在购物时已经不是单点思考，而是多点思考。这些点就是游客对旅游商品的需求点，也就是旅游商品要素的基础。

我们在调查游客对旅游商品的需求时发现，游客的关注点依次包括：是否有地方特色，质量是否优良，价格是否低廉，设计是否新颖，做工是否精细，包装是否精美等。对于同类产品，游客的关注点依次是价格、质量、品牌等。游客对地方特色的理解依次为地方文化、地方制造、地方品牌等。绝大多数游客选择的是具有实用性的旅游商品。在调查不同地区购买的旅游商品品类时发现，多数地区排名前几位的旅游商品中没有旅游纪念品，纪念意义被削弱。因此，可以分析总结出旅游产品的要素包括：实、价、质、品、特、新、精、美、酷、爽、嗨、萌（见图 6-4）。

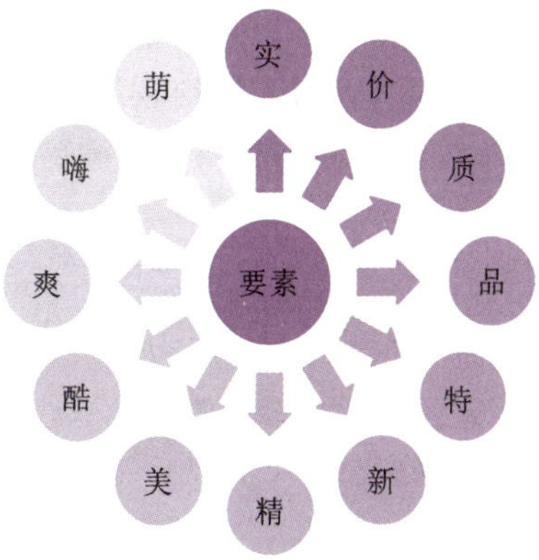

图 6-4　旅游产品要素

(一)实

“实”指实用,包括功能上的实用和精神需求上的实用。85%以上的游客在选择旅游商品时关注实用性。

(二)价

“价”指价格,但并不意味着游客只关注低价商品。游客最关注价格合适的商品,也就是常说的性价比高。

(三)质

“质”指质量和诚信,质量包括销售的服务质量、商品质量、售后服务质量。游客高度关注旅游购物中的质量以及承诺。国内某些商品品质差、销售者缺诚信,是造成中国游客在国外大购、特购的主要原因之一,也是国人在国内旅游中少购、怕购、躲购、不购的主要原因。

(四)品

“品”是指品牌。品牌一方面有地方品牌,如法国香水、烟台苹果等,还有产品品牌,如路易威登、红星二锅头、君鼎琉璃等。品牌是企业文化的长期积淀,以及影响力、产品品质等多方面的综合体现。对品牌的关注不是中国游客独有的,全世界的游客都关注品牌商品。遗憾的是,中国的品牌旅游商品太少。

(五)特

“特”指特色,但游客对什么是特色分歧很大。相对比较集中的理解是,地方文化、地方制造、地方品牌均为特色商品。例如,泰山茶原来并不出名,在被当地旅游部门评为“泰安四宝”之一后,成了泰安知名特色商品,泰山茶名声大振,游客的购买量也随之增加。

(六)新

“新”指新产品,包括新技术、新工艺、新材料、新设计的产品。新设计的产品不仅是指功能设计、外观设计,还包括包装设计。游客普遍喜欢那些科技与文化相结合的新产品。

(七)精

“精”是指设计精巧、制造精致、服务精心,各个环节精益求精。例如,游客在某地以 400 元价格买了两个礼盒装蜂蜜,每个礼盒里各有 10 小瓶,瓶子小巧,礼盒比较漂亮,销售人员的服务也不错,在邮寄前还进行了包装,可谓服务细致周到。但是蜂蜜寄到游客家后,10 瓶中有 6 瓶损坏,原因是礼盒中各瓶之间的泡沫板太薄。看到不得不扔掉的 6 瓶蜂蜜,游客实在有苦无处诉。做到“精”真是太难了。

(八)美

“美”是指商品美、包装美、购物的环境美等。外观包括形状、色彩、图案、纹样等。很多产品的功能虽然不错,但因其外观不美或包装不美,游客放弃了购买。美是人类永恒的需求,对旅游商品的要求也不例外。

(九)酷

“酷”,由英文单词“Cool”引申而来,是“80 后”“90 后”流行语中较具有代表性的词语,表示帅气的、潇洒的、时髦的,多指衣着打扮和言行举止方面的特立独行或精神气质上的鲜明个性，如戴墨镜、跳街舞、开跑车等。

什么样的旅游产品是“80后”“90后”“00后”眼中的“酷”旅游？自驾、骑行、跑步等因其自由自在、说走就走、随意自如的特点，而成为新一代旅游者的新选择；探险、越野、户外等传统高门槛或具有神秘感的活动，如自驾穿越塔克拉玛干沙漠，骑行318国道川藏线，徒步穿行无人区等，正在成为很酷、很潮的旅游新产品。2016年，北京爱车阳光汽车文化俱乐部策划发起了第三届鄂尔多斯国际那达慕大会暨驾临鄂尔多斯汽车草原集结活动，来自北京、福建、湖南、湖北等19个省市的汽车自驾游协会、俱乐部负责人齐聚鄂尔多斯，共同完成了一次深度体验大汗文化、沙漠野奢、民族风情的越野驾享之旅，开发出鄂尔多斯最前卫的自驾旅游线路和最酷的旅游新产品。目前，此线路产品已经正式推向市场，吸引国内外自驾游客到鄂尔多斯自驾。随着《跟着贝尔去旅行》的热播，丛林探险游、野外求生游等旅游产品因为“很酷”，很快被预订一空。

（十）爽

“爽”，意为畅快、轻松、舒适，使人感到愉悦。传统旅游的“爽”通常指“凉爽”，因此，北戴河、鸡公山、莫干山、庐山等传统避暑胜地，厦门、大连等滨海旅游城市，贵阳、安顺、六盘水、伊春等森林旅游城市，成为夏季旅游的热点。

“80后”“90后”“00后”喜欢的“爽”是什么？是惊险、刺激、挑战极限，如峡谷漂流、水上游乐、海上冲浪、高空蹦极、翼装飞行等。笔者曾多次到上海欢乐谷考察，发现排队较长的游乐项目通常是较刺激的项目——谷木游龙（滑道总长超过1200米的翻滚过山车）。过山车上游客发出阵阵的尖叫声，排队游客发出阵阵的惊叹声，吸引了很多年轻游客跃跃欲试。于2016年6月开园的上海迪士尼乐园，探险岛的雷鸣山漂流、明日世界的创极速光轮，成为排队时间较长、较受游客喜爱的项目。雷鸣山漂流集恐龙、火山主题于一体，堪称迪士尼乐园中较惊险的水上项目；创极速光轮是上海迪士尼首发且史上速度最快的过山车，很多网友评价其为“身体跟不上灵魂的刺激”。

（十一）嗨

“嗨”，由同音英文单词“High”引申而来，意为亢奋、尽情、无拘无束、疯狂，用于表示欢快、得意、喝彩等。如今“嗨”已成为新一代产品的标准。“青春无极限，就要玩出格”，成为统一冰红茶的广告词；百威啤酒开启夏日狂欢，引爆全场释放真我的音乐节创造了一种有别于现实的空间，让人可以充分释放潜伏在内心的热情，因而深受年轻人的喜爱。世界各地举办的各种大型音乐节包罗了流行、摇滚、民谣、朋克及电子等多元音乐，聚集了各种风格的音乐团体，每年吸引世界各地的乐迷们前来朝圣与狂欢。格拉斯顿伯里音乐节（Glastonbury Music Festival）、雷丁利兹音乐节（Reading and Leeds Festivals），是国际上著名的户外音乐节；在中国，草莓音乐节、INTRO电子音乐节、长江国际音乐节、迷笛音乐节、垦丁春浪音乐节、魔马音乐节等横空出世，带动了举办地的旅游热潮。欧洲杯吸引了无数球迷不远万里到赛场观赛，进而带动旅游、娱乐与消费，形成独特的欧洲杯旅游月；奥运会也吸引数以万计的体育迷前往举办地，只为亲身感受现场独特的“嗨”气氛。驴妈妈旅游网每年与景区联手打造“嗨”节庆活动，如无锡鼋头渚的樱花夜跑、荧光跑，苏州乐园的国际啤酒节，横店影视城的穿越彩妆跑等活动深受人们的喜爱。

(十二)萌

“萌”,原意为植物发芽、事物的发生,起源于后日本御宅族,形容动漫爱好者对某人某事物的喜爱之情,后引申至形容样貌可爱、讨人喜欢的人物和事物等。时至今日,萌扮相、萌表情、萌语言、萌玩物等成为一种全新的潮流。早年的萌物有米老鼠、唐老鸭、哆啦A梦等,近些年来的萌物层出不穷,如《超能陆战队》里的大白、《功夫熊猫》里的阿宝、《捉妖记》中的胡巴、日本的熊本熊等。

据熊本县的日本银行统计,熊本熊从2011年11月至2013年10月为熊本县带来的经济收入高达1244亿日元(约合人民币76.3亿元),仅在2013年,就有1.6393万件商品使用了它的形象;2015年,熊本熊商品零售额达1007亿日元(约合人民币58.1亿元),较之前一年增长56.6%。据《日本时报》报道,熊本熊商品销售额已连续5年突破同类商品的历史纪录。无独有偶,2007年荷兰艺术家霍夫曼以经典浴盆黄鸭仔为造型创作了巨型橡皮鸭艺术品——“大黄鸭”。自大黄鸭诞生之日起,全世界刮起了一阵“黄色旋风”,截至2014年8月,大黄鸭先后造访了13个国家和地区的22个城市。2014年10月23日,大黄鸭游进上海世纪公园镜天湖,首日展出吸引近万人入园,游客接待量比平时翻了一番;展览期间,出现“满城尽议大黄鸭”的盛况,吸引了50多万人次的游客前来观赏与游玩,其中单日最高游客接待量超过7万人次。

旅游商品的十二要素是对几年来的调研数字整理后分析得出的,也是对现阶段旅游商品发展的总结,它关乎着旅游购物有关的旅游商业街、购物街、商场、商店的布局、布置、宣传;关系着旅游商品的设计、生产、销售;关系着与之有关的旅游服务;关系着中国旅游商品品牌建设;更关系着中国实现从旅游购物向购物旅游的迈进。通过调研发现,越贴近这十二要素的旅游产品,越受到新一代游客的喜爱和追捧,具有十二要素的旅游产品越丰富,旅游目的地的游客接待量和旅游综合收入越高。

四、旅游产品的构成

现代市场学认为,一般产品由三部分组成,即产品的核心部分、形式内容和延伸部分。其中,核心部分是指产品能满足顾客需要的基本效用和利益;形式内容是指产品向市场提供的实体和劳务的外观、质量、款式、特点、商标及包装等;延伸部分是指顾客购买产品时所得到的其他利益的总和,如咨询服务、贷款、优惠条件等对顾客有吸引力的东西。

旅游产品的构成非常复杂,既有有形的物质成分,也有无形的劳务成分。依据上述产品的构成进行延伸,可得出旅游产品的构成。

旅游产品同样也由三部分组成:①产品的核心部分,即向旅游者提供基本的、直接的使用价值以满足其旅游需求。②产品的外形部分,包括旅游产品的质量、特色、风格、声誉、组合方式等。③产品的延伸部分或辅助部分,是提供给旅游者在购买之前、之中和之后所得到的附加服务和利益,即各种优惠条件、付款条件及旅游产品的推销方式等。

由此可知,任何一种旅游产品都是一个整体系统,不单用于满足某种需求,还能得到与此有关的一切辅助利益,并且产品的外形部分、延伸部分诸因素决定了旅游者对旅游产品的评价。这种从理论上对旅游产品内涵的界定,对旅游企业的营销具有重要意义。旅游经营者在进行旅游产品营销时,应注重旅游产品的整体效能,并在外形部分和延伸部分上形成自身产品的差异化，以赢得竞争优势。质量是旅游产品差异化的基础。目前，许多旅游企业都把提高产品质量和改进产品延伸部分作为吸引顾客、参与竞争的有效手段。旅游产品的延伸部分包括安全保障、信息服务、信贷服务、速度、准确度等。饭店业产品的延伸部分包括预订客房、用餐服务、信息服务、信贷服务、折扣、对儿童和残疾人照顾等。延伸部分为顾客提供了许多附加利益，能形成对顾客的独特吸引因素，从而创造顾客对产品和企业的信赖，有助于旅游企业保持和扩大市场。

五、旅游产品的特性

旅游产品作为一种商品，它同样具有价值和使用价值二重性质。它的价值构成不仅包含人们过去的物化劳动，而且包含人们的实时劳动。其使用价值体现在满足人们的旅游及相伴产生的其他需求上。旅游产品具有一般商品的基本属性，但它又有自身的特殊性。这种特殊性主要体现在以下几个方面。

（一）综合性

从旅游者角度看，一个旅游目的地的旅游产品乃是一种总体性产品，是各有关旅游企业为满足旅游者的各种需求而提供设施和服务的总和。大多数旅游者做出前往某一目的地旅游的决定时，不仅仅考虑一项服务或产品，而是将多项服务或产品结合起来进行考虑。例如，旅游者在选择度假目的地的游览点或参观点的同时，还要考虑当地的住宿、交通、饮食等一系列的设施和服务情况。在这个意义上，旅游产品是一种综合性的群体产品或集合产品。

国外有些经济学家认为，旅游业是所有工业的综合。这种说法是有一定道理的。旅游产品的涉及面比任何经济部门都要广，任何一个部门或环节出现失误，都会导致整个产品的滞销。例如，旅行社组团服务质量很好，旅游目的地风景优美、住宿条件也很好，可是路上交通堵塞或者行车误点，这就成为这条旅游线路的缺憾。

前面说到旅游产品是集合产品，然而我们也必须知道，从旅游业的角度看，各直接旅游企业分别提供的设施和服务也是不同的旅游产品。这些产品可以以单项的形式出售给旅游者，也可以以不同的多项组合形式出售给旅游者。虽然饭店的客房和航空公司的舱位，以及旅行社的服务都能以旅游产品称之，但严格地讲，它们只是一个旅游目的地的总体旅游产品的构成部分。

（二）无形性

旅游产品是各种旅游企业为旅游者提供的设施和服务。无形的部分在旅游产品中起主导作用。产品的质量和价值是凭旅游者的印象、感受评价和衡量的。

（三）不可转移性

旅游产品进入流通领域后，其商品仍固定在原来的定位上，即旅游者只能到旅游产品的生产所在地进行消费。一方面，这补充和完善了传统的国际贸易理论，同时也使交通运输成为实现旅游活动的重要因素。另一方面，旅游者在购买旅游产品后，这种买卖交易并不发生所有权的转移，而只是使用权的转移。换言之，只是准许买方在某一特定的时间和地点得到或使用有关的服务。

(四)时间性

旅游者购买旅游产品后,旅游企业只是在规定的时间内交付有关产品的使用权。一旦买方未能按时使用,便需重新购买并承担因不能按时使用而给卖方带来的损失。对旅游企业来说,旅游产品的效用是不能积存起来留待日后出售的。随着时间的推移,其价值将自然消失,而且永远不复存在。因为当新的一天来临时,它将表现新的价值,所以旅游产品的效用和价值不仅固定在地点上,还固定在时间上。无论是航空公司的舱位还是饭店的床位,只要有一定闲置,所造成的损失将永远无法弥补回来。因此,旅游产品表现出较强时间性的特点。

(五)生产与消费的同步性

旅游产品一般都是在旅游者来到生产地点时,才予以生产并交付其使用权的。服务活动的完成需要由生产者和消费者双方共同参与。在这个意义上,旅游产品的生产和消费是同时发生的,并在同地发生的,在同一时间内,旅游者消费旅游产品的过程,也就是旅游企业生产和交付旅游产品的过程。这种生产和消费的同步性或不可分割性是旅游产品市场营销中一个至关重要的特点。但这并不意味着旅游产品的消费与购买不可分离,事实上,在包价旅游中,绝大部分旅游产品都是提前定购的。

(六)不可储存性

由于旅游产品的生产与消费具有同时性,其生产过程是随着旅游者的出现、随着旅游者消费行为的发生而发生的,没有旅游者的旅游消费,旅游产品就不会被生产出来。旅游产品不存在独立于消费者之外的生产过程,生产的结果不是表现为一个个具体的物品,而是通过服务直接满足旅游者的某种精神需要。因此,只有旅游者购买它并现场消费时,旅游吸引物、旅游服务设施和服务才能实现结合,并表现为旅游产品。由此可见,旅游产品的生产、交换、消费具有同一性,也具有不可储存性。

(七)需求弹性大与替代性强

由于受各种因素的影响,旅游市场对旅游产品的需求弹性很大。比如,每年7月至9月,西方许多发达国家对旅游产品的需求量相对平时成倍地增长,其居民一般每年有两次度假,夏季的假期是全国性的,凡是就业人员,至少有25天休假,时间长者达2至3个月。届时,许多城市都褪去了繁华,70%的商店会关门。冬季圣诞节期间,旅游产品的需求量虽不及夏季,但也比平时要多。因此,在旅游市场中存在着平季、淡季和旺季之别,这导致旅游产品的需求具有很大的弹性。

旅游产品有很强的替代性,这句话有两层意思:一是,旅游虽然是人们生活中的一种需要,但不像食物、衣服等生活必需品,而是一种高层次的消费。目前,在我国,旅游仍是一种高档的奢侈品,要想去旅游,就得放弃其他需求。二是,旅游者可以选择旅游线路、目的地、饭店和交通工具。

(八)旅游消费评价的滞后性

旅游者只有在消费过程全部结束后,才能对旅游产品质量做出全面、确切的评价。旅游者对旅游产品质量的理解是其期望质量与经历质量相互作用的结果。期望质量是旅游者实际购买之前，根据所获得的有关旅游产品的各种信息，对产品质量进行的评价；经历质量是旅游者以其实际获得的感受对产品质量所做的评价。如果期望质量高于实际的经历质量，旅游者就会产生不满，且不会进行重复购买，还会产生对旅游企业不利的口头宣传。因此，旅游企业不能把对旅游者面对面服务的完成看作是整个销售活动的结束。营销是一个连续不断的过程，旅游企业需要进行市场跟踪调查，重视市场的反馈，及时发现旅游产品存在的问题，并根据旅游者的意见或建议对产品加以改进，同时和旅游者保持长久的业务关系。

（九）脆弱性

旅游产品的脆弱性，是指旅游产品价值的实现受到多种因素的影响和制约。这是由旅游产品的综合性、无形性和不可储存等特点决定的。旅游产品各组成部分之间要保持一定的质和量的比例，提供各组成部分产品的部门或行业之间也必须协调发展，否则就会对整体旅游产品产生不利影响。此外，各种自然、政治、经济、社会方面的外部因素也会对旅游产品的供给与需求产生影响，从而影响旅游产品价值的实现。旅游企业应对这些不可控制因素进行周密的调研，进行市场环境分析，以便做出正确的旅游产品经营决策。

六、旅游产品分类

按照国家旅游局（现文化和旅游部）1999 年公布的分类标准，旅游产品可以分为五种类型：

（1）观光旅游产品。包括自然风光旅游、名胜古迹旅游、城市风光旅游等。

（2）度假旅游产品。包括海滨旅游、山地旅游、温泉旅游、乡村旅游、野营旅游等。

（3）专项旅游产品。包括文化旅游、商务旅游、体育健身旅游等。

（4）生态旅游产品。生态旅游最初作为一种新的旅游形式出现，是为了保护环境、回归自然，改变了以往的旅游发展模式。但如今的生态旅游无论从概念、方式、要求等方面都有很大的创新，成为旅游业可持续发展的核心理论。

（5）旅游安全产品。旅游保护用品、旅游意外保险产品、旅游防护用品等都是保障旅游游客安全的产品。

从旅游目的地的角度出发，旅游产品是指旅游经营者凭借旅游吸引物、交通和旅游设施，向旅游者提供用以满足其旅游活动需求的全部服务。

从旅游者角度出发，旅游产品是指旅游者花费一定的时间、费用和精力所换取的一次旅游经历。

其他分类方法如下：

（1）按旅游产品组成状况分类：整体旅游产品和单项旅游产品。

（2）按旅游产品形态分类：团体包价旅游、散客包价旅游、半包价旅游、小包价旅游、零包价旅游、组合旅游、单项服务。

此外，旅游还可以按距离、计价形式、费用来源和旅游方式来分类。

在中高端市场，以度假、享受为主的人群更看重休闲服务的品质。为了满足中高端市场的需求，高端酒店、各大旅游网站针对目标人群纷纷推出了一些相应的旅游产品。高端酒店开始注重整合酒店内的资源，发掘周边的旅游资源，并推出酒店内一日游以及周边一日游。

而对于旅游网站来说，与酒店合作开发旅游产品成为现今很常见的方式。据悉，高端酒店行业媒体平台——七星酒店网,联合北京周边20余家特色酒店推出全新旅游产品——京郊度假卡,该产品以预付费计次形式售出酒店产品。整合了“酒店住房+特色餐饮+特色娱乐+周边景点”等资源,为中高端消费人群提供一站式的优质服务及消费指南。从目前的市场来看,此类旅游消费产品尚不多见,面对庞大的市场需求来说,发展前景广阔。但其是否能够经受得住市场的考验,还需时间的检验。

而针对低端消费市场的需要,一些BBQ(烧烤大会)团及驴友俱乐部开发了周边一日游的旅游线路。主要消费人群是消费能力一般,喜欢野外的驴友。这类人群对于度假的品质要求相对不高,消费多以农家乐及景区临时就餐为主。

旅游产品按产品形态分类,如图6-5所示。

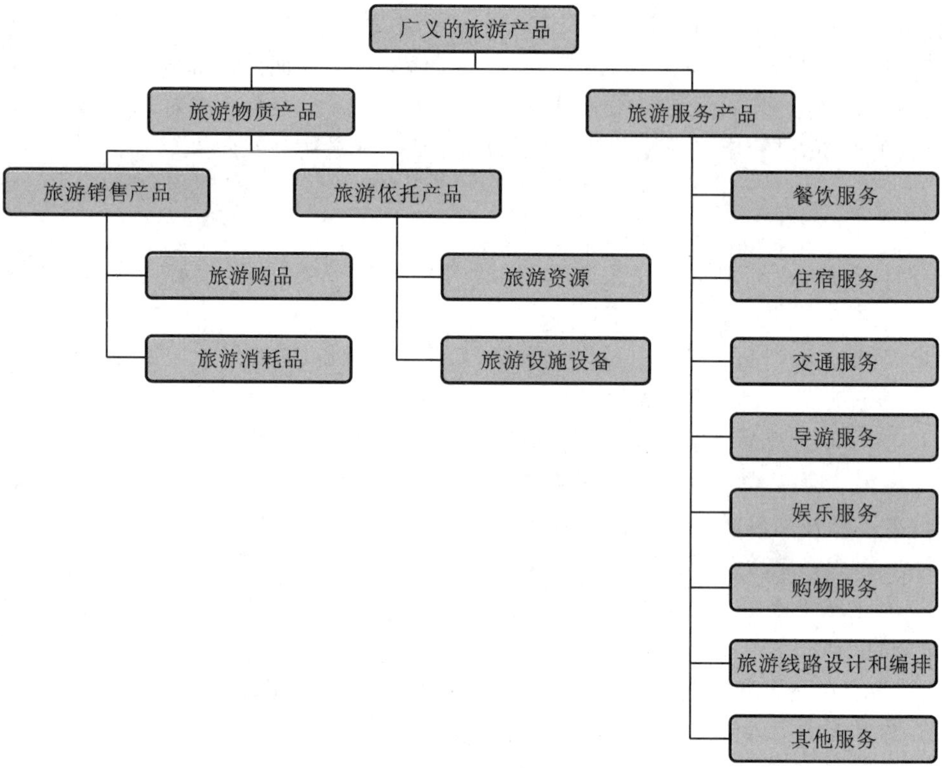

图6-5 旅游产品按产品形态分类

第二节 旅游产品开发概述

一、旅游产品开发的概念

旅游产品开发是根据市场需求,对旅游资源、旅游设施、旅游人力资源及旅游景点等进行规划、设计、开发和组合的活动,其核心内容是对旅游线路的组合与设计。由于旅游产品的生命周期客观存在,旅游企业应该有处于成熟期的一代产品,也有处于成长阶段的一代产品，同时还有正在开发当中的一代产品，只有这样才能保持其可持续发展。因此，旅游企业要未雨绸缪，及时分析外部环境，预测旅游产品的生命周期，有前瞻性地适时进行旅游产品的开发。

为了使旅游产品工作更具有科学性，在进入具体开发环节之前，必须先做好三个方面的可行性研究：

(1) 旅游产品构成的合理性分析。

(2) 旅游投资效益与风险的经济预测分析。

(3) 相关社会、文化、环境的综合分析。

经过以上三个方面的分析之后制订的旅游产品开发计划还要随时根据市场环境发生的变化进行检查和修改。

二、旅游产品开发的原则

在旅游产品开发中，无论是旅游地的开发，还是旅游路线的组合，都首先要对市场需求、市场环境、投资风险、价格政策等诸多因素进行深入分析。根据对这些因素的分析和比较，可产生出一系列的旅游产品设计方案和规划项目，从中选择既符合旅游者的需要，又符合目的地的特点；既能形成特殊的市场竞争力，企业又有能力运作的方案进行项目开发。为此，旅游产品开发中必须遵循以下开发原则。

(一)市场观念原则

旅游产品的开发必须从资源导向转换为市场导向，牢固树立市场观念，以旅游市场需求作为旅游产品开发的出发点。没有市场需求的旅游产品开发，不仅不能形成有吸引力的旅游目的地和旅游产品，而且还会造成旅游资源的浪费和生态环境的破坏。

树立市场观念。一是要根据社会经济发展及对外开放的实际状况，进行旅游市场定位，确定客源市场的主体和重点，明确旅游产品开发的针对性，提高旅游经济效益。二是要根据市场定位，调查和分析市场需求及供给，把握目标市场的需求特点、规模、档次、水平及变化规律和趋势，从而形成适销对路的旅游产品。三是针对市场需求，对各类旅游产品进行筛选，进行加工或再创造，然后设计、开发和组合成具有竞争力的旅游产品，并推向市场。总之，只有树立市场观念，以市场为导向，才能使旅游产品开发有据有序，重点突出，确保旅游产品经久不衰。

(二)效益观念原则

旅游业作为一项经济产业，在其开发过程中必须始终把提高经济效益作为主要目标。同时，旅游业又是一项文化事业，因此在讲求经济效益的同时，还必须讲求社会效益和环境效益。也就是要从整个开发的总体水平考虑，谋求综合效益的提高。

树立效益观念。一是要讲求经济效益，无论是旅游地的开发，还是某条旅游路线的组合，或是某个旅游项目的投入，都必须先进行项目可行性研究，认真进行投资效益分析，不断提高旅游目的地和旅游路线投资开发的经济效益。二是要讲求社会效益，在旅游地开发规划和旅游路线产品设计中，要考虑当地社会经济发展水平，要考虑政治、文化及地方习惯，要考虑人民群众的心理承受能力，形成健康文明的旅游活动，并促进地方精神文明的发展。三是要讲求生态环境效益,按照旅游产品开发的规律和自然环境的可承载力,以开发促进环境保护,以环境保护提高开发的综合效益,从而形成"保护—开发—保护"的良性循环,创造出和谐的生存环境。

(三)产品形象原则

旅游产品是一种特殊商品,是以旅游资源为基础,对构成旅游活动的食、住、行、游、购、娱等各种要素进行有机组合,并按照客源市场需求和一定的旅游路线而设计组合的产品。因此,拥有旅游资源并不等于就拥有旅游产品,而旅游资源要开发成旅游产品,还必须根据市场需求进行开发、加工和再创造,从而组合成适销对路的旅游产品。

树立产品形象观念。一是要以市场为导向,根据客源市场的需求特点及变化,进行旅游产品的设计。二是要以旅游资源为基础,把旅游产品的各个要素有机结合起来,进行旅游产品的设计和开发,特别要注意在旅游产品设计中注入文化因素,增强旅游产品的吸引力。三是要树立旅游产品的形象,充分考虑旅游产品的品位、质量及规模,突出旅游产品的特色,努力开发具有影响力的拳头产品和名牌产品。四是要随时跟踪分析和预测旅游产品的市场生命周期,根据不同时期旅游市场的变化和旅游需求,及时开发和设计适销对路的旅游新产品,不断改进和完善旅游老产品,从而保证旅游业的可持续发展。

三、旅游产品开发策略

要探讨旅游产品开发策略,首先要知道旅游产品的开发包含的内容,旅游产品开发可以分为旅游地开发和旅游线路开发两个方面,下面分别就具体开发策略进行讨论。

(一)旅游地开发

旅游地是旅游产品的地域载体,是游客的目的地。旅游地开发是在旅游经济发展战略的指导下,根据旅游市场需求和旅游产品特点,对区域内旅游资源进行规划,打造旅游吸引物,完善旅游基础设施,改进旅游服务,落实区域旅游发展战略的具体措施。因此,旅游地开发就是在一定地域空间上开展旅游吸引物建设,使之与其他相关旅游条件有机结合,成为旅游者停留、活动的目的地。旅游地开发通常可分为五种形式。

1. 以自然景观为主的开发

这类开发以保持自然风貌的原状为主,主要进行道路、食宿、娱乐等配套设施建设,以及环境绿化、景观保护等,如一个地区的特殊地貌、生物群落、生态特征都是可供开发的旅游资源。自然景观只要有特点就可以,不一定要具备极好的生态环境,比如沙漠、戈壁开发好了都是值得一游的旅游吸引地。但是自然景观式景点的开发必须以严格保持自然景观原有面貌为前提,并控制景点的建设量和建设密度,自然景观内的基础设施和人造景点应与自然环境协调一致。

2. 以人文景观为主的开发

这类开发是指对残缺的文化历史古迹进行恢复和维护。比如对具有重要历史文化价值的古迹、遗址、园林、建筑等,运用现代建设手段,对之进行维护、修缮、复原、重建等,使其恢复原貌后,成为旅游吸引物。但是人文景观的开发一定要以史料为依据,以遗址为基础,切忌凭空杜撰。人文景观的开发一般需要较大的投资和较高的技术。

3. 对原有资源和基础的创新开发

这类开发主要是利用原有资源和开发基础的优势，进一步扩大和新增旅游活动内容和项目，以达到丰富特色、提高吸引力的目的。比如在湖滨自然景观旅游中，增添一些水上运动项目，诸如飞行伞、划艇、滑水等都是不错的项目，不仅未破坏原有景观，还可以和原有的湖光山色相映成趣，成为新的风景点。

4. 非商品性旅游资源开发

非商品性旅游资源一般是指地方性的民风民俗、文化艺术等，它们虽然是旅游资源但还不是旅游商品，本身并不是为旅游而产生的，也不仅仅为旅游服务。这类旅游资源的开发所涉及的部门和人员较多，需要进行广泛的横向合作，与有关部门共同挖掘、整理、改造、加工和组织经营，在此基础上开发各种旅游产品。应该引起开发者注意的是，这些地区一旦成为旅游目的地，大量旅游者进入景点后，会改变当地居民的生活方式和习俗，同时旅游者带来的外来文化，会对当地的文化生态造成较大的影响。

5. 利用现代科学技术成果进行旅游开发

这类开发是运用现代科学技术所取得的一系列成就，经过精心构思和设计，再创造出颇具特色的旅游活动项目，如迪士尼乐园、环球影城等就是成功的例子。现代科技以其新颖、奇幻的特点，融娱乐、游览、刺激于一体，大大开拓和丰富了旅游活动的内容与形式。

（二）旅游地开发策略

旅游地开发最直接的表现形式就是景区、景点的开发建设。一个旅游地要进行旅游产品开发，首先必须凭借其旅游资源的优势，或保护环境，或筑亭垒石，或造园修桥，使之成为一个艺术化的统一游赏空间，让原有风光更加增辉添色，更符合美学欣赏和旅游功能的需要。旅游地开发的策略，根据人工开发的强度及参与性质可分为以下几种。

1. 资源保护型开发策略

这类开发指对于罕见或出色的自然景观或人文景观，要求完整地、绝对地进行保护或维护性开发。有些景观因特殊的位置而不允许直接靠近开发，它们只能作为被观赏点加以欣赏，其开发效用只能在周围景区开发中得以体现。针对这类旅游地的开发，其要求是绝对地保护或维持原样。

2. 资源修饰型开发策略

这类开发指对于一些旅游地，要充分加以保护和展现原有的自然风光，允许通过人工手段，适当地加以修饰和点缀，使风景更加突出，起到"画龙点睛"的作用。例如，在山水风景的某些地段小筑亭台；在天然植被风景中调整部分林相（林业术语，指各种植物群）；在人文古迹中配以环境绿化等，就属于这类开发。

3. 资源强化型开发策略

这类开发指在旅游资源的基础上，采取人工强化手段，烘托优化原有景观景物，以创造一个新的风景环境与景观空间。比如在一些自然或人文景点上搞园林造景，修建各种陈列馆和博物馆，以及各种集萃园和仿古园等。

4. 资源再造型开发策略

这类开发不以自然或人文旅游资源为基础，而是仅利用旅游资源的环境条件或基础设施条件,打造一些人造景点和景观形象。比如在一些交通方便、客流量大的地区兴建民俗文化村、微缩景观公园,在一些人工湖泊打造一些亭台楼阁、旅游设施等。

(三)旅游路线组合

旅游路线是旅游产品的具体表现方式,也是对单个旅游产品进行组合的具体方式,是旅游地向外销售的具体形式。旅游路线开发就是把旅游资源、旅游吸引物、旅游设施和旅游服务按不同目标游客的需求特点进行特定组合。在旅游路线的组合中,单项旅游产品只是其中的一个组件,开发者并不对单项旅游产品进行实质性的改动,而是考虑不同游客的需求特点、支付能力进行相应的搭配而已。比如海南3日游和海南5日游,后者是在前者的基础上,增加一些景点和旅游服务项目;如果再适度调整海南5日游的交通、餐饮和住宿的档次,那么也就有了海南5日标准游和豪华游的旅游产品。我们可以把海南游视为一条旅游产品线,而在这一产品线保持海南这个的旅游目的地不变的前提下,调整该线路的不同旅游产品要素以形成不同的旅游品种,满足不同类型的消费者需求,如双飞5日游、火车5日游、海南潜水5日游等各种海南游产品。因此,旅游路线开发实质上是根据不同目标市场游客的需求特点对旅游产品进行组合搭配。

下面可以从不同角度对旅游路线开发的种类进行分类。

1.按旅游路线的性质分类

按旅游线路的性质,其可分为普通观光旅游路线和特种专项旅游路线两大类,当然也可以是二者结合的混合旅游线路,比如在度假旅游中加入观光。

2.按旅游路线的游程天数分类

按旅游线路的游程天数,其可分为一日游路线与多日游路线。

3.按旅游路线中的主要交通工具分类

按旅游线路的主要交通工具,其可分为航海旅游路线、航空旅游路线、内河大湖旅游路线、铁路旅游路线、汽车旅游路线、摩托车旅游路线、自驾车旅游路线、自行车旅游路线、徒步旅游路线,以及几种交通工具混合使用的综合型旅游路线等。

4.按使用对象的不同性质分类

按使用对象的不同性质,其可分为包价团体旅游路线、自选散客旅游路线、家庭旅游路线等。

(四)旅游路线组合策略

旅游路线开发以最有效地利用资源、最大限度地满足旅游者需求和最有利于企业竞争为指导,遵循旅游产品开发的原则,具有以下几种旅游路线组合策略。

1.全线全面型组合策略

全线全面型组合策略即旅游企业经营多条旅游产品线,推向多个不同的市场,如图6-6所示。比如旅行社经营观光旅游、度假旅游、购物旅游、会议旅游等多种产品,并以欧洲市场、日本市场、美国市场等多个国家和地区的旅游市场为目标市场。旅游企业采取这种组合策略,可以满足不同市场的需要,扩大市场份额,但经营成本较高,需要旅游企业具备较强的实力。

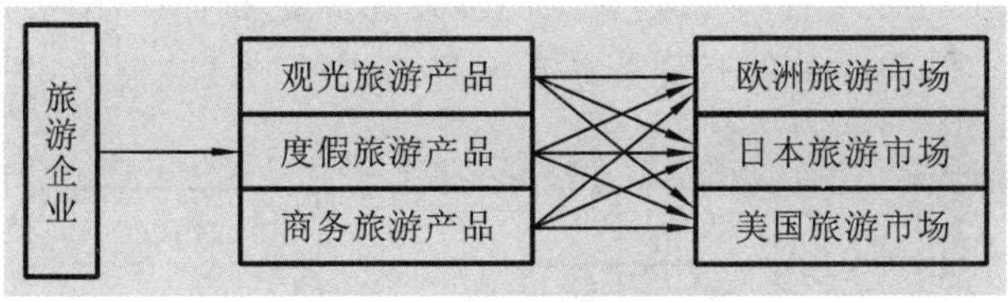

图 6-6　全线全面型组合策略

2. 市场专业型组合策略

市场专业型组合策略即向某一特定的目标市场提供其所需要的旅游产品，如图 6-7 所示。例如，旅行社专门为日本市场提供观光、寻踪、考古、购物等多种旅游产品；或针对青年游客市场，根据其特点开发探险、新婚、修学等适合青年的旅游产品；或针对老年游客市场，开发观光、怀旧、度假、养老旅游产品等。这种策略有利于旅游企业集中力量对特定的一个目标市场进行调研，充分了解其各种需求，开发满足这些需求的多样化、多层次的旅游产品。但因为目标市场单一，市场规模有限，企业产品的销售量也受到限制，所以在整个旅游市场中所占份额较少。

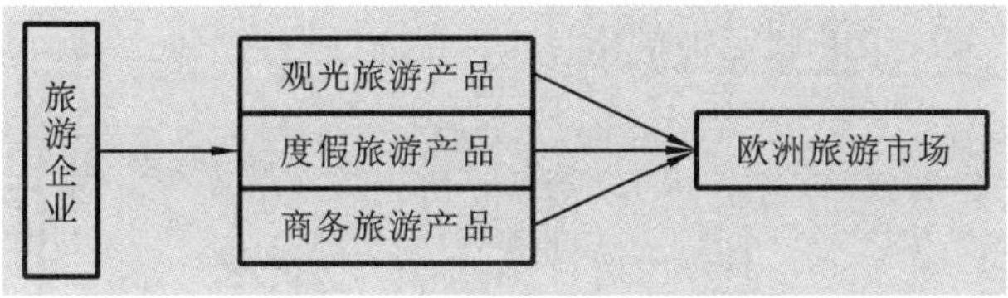

图 6-7　市场专业型组合策略

3. 产品专业型组合策略

产品专业型组合策略即只经营一种类型的旅游产品来满足多个目标市场的同一类需求，如图 6-8 所示。例如，旅行社开发观光旅游产品推向欧洲、日本、美国等国家和地区的市场。因为产品线单一，所以旅游企业经营成本较少，易于管理，可集中企业资金开发和不断完善某一种产品，进行产品的深度加工，树立鲜明的企业形象。但采取这种策略会使企业产品类型单一，从而增加旅游企业的经营风险。

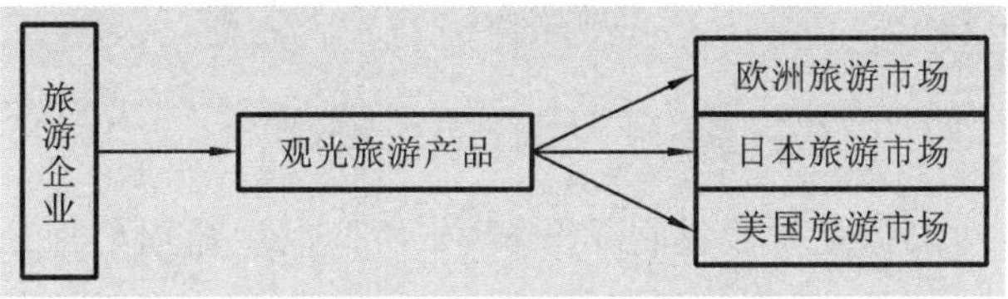

图 6-8　产品专业型组合策略

4. 特殊产品专业型组合策略

特殊产品专业型组合策略即针对不同目标市场的需求提供不同的旅游产品，如图 6-9 所示。例如，向欧洲和美国市场提供观光度假旅游产品，向日本市场提供修学旅游产品，向东南亚市场提供探亲访友旅游产品。又如，经营探险旅游以满足青年市场的需要，经营休闲度假旅游以满足老年市场的需要等。这种策略能使旅游企业有针对性地开发不同的目标市场,使产品适销对路。但企业采取此种策略需要进行周密的调查研究,投资较多,成本较高。

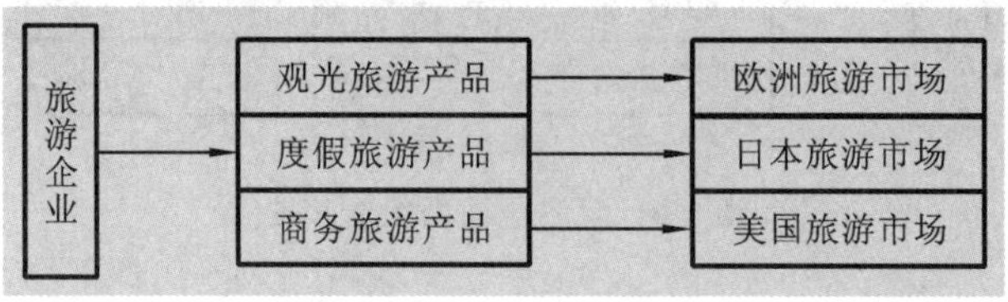

图 6-9　特殊产品专业型组合策略

(五)旅游产品生命周期的阶段开发策略

旅游产品生命周期理论是阐释旅游产品演化的基本理论之一。巴特勒(Butler)将旅游产品的发展演化划分为探索、起步、发展、稳固、停滞、衰落或复兴六个阶段,并以S形曲线形式对其进行了直观的表达,如图6-10所示。旅游产品生命周期理论与旅游产品发展过程中影响要素及其作用机制的变化密切相关,旅游产品生命周期理论可为有效判定旅游产品所处的发展阶段及历史演进过程,描述和分析影响旅游产品发展的各类要素,以及对旅游产品的未来发展预测和相关决策的制定提供指导。

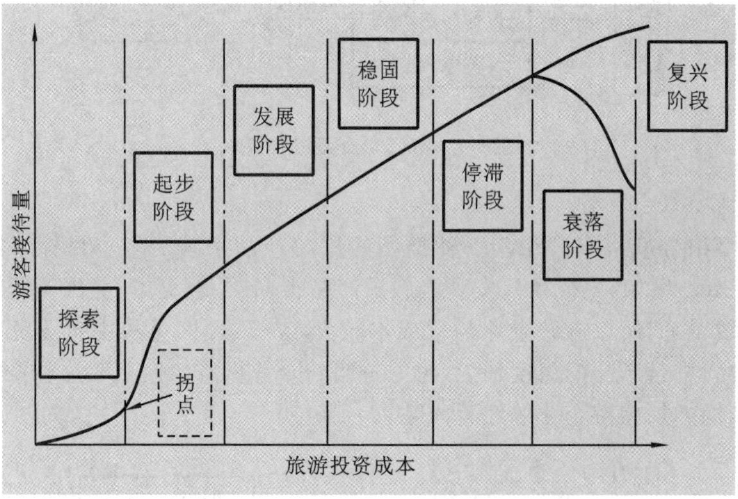

图 6-10　旅游产品生命周期

刘荣对旅游产品生命周期阶段进行了分析,旅游产品生命周期理论模型的每个阶段反映了消费者、竞争者、生产者、销售及利润等方面的不同特征。

在实际经营活动中,人们发现并非所有的旅游产品都要经过上述六个或通常认知的四个阶段之后退出市场。有的旅游产品跳过导入期,直接进入成长期;而有的旅游产品则是昙花一现。所以旅游产品的生命周期模型并非都表现为S形曲线。不同的旅游产品、不同的市场环境会表现出不同的生命周期曲线。有学者曾研究数百种产品,发现并总结出六种产品生命周期形态,其中较为典型的有“扇贝”型(见图6-11)、“循环—再循环”型(见图6-12)等。

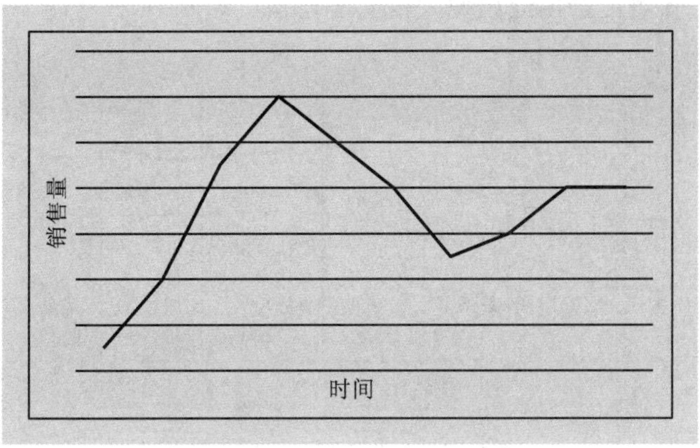

图 6-11 “扇贝”型

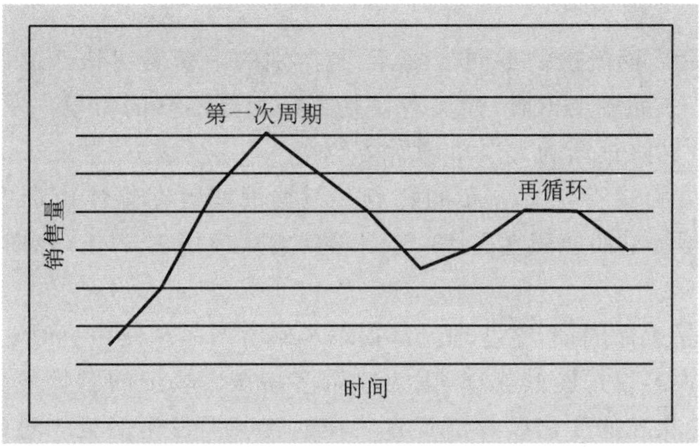

图 6-12 “循环—再循环”型

“扇贝”型是在旅游产品进入成熟期以后，经营者在原有旅游产品基础上进行更新，赋予旅游产品新的内涵、新的特性，重新树立旅游产品形象，开发新的旅游市场，不断引发新的旅游需求，使旅游产品生命周期始终保持在一个理想阶段。

“循环—再循环”型是旅游产品进入衰退期后，经营者通过采用有效措施，刺激旅游需求，使旅游产品进入下一个生命周期阶段。

最新出现的旅游产品的生命周期与新产品扩散理论如图 6-13 所示，在这一模型中：

(1) 开发期，提出产品概念，并在评价的基础上进行产品试制——此期间会出现赤字。

(2) 测试期，向市场推介，并开展试销——此期间促销宣传费用会很高。

(3) 导入期，正式投放市场，消费者开始尝试购买。

(4) 成长期，购买者迅速增多，产品销量迅速上升。

(5) 成熟期阶段 1，需求量开始拉平，甚至有可能出现下降。

(6) 成熟期阶段 2，为了应对需求量下降，经营者此时会对该产品进行改进，但尽管如此，需求量的增幅也不会很大，故此期间营销工作的重点在于保持市场份额。

(7) 成熟期阶段 3，经营者会对该产品采取一系列的更新措施去刺激和保持市场，但尽管如此,需求量也不太可能会因此出现大幅度增长。

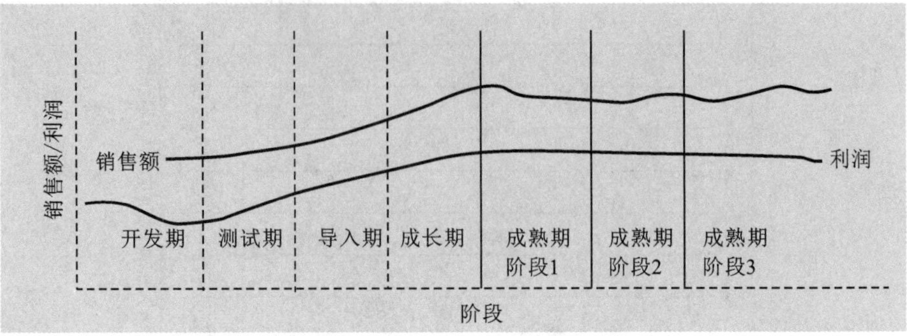

图 6-13　旅游产品的生命周期与新产品扩散理论

这一模型的主要理论依据为新产品扩散理论(Rogers,1962;Brown,1991),该理论的要点如下:

(1) 在产品生命周期演进的不同阶段,不同类别的消费者对该产品有着不同的购买倾向。例如,当某一新产品刚上市时,购买者仅是那些为数不多的市场先驱。但继此之后,随着时间的推移,该产品将逐渐为大众市场所接受。

(2) 消费者的类别具有正态分布的特点。各类消费者在整体市场中所占的比例一般为,先驱市场占 2.5%,早期使用者占 13.5%,早期大众市场占 34%,晚期大众市场占 34%,恋旧者占 16%。

无论是哪种产品生命周期,这些理论都揭示了旅游产品从诞生到衰亡的运动过程,对大多数的旅游产品来说难以逃脱其规律,因为旅游产品在市场上的销售情况和获利能力是随着时间的推移、供给状况的变化以及消费者兴趣的转移而发生变化。对旅游产品生命周期的分析和判断有利于经营者更好地了解旅游产品发展现状,掌握旅游产品在不同的生命周期阶段可能出现的问题并及时进行调节,使旅游产品经久不衰,始终保持旺盛的生命力。

旅游产品生命周期各阶段开发工作的重点,实际上落脚于对旅游产品的营销,产品生命周期不同阶段营销策略的重点分别是:

初创期——打造市场知名度,并促使消费者尝试本产品。

成长期——借机渗透市场,努力扩大市场份额。

成熟期——捍卫和保持本企业的市场份额。

衰退期——提高产品的生产效率,降低产品的生产成本。

第三节　旅游线路设计

一、旅游线路设计的类型

旅游线路是指为了使旅游者能够以最短的时间获得最大的观赏效果,由旅游经营部门利用交通线串联若干旅游点或旅游城市(镇)所形成的具有一定特色的合理走向。

根据线路内容及服务对象的不同，旅游线路设计有四种类型。

（一）区域旅游规划的旅游线路设计

与景区（点）相比较，旅游线路是依赖景区（点）分布的线型产品，这种产品的简单结构是通过道路在景点之间形成有限连接。一个旅游区域内的若干景点在不同的空间位置，对这些景点游览活动的先后排序与连接，可有多种不同的方式。旅游规划中的线路设计是市场营销的着力点。

（二）景区内部的游道设计

景区内部的游道设计是一个微观问题，如果不注意线路的科学组织与布局，就会造成旅游空间结构不完善而显得整体性效果不强。游道设计属于景区建设项目，在很大程度上和旅行社无关。这种线路的设计更多是以方便旅游者游览为目的。这种旅游线路设计水平的高低，反映了旅游管理机构的管理水平。

（三）旅游经营企业线路设计

旅游经营企业特别是旅行社在特定利润区间内，根据时间、交通、景区及旅游六要素情况所做的经营性计划，即旅游经营企业线路设计。旅游经营或管理机构根据旅游资源，与旅游可达性密切相关的旅游基础设施、旅游专用设施、旅游成本因子等要素有机地组合起来可形成一些特定的旅游线路。从旅行社的角度来看，旅游线路就是其推销的旅游产品。因此，这种旅游线路设计要求较高，线路内容要丰富，活动形式要多样，日程安排要紧凑，时间安排要准确，其设计水平直接影响到销售业绩。

（四）旅游者自己设计的旅游线路

自助游、自驾游成为越来越多的旅游者的选择，旅游者会根据自己的喜好自行设计旅游线路。旅游者根据自己的旅游动机、旅游目的、旅游信息、旅游经验等为自己设计的旅游线路，其内容因旅游者个体差异而差别很大，其线路安排的详略程度差异也很大，有时甚至不需要书面表达仅储存在旅游者脑中。

二、旅游线路设计的原则

旅游线路设计的基本原则有以下六点。

（一）以满足旅游者需求为中心的市场原则

旅游线路设计的关键是适应市场需求，具体而言，它必须最大限度地满足旅游者的需求。旅游者对旅游线路选择的基本出发点是时间最省、路径最短、价格最低、景点内容最丰富、最有价值。

旅游者来自不同的国家和地区，具有不同的身份以及不同的旅游目的，因此，不同的游客群有不同的需求。总体来说，其可分为观光度假型、娱乐消遣型、文化知识型、商务会议型、探亲访友型、主题旅游型、修学旅游型、医疗保健型。

比如每年春秋两季广交会期间，不少外商到广州洽谈生意，平时为了业务也需要到内地旅行，他们的旅行多是出于商务方面的需求。商旅人士的特点是消费较高，喜欢住高级套房，为业务交往需要经常在餐厅宴请宾客，来去匆匆，说走就走。

国内旅游者多数人外出旅游是为了游览名山大川、名胜古迹,放松娱乐、增长见识是他们的主要需求。现在越来越多的年轻人喜欢充满冒险、刺激的旅游活动,并且国外很流行的户外运动被引入国内,包括野外露营、攀岩、漂流、蹦极、沙漠探险等。由于这些运动项目既充满挑战性,又满足了人们的猎奇心理,很快得到年轻人的喜爱,成为流行时尚。所以旅游线路设计者应根据不同的游客需求设计出各具特色的线路,而不能千篇一律,缺少创意。

(二)独一无二的特色原则

世界上有些事物是独一无二的,如埃及的金字塔、中国的秦始皇兵马俑等,这些就是特色。由于人类求新求异的心理,单一的观光功能景区和游线难以吸引游客回头,即使是一些著名景区和游线,游客通常的观点也是“不可不来,不可再来”。因此,在产品设计上应尽量突出自己的特色,唯此才能具有较大的旅游吸引力。

国内一次抽样调查表明,来华的美国游客中主要目标是欣赏名胜古迹的占26%,而对中国人的生活方式、风土人情最感兴趣的却达56.7%。民俗旅游正是一项颇具特色的旅游线路,它因深刻的文化内涵而具有震撼心灵的力量。以云南的少数民族风情旅游线路为例,“昆明—大理—丽江—西双版纳”旅游线路展现了我国少数民族地区绚丽的自然风光,浓郁的民俗文化和宗教特色。例如,古老的东巴文化,大理白族的三道茶,泸沽湖畔摩梭人的母系氏族生活形态,美丽而淳朴的丽江古城,以及纳西族妇女独特的服饰“披星戴月”装等。这些都以绚丽多姿的魅力深深吸引着广大的中外游客。这些旅游线路和旅游项目在世界上都是独一无二的,具有不可替代性,即人们常说的“人无我有,人有我特”。

(三)生态效益原则

生态旅游的产生是人类认识自然、重新审视自我行为的必然结果,体现了可持续发展的理念。生态旅游是经济发展、社会进步、环境价值的综合体现,是以良好生态环境为基础,保护环境、陶冶情操的社会经济活动。生态旅游是现代非常流行的旅游方式,在国外尤其是美国、加拿大、澳大利亚以及很多欧洲国家已经发展得非常成熟。“认识自然,享受自然,保护自然”的旅游观念是21世纪旅游业的发展趋势。专家认为,草原、湖泊、湿地、海岛、森林、沙漠、峡谷等生态资源和文物一样,极易受到破坏,并且破坏了就不能再生,甚至可能在地球上消失。

云南丽江是一个生态环境易受破坏的老城镇,经常是游客比本地人还多。在北京,人们不得不拓宽建于15世纪的天坛(1998年被列入世界文化遗产)周围的矮墙,以容纳更多的游客。敦煌游客超负荷导致窟内空气湿度过大,对壁画造成损害。华山景区超载开发,造成许多古树的死亡。

现在人们已经开始认识到生态对于景区可持续发展的重要性。

从2001年7月1日起,九寨沟开始实行游客限量入景区制。如果你是当日排名在1.2万名之外的游客,将被拒绝进入景区。由此,九寨沟成为全国第一个对游客实行限量入内的景区。九寨沟做出这一限客决定,主要是为了更好地保护好九寨沟这个不可再生的世界自然遗产,避免因游客过多而对景观产生破坏。特别是每年的“五一”“十一”两个旅游黄金周,游客量猛增。为避免游客超量,九寨沟景区管理局制定预售门票方案,与各旅行社实行联动。另外,一旦游客超量,九寨沟景区管理局将通过网络、报纸等媒介及时向社会公布。

除景区采取限制人数的措施外，部分旅行社也纷纷设计出生态旅游线路。例如，北京绿色地带生态旅游咨询有限公司煞费苦心地设计出几条生态旅游路线，并严格采用国外的生态旅游规章办法，如限制人数、讲解生态知识、安排特殊路线等。

（四）旅游交通安排合理的原则

一次完整的旅游活动，其空间移动分为三个阶段：从常住地到旅游地、在旅游地各景区旅行游览、从旅游地返回常住地。这三个阶段可以概括为进得去，散得开，出得来。

没有通达的交通，就不能保证游客空间移动的顺利进行，会出现交通环节上的压客现象，即使是徒步旅游也离不开道路。因此在设计线路时，即使具有很大潜力，但目前不具备交通要求或交通条件不佳的景点、景区，线路设计者也应慎重考虑。否则，因交通因素导致游客途中颠簸、游速缓慢，影响旅游者的兴致与心情，就不能充分实现时间价值。

（五）旅游产品推陈出新的原则

旅游市场在日新月异地发展，游客的需求与品位也在不断地变化、提高。为了满足游客追求新奇的心理，旅行社应及时把握旅游市场动态，注重新产品、新线路的开发与研究，并根据市场情况及时推出。一条好的新线路的推出，有时往往能为旅行社带来惊人的收入与效益。

即使一些原有的旅游线路，也可能因为与当前时尚相结合而一炮走红。例如，广东国旅假期借电影《卧虎藏龙》问鼎奥斯卡最佳外语片和最佳摄影等四个奖的东风，在全国率先推出一条“卧虎藏龙”徽州古民居旅游线路，让更多的游客步入“中国画里的乡村”，观赏被称为“徽州三绝”的牌坊、古祠、民居。皖南徽州古村落的民居群虽时有所闻，但与黄山的盛名相比，所知者却不多。但国际古遗迹理事会专家大河直躬博士、建筑大师贝聿铭、作家琼瑶、导演张艺谋和李安等人不远千里来到黄山脚下寻找“中国画里的乡村”，对他们而言，徽州古民居是世界文化的遗产、建筑的立体史书、梦中的世外桃源。也正因如此，这条旅游线路一经推出便成为热门旅游线路，为旅行社创造了不菲的经济效益。

（六）行程安排机动灵活的原则

一条好的旅游线路就好比一首成功的交响乐，有时是激昂跌宕的旋律，有时是平缓的过渡，都应当有序幕、发展、高潮、尾声。在旅游线路的设计中，设计者应充分考虑旅游者的心理与精力，将旅游者的心理、兴致与景观特色分布结合起来，注意重要景点在线路上的分布与布局。旅游活动不能安排得太紧凑，应该有张有弛，而非走马观花，疲于奔命。旅游线路的结构顺序与节奏不同，产生的效果也不同。

目前，中国旅游者越来越多地将目光投向具有独特风情的旅游目的地。以澳大利亚经典十日游的日程安排为例，一般情况下，旅游者经过 10 小时的飞行之后，首先是去墨尔本市区观光，参观教堂、艺术中心等景点。这是因为旅游者旅途劳顿，并且环境生疏，故先安排以“艺术之都”著称的墨尔本市内景点游览。这样体力消耗较少，也便于熟悉环境。其次去被喻为“考拉之都”的布里斯班观赏澳大利亚特有的动物；在“冲浪者天堂”——黄金海岸，参加对旅游者极具吸引力的水上活动如沙滩排球、游泳、冲浪等；以及到悉尼参观举世闻名的悉尼歌剧院,形成旅游活动的“三大高潮”。作为尾声,最后安排在堪培拉市区进行观光,堪培拉被誉为“大洋洲的花园城市”以宁静著称。此时旅游者的身心有所放松,几天紧张而兴奋旅游活动之后,体力和精神都得到调整,结束愉快的澳大利亚之旅。

三、旅游线路设计的流程

旅游线路的组合设计既是一门艺术,又是一门科学。在实际的操作过程中,需要考察诸多方面的因素,如各旅游目的地的价值(吸引力)、各景区景点的可达性、旅游线路的网络度、旅游成本因子(费用、时间、距离)等。具体而言,旅游线路的组合流程大致可分为以下几个步骤。

(一)进行市场调研(市场环境、自身能力、竞争对手)

其目的是了解旅游者的现实旅游需求,确定目标市场,形成产品构思,列出几个可选方案,根据旅行社发展目标、业务专长和接待能力进行可行性论证,确定主要旅游吸引物。调研的方法一般为访谈法、观察法、实验法。

(二)统筹各资源要素,制作线路行程表

1. 先统筹各资源要素

(1) 确定旅游吸引物。

(2) 根据旅游吸引物确定旅游节点。

(3) 确定住宿、餐饮、购物、文化娱乐活动、景点的具体位置、时间安排。

(4) 运用效益比较法,通过一定的交通方式把各节点合理串联起来,最终形成旅游线路。

2. 再制作线路行程表

(1) 根据线路主题,确定线路名称。

(2) 编制线路行程。

(3) 线路行程、业务提示、友情提示、儿童政策以及景点介绍的制作。

(三) 线路定价与报价

(1) 确定资源要素价格,进行成本核算,设置利润空间,确定定价。

(2) 了解同行报价,确定报价。

(四)产品试销与线路调整

产品投放市场后,根据旅游者的意见反馈,可做线路的调整。如果符合市场需求,就可制作线路宣传手册。

图 6-14 所示为旅游线路设计流程。

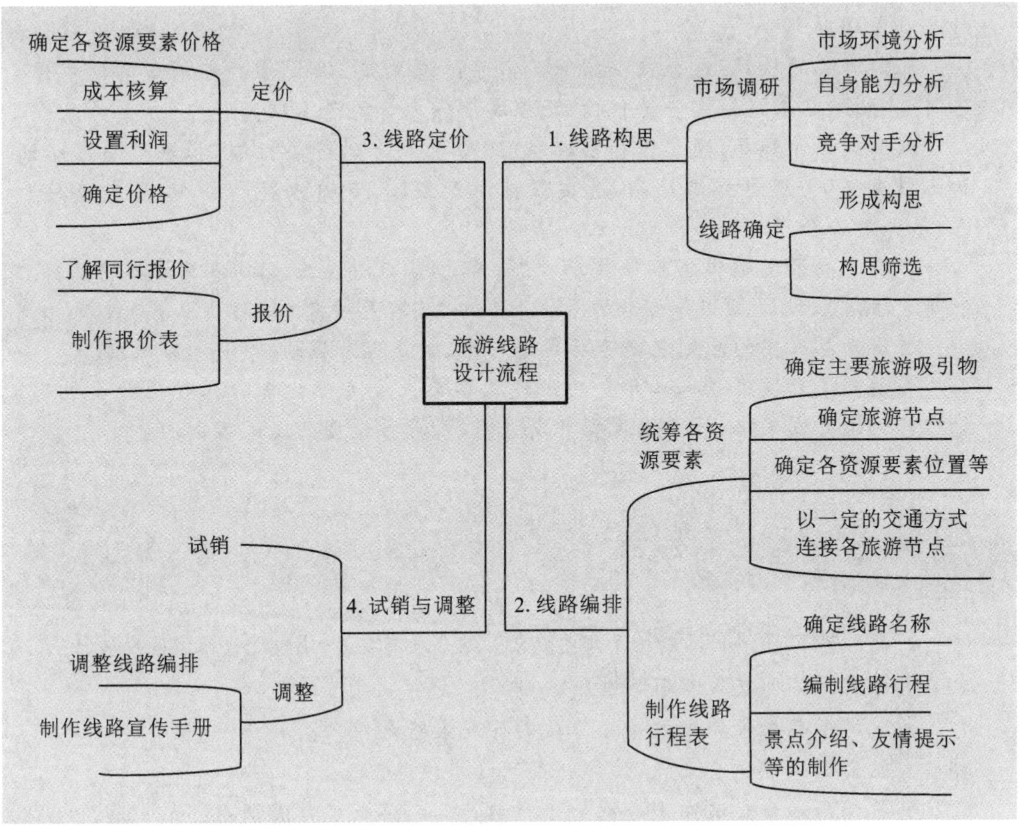

图 6-14　旅游线路设计流程

本章小结

旅游产品是旅游经营者为旅游者提供的满足其特定旅游需求的服务与事物的组合。

整体旅游产品是以在旅游目的地的访问活动为基础，构成一次完整旅游活动的各项有形因素和无形因素的组合或集成。在旅游者看来，整体旅游产品是其通过支付费用而获得的一次完整旅游经历。单项旅游产品是指旅游经营者借助一定的设施，向消费者市场提供的旅游服务项目。

在旅游产品消费过程中，核心产品是消费者购买该产品时所追求的核心利益。基本产品是为了保障消费者能够获取核心利益而必须具备的基本设施和服务项目。辅助产品并不是保障核心利益实现的必需品，却可以增加核心产品的价值，是辅助性的设施和服务项目。

旅游产品的十二要素：实、价、质、品、特、新、精、美、酷、爽、嗨、萌。

旅游产品由三部分组成：①产品的核心部分，②产品的外形部分，③产品的延伸部分或辅助部分。

旅游产品的特性：综合性、无形性、不可转移性、时间性、生产与消费的同步性、不可储存性、需求弹性大与替代性强、旅游消费评价的滞后性。

按照国家旅游局（现文化和旅游部）1999 年公布的分类标准，旅游产品可以分为五种类型：①观光旅游产品，②度假旅游产品，③专项旅游产品，④生态旅游产品，⑤旅游安全产品。

旅游产品开发是根据市场需求，对旅游资源、旅游设施、旅游人力资源及旅游景点等进行规划、设计、开发和组合的活动。其核心内容是对旅游线路的组合与设计。

旅游产品开发的原则包括市场观念原则、效益观念原则、产品形象原则。

旅游产品开发根据人工开发的强度及参与性质可分为资源保护型开发策略，资源修饰型开发策略，资源强化型开发策略，资源再造型开发策略。

思考与练习

1. 新形势下，旅游产品新增了哪些要素？结合原有要素，比较现代旅游业发展特点。
2. 旅游产品开发策略有哪些？
3. 旅游产品生命周期的每个阶段的开发策略是什么？
4. 结合武汉市现有景点，设计一条两日游线路。
5. 杭州西湖和武汉东湖分别处于旅游产品的哪个生命周期？

案例分析

国内乡村旅游产品开发案例

1. 建设乡村旅游商品购物中心，与生产企业联合，并通过媒体，特别是网络进行宣传——以四川省成都市为例

成都市 2006 年 3 月在郫县（现郫都区）农科村、青城后山泰安古镇、锦江区三圣街道和龙泉驿区洛带镇新开了四家乡村旅游商品购物中心，拉开了全市乡村旅游商品购物中心建设的序幕。乡村旅游商品购物中心面积为一百平方米，主要销售食品、日用品、工艺品三大类数百种成都市乡村特色旅游商品。此外，该市数十家旅游商品生产厂家还与这四家购物中心在农科村正式签订了合作协议。比如当游客来到农科村旅游时，不仅可以到一户一景的农家小院休闲娱乐，还可以逛逛新建成的乡村旅游商品购物中心农科店，尽情挑选各种特色纪念品。装潢一新的店面格外引人注目，店内陈列的商品也是五花八门：郫县豆瓣、蜀绣、草编、兰草盆景等极具地方特色的商品。这间不大的店铺提供了来自全成都市各大乡村的特色产品，吸引了不少游客来这里休闲购物 。在欣赏完农家美景之后，到这里选购一些特色工艺品带回家也不失

为一件美事。乡村旅游商品购物中心的建立不仅为广大旅游爱好者购买特色商品提供了方便,也在一定程度上促进了农副产品商品化,提高了农副产品附加值,有利于形成特色旅游商品品牌,助推当地旅游产业快速发展。

2. 通过发展乡村旅游商品,延伸"农家乐"旅游产品的价值链,从而扩大就业——以四川省南充市为例

南充市以"土、野、乐、趣"为特色的农家乐旅游迎合了都市人亲近自然、休闲娱乐的消费心理,越来越多的城市居民愿意到农村。他们经营的农家乐产品不仅是一般意义上的"吃农家饭、品农家菜、住农家屋、干农家活",而是将这一产品的价值链充分进行了延伸。他们提出的宣传语是"吃农家饭、品农家菜、住农家屋、干农家活、娱农家乐、购农家品"。深度挖掘乡村旅游市场需求,使得全市各地的农家乐旅游蓬勃发展,给农民带来了更大的经济收益,同时促进了农村产业结构的全面优化,解决了农村剩余力转移和就业的问题,并加速了农民思想观念的转变,对农村社会环境的改善起到了一定的作用。

3. 民族传统用品与工艺美术研究机构相结合,促进乡村旅游商品的开发与销售——以广西壮族自治区为例

广西壮族自治区近年来在当地政府的支持下,经广西壮族自治区工艺美术研究所的不断开发与指导,将壮锦、铜鼓等富有当地特色的少数民族生活用品,开发成为少数民族地区传统工艺品,为农民增加了收入。

4. 对传统乡村旅游商品的再度开发——以四川省雅安市为例

四川省雅安市经过对传统乡村旅游商品——茶叶的再度开发,让游客了解到茶不仅可以饮,还可以带回家里欣赏。茶叶做的窗帘、中国结、各种造型的茶砖让人眼花缭乱。雅安西康大酒店在 2004 年推出了茶文化酒店的品牌,目前已经开发出 30 多种商品,尤以十二生肖茶最受游客的喜爱。

(资料来源:根据相关资料整理。)

问题:

试述乡村旅游产品开发的要点与思路。

第七章

旅游市场

学习引导

本章主要论述了旅游市场的概念以及旅游市场营销战略，共分为五节：第一节为旅游市场概述，介绍了旅游市场的基本概念、构成要素、特点；第二节为旅游市场细分，介绍了按不同依据来划分的旅游细分市场；第三节为全球旅游市场，介绍了全球旅游市场的发展现状与发展趋势；第四节为中国旅游市场，介绍了中国旅游市场的发展现状与发展趋势；第五节为旅游市场营销，介绍了旅游市场营销的概念及其营销观念和战略。

学习重点

通过本章学习，重点掌握以下知识要点：

- 旅游市场概念的界定、新增的要素，以及现代旅游市场发展特点
- 旅游市场细分的依据
- 全球及中国旅游市场的发展现状和发展趋势
- 旅游市场营销战略

核心概念

旅游市场 Tourist Market　旅游者愿望 Tourist Desire　旅游购买权利 Travel Purchase Right　旅游市场细分 Tourism Market Segmentation　旅游市场营销 Tourism Marketing

市场是商品经济发展的产物，与商品交换紧密地联系在一起。列宁曾指出，哪里有社会分工和商品生产，哪里就有市场。旅游市场是旅游产品交换的场所，是实现旅游供求平衡的重要机制，也是旅游经济的重要范畴。准确理解旅游市场和旅游产品是学习旅游市场营销的基础，第六章已经介绍了旅游产品，本章着重介绍旅游市场的相关概念及其发展。

第一节　旅游市场概述

旅游市场是从“Tourism Market”翻译而来的。现代意义上的旅游是在工业革命发生后，市场体系确立、商品生产和商品交换获得了高度发展的情况下出现的。一方面，社会上出现了大量的旅游者；另一方面，一些以前为旅行活动提供便利条件的私人家庭、小旅店等进一步扩大，共同构成了专门为旅游者提供服务的旅游业。因此，便出现了以旅游者为旅游需求方和以旅游经营者为旅游服务提供方共同形成的旅游市场。

一、旅游市场的基本概念

要解析旅游市场的概念，首先需要把握“市场”一词的含义。市场是指买卖双方进行交易的场所。发展到现在，市场具备了两种含义：一种含义是交易场所，如传统市场、股票市场、期货市场等；另一种含义为交易行为的总称，即“市场”一词不仅指交易场所，还包括了所有的交易行为。故当谈论到市场大小时，不仅指场所的大小，还包括消费行为是否活跃。广义上，所有产权发生转移和交换的关系都可以称为市场。

旅游市场是社会经济发展到一定程度，旅游活动商品化、社会化的产物。在不同时期、不同场合，旅游市场具有不同的含义。

（一）旅游市场的不同含义

1. 从市场本义理解的有形交换地点的概念

旅游市场是旅游产品、旅游服务进行交换和消费的场所，即在一定的地理位置、空间和时间范围内，旅游者和旅游供给者双方进行旅游产品交易的有形地点。在大型的国际、国内旅游博览会和交易会上，在豪华的商务酒店、特色旅游度假村、旅游购物品商店或礼品店内，在风景秀丽的旅游景区景点，在充满异域民族风情的村寨、浓郁宗教文化氛围的寺庙和弥漫着古代人文气息的古迹中，都可以进行旅游产品和服务的交换。这种局限于地理空间的旅游市场概念已无法表达现代旅游市场的全部意义。

2. 从市场性质理解的无形交换关系的概念

旅游市场是一切旅游产品交换活动和交换关系的总和。即使是在信息技术条件下人们交易的方式有所改变，旅游市场的这个基本特征也不会改变。随着经济的发展和人们生活水平的不断提高，旅游已逐渐成为人们习以为常的生活方式和生活必需品。旅游也从单纯地欣赏自然风景扩展为观光、度假、休闲、科技、商务、文化、探险、生态和探亲访友等众多项目，旅游产品和服务已经渗透社会、经济、文化、政治和人们生活的各个领域。随着金融、信贷、交通和信息技术的迅速发展，旅游产品的交换也打破了地理空间和时间的限制，使世界旅游市场成为一个整体，国内旅游、洲际旅游乃至环球旅游成为人们的现实选择。同时，在旅游提供者和消费者之间也出现了众多的中间商，如旅行社、航空公司、铁路公司、公路公司、饭店、商业银行、客房和车船机票预订机构、会议或活动组织者等，它们传递旅游信息和交换旅游产品，架起了旅游市场上买卖双方沟通的桥梁。因此，从市场本义理解的有形交换地点的旅游市场概念,已经远远不能适应现代旅游业的发展,而从市场性质理解的无形交换关系的旅游市场概念仍然可以涵盖和解释现代旅游市场错综复杂的关系。

3.从市场营销学角度理解的旅游市场概念

从市场营销学的角度看,旅游市场是在一定时间和地点条件下,一种旅游产品和服务的所有现实的和潜在的消费者需求的总和。从旅游企业的立场来看,这是将所有旅游者及其需求作为市场,旅游者是买方,形成了市场;旅游企业是卖方,构成了行业。从这个意义上说,我们所面对的千千万万的旅游者就是旅游市场。当旅行社人员规划开发某旅游市场时,实际上是要开发身处国内外不同地区的现实的和潜在的旅游者群体及其旅游需求。在这一理念指导下,旅游市场可以用如下公式表示:

旅游市场=旅游者×旅游购买力×旅游愿望×旅游购买权利

(二)旅游市场的基本定义

旅游市场的定义可以从两个角度进行解释,从经济学角度讲,它是旅游产品供求双方交换关系的总和,有三个必备条件:主体买方和卖方、双方共同认可的交易条件、客体可供交换的商品(见图7-1)。

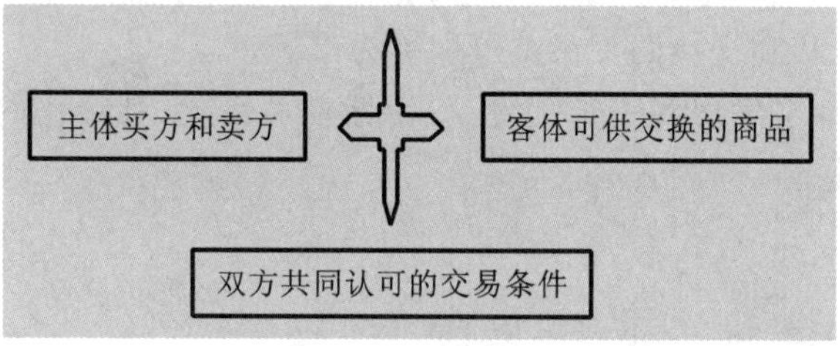

图7-1　旅游市场三个必备条件

从地理学角度讲,旅游市场是旅游经济活动的中心,属一般商品市场范畴,具有商品市场的基本特征。

旅游市场的具体定义也和市场一样,有狭义和广义之分。狭义的旅游市场指在一定时期内,在某一地区中存在的对旅游产品具有支付能力的现实和潜在购买者,也即旅游客源市场。广义的旅游市场是指旅游者和旅游经营者之间围绕旅游商品交换所产生的各种现象与关系的总和。

二、旅游市场的构成要素

为准确深刻地理解旅游市场的含义,需要对旅游市场的五个构成要素进行简要分析。

(一)资源状况

旅游资源是旅游市场形成的首要条件。凡是世界著名风景名胜和历史遗址所在地区,必定会形成发达的旅游市场。例如,世界四大古都埃及开罗、希腊雅典、意大利罗马、中国西安,以及世界音乐之都奥地利维也纳,世界花园国家瑞士等都形成了重要的国际旅游市场。

(二)旅游者

旅游者包括个体旅游者和团体旅游者两类。个体旅游者是指旅游者个人、小组成员和家庭成员；团体旅游者是指各类社会组织，如政府机构、企事业单位、群众团体等。这两类旅游者在旅游目的、旅游方式、消费金额和消费结构等方面有较大的差异。从旅游营销的角度，应着重分析旅游者数量和质量两个方面。

(1) 旅游者数量。旅游者数量决定旅游市场的规模和潜力。旅游者数量的多少是由客源国和地区人口的绝对量和经济社会的发达程度所决定的。比如欧美国家和非洲国家、我国沿海开放地区和西部欠发达地区，在人口数量和旅游市场规模上都有较大差距。因此，旅游企业应瞄准和开发具有一定规模和潜力的旅游市场。

(2) 旅游者质量。旅游者质量决定旅游市场的购买力、消费水平、消费结构、旅游目的和需求特征。旅游者的年龄、性别、职业、收入、家庭结构、受教育水平、客源地、民族和宗教信仰的差异都会影响旅游者的质量。

(三)旅游购买力

旅游购买力是指旅游者支付货币购买旅游商品和服务的能力。旅游购买力的高低由旅游者的收入水平决定。旅游是一种文化性、休闲性和享受性的高消费产品，是人们解决温饱问题、经济收入达到一定水平后才能消费的产品。其主要影响因素包括个人可随意支配的收入和闲暇时间。

(1) 个人可随意支配的收入。从个人可支配收入中减去消费者用于购买生活必需品(衣服、食品等)的支出和固定支出(房租、保险费、分期付款、抵押借款等)所剩下的那部分即个人可随意支配的收入。它是影响消费需求变化最活跃的因素，是影响奢侈品、汽车、旅游等商品消费的主要因素。一个国家或地区的经济越发达，人们可随意支配的收入水平就越高。

(2) 闲暇时间。人们购买旅游产品和服务，不但需要金钱，也需要大量的闲暇时间。与可随意支配的收入一样，闲暇时间的多少也是一个国家和地区发达程度的重要标志和象征。在经济社会相对落后的国家和地区，人们的工作时间和家务时间较多，闲暇时间就较少。

(四)旅游者愿望

旅游者是由各种因素所驱动而产生对旅游产品的购买动机和购买愿望的，即旅游者的某种旅游需求引发旅游动机和旅游愿望，而后产生旅游购买行为。旅游者对旅游产品的购买欲望一般源自五个方面的动机。

(1) 生理动机。旅游者希望到自然风光秀美、气候和景色宜人的地方度假、休息、放松、疗养、享受生活等。

(2) 社交动机。旅游者希望外出探亲访友，进行人际交流，了解不同国家或地区的民族风情，改善原有的人际关系等。

(3) 商务动机。由于经商、贸易、谈判、会议、公务出差等原因所产生的外出旅游愿望。

(4) 文化动机。旅游者希望通过培训学习、游览名胜古迹、参观科技馆等途径，拓宽视野、增长知识、陶冶情操、交流文化，满足个人兴趣、爱好和学习愿望。

(5) 爱顾动机。旅游者喜欢到哪个国家或地区旅游，选择哪家酒店住宿、哪家餐厅就餐，希望到哪个景区或景点观光，喜欢在哪家店铺购物和喜欢购买什么旅游商品，最终都由爱顾动机决定。爱顾动机是由顾客的购买经历和消费理性所形成的。比如优质的旅游产品、令人满意的服务、合理的价格、优越的地理位置、便利的交通等因素,都会使旅游者在第一次出游后形成某种特定的购买动机,即爱顾动机。一个人在购买力和闲暇时间两个客观条件都具备的情况下,还必须具有外出旅游的主观愿望,如此才能形成现实的旅游市场。

(五)旅游购买权利

旅游购买权利是指旅游者在购买某种旅游产品时不受某种法律、制度和政治等因素的限制。如果受到限制,旅游者对这种旅游产品就不具备购买权利。例如,西方一些国家从法律上限制18岁以下的青少年不准喝烈性酒,并规定饭店、餐厅等营业场所不准对他们出售烈性酒;旅游目的地和客源地之间的政治和外交关系不和谐;在国际旅游中必需的护照、签证、货币兑换等在某些国家或地区的限制;某些国家或地区的出入境特别许可证等问题都会对旅游者的购买权利构成障碍。因此,开发旅游市场必须关注潜在旅游者是否具备应有的购买权利。

以上五个方面的因素是构成旅游市场的必备条件,如同五角星,缺一不可。五个要素以相乘关系,而不是以相加关系构成旅游市场。

三、旅游市场的特点

(一)旅游市场的复杂性

旅游市场的复杂性表现在构成复杂、交易和运行复杂、产生的结果和影响复杂等。首先,旅游市场由多部门、多企业和众多旅游者构成,他们代表不同的利益团体,具有不同的行为动机,所以市场交易会产生不同的行为结果;其次,旅游市场中交易的产品不同于一般的商品,如前文所述,在市场上交易的不是有形的产品,而是无形的契约,当旅游者消费时旅游企业难以掌控产品的质量,具有很多的不确定性,此外,产品的综合性导致产品的市场交易具有复杂性和多样性;最后,旅游消费具有跨地域的特征,在市场交换的只是无形的契约,消费必须前往生产地,所以其影响波及生产地以及客源地与生产地之间的交通廊道,波及范围之广、影响之复杂不可预测。

(二)旅游市场的季节性

旅游闲暇时间的不均衡和旅游目的地国家或地区自然条件、气候条件的差异,造成了旅游市场突出的季节性特点。

(三)旅游市场的波动性

旅游业以需求为主导,影响需求的因素多种多样,从而使旅游市场具有较强的波动性。旅游市场是一个动态的系统,处于不断的变化之中。影响旅游市场的一种外界或内部因素的变动会导致旅游市场自身的变动,如目的地发生战争会导致其旅游市场萎缩,情况严重的会瘫痪,没有旅游者前往旅游。

(四)旅游市场的结构性

旅游市场的结构性主要指构成市场的主体、客体和中介具有结构性特征。结构特征反映在规模、功能和层次等方面,如旅游市场的主体是由规模大小不同的游客团体和消费层次高低不一的散客组成,各自的作用存在差异。再如市场的中介,也是由不同规模的企业组成，所扮演的角色各异。

（五）旅游市场的系统性

旅游市场各构成要素间存在密切联系，相互影响，相互制约，形成了具有一定结构和功能的系统。系统中一种要素的变化会影响其他要素的变化，甚至影响到整个市场。比如市场的某种旅游产品价格上升，利润增加，一方面可能导致其他旅游企业生产同样的产品，增加市场同类产品的供给；另一方面，旅游者可能会因价格的上涨选择其他的旅游产品，导致需求减少，最终因为供大于求而价格停止上涨，价格会在某个平衡点附近移动。

（六）旅游市场的异地性

旅游者主要是非当地居民，因此，旅游市场通常都远离旅游产品的生产地（旅游地）。旅游市场的异地性特点，增加了旅游企业掌握市场信息、适应市场环境、开拓市场的难度。

第二节　旅游市场细分

旅游市场细分在旅游目标市场的选择中占有重要的地位，是旅游企业长期发展的关键，也是决定旅游企业营销成败的关键。现代旅游市场发展过程中，市场细分化的趋势不断增强，通过市场细分，进而选择目标市场。

一、旅游市场细分研究综述

（一）旅游市场细分概念研究

市场细分的概念是 20 世纪 50 年代中期由美国市场学家温德尔·史密斯在总结企业按照消费者的不同需求组织生产的经验中提出来的。市场细分是以消费者需求的某些特征或变量为依据，将具有不同需求的消费者群划分为若干个子市场的过程。市场细分即从消费者需求出发，寻找具有共同消费需求的消费者组成一个细分市场。

关于旅游市场细分的研究，近几年国内逐渐增多，但大多数都是一些学者在其所编著的教材或专著中提出的。旅游市场细分概念是在市场细分概念的基础上提出的。其中，刘伟平、陈秋华、徐德宽、王平、苟自钧、张玉明、陈鸣都是从旅游市场上旅游者需求特点、购买习惯和购买行为等方面来细分市场的，他们认为，旅游市场细分是指旅游企业根据旅游市场上旅游者的需求特征、购买动机、购买习惯、购买行为等方面的明显差异性，把整个旅游市场划分为若干个子市场的市场细分过程。韩勇、丛庆则是根据旅游者特点及其需求的差异性将一个整体市场划分为两个或两个以上具有相似需求特点的旅游者群体的活动过程。赵西萍是从某一种或几种因素加以分类，没有具体指出细分的要素。

（二）旅游市场细分标准研究

旅游市场细分标准是指旅游市场细分时所依据的条件，由旅游消费者不同的行为及其影响因素构成。目前国内对旅游市场细分标准的研究比较一致，大体上都是围绕人口统计标准、购买行为标准、地理环境标准和心理标准四个方面（见图 7-2）。

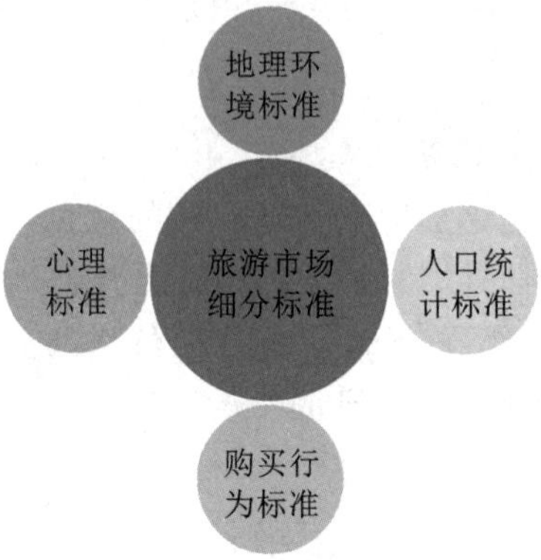

图 7-2　旅游市场细分标准

1. 人口统计标准细分

人口统计标准细分是将市场以年龄、性别、职业、家庭规模、婚姻状况、收入、教育、信仰、种族、国别等为依据划分不同的群体。

2. 购买行为标准细分

购买行为标准细分是根据购买者对产品的了解程度、态度、使用情况、反馈等行为特征进行旅游市场细分。

3. 地理环境标准细分

地理环境标准细分就是按照消费者所处的地理位置、自然环境来细分旅游市场，比如可以按地区、国家、气候、人口密度、空间距离等方面进行细分。

4. 心理标准细分

心理标准细分是根据旅游消费者的心理特点来进行市场细分，比如可以从旅游消费者所处的社会阶层、生活方式和个性三个方面进行细分。

二、旅游市场细分的概念和标准

(一)旅游市场细分的概念

旅游市场是一个整体，在旅游市场中，任何一个旅游产品的供给者，都不能占领整个旅游市场，满足所有旅游者的需要。因此，要从不同角度对旅游市场做进一步分类，以便更全面深入地反映其历史、现状和发展趋势，把握旅游市场变化的规律。因此，旅游市场细分就是指旅游企业根据旅游人群之间的不同旅游需求或者是旅游者的特点，把一个整体的旅游市场划分为两个或两个以上的旅游人群，从中选择自己目标市场的方法。

(二)旅游市场细分的标准

可用于旅游市场细分的标准有很多。不同的旅游目的地，特别是不同的旅游企业，应根据自己的情况和需要，选择对经营者有实际意义的划分标准。地理、环境、消费、旅游目的地、旅游组织形式等因素，都可以作为划分不同的旅游细分市场的依据。

1. 按地域划分旅游市场

按地域划分是以现有及潜在客源的发生地为基础，根据旅游者来源于不同国家或地区而划分的旅游市场，如图 7-3 所示。世界旅游组织根据全球所有地区在地理、经济、文化、交通以及旅游者流向、流量等方面的联系，将整个世界旅游市场划分成六大区域，即欧洲市场、美洲市场、东亚及太平洋地区市场、南亚市场、中东市场和非洲市场。

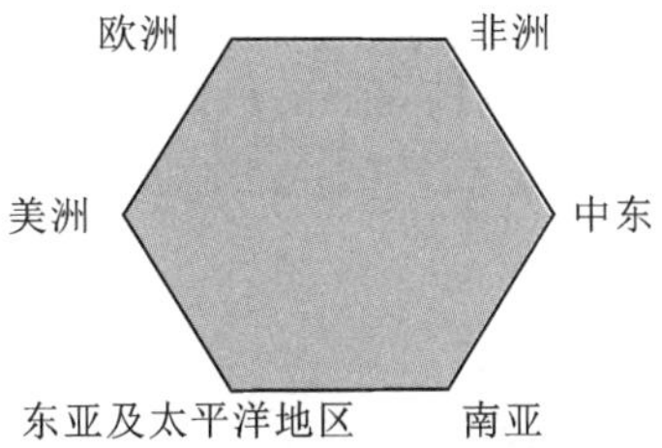

图 7-3　按地域划分旅游市场

1）欧洲主要国家

北欧：芬兰、瑞典、挪威、冰岛、丹麦。

东欧：爱沙尼亚、拉脱维亚、立陶宛、白俄罗斯、俄罗斯、乌克兰、摩尔多瓦。

中欧：波兰、捷克、斯洛伐克、匈牙利、德国、奥地利、瑞士、列支敦士登。

西欧：英国、爱尔兰、荷兰、比利时、卢森堡、法国、摩纳哥。

南欧：罗马尼亚、保加利亚、塞尔维亚、北马其顿、阿尔巴尼亚、希腊、斯洛文尼亚、克罗地亚、波斯尼亚和墨塞哥维那、意大利、梵蒂冈、圣马力诺、马耳他、西班牙、葡萄牙、安道尔、黑山。

2）美洲主要国家

北美洲：美国、加拿大、墨西哥、古巴。

中美洲：危地马拉、洪都拉斯、伯利兹、萨尔瓦多、尼加拉瓜、哥斯达黎加、巴拿马。

南美洲：委内瑞拉、秘鲁、巴西、阿根廷、苏里南、智利、玻利维亚、厄瓜多尔、圭亚那、巴拉圭、哥伦比亚、乌拉圭。

3）非洲主要国家和地区

在地理上，习惯将非洲分为北非、东非、西非、中非和南非五个地区。

北非：埃及、苏丹、利比亚、突尼斯、阿尔及利亚、摩洛哥。

东非：埃塞俄比亚、厄立特里亚、索马里、吉布提、肯尼亚、坦桑尼亚、乌干达、卢旺达、布隆迪和塞舌尔。

西非：毛里塔尼亚、西撒哈拉（地区）、塞内加尔、冈比亚、马里、布基纳法索、几内亚、几内亚比绍、佛得角、塞拉利昂、利比里亚、科特迪瓦、加纳、多哥、贝宁、尼日尔、尼日利亚。

中非：乍得、中非共和国、喀麦隆、赤道几内亚、加蓬、刚果共和国、刚果民主共和国、圣多美和普林西比。

南非：赞比亚、安哥拉、津巴布韦、马拉维、莫桑比克、博茨瓦纳、纳米比亚、南非共和国、斯威士兰、莱索托、马达加斯加、科摩罗、毛里求斯。

4）东亚及太平洋地区主要国家

东亚及太平洋地区指亚洲东部、东南部及太平洋西南部，包括中国、日本、韩国、朝鲜、菲律宾、马来西亚、新加坡、印度尼西亚、泰国、越南、老挝、柬埔寨、澳大利亚、新西兰等国在内的广大地区。

5）中东主要国家

中东主要国家包括:巴林、伊朗、伊拉克、以色列、约旦、科威特、黎巴嫩、阿曼、卡塔尔、沙特阿拉伯、叙利亚、阿拉伯联合酋长国、也门、巴勒斯坦、塞浦路斯和土耳其。

6）南亚主要国家

南亚:指从喜马拉雅山脉中、西段以南,到印度洋之间的广大地区。北部有尼泊尔、不丹两个内陆国,中部有印度、巴基斯坦、孟加拉国三个临海国,南部印度洋上有斯里兰卡、马尔代夫两个岛国。

2. 按国境划分旅游市场

按国境划分旅游市场,一般分为国内旅游市场和国际旅游市场。国内旅游市场是指接待本国居民在国境线范围内的旅游市场。国际旅游市场是指旅游活动超出国境范围的市场。国际旅游市场又可进一步划分为出境旅游市场和入境旅游市场。一般旅游经济统计数据会常用到这个划分标准。截至 2019 年,我国国内旅游人数超过 60 亿人次,出境旅游人数超过 1.55 亿人次,入境旅游人数超过 1.45 亿人次。

3. 按旅游消费划分旅游市场

按旅游者的实际消费水平,可将旅游市场划分为高档旅游市场、中档旅游市场和经济档旅游市场。

在现实生活中,由于人们的收入、职业、年龄和社会地位等多种因素的影响,人们的旅游需求和旅游消费水平会呈现出很大差别。通常,高档旅游市场的主体是少数社会上层人士,他们有丰厚的收入,价格不是他们所考虑的主要因素,在满足旅游目的的同时也处处期望显示出与众不同的身份和地位,所以尽管高档旅游市场的规模有限,但其高额的消费支出对经营者具有很大的吸引力。

4. 按旅游目的划分旅游市场

按旅游目的的不同,可以划分出各种专项旅游市场。旅游内容和形式的多样化是当代旅游业的一大特点。在 20 世纪 50 年代以前的传统旅游市场中,根据旅游目的可将旅游市场划分为如观光旅游市场、度假旅游市场、宗教旅游市场等。自 20 世纪 50 年代以来,除了以上的传统旅游市场,又出现了一些新兴的旅游市场,如乡村旅游市场、修学旅游市场、邮轮旅游市场、科普旅游市场、养生旅游市场、康疗旅游市场等。

5. 按旅游组织形式划分旅游市场

按旅游组织形式的不同,可将旅游市场划分为团体旅游市场和散客旅游市场。团体旅游和散客旅游是两种基本的旅游组织形式。

团体旅游也叫团体包价旅游,其特点是旅游者在出发前参加一个旅游团体,并向旅行社交付此次旅游所需费用,然后由旅游目的地旅行社负责安排旅游团的全部活动。团体旅游的优点是操作简单易行,节省时间,安全系数大,语言障碍少。然而,团体旅游的缺点是不能很好地满足旅游者个人的特殊兴趣和爱好。

散客旅游是指单个或自愿结伴的旅游者,按照其兴趣、爱好自主进行的旅游活动。散客旅游的优点是高度灵活,能最大限度地满足旅游者个人的兴趣与爱好,其缺点是散客旅游所购买的各单项服务的价格较高。

6. 按人口统计因素划分旅游市场

之所以根据人口统计因素如年龄、性别、种族、宗教、收入、人数、国籍、职业、社会阶层、受教育程度等来划分旅游市场，是因为这些因素与旅游者的偏好与需求息息相关。例如，根据年龄可分为中老年旅游市场和青年旅游市场，中老年人由于身体健康状况和体力等原因，对旅游节奏较慢且旅行方式舒适的旅游产品较为青睐，而探险旅游等刺激性和挑战性较强的项目则更受青年人的欢迎。这种划分可使旅游企业准确把握每一细分市场旅游者的特点和与众不同的需求来开发和推销不同的产品。

第三节　全球旅游市场

旅游业早在 20 世纪 90 年代初就已发展成为超过石油工业、汽车工业的世界第一大产业，也是世界经济中持续高速稳定增长的重要战略性、支柱性、综合性产业。近年来，相对稳定的和平环境、高速发展的社会经济以及突飞猛进的科学技术，促进了世界旅游业的快速发展。在世界经济全球化和一体化的作用下，旅游业已经进入飞速发展的黄金时代。

本书认为推动全球旅游业迅速发展的关键因素有以下三个。

(1) 各国经济快速增长及与其相关的国民收入稳步提高，使人们有能力支付价格不菲的旅游旅行费用。例如，在欧洲，一个月收入 4000—6000 欧元的中等收入家庭，可非常容易地到亚洲、非洲旅行。每人每次旅行的平均费用大约为 2000 欧元，低于月收入。现在欧美地区有些家庭每年出境旅游已成为习惯。

(2) 交通运输技术的巨大进步，使长途旅行发生了革命性的变化，大大缩短了国家与国家之间的距离，使“地球村”的理念成为现实。其中特别值得一提的是，宽体喷气式飞机的发明、家用小汽车的普及和高速铁路的广泛运用，为旅行提供了极大的便利。

(3) 劳动生产率的大幅提高和人权、民生状况的不断改善，使人们可以有大量的闲暇时间用于外出旅游。以法国为例，从 1919 年起每周法定劳动时间为 48 小时，1936 年起减为 40 小时，2000 年起实行每周 35 小时工作制；除了每年法定的节假日，一年带薪假期 1936 年是 2 周，1956 年增加到 3 周，1968 年是 4 周，1981 年起增加到 5 周。也就是说，法国人每年大约有 5 个月不用工作。北欧的一些国家也是大同小异。休闲度假已成为现代社会人们的重要生活方式，休闲经济成为经济社会发展的重要经济形态。

一、全球旅游市场发展现状

近代旅游的开端是 1841 年托马斯·库克组织大批人到洛赫巴勒参加禁酒大会，从那时起，全球旅游业的发展虽然也有波动，但总体上呈现高速增长态势。两次世界大战之后，也就是从 20 世纪 40 年代开始，全球旅游市场呈现繁荣的景象。

(一)全球旅游市场逐渐分化

纵观近几十年来全球旅游市场的发展，我们很容易发现全球旅游市场在逐步出现分化，呈现“三足鼎立”新格局。由于各国各地区政治、经济、历史以及旅游资源状况等诸多因素的差异，旅游业发展水平也呈现明显的地域性差异。以往，从旅游目的地的区域板块划分来看，欧洲和北美洲长期以来一直是世界上较受欢迎的两大旅游胜地，是全球旅游市场的“双雄”。但近年来，情况正发生变化。经济全球化和区域经济一体化的进程深刻地影响着世界旅游业的发展轨迹，也打破了原有的旅游市场格局。国际旅游者对于旅游目的地的选择出现多样化，东亚及太平洋地区已经成为人们会选择的排名第三的目的地，从而形成欧洲、北美洲、东亚及太平洋地区“三足鼎立”的新格局。

（二）全球旅游市场由单纯观光向度假娱乐过渡

传统的旅游活动是以参观名胜古迹，游览山水风光为主。近年来，人们的旅游活动越来越个性化，除了一般的参观游览，主要转变为通过旅游达到休息和娱乐的目的。由于出国旅游已逐渐成为一种生活方式，越来越多的旅游者已不满足于在各个旅游点之间长途跋涉、走马观花、疲于奔波的单一观光旅游方式。在未来的旅游市场中，观光旅游虽不会完全失去市场，但将从主体地位退而成为旅游项目的一个组成部分。在国际旅游市场中，如度假旅游等非观光型旅游已经盛行，并取代观光旅游成为国际旅游市场的主体。因此，休闲娱乐旅游将会是未来旅游业发展的潮流。

从世界旅游业发展来看，休闲娱乐旅游的发展历程已经走过了半个多世纪。随着世界各国经济的发展和生活水平的提高，众多旅游者的旅游目的也从传统的开阔眼界、增长见识向通过旅游使身心得到放松休息、陶冶情操等转变，休闲娱乐旅游活动成为现代人生活的重要组成部分。随着旅游者中度假人数比例的不断增大，现在休闲娱乐旅游已经成为重要的市场方向，世界旅游强国在很大程度上都是休闲娱乐度假旅游比较发达的国家。而海岛度假、滨海旅游则是旅游业的一大支柱，在一些国家和地区成为主要的经济收入来源，如在百慕大、巴哈马、开曼群岛、新加坡，旅游业收入占其国民收入的50%以上。目前，地中海沿岸、加勒比地区、波罗的海及大西洋沿岸的海滨、海滩都是极负盛名的旅游度假胜地。

（三）全球旅游客源由集中走向分散

长期以来，欧洲和北美既是国际旅游的两大客源市场，又是国际旅游市场的两大传统接待市场。这两个地区作为现代国际旅游的发源地，其出国旅游人数几乎占国际旅游总人数的3/4。目前，世界上重要的客源国中，除亚太地区的日本和澳大利亚外，其余大都集中在欧洲和北美洲，其中德国和美国两个国家的国际旅游消费总支出占比较大。在20世纪80年代以前，它们几乎垄断了国际旅游市场。20世纪80年代后，随着东欧、南美洲、非洲许多国家经济实力的不断增强，直接影响各地区国际旅游客源的产生、发展和转移。随着其他各大洲旅游业的发展，世界旅游客源市场畸形集中的局面逐渐发生变化。亚洲、非洲、南美洲和大洋洲等地区旅游业发展较快，特别是发展中国家和地区经济的持续增长，使这些国家和地区的居民去邻国旅游的人数迅速增加，其正逐渐取代传统的旅游客源国，而成为国际旅游的重要市场，客源市场分布格局开始由集中走向分散，区域性国际旅游得到快速发展，世界各个地区的旅游市场份额出现新的格局。

（四）全球旅游客流由集中走向分散

随着全球经济重心逐渐从欧美地区转移到亚太地区，国际旅游市场的重心也相应东移，亚太地区逐渐成为国际旅游市场的“热点”区域。

在东亚及太平洋地区，以及具有丰富海滩资源的泰国、印度尼西亚等东南亚国家和地区逐渐成为旅游者热衷的目标。而主要吸引商务和购物客人的城市型旅游地如中国香港和中国台湾地区，以及新加坡、韩国将会在度假旅游浪潮中失去一部分市场。如今，夏威夷群岛、中国海南地区，以及泰国基本已经取代了中国香港地区，以及新加坡、印度尼西亚，并成为东亚及太平洋地区的热门旅游度假目的地。国际客流的流向由区域集中逐渐趋于分散，洲际旅游也迅速兴起。

二、全球旅游市场发展趋势

（一）度假旅游将成为世界旅游业的主流产品和重要支柱

在未来的旅游市场中，观光型旅游并不会完全失去市场，但在传统的旅游客源国中度假旅游将更加盛行，并将逐步取代观光旅游成为国际旅游的主体。度假旅游产品、专项旅游产品、个性化旅游产品将是发展的主流。一些旅游度假胜地，如地中海沿岸、加勒比地区仍将是国际旅游者集中的旅游胜地。东亚及太平洋地区，以及具有丰富海滩资源的东南亚地区逐渐成为旅游者青睐的目的地。

（二）旅游产品市场将更加细分化

全球旅游市场进一步细分化。未来旅游者的旅游目的越来越个性化，旅游机构也越来越重视从更深层次开发人们的旅游消费需求，旅游市场更加细化，旅游产品更加丰富多彩。除传统的观光旅游、度假旅游和商务旅游这三大主导项目和产品外，特殊旅游、专题旅游更有发展潜力，如宗教旅游、探险旅游、考古旅游、修学旅游、蜜月旅游、民族风俗旅游等，将会形成特色突出的旅游细分化市场。观光、度假、商务三大传统旅游项目也将进一步升级。观光旅游在中低收入国家仍将占据主导地位，并逐步普及化、大众化，但在高收入国家的市场则会逐步萎缩。度假旅游方面，彰显区域文化特色和以生态、绿色、低碳的自然资源环境为支撑的这两类度假胜地，将成为旅游市场的主流产品。商务旅游方面，则会随着世界经济多极化和经济增长中心、商务热点转移而出现多极化、多元化，欧洲、北美洲等传统商务旅游重点目的地的地位一时还难以撼动，但也会增加东亚、中东以及新兴经济体等新的商务旅游热点地区。

（三）“银色市场”不断扩大

按照世界现行的标准，一个国家老年人口数超过总人口数的7%即为老年型国家，而这个比例的国家近年来一直在增加。西方主要客源国大都成了老年型国家，其中英国、德国、瑞士等国家老年人口数已超过总人口数的14%。现代的老年人群是一个有钱、有闲、健康、活跃的群体，他们退休后开始了人生的“第二春”，对异国的古老传统文化比年轻人也更感兴趣，对旅游休闲度假也更有兴趣。“银色市场”越来越被各旅游接待国所重视，“银色市场”将成为重要的旅游市场。

（四）区域旅游市场势头不减

由于地缘和文化的原因，对大部分国家来说，邻近市场仍将是本国旅游客源的主体市场。区域经济一体化以其“地利”“人和”的优势，推动区域旅游业以更快的速度增长。东南亚地区逐渐成为世界滨海游乐业蓬勃发展的区域之一。

(五)旅游目的地将更加注重切身体验和感受

随着世界各地旅游设施的建立健全,世界性预订服务网络的普及完善,以及旅游市场安全越来越被世界各国所重视,散客旅游将越来越方便。在追求个性化的浪潮下,旅游者将更加注重追求那些富有活力、情趣、具有鲜明特点的旅游市场,喜欢那些轻松活泼、丰富多彩、寓游于乐、游娱结合的旅游方式,亲身体验当地居民的生活,直接感受异国的民族文化风情,通过参与和交流得到感情的慰藉和心灵的洗涤。

第四节　中国旅游市场

国内旅游市场是指旅游活动在一国范围内进行,旅游者为本国居民。国内旅游市场的特征是:

(1) 旅游者是本国居民,使用同一货币支付各种旅游开支,可以自由地进行旅游,不需要办理大量繁杂的手续,因此,国内旅游市场自发性、随意性较强。

(2) 国内旅游市场客源是从经济发达地区流向经济欠发达地区,从旅游资源贫乏地区流向旅游资源丰富地区。

(3) 相对于国际旅游市场而言,国内旅游市场整体消费水平较低,旅游者逗留时间较短。

国内旅游市场是旅游市场的重要组成部分,中国旅游市场是在改革开放以后逐渐培育起来的,20 世纪 90 年代开始呈现迅猛发展的势头。国内旅游需求的发展是我国国民经济持续快速发展、人民生活水平不断提高的体现和必然结果,是我国对旅游业的经济性有了正确认识、国家产业政策大力扶持、我国劳动制度改革以及实施双休日和黄金周假期等多因素共同作用的必然结果,是社会进步的重要标志。1985 年,我国国内旅游人数仅为 2.4 亿人次,国内旅游收入为 80 亿元;2019 年,我国国内旅游人数超过 60 亿人次,国内旅游收入 5.73 万亿元,国内出境旅游人数超过 1.55 亿人次,入境旅游人数超过 1.45 亿人次。

一、中国旅游市场发展现状

(一)中国已步入大众旅游时代

2016 年的“两会”让往年并不显山露水的旅游行业成为人们热议的话题。从政府工作报告中李克强总理第一次将旅游产业作为拉动内需的重要基础,到众多代表委员涵盖旅游各细分市场的提案建议,也许我们还不能马上享受到各项政策带来的红利,但可以预见的是,一个“大众旅游时代”正悄然向我们走来。

(1) 李克强总理指出:

需求侧结构——要落实带薪休假制度。

供给侧结构——加强旅游交通、景区景点、自驾车营地等设施建设。

市场环境——规范旅游市场秩序。

目的——迎接正在兴起的大众旅游时代。

(2) 大众旅游时代的主要特征:

① 旅游消费的大众化、常态化。

② 旅游就业和创业的大众化。

③ 对旅游市场、旅游产品、旅游话题的关注社会化。

④ (互联网、高铁等)大众科技与旅游结合日益紧密。

⑤ 旅游投资的大众化。

⑥ 在国内旅游大众化之后,出境旅游业迅速大众化。

大众旅游,简单来说就是旅游从仅为少数人的奢侈消费成为大众消费。现如今,居民出游的普遍化、常态化成为旅游业最大的特色,旅游真的是从“旧时王谢堂前燕”,已经“飞入寻常百姓家”。据文化和旅游部发布的信息,2019 年,我国国内旅游人数达到 60.06 亿人次,相当于全国人口每年旅游约 4 次,国内旅游收入 5.73 万亿元,出境旅游人数 1.55 亿人次。目前,我国国内游和出境游人次、国内旅游消费、境外旅游消费均列世界第一。资本对旅游业的看好同样说明了问题,2014 年全国旅游直接投资 7053 亿元,同比增长 32%;2015 年,我国旅游投资首次突破 1 万亿元,同比增长 42%。

(二)中国已成为世界第一大出境旅游消费国

中国旅游从单一入境旅游发展成为出入境旅游并重格局。从入境市场看,中国已经是世界第三大旅游入境接待国。1978 年,入境旅游人数是 180.92 万人次,到了 2019 年,入境旅游人数达到了 1.45 亿人次,约是 1978 年的 80 倍;从出境市场看,1992 年,出境旅游人数仅有 298.87 万人次,到了 2014 年出境旅游人数突破 1 亿人次,到了 2019 年,更是达到 1.55 亿人次。截至 2014 年,中国公民出境旅游目的地已经扩大到 151 个国家和地区,成为世界重要的旅游客源地,引起了世界各国的广泛关注。

(三)中国旅游市场已成为全球游客到访量较大的国家之一

2015 年到访中国的游客数量达到 5690 万人。据世界旅游组织统计,位居第一的为法国,访问量达 8630 万人,紧随其后的美国和西班牙 2015 年分别接待了 7790 万人和 6810 万人,紧随中国排在第五位的意大利则接待了 5080 万名游客。由此可见,中国旅游市场已成为全球游客到访量较大的国家之一。

(四)中国已成为全球规模最大的客源市场

继 2012 年之后,中国连续几年都是全球旅游规模最大的客源市场。2013 年,中国出境旅游人数超过 9800 万人次,境外消费 1020 亿美元;2015 年,我国出境旅游人数超过 1.2 亿人次,境外消费 2150 亿美元。从数据可以看出,中国出境游市场火爆,每年增幅显著。

二、中国旅游市场发展趋势

(一)旅游将成假期生活首选

随着国民生活水平的提高和旅游行业高歌猛进式的发展,旅游消费早已不是少数人才能接触的高端消费,而是走向大众,成为居民常态化的生活选择。

根据国内相关数据显示,从 1985 年到 2014 年,我国国内旅游人数由 2.4 亿人次增长到 36.11 亿人次,增长约 15 倍,旅游出游率由 23%增长到 265%,增长约 12 倍,旅游已成为我国居民日常性的消费活动。未来游客人数将持续增长,越来越多的居民将会把旅游作为假期生活的首选。

(二)多重利好造就境外旅游热

从2015年开始,为了吸引中国游客,日本、韩国、泰国、英国、新西兰、印度尼西亚、澳大利亚等国家进一步放宽了对华签证政策。同时,"一带一路"倡议的实施等也将进一步提升境外旅游热度。

(三)国内旅游景区将唱响主题战

国内旅游市场发展到今天,过去同质化、粗放式和单一式的旅游产品模式早已难以满足当今旅游者的需求。同时面对境外旅游的逐步开放,国内旅游景点面临的挑战也在加剧。为了吸引国内旅游者的目光,提高旅游产品的竞争力,景区正在走向主题化、品牌化的道路。

据数据显示,2015年国内旅游目的地的前三甲分别为厦门、丽江及三亚。未来,国内旅游景区将加深主题化趋势,亲子游、蜜月游、游学游、影视游、消暑游等主题依然受宠,景区差异化竞争将在主题化方面愈加明显。

(四)自由行将成年轻人出游的首选

根据业内相关统计数据显示,近年我国旅游市场每年都在高速增长,其中自由行人数每年增长达30%,而传统组团游增速为15%,且有增速放缓的趋势。出境游自由行的比例更高,达到70%以上。未来自由行将成为年轻人出游的首选,私人定制模式将引爆市场。

随着"80后""90后"消费能力逐渐提高,他们日益成长为旅游大军的中坚力量。这使得旅游人群呈现出年轻化的特点,旅游市场散客化、自由行趋势更加明显。同时,自由行产品对年轻人有着天然的吸引力,更容易满足年轻人对旅游多样化的需求。

此外,自由行的发展将有可能带来私人定制模式的火爆。私人定制具有自由、深度、私人化的特点,能够充分考虑到旅游者的需求,是对自由行的进一步升级。私人定制模式不仅能让旅游者感受到旅行当中更多的乐趣,同时也能对旅游行业本身起到推动和促进的作用。

(五)线上旅游消费将继续渗透

在"互联网+"的影响下,传统产业互联网化的趋势日益明显。在线旅游作为旅游行业互联网化的先锋队,近年来保持着强劲的发展势头。根据业内相关数据显示,2015年上半年,我国在线旅游总交易规模为1654.8亿元,同比增长35.6%。2015年上半年在线旅游渗透率为8.9%,互联网旅游产业仍有较大的发展空间。

未来,线上旅游消费将继续渗透,在线旅游行业将保持增长态势。同时,旅游行业线上线下融合的趋势将继续加强。伴随着互联网的发展,旅游者对线上购买线下体验模式的认同度越来越高,而且线上平台还能记录、分享其旅游体验。旅游产业加速线上线下融合的趋势,将对提升旅游产业的服务品质有促进作用。

(六)"非标准住宿"将迎来爆发期

长期以来,国内旅游的基本产品形态是"景+酒","景"提供了异地化环节,"酒"提供了本地生活环节。但近年来客栈民宿、短租公寓、长租公寓的兴起,打破了传统酒店一统"酒"领域的单一格局。

2015 年 11 月，颁发的《国务院办公厅关于加快发展生活性服务业促进消费结构升级的指导意见》中明确表示要积极发展客栈民宿、短租公寓、长租公寓。此意见的出台，让一直徘徊在法律边缘的非标准住宿得以扶正。

未来，非标准住宿将迎来爆发期。在旅游人数增长的环境下，传统酒店已难以满足消费者的不同需求，非标准住宿的发展则填补这块空白。

（七）休闲度假游将成市场焦点

2015 年 8 月发布的《国务院办公厅关于进一步促进旅游投资和消费的若干意见》中明确提出要优化休假安排，激发旅游消费需求。随后，河北、江西、重庆、广州、甘肃等地纷纷出台实施细则，落实职工带薪休假制度，鼓励弹性作息、错峰休假，刺激旅游消费需求。

未来将有更多省份出台带薪休假细则，实行 2.5 天休假制度将刺激大众休闲度假游的需求，带动休闲度假游的发展。既然在线旅游标品市场格局已定，非标品的休闲旅游市场就有很大发展空间。而且休闲度假旅游产品作为旅游体验的核心部分，对旅游品质要求较高，其细分品类和组合方式更加多样，如近年来走红的邮轮旅游产品。

（八）市场下沉及消费升级助行业稳固发展

根据携程发布的《2019 国民旅游消费报告》显示，旅游消费人群开始向分布更为广泛的三四线城市扩散。其中，泰安、张家界、义乌等城市消费潜力持续释放，2019 年人均消费同比增长 50%以上。相关数据显示，2019 年三线以下城市出境游人次同比增长超 60%，增长幅度大于一线和二线城市。同时，文化和旅游消费更趋日常化，引导了人们消费习惯的升级，也推动了旅游消费的进步。中国旅游研究院和上海创图公共文化和休闲联合实验室联合开展的文化消费专项调查研究结果显示，90%的调查者认为文化消费是生活必需品，84%的调查者参与过文化活动，40%的调查者体验过人文旅游景点和历史文化街区。文化消费中，夜间文化消费发展动力强劲，调查结果显示，2019 年下半年周末夜间文化消费占周末全天的 40%。

2019 年年底爆发的疫情对旅游业产生了巨大的影响，2020 年上半年，我国国内旅游人数为 11.68 亿人次，同比下降 62%，国内旅游收入为 0.64 万亿元，同比下降 77%。但是，近年来我国旅游市场下沉为旅游消费的持续增长提供了动力，同时，文化和旅游消费更趋日常化，引导了人们消费习惯的升级，也推动了旅游消费的进步，这些现象都能在一定程度上缓解疫情对整个行业的负面影响。但疫情同时也给旅游业带来了改变。一方面，疫情推动了旅游业的智慧化发展，“无人服务”“智能导览”和“数据监测”等项目成为各大景区智慧化建设的基本要求。另一方面，疫情也改变了旅游者的消费行为，无接触度假、近郊游成为近两年的热点。

第五节　旅游市场营销

旅游市场营销作为市场营销的一个分支，具备其一般内涵。因此，全面理解市场营销的内涵，有助于我们更加科学地制定旅游市场营销策略。

市场营销，又称为市场学、市场行销或行销学。MBA（工商管理硕士）、EMBA（高级管理人员工商管理硕士)等经典商管课程均将市场营销作为对管理者进行管理和教育的重要模块。市场营销是在创造、沟通、传播和交换产品中,为顾客、客户、合作伙伴以及整个社会带来价值的活动、过程和体系。市场营销主要是指营销人员针对市场开展经营活动、销售行为的过程。

美国市场营销协会对市场营销的定义是:在创造、沟通、传播和交换产品中,为顾客、客户、合作伙伴以及整个社会带来价值的一系列活动、过程和体系。

旅游企业开展旅游营销活动,必须明确旅游市场营销的基本内涵,掌握旅游市场营销概念的实质,并学会根据旅游营销环境恰当地运用旅游市场营销概念。

一、旅游市场营销的概念

旅游市场营销来源于英文"Tourism Marketing"一词。与一般市场营销一样,不能把旅游市场营销理解为推销和销售。旅游市场营销的目的是使促销成为多余之举,是力求充分地理解旅游者的需要从而使产品和服务能适合这种需要并自动销售出去。

旅游市场营销是以满足旅游需求和实现企业目标为目的,以实现旅游产品交换为核心的营销管理活动,是管理旅游需求、平衡旅游产品供求的过程,是市场营销在旅游业中的应用与发展。

旅游市场营销是市场营销的一个分支,具备市场营销的一般内涵。旅游市场营销是指以了解旅游者的需求为起点,通过交换提供满足旅游者需求的产品和服务的管理过程。这一概念包括三个方面的基本内涵。

(1) 旅游市场营销以交换为中心。

旅游市场营销的职能发生了改变,从旅游产品推销的单一职能变为以市场交换为中心、以旅游者的需求为导向来协调各种旅游经济活动,通过提供有形产品和无形服务使旅游者满意来实现旅游企业的经济和社会目标。

(2) 旅游市场营销是一个动态过程。

其主要包括分析、计划、执行、反馈和控制,更多地体现旅游经济个体的管理功能,是对旅游营销资源的管理。

(3) 旅游市场营销活动的范围扩大。

一方面,体现在旅游市场营销的主体包括所有旅游经济个体,上到高层管理者、下到每一个员工;另一方面,旅游市场营销的客体包括对有形实物和无形服务的营销,以及旅游企业由此所发生的一切营销行为。旅游市场营销活动从单一的流通领域扩大到产前、生产、流通和售后四个领域,从单一的产品推销和交换活动扩大到旅游企业的综合循环活动的各个领域,如图 7-4 所示。

与其他领域市场营销相比,旅游市场营销有明显的不同特点,主要表现如下。

(1) 服务性。

除具体的旅游商品外,在产权不发生转移的前提下,提供旅游产品其实就是提供一种服务,旅游者不仅看重服务设施的质量,更看重旅游过程中整体的服务品质,看重服务带来的体验度、舒适度和愉悦度。

(2) 参与性。

旅游市场中,旅游产品的生产和供给与旅游者的消费行为存在着时间和空间上的重合,

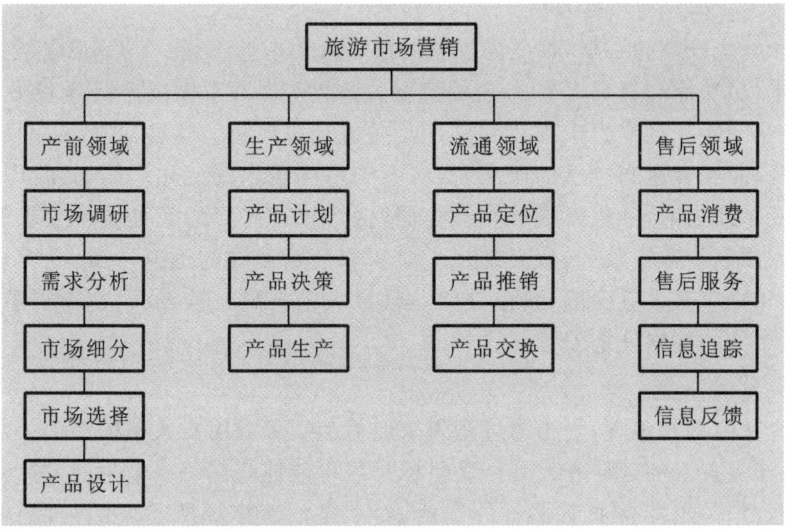

图 7-4　旅游市场营销基本内涵示意图

旅游市场营销事实上也是一个旅游者阶段性参与的动态过程。因此，如何保持与旅游者及时的互动，成为旅游市场营销工作的一项重要内容。

（3）时间性。

旅游市场有很强的季节性和时间性，旅游产品是一种不可贮存和转移的产品。同时，旅游产品的生产设施、设备、劳动力能够以实物的形态存在，但它们只是一种生产能力而非旅游产品本身，如果不能在时间上准确把握、及时满足旅游者的消费需求，意味着生产能力的浪费和营销工作的失败。

（4）全程性。

旅游产品本身具有的特性，使得其在旅游市场营销工作中，不可能像其他领域一样把产品直接展示在旅游者面前进行推销，而是必须把营销工作贯穿在开发设计、形象宣传、生产销售、服务保障一系列环节中。

二、旅游市场营销观念的发展

旅游市场营销观念，又称旅游市场营销理念或旅游市场营销管理哲学，是旅游企业从事旅游市场营销活动的指导思想和思维方式。

（一）生产者导向的市场营销观念

生产者导向的市场营销观念的基本内涵是以产定销，先产后销，重产轻销，以产品生产和推销为中心。

1. 生产观念

生产观念又称制造观念，是指导市场卖方行为的较古老的哲学观念之一。生产观念认为，消费者喜欢那些买得到和买得起的产品，企业的主要任务是改进生产技术、优化劳动组织、提高劳动效率、降低成本、增加销售量。在“五一”和“十一”期间，许多酒店、旅行社和景区景点因接待人数暴增而怠慢甚至粗鲁地对待旅游者，是典型的生产观念问题。

2. 产品观念

产品观念与生产观念一样，都是内视型的市场营销指导思想。产品观念认为，消费者喜欢购买高质量、多功能和具有某种特色的产品，企业应致力于提高产品质量并不断改进产品。因此，企业的任务是致力于制造优良产品并常加以改进。这些企业认为只要产品好就会顾客盈门，因而经常迷恋自己的产品，而看不到市场需求的变化。例如，我国的铁路部门在 20 世纪 90 年代之前，一直以“铁老大”自居，认为旅客需要的就是供不应求的火车，而不是安全、快捷、便利的运输服务，从而忽视了航空和公路运输的迅速发展，旅客很快被飞机、大巴、出租车和私家车大量分流，致使铁路运营量大幅下降，“铁老大”也不得不重新审视市场，做出抢占市场的战略计划安排。

3. 推销观念

推销观念又称销售观念，是指通过销售来促使消费者或用户大量购买的一种指导思想，是生产观念、产品观念的延伸和发展。其目标是尽可能地获得每一笔生意，并不介意销售后消费者的满意度；是甩掉企业所拥有的东西，而不是创造市场所需要的东西。比如航空公司、饭店、旅行社或景区等在生意冷清时往往忙于促销宣传，通过加大广告宣传力度和增加折扣把产品或服务销售给顾客，而不是分析生意冷清的原因，设法改进产品和服务以适应变化了的市场需求。

（二）消费者导向的市场营销观念

消费者导向的市场营销观念的基本内涵是以销定产，先销后产，产销平衡，以满足消费者的需求为中心。

1. 市场营销观念

市场营销观念，又称市场营销导向或消费者导向。这种观念认为，要达到企业目标，关键在于确定目标市场的需求与欲望，并比竞争者更有效能和效率地满足消费者的需求。例如，旅游景区为旅游者提供合理的旅游线路、景点介绍、地理位置、自然资源、民俗风情、人文景观、相关旅游设施介绍等信息；旅行社根据旅游者的不同要求制定不同层次、不同内容的旅游线路；饭店除为消费者提供必要的物质服务外，还考虑提供文化服务，营造浓厚的文化氛围，创建良好的文化环境等。

2. 社会市场营销观念

社会市场营销观念是 20 世纪 80 年代后提出的新的营销理论。这一理论认为，企业的任务是确定目标市场需求、欲求和利益，并且在保持和增进消费者及社会福利的情况下，比竞争者更有效率地使目标顾客满意。这不仅要求企业满足目标顾客的需求与欲望，而且要考虑消费者及社会的长远利益，即将企业自身利益、消费者利益与社会公众利益有机地结合起来，如图 7-5 所示。实施社会市场营销观念的餐馆会追求一种对环境更有利的生产方式，并生产出更有营养价值的食品。聪明的餐馆经营者会在公众发出呼吁和法律予以强制之前自觉地这样做。景点开发商不仅要考虑最初的工程建设对环境的影响，而且要考虑垃圾处理的方式和用水情况对环境的影响。地球环境的恶化使市场营销人员必须对社会更加负责。

（三）国际市场业务导向的市场营销观念

在市场国际化、全球化、竞争激烈化的大背景下，企业不应该停留在传统的市场营销观

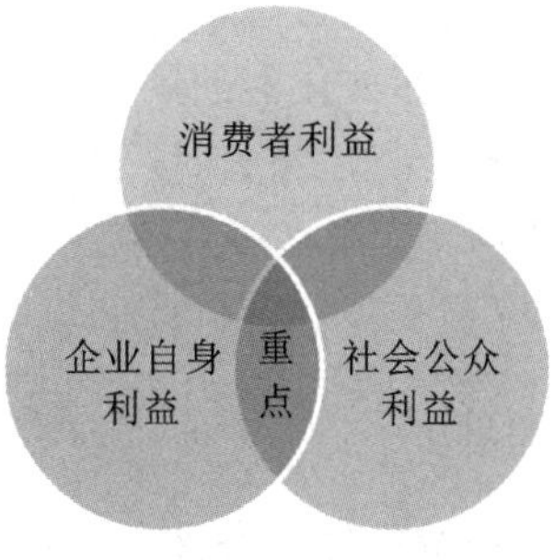

图 7-5　社会市场营销观念示意图

念上，要以国际市场需求的变动为导向，树立全新的旅游市场营销观念，吸引不同地区的旅游者前来游览、休闲、度假、食宿等，因地、因时和因人制定旅游市场营销战略和营销策略。

1. 国内市场延伸观念

国内市场延伸观念是企业力图将在国内销售的旅游产品销售给国外消费者。以这一观念指导旅游市场营销企业把开拓国际市场看作第二位的业务，是国内市场业务的延伸，其主要目的是解决生产能力过剩而出现的国内市场销售问题，企业采取与国内市场相同的销售方式将旅游产品销售给国外消费者。以与国内市场需求相似的国外市场为国际目标市场，使产品更容易被市场接受，并以最小的成本获得最大的目标利润。

2. 国别市场营销观念

在国际市场业务不断扩大，企业意识到海外市场的重要性、差异性及海外业务的重要性时，旅游企业的国际市场业务导向可能会转变为国别市场策略。以国别市场营销观念为国际市场营销导向的旅游企业，高度意识到不同国家的消费者需求大不相同，需要对每一个国家的市场制订几乎独立的市场营销计划，针对每一个国家分别采取不同的旅游营销策略，包括旅游产品品种和档次、服务方式和水平、产品价格和折扣、销售渠道和促销方式等。

3. 全球市场营销观念

全球营销与传统的多国营销不同，旅游企业在全球性的营销活动中通过创造标准化产品引导消费需求，可以进一步取得竞争优势。随着科技的进步，交通通信的发展，各国之间交往日益频繁，世界经济一体化趋势进一步加强，全球在众多方面具有越来越多的共同性，各国市场之间的需求也越来越具有相似性。就某些旅游产品和酒店服务项目而言，各国市场之间的差异性甚至将完全消失。企业要想在激烈的竞争中赢得生存和发展，就必须以世界市场为导向，采取全球市场营销战略。

以全球市场营销观念为指导的跨国企业通常称为全球公司，其营销活动是全球性的，市场范围是整体世界市场。实施全球市场营销策略的企业追求规模效益，开发具有可靠质量的标准化产品，以适中的价格销往全球市场，即采用相同的市场营销组合，以近乎相同的方式满足市场需求和欲望。全球市场营销观念把整个世界市场视为一个整体，把具有相似需求的潜在旅游者群体归入一个全球细分市场，只要成本低、文化上可行，就可将产品标准化，制订标准化的市场营销计划，通过统一布局与协调，从而获得全球性竞争优势。但这并不意味着全球任何一个国家的市场营销策略没有一点区别，企业的全球营销计划包括标准化的产品和因地而异的广告；或采用标准化的广告宣传主题，但根据不同国家和地区的不同文化背景做一些形式上的调整；也可能采用标准化的品牌和形象，调整产品和服务满足特定国家旅游者的需求，等等。比如文化、艺术、探险、旅行、度假、求学和就医等类别的旅游产品和服务需求非常适合开展全球性营销活动。全球化是一种观念，一种寻求市场共性，实行跨地区或跨国标准化的营销方式。

三、旅游市场营销的主要内容

旅游市场营销的主要内容包括旅游市场营销环境分析、旅游者购买行为分析、旅游目标市场选择与市场定位、旅游市场营销策略制定以及旅游市场营销战略的具体应用。

（一）旅游市场营销环境分析

旅游市场营销环境包括企业所处的政治、经济形势和政府政策等宏观环境，以及旅游者、竞争者和公众等微观环境，这些都是旅游企业制定营销战略的客观依据。

（二）旅游者购买行为分析

消费者行为研究是市场营销研究中必不可少的内容，通过对旅游者购买行为的分析，为企业的营销活动提供指导。

（三）旅游目标市场选择与市场定位

在准确了解市场信息的基础上进行市场细分，选择旅游目标市场，并进行准确的市场定位，这是制定营销策略的基础工作。

（四）旅游市场营销策略制定

旅游市场营销策略包括产品策略、定价策略、分销渠道策略和促销策略，是旅游市场营销的重要内容。

（五）旅游市场营销战略的具体应用

旅游市场营销战略在旅行社、饭店、景区等旅游企业的具体应用。

四、旅游市场营销战略

从旅游市场营销的主要内容就能看出，旅游市场营销战略的制定和实施是非常重要的内容。

战略是一种从全局考虑谋划实现全局目标的规划。实现战略胜利，往往要牺牲部分利益。战略是一种长远的规划，是远大的目标。往往战略规划，战略制定，实现战略目标所需的时间是比较长的。其中，营销战略是很重要的一部分内容。市场营销战略是指企业在现代市场营销观念的指导下，为实现其经营目标，对一定时期内市场营销发展的总体设想和规划。市场营销战略是企业管理与运营过程中不可或缺的一部分。

旅游市场营销战略不是企业营销战略分析在旅游行业的简单应用，由于旅游产品和旅游需求的特殊性，旅游市场营销战略具有更丰富的内涵。从微观角度看，旅游市场营销战略即旅游企业依据外部营销环境和内部优势、劣势的变化情况，对未来较长时间内整个营销活动的预定目标及行动方案的总体构想，具有全局性、风险性、机遇性、适应性、稳定性、长期性、系统性、权威性的特点，如图 7-6 所示。

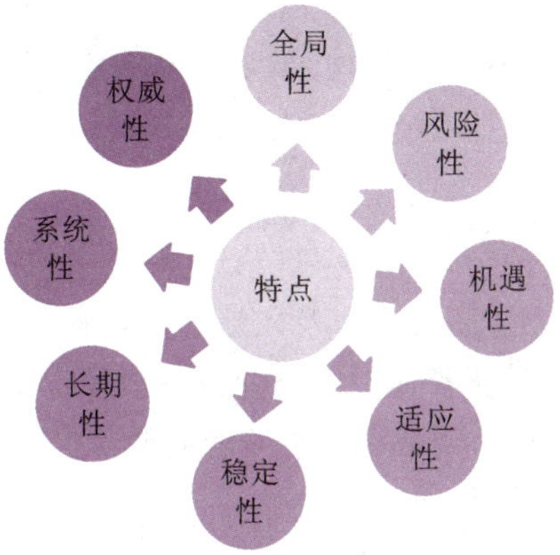

图 7-6　旅游市场营销战略的特点

旅游企业制定营销战略的目的是动态地适应市场环境的变化，并充分利用每次市场机会，保证营销活动的有效性。从不同角度来分析，旅游企业可选择的营销战略模式有很多。

市场营销战略在企业经营中作为一种重要的战略，其主旨是提高企业营销资源的利用效率，使企业资源的利用效率最大化。企业在制定具体的营销战略之前，首先要解决的问题是企业在市场中处于何种地位，应该在哪些领域活动，经营范围如何选择及资源如何合理配置。企业要根据其使命选择参与竞争的业务领域，合理配置资源，使各项业务经营相互支持、协调，即制定企业的总体战略。

总体来说，一个成熟的市场包括市场领导者、市场挑战者、市场追随者、市场补缺（利基）者，当旅游企业在市场上处于不同的地位时，采取的战略也有所不同。

（一）市场领导者战略

市场领导者指占有最大的市场份额，在价格变化、新产品研发、分销渠道建设和促销战略等方面对本行业其他企业起着领导作用的企业。市场领导者为了维持自身优势，保住主导地位，通常会采取以下几种做法。

（1）尽量扩大市场总需求（做大“蛋糕”）。

（2）维持现有市场份额。

（3）进一步扩大市场份额。

（二）市场防御型战略

在一个竞争性的市场上，所有的企业都会受到来自其他企业的挑战。市场上的进攻性行动既可以来自行业的新进入者，也可以来自那些寻求改善现有地位的既有企业。防御型战略的目的是降低被攻击的风险，减弱任何已有的竞争性行动所产生的影响，影响挑战者从而使他们的行动瞄准其他竞争对手。虽然防御型战略通常不会提高企业的竞争优势，但是它有助于提升企业的竞争地位，捍卫企业最有价值的资源和能力不被模仿，维护企业已有的竞争优势。

防御型战略的适用条件如下。

（1）宏观经济严重不景气、通货膨胀严重、消费者购买力很弱。

(2)企业的产品已进入衰退期,市场需求大幅度下降,企业没有做好新产品的投入准备。

(3)企业受到强有力的竞争对手的挑战,难以抵挡。

(4)企业的高层领导者缺乏对市场需求变化的敏感性,面对危机束手无策,被动地采取防御型战略;企业高层领导者面对困境,主动地选择前景良好的经营领域,进行投资,实施有秩序的资源转移。

(三)市场挑战者战略

市场挑战者是指在行业中占据第二位及以后位次,有能力对市场竞争者和其他竞争者采取攻击行动,希望夺取市场领导者地位的企业。一般情况下实施市场挑战者战略的企业会首先确定战略目标和挑战对象,挑战市场主导者或是与自己实力相当者,还有些情况下也会选择地方性小企业作为挑战对象。

实施此战略的企业有五种战略(见图 7-7)可供选择:正面进攻、侧翼进攻、包围进攻、迂回进攻、游击进攻。

(1)正面进攻。集中全力向对手的主要市场阵地发动进攻,即进攻对手的强项而不是弱点。

(2)侧翼进攻。集中优势力量攻击对手的弱点。

(3)包围进攻。这是一种全方位、大规模的进攻战略,挑战者拥有优于对手的资源。

(4)迂回进攻。这是一种间接的进攻战略,即完全避开对手的现有阵地而迂回进攻。具体办法有三种:一是发展无关的产品、实行产品多角化;二是以现有产品进入新地区的市场,实行市场多角化;三是发展新技术、新产品,取代现有产品。

(5)游击进攻。这是一种主要适用于规模较小、力量较弱的企业的战略。

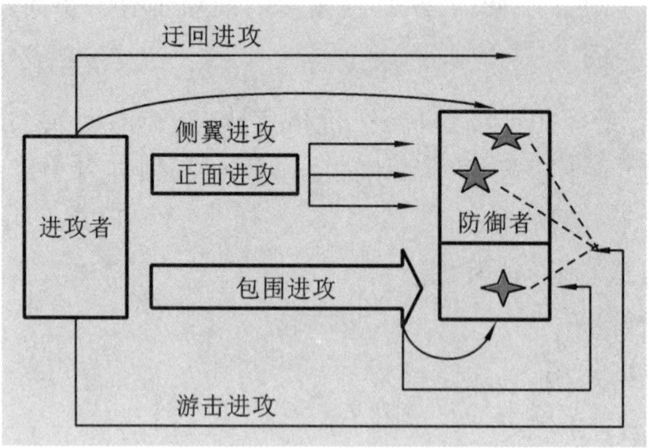

图 7-7 市场挑战者战略

(四)市场追随者战略

市场追随者战略如图 7-8 所示。

仿制者:复制领导者的产品和包装,在黑市上销售或卖给名誉不好的经销商。

紧跟者:模仿领导者的产品和广告等。

模仿者:在某些事情上仿效领导者,但在包装、广告、价格等方面又有所不同。

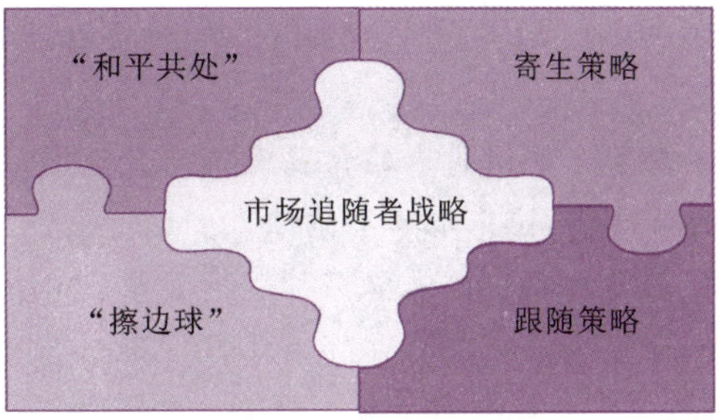

图 7-8　市场追随者战略

改变者:接受领导者的产品,并改变或改进它们。

本章小结

旅游市场的定义:从经济学角度讲,它是旅游产品供求双方交换关系的总和,有三个必备条件,即主体买方和卖方、双方共同认可的交易条件、客体可供交换的商品;从地理学角度讲,旅游市场是旅游经济活动的中心,属一般商品市场范畴,具有商品市场的基本特征。

旅游市场的构成要素:资源状况、旅游者、旅游购买力、旅游者愿望、旅游购买权利。

旅游市场的特点:复杂性、季节性、结构性、系统性、异地性。

旅游市场细分的定义:旅游企业根据旅游人群之间的不同旅游需求或者是旅游者的特点,把一个整体的旅游市场划分为两个或两个以上的旅游人群,从中选择自己目标市场的方法。

全球旅游市场发展趋势:度假旅游将成为世界旅游业的主流产品和重要支柱;旅游产品市场将更加细分化;“银色市场”不断扩大;区域旅游市场势头不减;旅游目的地将更加注重切身体验和感受。

中国旅游市场发展趋势:旅游将成假期生活首选;多重利好将造境外旅游热;国内旅游景区将唱响主题战;自由行将成年轻人出游的首选;线上旅游消费将继续渗透;“非标准住宿”将迎来爆发期;休闲度假游将成市场焦点;市场下沉及消费升级助行业稳固发展。

旅游市场营销定义:是以满足旅游需求和实现企业目标为目的,以实现旅游产品交换为核心的营销管理活动,是管理旅游需求、平衡旅游产品供求的过程,是市场营销在旅游业中的应用与发展。

旅游市场营销的特点:服务性、参与性、时间性、全程性。

旅游市场营销战略的特点:全局性、风险性、机遇性、适应性、稳定性、长期性、系统性、权威性。

思考与练习

1. 你认为大部分商家了解消费者的需要吗？为什么？
2. 旅游企业要打开市场，应采取哪些方法？
3. 新开发的乡村旅游产品应该采取哪种市场营销战略？

案例分析

“神六”发射地成旅游热点

随着“神六”的发射成功，位于阿拉善盟境内的东风航天城（酒泉卫星发射中心）成为旅游热点，国内一些旅行社纷纷看好这项旅游业务。近日，温州市一家旅行社就打出了航天城旅游牌，推出到东风航天城旅游的新线路。

根据旅行社的线路安排，酒泉与嘉峪关、敦煌、乌鲁木齐等组合成一个7日游线路。酒泉被安排在行程的第二天，届时将可以参观发射基地的历史展览馆、聂荣臻元帅墓和为了祖国的航天事业而长眠在这里的烈士们的陵园。旅游者还可以近距离观看并接触发射过“神二”“神三”的2号发射架、东方红卫星发射场、火箭搭配车间等。

为了突出航天旅游的特点，旅行社还会给首发团的旅游者每人赠送一个火箭模型。据介绍，该7日游线路的报价为5180元/人。

（资料来源：根据相关资料整理。）

问题：

旅行社应开发哪些旅游产品？选择哪些目标顾客？树立怎样的旅游市场营销观念？

第八章

旅游形象

学习引导

随着旅游业的发展，旅游形象的地位与作用日益突出，旅游形象已经成为影响旅游者选择旅游目的地的重要因素之一。旅游地要想在激烈的市场竞争中取得胜利必须整合旅游资源，塑造与传播具有鲜明个性的形象。形象塑造是取得控制点的关键。本章主要介绍旅游形象的概念和特点，探讨旅游形象的定位，分析旅游形象设计，并对旅游形象的营销进行介绍。

学习重点

通过本章学习，重点掌握以下知识要点：

- 旅游形象的概念及特点
- 旅游形象定位的方法
- 旅游形象设计的内容和程序
- 旅游形象营销的方法

核心概念

旅游形象 Traveling Destination Image　旅游形象定位 Tourism Positioning　旅游形象设计 Tourism Image Design　旅游形象营销 Marketing of Tourism Image　旅游公共关系 Tourism Public Relations

第一节　旅游形象的概念及特点

一、旅游形象的概念

"形象"(Image)一词在西方经济学中被定义为一种抽象的概念，它包含着过去存留的印象、声誉，以及同事之间的评价，蕴含着使用者的期望。旅游形象，也称为旅游地形象、旅游目的地形象、旅游者感知形象等。到目前为止，学术界关于旅游形象还没有一个确切的定义，综合起来，主要可以从旅游地和旅游者两个层面来给旅游形象下定义。从旅游地层面来讲，旅游形象是指旅游地对本身的各种要素资源进行整合提炼，有选择性地对旅游者进行传播的意念要素，是旅游地自身的主观愿望，是旅游地希望旅游者获得并形成的印象，一般称为旅游地形象。从旅游者层面来讲，旅游形象是指旅游者通过各种传播媒介或者实地经历所获得的旅游地各种要素资源所形成的意念要素的集合，是旅游地的客观形象在旅游者心中的反映，一般称为旅游者感知形象。①

小到一个人，大到一个城市、一个国家，都有形象。一个人的形象反映了这个人的本质、修养、气质等特征。城市形象反映城市的自然环境、历史文化、经济水平和地域人文特征；国家形象反映国家的自然环境、历史文化、社会制度、经济发展水平以及综合国力等特征。旅游资源丰富的国家或地区往往具有鲜明的旅游地形象。提起云南，人们就会想起多彩的民族风情；提起海南，人们就会联想到大海、沙滩、椰子树；谈起西班牙，人们就会想起阳光灿烂的黄金海岸、充满激情的斗牛表演和节奏欢快的弗拉门戈。鲜明的旅游形象，是旅游地吸引旅游者前来旅游的重要因素。

二、旅游形象的特点

（一）综合性

旅游业是综合性产业，涉及传统的食、住、行、游、购、娱六大旅游基本要素和新的商、养、学、闲、情、奇六大旅游发展要素，每一方面都会影响旅游者的旅游体验及旅游感知形象的形成。如果没有高素质的旅游从业者提供良好的服务，再好的旅游资源和设施也不会给旅游者留下良好的印象。旅游发展取决于旅游地整体的形象、整体的活力及其由此而形成的综合吸引力。

（二）相对稳定性

旅游形象一旦树立，便会在旅游者心中产生印象。在较短的时间内，旅游地留给旅游者的印象不会轻易改变。

（三）长期动态性

具有相对稳定性并不意味着旅游形象永远不会发生改变。一方面，由于旅游地具有生

---

① 乌铁红．国内旅游形象研究述评[J]．内蒙古大学学报(人文社会科学版)，2006(2)．

命周期，当旅游地处于不同生命周期阶段的时候，为了吸引旅游者的关注，旅游地需要设计相应的旅游形象。另一方面，良好旅游形象形成后，如果旅游地不加强旅游形象的后期管理，不注重旅游环境的保护、旅游设施的维护，以及服务质量下滑等，旅游地的形象也会随之被破坏。例如，云南丽江古城是滇藏茶马古道上的一个历史重镇，由于具有悠久的历史、美丽的自然风光和独特的纳西文化，曾经一度成为深受国内外旅游者青睐的旅游目的地。但是，由于后期管理不善，发生了出租车宰客、古城商铺罢市、低俗文化泛滥等事件，严重影响了丽江古城的良好形象，其旅游业发展受到很大影响。

三、旅游形象分类

根据不同的标准和角度，旅游形象可以有多种划分方法。旅游形象划分是旅游形象研究和设计的重要环节。

（一）总体形象和局部形象

按照形象包含的内容，旅游形象可分为总体形象和局部形象。总体形象是指社会公众对旅游地、旅游企业、旅游设施等总的看法和印象。局部形象也称特殊形象，是指根据旅游地的某些特色资源，针对某类旅游市场所设计形成的形象。局部形象是总体形象的基础。

（二）实际形象和期望形象

按照形象的现实性，旅游形象可分为实际形象和期望形象。实际形象是指公众普遍认可的旅游形象，是旅游地的旅游资源、旅游设施和旅游服务等在公众中的投影、反映。旅游形象的设计与塑造必须以实际形象为基础。期望形象是指旅游地、旅游企业等自己所期望在公众心中建立的形象。期望形象是旅游地和旅游企业的奋斗目标，是形象塑造的努力方向。一般来说，自我期望形象要求越高，旅游地和旅游企业所付出的努力就越大。

（三）真实形象和虚假形象

按照形象是否符合实际情况，旅游形象可分为真实形象和虚假形象。真实形象是指旅游地留给公众的符合实际的旅游形象。虚假形象则是一种失真的旅游形象，往往是由于信息传递失真而造成的。旅游地和旅游企业要通过多种渠道，主动发布有关旅游地的真实信息，尽量缩小旅游者购买前和购买后的感知形象差异。

（四）有形形象和无形形象

按照形象存在方式，旅游形象可分为有形形象和无形形象。有形形象是指能通过视觉、听觉、嗅觉、触觉等感觉器官直接感受到的旅游形象。旅游地优美的自然风光、沧桑的历史古迹、好听的歌曲、美味的食品、良好的基础设施，以及旅游从业者优质的旅游服务等，构成了有形旅游形象。无形旅游形象则是建立在有形旅游形象的基础上，通过旅游者的记忆、思维等心理活动在人脑中升华而得到的形象，它主要体现的是旅游地、旅游企业的内在精神，不是用眼观察到的，而是用心“感受”得到的。

（五）本底感知形象、决策感知形象和实地感知形象

按照旅游决策和旅游经历，旅游形象可分为本底感知形象、决策感知形象和实地感知形象。本底感知形象和决策感知形象属于间接感知形象，实地感知形象属于直接感知形象。

本底感知形象是人们在长期的学习、生活和交往中形成的关于某一旅游地及其自然景观的整体认识。本底感知形象的形成受多种因素影响，学校、家庭、社会、中小学课本、大众传播信息等都会影响旅游者本底感知形象的形成。决策感知形象是旅游者在产生旅游动机之后，通过主动收集关于目的地的旅游信息并经加工整理而形成的旅游形象。决策感知形象对旅游者的旅游决策具有关键影响。旅游者的闲暇时间、旅游地与客源地的距离、旅游花费、旅游资源、旅游服务水平、服务设施、政治经济社会环境、安全性等因素，都会影响旅游者决策感知形象的形成。实地感知形象是旅游者在整个旅游活动中通过视觉、听觉、味觉和嗅觉等感觉器官和知觉过程形成的对旅游地的印象和总体评价。实地感知形象会影响旅游者的旅游满意程度，并通过口碑效应对潜在旅游者产生影响。

（六）正面形象和负面形象

按照公众的评价态度，旅游形象可分为正面形象和负面形象。旅游者通过间接了解或者直接经验而对旅游地形成的正面印象和评价，是旅游地的正面形象；反之，则是负面形象。具有正面形象的旅游地会对旅游者产生吸引力，而负面形象则会让旅游者避而远之。努力树立正面形象，防止负面形象的产生是旅游地和旅游企业在形象设计和传播过程中需重点考虑的问题。

了解旅游形象分类，有助于加深对旅游地形象本质和特性的认识，做好旅游地形象设计工作。

第二节　旅游形象定位

旅游形象定位是通过对旅游地旅游发展的全面的形象化表述，提出旅游形象的核心内容，即总体形象。旅游形象定位是对旅游地资源及旅游产品特色的高度概括，既要体现地方性，又要给旅游者以遐想，引发出行的欲望，同时还要简洁、凝练。

一、旅游形象定位的原则

（一）市场导向原则

旅游形象设计和定位的最终目的是吸引旅游者前来旅游。旅游地形象只有符合市场需求才能与旅游者或潜在旅游者产生共鸣，从而产生旅游动机。旅游地进行形象定位不仅要以旅游地资源为基础，还要对目标市场的需求状况和旅游者的购买偏好进行调研，以市场为导向，将旅游形象定位在合适的位置。

（二）突出优势原则

有的旅游地可能同时具有多种良好的资源，如果不能进行优化整合，“眉毛胡子一把抓”，就有可能形成什么都好，但什么都不突出的情况。例如，我国著名的北方城市哈尔滨，自然资源丰富，人文景观众多，每个季节都有不同的特色。但是，与国内其他同级别的城市相比，哈尔滨最突出的资源还是“冰雪”，因此“冰城”的旅游形象打造对旅游者具有很大吸引力。尤其是“冰城”二字，集中突出了哈尔滨的冰雪资源特色，使得哈尔滨和俄罗斯的雅库茨克一起，成为世界上著名的两个冰雪城市。

当旅游地同时具有多种优势时，要挑选最突出、最与众不同的优势进行打造，让其他优势围绕它散发光芒，而不能遮挡和削弱它的光芒。

（三）观念超前原则

在激烈的旅游市场竞争中，理念领先是很重要的领先。在进行旅游形象的设计和定位时，一定要充分发挥创造性思维，超前定位，敢为人先，抢占“第一”。例如，美国的迪士尼乐园是世界主题公园的鼻祖，其经营理念和设计理念的超前性，至今无人能超越。

（四）个性专有原则

由于旅游形象具有遮蔽效应，相邻的两个旅游地在进行形象定位时，应该避开同一个定位点，否则会失去个性，降低旅游地的吸引力，并且容易导致激烈的竞争。应该坚持个性专有原则，突出特色，做到“人无我有、人有我特、人特我新”。旅游形象首先应是与众不同的，只有这样才能产生心理学上的优先效应。因为消费者的选择决策过程多以印象最深刻的事物或信息为依据，所以鲜明的、个性化的旅游形象在这里起着第一印象的作用。如果促成消费者“形象＝产品”的对应观念，那么此时的形象就不仅仅是一种标志，而成为该旅游地或其产品的代名词。

（五）多重定位原则

多重定位是根据旅游形象的总体形象和局部形象进行的定位。一个区域的总体形象定位为主定位，主定位下的局部地区根据各自的特色和优势进行局部形象定位，即为多重定位。多重定位要既注意局部形象定位，又应该以主定位为基础，围绕主定位进行。例如，“美丽中国”是我国对外的总体旅游形象，其他各个省份又根据各自的特色进行定位，如“灵秀湖北”“七彩云南”“多彩贵州”等，既突出自己的特色，又符合“美丽中国”的总体形象定位。

二、旅游形象定位的方法

（一）领先定位法

领先定位法也称为超强定位法、争雄定位法，是指将旅游地按照某种标准进行分类，然后使本旅游地定位在同类旅游地处于领先位置的方法。领先定位法一般适用于旅游资源特色突出，甚至具有垄断性旅游资源的旅游地。例如，北京的长城、西安的兵马俑、巴黎的埃菲尔铁塔等都是具有唯一性的旅游资源，都可以采用领先定位法。没有世界级旅游资源的旅游地则可以通过挖掘旅游地的文化内涵，寻找具备“第一”的资源要素。

（二）比附定位法

比附定位也称近强定位、借势定位，即承认现有旅游地的领先地位，并借助于现有旅游地的知名度和美誉度，通过对比联想的方式进行形象定位。比附的对象往往是旅游者心中形象最好的同类产品。例如，我国苏州将旅游形象定位为“中国威尼斯”，就可以让外国旅游者想象出苏州以“水”文化为主的旅游特色；“东方日内瓦”（大理），突出了大理优美的湖光山色；“东方直布罗陀”（马六甲海峡），则突出了马六甲海峡的重要战略意义；“东方夏威夷”（海南），让旅游者马上想到夏威夷的热带海岛风光，从而能够在较短的时间内记住这一新的旅游地。

（三）逆向定位法

逆向定位法是基于逆向思维的一种定位方法，是借助于现有著名旅游地或旅游景点，设计与其相反或对立的旅游形象，让旅游者能够通过逆向思维，记住旅游地。逆向定位法成功的关键是既找到与众不同的切入点，又能迎合消费者的观念，即所谓"意料之外，情理之中"。比如"北有兵马俑，南有恐龙谷"，即采用的是逆向定位法。

（四）空隙定位法

空隙定位是寻找现有旅游形象的空白，设计不同于现有各地旅游形象的新的形象。这是一种要对现有各类旅游形象进行调查、分析，找出现有旅游市场不存在、又能引起旅游者的关注，同时符合旅游地特色形象的定位方法。空隙定位法比较适合于新出现的旅游景点或旅游地，要重点突出旅游景点或旅游地鲜明的特征。

（五）重新定位法

旅游形象定位并不是一成不变的，随着社会的发展，旅游的竞争环境和旅游者的消费心理、旅游需求都会发生变化，旅游地自身也处在变化发展当中。因此，旅游地也必须在考察旅游发展趋势和竞争环境、旅游消费心理和消费需求，以及旅游地自身的发展情况后，对形象定位做出相应的更新。

重新定位也称为再定位，是旅游形象设计者根据旅游地的新变化，对原有旅游形象进行更新和改变的定位策略，体现了旅游形象设计的创新性和动态性。旅游形象的重新定位要符合旅游产品的生命周期规律，使传统的旅游地焕发新的生命力，保持对旅游者的吸引力。

（六）差异定位法

差异定位是指旅游地确定一个区别于其他旅游地的旅游形象卖点和市场位置，使旅游地在旅游者的心中占据一个特殊的位置。

好的旅游形象定位应该具备两个最基本的特点：一是鲜明的独特性，二是深刻的沟通性。识别性主要强调的是对目标受众注意力的吸引和目标受众对旅游地突出印象的形成。沟通性则强调的是其特色定位要能被目标受众在心智上所真正认同和喜爱，即特色定位要能真正实现与市场的沟通、与旅游者心灵的沟通，这也正是旅游地形象定位目标的根本所在。沟通的本质在于文化的识别与交流，因此，旅游地的形象定位必须抓住地方文化之"根基"、特殊氛围之"灵魂"，并将其作为其个性设计基础。[①]

第三节　旅游形象设计

从广义上说，设计是指为了达到某一特定的目的，从构思到建立一个切实可行的实施方案，并用明确的手段表示出来的系列行为。形象设计是人类的一种思索、探求和创造。旅游

① 黄河．城市旅游形象策划实践应用效果不佳的原因探析[J]．生产力研究，2009(14)．

形象设计是通过对旅游地历史文化传统和文化底蕴的挖掘，对旅游地人文性格的提炼和区域精神品格的塑造，对生态环境的整治和高质量生活环境的预期，对经济实力的增强和经济活力的显现等，以市场为导向，确定形象识别符号、传播方式与范围的系列行为和过程。当一个良好的旅游地形象设计形成之时，展现在人们面前的是人类智慧、想象力和创造力的结晶。

旅游形象是影响旅游者选择旅游地的重要因素，旅游形象设计可以为旅游地带来巨大的经济效益和社会效益。良好的旅游形象可以大大提升旅游地吸引力，增强旅游地市场竞争力。

一、CIS 理论介绍

旅游形象设计一般采用 CIS 理论进行运作。“CIS”是英文词组“Corporate Identity System”的缩写，翻译过来就是“企业形象设计系统”，是企业运用独特、鲜明、简洁而富有深刻意义的标识，将企业的内在活力和外在实力通过媒体向企业内外宣扬，用以表达本企业与其他企业的差异，从而使消费者对本企业及企业产品有清楚、准确的辨识，并达到促销产品和服务等目的。

企业形象设计最早源于第一次世界大战前德国 AEG 电器公司的产品视觉标识设计。直到第二次世界大战后企业形象识别才从单纯的视觉识别转变为统一、系统的企业形象识别。

20 世纪 50 年代初，美国 IBM 公司最早成功地进行了企业形象识别系统设计。

CIS 理论的内容包括三个部分，分别是理念识别系统（MIS）、行为识别系统（BIS）和视觉识别系统（VIS）。理念识别系统是企业区别于其他企业的企业精神、经营方针、经营宗旨、价值观等内容。行为识别系统是企业在经营理念指导下设计企业行为的个性特色，使公众易于从行为特点上识别本企业，从而树立企业形象的企业识别行为。视觉识别系统以理念系统为指导，通过点、线、面、字、色彩等构成要素来反映和表现理念。CIS 理论的三个组成部分之间各有特定的内容，但又相互联系、相互制约、共同作用。

企业形象设计系统在企业运作中的广泛使用及取得的成功，引起旅游业界和学界的关注，并将 CIS 理论引入旅游形象设计过程。与企业形象设计系统相比，旅游形象设计系统有自身的特点。

在理念识别方面，旅游形象设计需要通过剖析旅游产品和旅游市场需求的特点，制定旅游地、旅游企业的发展方向、发展目标，明确旅游地、旅游企业的经营理念，确定旅游产品的类别、品位和市场定位，从而形成对旅游产品准确而清晰的认识，建立表达和传播旅游产品的主题和宣传口号。

在行为识别方面，其主要包含两个部分：一部分是内部行为识别，主要是针对旅游地、旅游企业等的内部管理，包括建立完善的组织管理制度，做好员工的教育工作，营造良好的工作环境；另一部分是外部行为识别，主要指旅游地对外宣传、对外促销等活动，行为对象是广大的社会公众，目的是加强旅游地、旅游企业的推销力度。

在视觉识别方面，由于观赏景致、获得视觉享受是旅游者从事旅游活动最基本、最重要的动机，因此，在旅游形象的视觉设计和策划中，视觉识别系统的重要性更加突出。自然景观和历史文化景观是"天生"的，本身就有的，它们给旅游者的视觉形象是固有的。但是现代经营者仍然可以有所作为，可通过整治环境，选择合适的观赏路线、位置，利用现代技术手段，增强其视觉效果，进而达到对自然景观和历史文化景观的视觉形象进行再造、重塑的目的。对于现代旅游景观和动态项目，旅游业经营者在建设和经营管理过程中，不仅要考虑一般意义上的视觉形象识别的基本要素和应用要素，更要强调旅游形象视觉效果的整体设计和策划。①

此外，与一般企业不同的是，由于旅游业的特殊性，影响旅游形象的因素除了理念、行为视觉识别，又提出了听觉识别。在旅游环境中，各种要素综合地作用于旅游者的感官并触景生情，产生心理感应，最终加工形成旅游地形象。设计者需要进行全方位的考虑，从各个方面刺激旅游者的感官，从而形成对旅游地的良好印象。例如，藏族歌曲作为西藏音乐的代表，数量众多，流行度高，曲风特色鲜明，为旅游者了解西藏开辟了一条捷径，有利于西藏知名度和美誉度的提高。②

二、旅游形象设计的程序

完整的旅游形象设计实践，一般应包括六个步骤：旅游地情况调查、旅游地形象要素分析、旅游地形象定位设计、旅游地形象要素设计、旅游地形象传播设计、旅游地形象评价与管理。

（一）旅游地情况调查

旅游形象设计的第一步是要全面深入地了解旅游地的情况，了解旅游地的自然资源、人文资源及客源市场。调查内容的选取要注意覆盖全面，同时体现重点；要既有宏观层面的东西，又有微观层面的东西。

（二）旅游地形象要素分析

在旅游地情况调查及客源市场调查的基础上，进行旅游地形象要素分析。影响旅游地形象构成的要素主要包括内部和外部两类因素。内部因素主要是根据旅游地旅游资源的价值和特色进行旅游形象的提炼和概括，即旅游地的期待形象。外部因素是对旅游地市场形象的分析。通过舆论调查和民意测验，了解旅游地和旅游企业在公众中的知名度和美誉度，即旅游地的实际形象，并分析形成现有形象的原因。通过形象差距分析，找出存在的问题，为旅游地形象的定位设计做好铺垫。

（三）旅游地形象定位设计

形象定位是形象设计中最重要的一环。在明确旅游地的资源价值和特色，发现并确认问题及原因后，结合市场需要，通过一定的形象定位方法，确定自己的位置，进行总体旅游形象和局部旅游形象的定位，并用简洁明了、通俗易记的语言表达出来。

（四）旅游地形象要素设计

结合 CIS 理论，进行旅游地旅游形象要素系统设计。

---

① 陆林，章锦河. 旅游形象设计[M]. 合肥：安徽教育出版社，2002.

② 朱竑，韩亚林，陈晓亮. 藏族歌曲对西藏旅游地形象感知的影响[J]. 地理学报，2010(8).

1. 理念识别设计

理念识别设计决定了旅游地独具特色的经营理念，是旅游形象的核心。理念识别设计包括旅游组织的使命设计、经营观念等。旅游地应该制定出反映旅游地理念、显示旅游地使命、经营观念和行为规章的口号，以鼓励全体员工为树立旅游地良好的形象而不懈努力。

2. 行为识别设计

行为识别是一种动态识别方式，是以理念识别为核心和基础，指导旅游组织行为的个性特色，使公众易于从行为特点上识别旅游组织。旅游行为识别设计是支撑旅游形象系统的第二大支柱。

旅游行为识别系统的内容设计主要分为对内、对外两大部分。对内行为识别系统设计主要包括旅游组织的经营管理行为，旅游地对从业人员的教育、奖惩活动、沟通与行为规范、旅游地文化活动策划等。对外行为识别设计主要包括市场营销行为和公共关系行为。对外行为识别即通过合适的方式、手段和策略，为旅游者提供合适的产品或服务，提高旅游者满意度，并通过与政府、媒体、社区等相关公众的沟通，树立旅游地和旅游企业的良好形象。

3. 视觉识别设计

视觉识别是旅游者形成对旅游地和旅游企业第一印象的起点，是借助外显的识别符号和视觉的传播系统，将旅游地经营理念和价值观有计划、有组织，并准确、快捷地向公众传达出去的各种传递形式，能系统化、直观化地表达形象特征。

旅游地视觉识别设计内容如表 8-1 所示。

表 8-1 旅游地视觉识别设计内容

基本要素	旅游地名称、旅游地标徽、旅游地标准字体、旅游地标准色、旅游地象征性吉祥物
应用要素	旅游地服务人员的服饰、旅游商品、旅游交通工具、旅游户外广告、办公及相关用品、招牌旗帜及标志牌、展示展览

4. 听觉识别设计

听觉识别设计即专门设计包含旅游地元素的歌曲、乐曲或声音，通过音乐或声音的传播，增强旅游地的识别力。听觉识别设计要求设计者结合旅游资源特色，设计能体现地方文化和精神内涵的音乐或声音。比如歌曲《北京欢迎你》，体现了北京人的热情好客；《一个美丽的地方》则突出了西双版纳的美丽景色。

（五）旅游地形象传播设计

为更有效地传播旅游地形象，激发人们的旅游动机，旅游地还应该选择适当的传播媒介和传播方式，针对目标公众进行信息传播，可以选择的媒介有报纸、杂志等纸质媒介，广播、电视、网络等电子媒介，以及录音、电话、会议会谈等语言类传播媒介。选择媒介时要考虑传播对象的特点，传播的内容和信息传播者的经济条件，选择合适的媒介。旅游地形象传播设计还要考虑信息传播时机，提高形象传播的有效性。结合旅游产品特点，可以考虑在节假日前后集中向目标公众传递关于旅游地的形象信息。旅游企业周年庆典、区域重大节事活动等也是进行旅游形象传播的良好时机。

（六）旅游地形象评价与管理

旅游形象设计并不是一劳永逸的事情，在一段时间后需要对现有的旅游形象进行评价。如果现有旅游形象不符合旅游地的特点和旅游者的需求，不能产生预期的效果，则需要对现有旅游形象进行更新设计。旅游形象管理也是旅游形象设计的重要环节。旅游地必须加强对旅游设施设备的后期管理和维护，注意环境保护，维护旅游者和社区居民的利益，确保不出现安全事故，并通过各种途径不断进行旅游形象的传播，只有这样才能维持旅游地的良好形象。近年来，部分5A级景区被摘牌或警告就是因为后期管理不善，导致形象下滑。

第四节　旅游形象营销

良好的旅游形象设计必须要配以合适的营销才能对旅游者产生更大的吸引力。正确运用营销战略是决定旅游地能否以鲜明的形象提升竞争实力，获得竞争优势地位的关键。旅游形象营销策略包括旅游形象广告、旅游营业推广、旅游人员推销、旅游公共关系、新媒体营销等。

一、旅游形象广告

（一）旅游形象广告的含义

广告是广告主体借助大众传媒传递商品或服务信息的一种付费的信息传播方式。按广告主体、媒体、信息内容的不同，可以划分为许多不同类型。旅游形象广告是旅游地或旅游景区为了对本地的旅游资源进行宣传，通过对本地的自然、人文资源进行概括和加工，提炼出一个精致并足以体现本地特色的宣传材料，以树立本地的旅游形象和品牌，吸引更多的人前来观光、旅游、经商，从而实现带动本地经济发展的目的。旅游广告是人们认识和了解旅游地、旅游企业的重要信息渠道。消除人们对旅游地、旅游企业的陌生感，甚至心理隔阂，建立熟悉感和认同感，帮助人们克服某些保守的认知惯性是旅游广告的重要功能。

（二）旅游形象广告的作用

1. 提高旅游地认知度

认知度是指社会公众对旅游地或旅游企业的知晓与了解的程度。认知度反映旅游地社会影响的深度和广度。由于大众媒体具有受众面广的特点，旅游地或旅游企业通过大众媒体进行形象广告的推广，可以提高旅游地的认知度。

2. 增强旅游地美誉度

美誉度是指社会公众对旅游地的赞美和喜爱程度。旅游地的美誉度越高，说明旅游地的旅游形象越好。美誉度反映旅游形象的好坏，是旅游形象设计追求的目标。旅游地以优美的自然风光和人文风情为基础，结合市场需求，设计符合公众需求的形象广告，可以增强公众对旅游地的喜爱程度，提高旅游地美誉度。

3. 促进购买

成功的旅游形象广告在增加旅游地知名度和美誉度之后，会激发公众的旅游动机，促进公众的购买行为。

(三)旅游形象广告策划的注意事项

1. 真实性

旅游形象广告的制作必须以旅游地旅游资源和旅游产品为基础,确保公众获得真实的信息。虚假的形象广告会增加旅游者购买后的疑虑,从而降低旅游者满意度,影响旅游地美誉度。

2. 简洁性

在信息时代,太多的信息让受众应接不暇。旅游形象广告要想吸引受众的注意力并使人记住旅游地,其内容必须简洁明了、主题突出。例如,“拜水都江堰,问道青城山”“好客山东欢迎您”等旅游形象广告都具有简洁性的特点。

3. 一致性

旅游地不同部门和旅游企业在进行局部旅游形象推广时必须要确保一致性,突出旅游形象的主题和特色。各自为政的旅游形象广告不利于旅游地整体形象的形成和推广。

4. 形象性

与一般的商业广告不同,旅游形象广告不直接宣传商品而主要宣传旅游形象、旅游组织经营理念、社会责任等内容。“百闻不如一见”,以旅游地最有特色的旅游符号为背景的精美旅游广告可以给受众留下深刻的印象,从而提高形象广告的成功率。

二、旅游营业推广

(一)旅游营业推广的含义

旅游营业推广是指旅游地在特定时间、一定的预算内,对某一目标旅游市场所采取的能够迅速刺激购买欲望以达成交易的临时性促销措施。

(二)旅游营业推广的作用

1. 旅游营业推广可以有效加快旅游产品进入市场的进程

新开发的旅游地在投入期,旅游市场对其还缺乏了解,因此不可能对该旅游地做出积极的反馈和形成强烈的旅游动机。旅游营业推广可以在短期内为新的旅游地开辟道路,使其为市场所熟知。免费旅游、特价旅游等都是较好的旅游营业推广方法。

2. 旅游营业推广有利于更好地应对竞争

旅游营业推广是旅游市场竞争中对抗和反击竞争对手的有效武器,通过给旅游者更多的实惠,如折扣优惠、联合促销等方式,加强旅游地对旅游者的吸引力,以稳定和扩大购买群体,抵御同类或相邻旅游地的竞争。

3. 旅游营业推广有利于促进旅游地整体经济的发展

旅游营业推广可以吸引更多的旅游者前来旅游,购买旅游产品,提高旅游者重游率。由于旅游业的综合性,旅游者的到来,势必带动与旅游相关产业的消费,从而促进旅游地整体经济的发展。

(三)旅游营业推广程序

1. 旅游营业推广方案的策划

(1) 明确旅游营业推广目标。

旅游营业推广需要明确所要达到的目标并且根据目标市场类型的变化而变化。推广目标应具有灵活性,同时具有可行性和可操作性。

(2) 确定营业推广对象。

不同目标市场的客人旅游偏好可能不一样,因此在进行营业推广时,应针对不同的推广对象突出不同的旅游特色。

(3) 选择旅游营业推广方式。

确定推广目标和对象后,就需要选择实现目标的方法和手段。常见的旅游营业推广的方式主要有门票或产品优惠、赠送旅游纪念品、抽奖、发放折扣券、赠送免费旅游体验、办理会员卡等。

(4) 制定旅游营业推广方案。

旅游营业推广方案在确定目标、推广对象及推广方式之后,还应考虑推广时机、媒介选择,以及资金预算和人员配置等问题。

2. 旅游营业推广实施与控制

方案制定好后,需要认真组织实施。在营业推广方案的实施过程中,需要适时监控市场反应,及时对推广范围和强度等进行调整,并做好危机的预防和预警工作。

3. 旅游营业推广效果评估

效果评估是衡量旅游营业推广成效的必要环节。形象评估可以检验旅游营业推广目标是否可行,推广方式是否合适,是否存在浪费经费的现象,为下一次旅游营业推广提供参考依据。

三、旅游人员推销

(一)旅游人员推销的含义

旅游人员推销是通过旅游推销人员与客户直接沟通、推销达成交易的营销策略,具有灵活机动、培养情感、提供服务、双向沟通的特点。

(二)旅游人员推销的方式

1. 派员推销

派员推销是指旅游地委派专职推销人员携带旅游地资料走访客户进行旅游推销的方式。派员推销方式更适合于具体的旅游企业进行旅游产品的销售。

2. 营业推销

与传统的产品销售不同,旅游行业每一环节的每一位工作人员的行为都会影响旅游者对旅游地感知形象的好坏。因此,旅游形象的推广应该树立全员推销意识,让每一个旅游从业者都以良好的形象展现在旅游者面前,并提供高效、优质的旅游服务,打造旅游地的良好旅游形象。

3. 会议推销

会议推销是旅游推销人员通过参与各种会议对旅游地进行推广的方式，如旅游交易会、旅游洽谈会、新闻发布会等。旅游地应该积极参与各种旅游推介会，通过推销人员的现场介绍和讲解，以及视频、图片等的展示，提高旅游地的知名度。

知识活页　推广旅游品牌形象 拓宽企业合作渠道

四、旅游公共关系

旅游公共关系是指旅游地以目标公众为中心、以信息和自身形象为重点、以现代传播沟通工具为媒介，协调旅游组织和社会公众关系及旅游组织内部关系，增进了解，增强内部凝聚力，树立良好旅游形象的一种现代经营管理行为。

旅游公共关系是旅游地提高知名度和美誉度，打造良好形象的重要途径。良好的公共关系可以促进旅游组织与公众的相互了解和理解，为市场营销铺平道路；公共关系还可以使营销具有情感、艺术性，以及直接的促销功能。将旅游公共关系与市场营销相结合，是市场营销发展的趋势，可以选择的公关活动方式一般有以下几种。

（一）按活动的类型和特点来划分

1. 宣传型公关

宣传型公关一般适用于旅游地建成初期，需要迅速提升知名度，吸引公众前来旅游。宣传型公关的主要工作方法是通过各种传播媒介进行关于旅游地形象的信息传播。

2. 交际型公关

交际型公关通过人际交往进行旅游形象传播。其活动方式包括举办招待会、座谈会以及交谈、拜访、信件往来等。

3. 服务型公关

服务型公关通过给旅游者提供优质的服务来赢得旅游者的喜爱，树立良好的旅游形象。旅游业属于服务型行业，旅游从业者的服务质量对旅游地树立良好的形象具有重要影响。

4. 社会型公关

社会型公关通过参与或举办各种公益活动、赞助活动，体现旅游组织的社会责任感，获得社会好评，树立旅游地良好形象。

5. 征询型公关

征询型公关通过向社会公众征集旅游形象广告语、旅游形象徽标等方式，吸引社会公众参与旅游地形象的设计和传播。

(二)按活动的功能或目的划分

1. 建设型公关

建设型公关是在旅游地初建时期，为了给公众以良好的“第一印象”，提高旅游地社会知名度和美誉度而采用的一种模式，主要形式有举办各种庆典活动、邀请名人或旅游者代表进行采风或旅游体验、开业折价酬宾等。这种活动主要是引起公众注意，提高公众认知程度。

2. 维系型公关

维系型公关主要适用于旅游地稳定发展时期，目的是维持旅游地已有的知名度和美誉度，巩固公众对旅游地的良好印象。

3. 防御型公关

防御型公关要求预测可能出现的旅游纠纷，及时向决策部门提出改进计划，以防患于未然。

4. 矫正型公关

矫正型公关是在旅游形象遭到损害后，采取措施进行纠正以恢复良好形象的一种模式。例如，杭州千岛湖的游船遭抢劫事件、山东青岛“天价大虾”事件及海南出租车宰客事件，都极大地损害了旅游地形象，要恢复或重建旅游形象，就需要通过矫正型公关活动。

五、新媒体营销

新媒体指的是以互联网为代表的新型信息传播方式，包括网络推广、微博、微信传播等。新媒体营销是当前营销方式中成长速度最快的方式，具有成本低、速度快、影响范围广、主体主动性强等特点。

(一)自建网站

旅游地建立自己的网站，并和腾讯、百度等门户网站链接，及时、主动发布和更新与旅游地有关的信息，增强旅游地吸引力和感染力。

(二)微博、微信

越来越多的人习惯使用微博和微信来获取信息，交流沟通。可利用微博、微信，发布旅游地公关软文，开展故事营销，也可拍摄微电影，通过微信等新媒体进行情景营销。

本章小结

旅游形象包括旅游地层面和旅游者层面两个方面。从旅游地层面来讲，旅游形象是旅游地自身的主观愿望，是旅游地希望旅游者获得的印象。从旅游者层面来讲，旅游形象是旅游地的客观形象在旅游者心中的反映，一般称为旅游者感知形象。旅游形象具有综合性、相对稳定性、长期动态性的特点。根据不同的标准和角度，旅游形象可以分为总体形象和局部形象，实际形象和期望形象，真实形象和虚假形象，有形形象和无形形象，本底感知形象、决策感知形象和实地感知形象，正面形象和负面形象。

旅游形象定位是通过对旅游地旅游发展的全面的形象化表述，提出旅游形象的核心内容，即总体形象。旅游形象定位要坚持市场导向原则、突出优势原则、观念超前原则、个性专有原则、多重定位原则。旅游形象定位方法有领先定位法、比附定位法、逆向定位法、空隙定位法、重新定位法、差异定位法。

旅游形象设计可以为旅游地带来巨大的经济效益和社会效益。旅游形象设计一般引用CIS理论，包括理念识别系统(MIS)、行为识别系统(BIS)和视觉识别系统(VIS)。由于旅游业的特点，旅游形象设计系统还要加上听觉识别系统(HIS)。旅游形象设计一般应包括六个步骤：旅游地情况调查、旅游地形象要素分析、旅游地形象定位设计、旅游地形象要素设计、旅游地形象传播设计、旅游地形象评价与管理。

良好的旅游形象设计必须要配以合适的营销才能对旅游者产生更大的吸引力。旅游形象营销策略包括旅游形象广告、旅游营业推广、旅游人员推销、旅游公共关系、新媒体营销等。

思考与练习

1. 什么是旅游形象，旅游形象有哪些特点？
2. 举例说明旅游形象定位的方法。
3. 简述旅游地形象设计的过程。
4. 论述旅游形象与企业形象的异同。

案例分析

哈尔滨城市旅游形象定位

哈尔滨是中国纬度最高的特大城市和省会城市，中温带大陆性季风气候，全年平均气温3.6℃，四季分明，冬季漫长，半年可见雪。给哈尔滨城市形象定位，进而推动城市形象建设，塑造既高度现代化，又高度人性化，洋溢独特魅力的城市新形象，是哈尔滨城市建设的需要，也是哈尔滨城市旅游的需要。

一、哈尔滨城市旅游资源及其特点

（一）社会经济方面

1.东三省的旅游集散中心

哈尔滨市接待设施和旅游功能完备，高、中、低档宾馆和床位充足，拥有上万家汇聚各种风格的餐饮店和众多国际、国内旅行社及万名具有资质的导游员。旅游者可以品尝大列巴、红肠、俄式西餐和冰雪火锅、冻梨、冻柿子、黏豆包，畅饮有百年传统的哈尔滨啤酒，购买肉联红肠、秋林面包、俄罗斯套娃等特色旅游产品。哈尔滨有哈大、滨绥、滨州、滨北、拉滨五条铁路，众多直达列车，许多条国际、国内航线与国内外多座城市连接，旅游者可以非常方便地来哈尔滨旅游，又可以把哈尔滨作为中转站，选择精品旅游线路，去大庆石油城、漠河北极村、牡丹江雪乡、吉林长白山，或出境去俄罗斯旅游，感受畅通的冰雪之旅。

2.时尚前卫的现代都市

哈尔滨是我国离俄罗斯最近的省会城市，是东北地区重要的政治、经济、文化中心之一。近几年，哈尔滨经济实力不断增强，不断向国际化大都市迈进，在哈尔滨随处可见时尚的踪迹。这给城市本身增添了不少魅力，在哈尔滨的大街上，人也是一道美丽的风景线。

3.多姿多彩的避暑胜地

哈尔滨夏季气候凉爽，炎热期短，昼夜温差大，是避暑胜地，并且丰富的森林资源和水资源也为其增添了夏日的魅力。哈尔滨有众多国家级森林公园，方正原始森林公园、平山鹿苑、玉泉狩猎场、凤凰山国家森林公园、铧子山森林公园、横头山国家森林公园和亚布力国家森林公园等景区可开展森林养生度假旅游，让旅游者体验冰城暑期的凉爽酷感。太阳岛国家湿地公园、金河湾湿地植物园、伏尔加庄园省级湿地公园、白鱼泡湿地公园和呼兰河口湿地公园等“避暑休闲湿地游”胜地让风光旖旎的滨水湿地城市独具吸引力。

（二）历史文化方面

1.底蕴深厚的历史文化

哈尔滨既是我国金朝的发源地，有金上京会宁府、完颜阿骨打陵墓、北宋徽钦二帝“坐井观天”遗址等，也是中国红色旅游的发祥地之一，是马克思列宁主义传入中国的第一站，有6个景区被列入“中国百个红色旅游经典景区”，产生了许多抗联英雄，是侵华日军第731细菌部队罪证遗址，被誉为“东方奥斯维斯集中营”。哈尔滨作为中国最早的国际化都市，历史上曾有20多个国家在此设立领事馆，留下了诸多文化遗址遗迹，树立了人文城市的形象。

2.独具特色的冰雪文化

哈尔滨是地处中国最北的省会城市，开展冰雪旅游具有得天独厚的地理优势，同时也是中国冰雪文化的起源地，其城市建筑风格、市民生活习惯和性格与其悠久的冰雪文化发展史融为一体。哈尔滨的冰灯、雪雕规模在世界上是独一无二的，滑雪旅游产品在冬季占据全国大半个旅游市场，因此，哈尔滨的冰雪旅游是国内乃至国际冬季最引人瞩目的旅游产品。其中典型代表有太阳岛雪博会、兆麟公园冰灯游园会、伏尔加庄园越野滑雪、北大荒现代农业园的冰雪嘉年华、松花江上的冰雪欢乐谷、亚布力滑雪场、帽儿山滑雪场、平山神鹿滑雪场、吉华滑雪场等，哈尔滨国际冰雪节目前已成为北国风光重要的城市名片，哈尔滨国际冰雪节与日本的札幌冰雪节、加拿大的魁北克冬季狂欢节和渥太华冰雪狂欢节齐名，并称“世界四大冰雪节”。

（三）节庆风俗方面

1.丰富多彩的节庆城市

“冰城夏都”城市形象的定位，让哈尔滨城市旅游品牌清晰度更加明确，其中较有影响力的节庆有哈尔滨国际冰雪节、哈尔滨之夏国际啤酒节、哈尔滨森林音乐节和哈尔滨湿地风光节等。

2.异彩纷呈的异域风情

哈尔滨时尚、浪漫、具有异域风情、独特性强、研发价值高、发展潜力大，被誉为“东方莫斯科”“东方小巴黎”。哈尔滨的城市建筑主要受到俄罗斯及“新艺术”风格的影响，建筑类型多样，具有观赏性和科考价值。中国第一家啤酒厂、第一家电影院、第一个交响乐团、第一个芭蕾舞团、第一个滑雪场、第一列旅游列车，最早的跑马场、最早的选美活动都诞生在这里，哈尔滨是真正的时尚浪漫之都。此外，哈尔滨作为边疆省会城市，是中俄交流的枢纽，在文化、艺术、生活方式等方面都充满了浓郁的欧式风情。

二、哈尔滨城市旅游形象定位及宣传口号

随着人们生活水平的提高，国际文化交流的日益频繁，哈尔滨在国际上的地位越来越高，来哈尔滨的国际旅游者越来越多，这就要求哈尔滨城市旅游形象进一步提高，满足来自国内外旅游者的需要。

（一）哈尔滨城市旅游形象定位回顾

关于哈尔滨城市旅游形象的设计历史较短，国内各学者对此的研究也不是很多，经整理发现，有关学者针对哈尔滨城市旅游形象的定位如下。

1.定位理念

哈尔滨历年城市形象定位理念如表8-2所示。

表 8-2 哈尔滨历年城市形象定位理念

定位理念		寓意
动感冰雪乡，生态酷爽城；塞北金源地，浪漫欧陆风	天人合一、中西合璧	表述哈尔滨的多元文化生态环境及独特的城市文化
	品冰雪童话、感清凉之夏；看建筑博览、听音乐盛典；观战争遗址、探金源历史	哈尔滨建筑、音乐等透露出的艺术气质和东北文化表现出的淳朴大方、热情好客
品牌形象	充满异域风情的现代化冰雪文化名城	针对冬季旅游
	体验避暑新概念的现代化异域风情城	针对夏季旅游
附加形象	东北风情、少数民族文化、文明形象	
冰雪与热情，边疆异域风情，北国商贸都会		冰雪代表哈尔滨丰富而富有特色的冰雪风光、冰雪旅游、冰雪民俗、冰雪生产、冰雪体育、冰雪娱乐等冰雪文化，热情代表哈尔滨市民热情好客、豪放质朴的“大块吃肉，大碗喝酒”的精神
		边疆体现的是哈尔滨处在边疆省份的区位，有着边疆中心城市特有的文化、民族及对外联系文化交流的色彩，异域风情体现的是哈尔滨存在的俄罗斯等民族文化的历史遗存与现代的交流
		商贸都会体现的是哈尔滨传统繁荣的商贸业和如今红红火火的边贸哈洽会等共同构建起来的繁荣的商业都市形象
冰雪城、山水城、森林城、丁香城、音乐城、经贸城、建筑博览城		

2. 宣传口号

东方莫斯科；东方小巴黎；天鹅项下的明珠；冰城夏都，风情哈尔滨；哈尔滨——冷酷冰城；哈尔滨——冰雪之城；到哈尔滨去听冬天（冰雪）的童话；去哈尔滨览俄罗斯文化，感远东风情；哈尔滨——北国商贸之都；赏塞北冰雪，品欧陆风情；动感时尚之都，热情奔放之城；飘雪的东方莫斯科，清凉的东方小巴黎。

（二）哈尔滨城市旅游总体形象定位设计

通过对哈尔滨现有旅游资源的分析和形象定位的回顾，可以总结出哈尔滨城市旅游形象主要包括三个因素。

(1)冰雪。冰雪因素包括冰雪景观资源和冰雪文化，如冰雪自然景观、冰雪服饰、冰雪饮食、冰雪活动、冰雪节庆、冰雪民俗、冰雪中人们的生活方式等。

(2)避暑。休闲旅游避暑符合当今旅游发展的趋势。这种休闲方式对城市生态环境的质量要求较高，对康体休闲娱乐活动的要求比较广泛，是旅游产品深化的表现形式。

(3)都市。哈尔滨经济基础雄厚，历史文化底蕴深厚，再加上时尚元素和欧陆异域风情的融合，完全符合国际大都市形象定位的基本要求。

因此，哈尔滨的总体旅游形象定位为“冰雪旅游之城，休闲时尚之都”(见表 8-3)。这一总体旅游形象既显示出了该城市独特的旅游优势，又表明了该城市定位国际时尚之都的浪漫。

表 8-3　哈尔滨总体旅游形象定位

哈尔滨总体旅游形象	冰雪旅游之城，休闲时尚之都
深层的含义	独特的冰雪旅游资源优势；冰雪旅游城市的杰出代表；黑龙江省的旅游避暑胜地；热情好客的哈尔滨市民；城中有景，景中有城，城景交融；完善的文化娱乐设施；中国风和欧陆风的巧妙融合

（三）哈尔滨城市旅游形象宣传口号设计

旅游形象是一种抽象的概念，它蕴含着使用者的期望，而旅游形象设计最直接的方式就是推出一系列的宣传促销口号，由于近年来哈尔滨旅游市场的开放，来自世界各地的旅游者也逐渐增多，各地区的受众对哈尔滨市的形象感知各不相同，所以哈尔滨城市旅游形象的设计应具有针对性，只有对不同的细分市场设计不同的形象宣传口号，才会吸引更多的旅游者前来旅游。以下为针对不同市场区域受众的形象宣传口号。

针对市内旅游者——哈尔滨，酷热到底。这样的形象定位充分显示了哈尔滨作为冰城的魅力持续不减，又展示了哈尔滨作为现代化的大都市给市民提供方便的公用基础设施，且作为旅游城市给市民提供了众多的休闲场所的热度经久不衰。例如，太阳岛、极地馆、植物园、游乐园等对整日生活在都市中的哈尔滨市民有很强的吸引力，能让他们在闲暇之余不用远游，就可以在市内体验旅游的乐趣，真正为市内居民创造了属于他们的后花园。哈尔滨不仅在冬季尽显其冰城的魅力，而且在夏季也是凉爽宜人，更加突出了哈尔滨市市民热情友好及豪爽开放的性格。

针对省内旅游者——观金源历史，赏欧陆风情，游冰雪乐园。哈尔滨人在长期历史发展中，形成了开放创新强于封闭保守、追求时尚胜过恪守传统、功利诉求与价值体验并重的性格倾向和文化取向，这使得哈尔滨成为开放热情、兼收并蓄的大都市，而且省内旅游者对金源文化历史比较感兴趣，同时钟情于哈尔滨独特的欧式异域风情，哈尔滨作为东三省冰雪旅游开展最好的城市，让省内旅游者感到骄傲和自豪。

针对国内旅游者——品冰雪旅游盛宴，尽在黑龙江哈尔滨。哈尔滨人以坚毅聪慧、热情浪漫的豪爽性格创造出了独具特色的冰雪文化。因冰城的形象魅力四射，是国内旅游者心中理想的冰雪旅游胜地，并且在国内没有哪一个城市可以与之媲美，所以在形象宣传方面，哈尔滨要充分利用冰雪旅游资源优势，将冰雪旅游发扬光大，从而在国内旅游者的心中树立牢固的城市旅游形象。

针对国际旅游者——中国的哈尔滨，世界的冰雪乐园。哈尔滨作为中国开放较早的国际化大都市，曾经是国际贸易城市和国家重要工业基地，逐渐成为特大型、综合型、多功能区域中心城市，向发展现代化国际大都市的目标迈进。要发展哈尔滨的旅游业就要让世界了解哈尔滨，树立国际化的形象，同时将哈尔滨冰雪旅游推向世界。

实施形象设计和营造良好的旅游环境仅靠旅游部门的努力是不够的，还需要政府的引导、市民的合作与支持。如果政府在政策、规划、资金和管理上给予配合，市民在内在素质与文化修养的大环境上给予协作，那么哈尔滨的城市旅游业将得到蓬勃发展，环境优美、秩序井然、服务优质的城市旅游形象也会被人广为传播。

（资料来源：根据相关资料整理。）

问题：

成功的旅游形象塑造包括哪些因素？

第九章

旅游影响

学习引导

旅游业的发展能够给旅游目的地带来一系列影响，既有经济影响，也有社会文化影响和环境影响；既有积极影响，也有可能带来消极影响。当前，旅游业已经成为世界第一大产业，而且仍在高速发展。了解旅游发展有可能给目的地带来的各种影响，对于进一步认识旅游业，更好地利用旅游促进目的地经济、社会、文化、环境的发展有重要作用。本章主要介绍旅游对目的地经济方面的积极影响和消极影响，用于测算旅游经济效应的乘数理论；分析旅游发展有可能给目的地带来的社会和文化方面的积极效应、有可能产生的负面影响及正确对待这些影响所应持的态度；探讨旅游与环境的关系，旅游对环境的影响，并对旅游的可持续发展进行介绍。

学习重点

通过本章学习，重点掌握以下知识要点：

- 旅游对经济、社会、文化和环境的正面影响
- 旅游活动潜在的负面影响及正确对待负面影响的态度
- 旅游乘数理论及其计算方式
- 可持续发展的含义、目标及模式

核心概念

旅游影响 Impact of Tourism　旅游乘数理论 Theory of Tourism Multiplier　漏损 Leakage　产出乘数 Output Multiplier　收入乘数 Income Multiplier　就业乘数 Employment Multiplier　可持续旅游 Sustainable Tourism

第一节　旅游对经济的影响

一、旅游乘数效应

（一）旅游乘数效应的概念

效应（Effect）最初主要指物理或化学作用所产生的效果，如光电效应、热效应、化学效应等。随着人类社会的不断进步和发展，“效应”一词的适用范围越来越广，逐步扩展到政治、经济、文化等各个领域，如社会效应、经济效应、文化效应等。从这些关于“效应”的词组中可以看出，效应是指由某种行为或原因引起的变化或导致的影响。

乘数（Multiplier）的概念最早由英国经济学家卡恩于 1931 年提出，是指公共支出或私人资本投资增长对收入所产生的放大效应或连锁反应。乘数亦称倍数，主要指经济活动中某一变量与其引起的其他经济量及经济总量变化的比率。乘数理论说明，在经济活动中，一种经济量的变化可以引起其他经济量的变化，最终使经济总量的变化数倍于最初的经济变量，我们把这种现象称为乘数效应。

旅游和旅游业的发展对旅游目的地经济发展的促进作用，可通过旅游乘数理论（Theory of Tourism Multiplier）来加以解释。

所谓旅游乘数，是指用以测定单位旅游消费对旅游接待地区各种经济现象的影响程度的系数，是指产出、收入、就业和政府税收的变化与旅游支出的初期变化之比。

后来，凯恩斯（J. M. Keynes）将乘数理论进一步加以完善，提出了漏损（Leakage）和注入（Injections）两大支配经济的流量。

计算旅游乘数时，漏损（Leakage）是一个必须加以考虑的因素，它是指旅游消费以外来资金的形式注入接待国经济之中，不会对其经济发展产生任何刺激作用的那一部分。系统的漏损源自储蓄、纳税和进口。这里的储蓄指从旅游消费所带来的增收中留存下来，不用于再次消费的部分。储蓄相当于将钱从经济系统中抽出，从而降低了对物品和劳动力的消费。储蓄只有被金融中介用于投资融资时才有意义。纳税亦是如此，政府通过提高税赋，把资金从经济系统中抽走，再一次抑制了需求，只有当政府拨付这笔资金用于经济建设时，它才能重返经济体。漏损的另一种形式则表现为购买进口商品和服务及其他有关对外支付的支出额。凯恩斯认为，当注入与漏损处于平衡状态时，经济就达到平衡，经济增长是在注入大于漏损的情况下产生的。

（二）旅游乘数效应的作用阶段

B. H. Archer 指出，旅游消费注入目的地经济后，有一部分将漏损出目的地经济系统的循环，余额则在目的地经济系统中渐次渗透，依次通过直接支出（Direct Expenditure）、间接支出（Indirect Expenditure）和诱导支出（Induced Expenditure）发挥直接效应（Direct Effect）、间接效应（Indirect Effect）、诱导效应（Induced Effect），刺激目的地经济发展。间接效应和诱导效应又可称为继发效应（Secondary Effect）。相应地，根据渗透的先后顺序，旅游乘数效应的作用过程也可以分为三个阶段。

1. 直接影响阶段

直接影响阶段，即旅游者在旅游目的地进行各项消费，将资金直接注入各个旅游企业或部门，如饭店、旅行社、餐厅、商店、景区、交通及通信部门等，各旅游企业或部门从旅游收入的初次分配中获得一定量的收益的阶段。以入境旅游为例，国际旅游者在接待国中的旅游消费首先会成为该国旅游企业的营业收入。出于未来营业的需要，旅游企业必须将其中一部分钱用于采购物资和补充库存、维护设施设备，向政府缴纳各种税金、支付员工工资，以及用于向其他部门支付有关费用。

旅游企业如果聘有外国雇员，在与外方签有管理合同或欠有外债的情况下，还要向外方支付有关款项，从而使直接旅游收入中的一部分重新流入国外，形成"漏损"。根据乘数理论，上缴政府的税金和用于储蓄的部分也属于"漏损"。"漏损"的资金将不会对旅游目的地国的经济产生刺激作用。

2. 间接影响阶段

目的地国的旅游收入扣除"漏损"部分后，余额仍留在国内。旅游企业在再生产过程中，用扣除"漏损"后的余额向相关部门和企业购进生产和生活资料、支付本国职工的工资，以及各级政府把从旅游企业收缴的税收投资于其他企事业项目，使有关部门和企业在旅游收入的再分配中获得收益。此外，这些企业同样也要将从旅游收入再分配中的这些营业收入，在扣除必要的"漏损"之后，用于补充原材料、维护生产设备等，从而启动下一轮的经济活动。随着旅游收入在目的地国经济中的渐次渗透，该目的地国经济产出总量、就业机会和家庭收入便会增加。这就是旅游乘数效应的第二阶段——间接影响阶段。

3. 诱导效应阶段

随着目的地国居民工资收入增加，其消费也随之增加。旅游企业会用增加的收入购买本国生产和提供的商品和服务，从而进一步刺激本国经济活动的扩大。这也使有关企业的营业量得以扩大，从而带来收入和就业机会的进一步增加。此阶段即诱导效应阶段。

（三）旅游乘数效应的类型

旅游乘数效应的类型有多种，在旅游研究中，人们经常用到的旅游乘数主要是指销售或交易乘数、产出乘数、收入乘数、就业乘数等。

1. 销售或交易乘数(Sales Multiplier/Transaction Multiplier)

销售乘数或交易乘数衡量的是单位旅游消费额对目的地经济的影响，即单位旅游消费额与其所引发的目的地营业额的增量之间的比例关系。

2. 产出乘数(Output Multiplier)

产出乘数是指单位旅游消费额给整个经济系统带来的产出水平的增加，即旅游企业收入增加所引起的相关产业经济总量增加的数量比例关系，表示一个特定地区旅游业的收入对整个地区经济总量增长的影响。

3. 收入乘数(Income Multiplier)

收入乘数是指旅游消费支出与经济系统的旅游收入变化之间的关系，表示旅游者到旅游目的地的旅游消费支出每增加一个单位对当地经济收入水平的影响。旅游者在旅游目的地的消费是旅游目的地收入来源的一个重要组成部分，这种直接收入会引起相关服务业、商业营业收入的增长。

收入乘数有两种表示方法，一种为标准乘数（Normal Multiplier），另一种为比率乘数（Ratio Multiplier）。比率乘数可以通过“（直接收入＋间接收入）/直接收入”来计算，也可通过“（直接收入＋继发收入）/直接收入”来计算；而标准乘数则通过“（直接收入＋继发收入）/特定部门最终需求增加量”来计算。比率乘数一般只用于表示各个部门之间的经济联系。

4. 就业乘数（Employment Multiplier）

就业乘数描述的是旅游消费与增加的直接和间接就业机会之间的比例关系。

就业乘数有两种表示方法：一种是指每单位外源性旅游消费所创造的全部就业人数；另一种是指“（直接就业人数＋继发就业人数）/直接就业人数”。

根据旅游收入的乘数效应，可以全面衡量旅游业发展对目的地经济的影响，更加科学地制定目的地经济的发展目标和旅游业的发展战略。

旅游乘数的大小将随着目的地的经济规模、经济结构、目的地各个经济部门之间的关联程度、旅游者的消费模式的变化而不同。

（四）旅游乘数的测算

根据凯恩斯提出的乘数基本模型，旅游乘数的计算是用旅游目的地的直接旅游收入除以从经济体中流出的漏损量。如果旅游乘数用 K 来表示，则旅游乘数的计算公式表示为

$$K=(1-L)/(1-C+M)$$

其中：L——直接漏损（Leakage），即目的地国旅游收入中，支付给外方人员的工资、支付给外国的贷款利息，以及外国企业参与经营管理所获收入；

C——边际消费倾向（MPC），即所增加的收入中用于购买本国产品和服务的消费比例；

M——边际进口倾向（MPM），即所增加的收入中用于购买进口商品及其他对外支付的比例。

在这个公式中，$1-C$ 表示用于储蓄的部分，指的是扣除用于购买本国产品和服务的消费比例之后，结余下来的储蓄比例。按照乘数理论假定，这部分储蓄不但不用于消费，而且在一定时间内（通常为一年）不再参与流通。如果用 S 表示边际储蓄倾向（MPS），则旅游乘数的计算公式还可以表示为

$$K=(1-L)/(S+M)$$

从公式可以看出来，边际消费越大，旅游乘数越大；边际储蓄越大，旅游乘数越小。

二、旅游对经济的积极影响

一般情况下，旅游活动都会伴随着各种消费行为的发生。旅游者在旅游目的地停留期间的住宿、娱乐、游览、购物等各种消费，会直接影响旅游相关部门的收入。旅游目的地各旅游相关部门为了维持经营和发展，所发生的消费行为，又会对目的地其他行业的发展造成影响，从而形成旅游活动的直接影响和间接影响。

旅游活动的经济作用很早以前就被重视，并且是世界各国发展旅游业的主要原因。从世界范围来看，美国、英国、法国等发达国家都将旅游业的发展放在国民经济发展的重要战

略位置，并努力从多方面促进旅游业的发展。发展中国家对旅游业的重视程度较发达国家有过之而无不及。泰国、马来西亚、菲律宾等国家都大力发展旅游业尤其是入境旅游业，制定了一系列政策促进旅游业的发展。

近年来，全球经济增长乏力，旅游业发展却引人瞩目。根据世界旅游业理事会(WTTC)数据显示，2015 年国际旅游业增长 4%，旅游消费额超过 1.4 万亿美元，连续第四年实现增长。2015 年，旅游业向全球生产总值贡献了 7.2 万亿美元，占全球生产总值的 9.8%，贡献额增长 3.1%，连续五年超过全球整体生产总值增速。旅游业已经超过汽车产业和房地产业，成为世界第一大产业。旅游业对经济的积极影响主要表现在以下几方面。

(一)增加外汇收入，平衡国际收支

外汇是用于国际经济结算的以外国货币表示的一种支付手段。一个国家拥有外汇数量的多少体现着这个国家经济实力的强弱和国际支付能力的大小。外汇储备同时也是对外偿债的保证，因此在一定程度上代表着该国的经济实力和国家形象。外汇收入的来源主要有三个渠道：一是有形外贸出口收入，是通过出口物质商品所实现的外汇收入；二是兴办海外企业的利润收入，如大型的跨国公司利润；三是无形贸易收入，亦称非贸易外汇收入，是通过利息、旅游、居民汇款、运输等获得的外汇收入。旅游业的外汇收入是无形贸易收入的重要组成部分，是一个国家平衡国际收支的主要手段之一。大力发展旅游业是增加无形贸易收入的重要途径。

2015 年，我国接待入境旅游 1.33 亿人次，较上一年增长 4%，入境旅游外汇收入 1175.7 亿美元，同比增长 0.6%。同时，2015 年以来，中国企业继续加快对外旅游投资步伐，仅 2015 年上半年，对外旅游投资事件达 19 件，涉及投资金额超过 51.3 亿美元，同比增长 43%。投资领域除传统的饭店、景区外，在线旅游预订平台和旅游航线等增长较快。除传统的亚洲、欧洲等地区，北美、大洋洲和非洲等区域的投资增加显著。这些旅游活动，都有利于我国外汇收入的增加。

国际收支(Balance of Payment)是指一个国家在一定时期内，通常是一年，同其他国家发生经济往来的全部收入和支出。对于发展中国家来说，单纯依靠出口初级产品所能赚取的外汇有限，同时还要承受进口国种种关税和其他贸易壁垒。而为了促进国内经济的发展，又不得不从发达国家进口高附加值的工业产品，如飞机、汽车等，国际收支经常处于逆差状态，外汇的缺乏严重制约了发展中国家的经济发展。与有形贸易相比，通过发展旅游业来换取外汇有一系列优点。

1. 旅游业的换汇率高

由于旅游产品的不可移动性，旅游者必须要到旅游产品所在地才能进行旅游消费，这就省去了普通贸易商品在出口过程中会涉及的运输、仓储、保险、关税等费用，以及与进出口业务有关的各种繁杂手续所产生的费用。这使得旅游产品的换汇成本低于外贸商品的换汇成本，提高了换汇率。

2. 资金回笼速度快

旅游业所换取的外汇收入多为现汇收入，资金回笼速度快，风险较小。而有形商品出口从出口方到进口方的结算支付往往需要间隔很长一段时间，资金回笼速度慢，风险较大。

3.定价自主权较大

在国际贸易市场上,发展中国家生产和技术相对落后,在出口商品的定价上往往比较被动,处于不利地位。与有形外贸商品相比,旅游产品具有国家垄断性,在定价方面自主权较大。

4.免受进口国关税壁垒的影响

为了维护本国利益、促进经济发展,进口国往往会在进口商品时设置关税壁垒,限制国外商品进口,而旅游业则可以避免关税壁垒的限制。

由于旅游业在换汇方面具有上述优点,不管发展中国家还是发达国家都纷纷通过发展入境旅游来换取外汇收入,而对出境旅游则进行一定的限制,以防止外汇流出。只有极少数国家,如 20 世纪 80 年代的日本,为了减少由于国际贸易巨额的顺差所带来的国际贸易中的摩擦,鼓励国民出国旅游,以此来改善国际收支平衡状况。

(二)扩大内需,促进货币回笼速度

发展国内旅游有利于扩大内需,促进货币回笼。旅游业是需求潜力较大的产业,发展旅游业对扩大内需、促进消费具有积极的拉动作用。当一个国家发行的货币数量超过市场商品价格的总和,就会发生通货膨胀,引起一系列经济问题和社会问题。所以任何一个国家和政府都十分重视货币的投放和回笼。在物质商品市场的生产和供应能力有限的情况下,通过发展国内旅游可以回笼货币,加速建设资金的周转,防止通货膨胀,稳定物价,繁荣市场。国内旅游的发展规模往往大于国际旅游。

近年来,随着我国经济的不断发展和人们需求的变化,旅游已经成为一种生活方式,越来越多的人进行国内旅游。2019 年我国国内旅游规模达到 60.06 亿人次,国内旅游收入 5.73万亿元。旅游成为我国经济新常态下新的经济增长引擎,是我国供给侧改革的重要力量。

(三)增加就业机会

增加就业机会、降低失业率是每一个国家每一届政府都非常关心的问题,因为它不仅会影响人们的生活水平和经济持续发展,而且过高的失业率还会引发社会动乱,影响政局稳定。

旅游业是劳动密集型行业,它所吸纳的就业人口分为直接就业人口和间接就业人口。直接就业人口包括旅行服务人员、饭店服务人员,景区、景点,购物场所等工作人员,间接就业人员涉及制造业、建筑业、商业服务业等。旅游业的发展可以很好地解决社会闲散劳动力,为社会安定做出贡献。

根据加拿大学者史密斯的系统理论模型,旅游业收入每增加 3 万美元,将增加 1 个直接就业机会和 2.5 个间接就业机会。由于欧美国家劳动力成本较高,法定最低年工资在 1 万美元左右,旅游业对就业人数的作用相对低一些。根据世界旅游组织专家的测算,旅游资源丰富的发展中国家,如果旅游收入同样增加 3 万美元,将增加 2 个直接就业机会和 5 个间接就业机会。

据世界旅游业理事会预测:2016—2026 年,旅游业对全球生产总值的贡献率将以年均 4%的速度增长。到 2026 年,旅游业将提供 3.7 亿个岗位,相当于全世界每 9 个人中就有 1

个人从事旅游业。

（四）促进目的地经济发展，平衡区域经济差距

1. 增加政府税收

不管是发展入境旅游还是国内旅游，都可以扩大政府税收来源。税收是政府提供公共产品的资金来源。政府获得旅游税收主要有三个途径：一是旅游者的签证费、机场税、消费税等；二是各有关旅游企业的营业税、所得税等；三是旅游部门和旅游从业者的所得税等。因此，各国政府都积极促进旅游业的发展，以此来增加政府收入、减少财政赤字。

2. 增加目的地经济收入

国际旅游的发展可以为旅游目的地国带来外汇收入，为当地的经济发展注入外来力量。而国内旅游者在旅游目的地的消费也可以使财富从一个地区向另一个地区转移，增加旅游地的经济收入，从而促进当地经济发展。因此，发展旅游业成为解决落后地区贫困问题的主要方式之一。

知识活页　“旅游＋扶贫”，开启全面小康新模式

3. 平衡区域经济差距

就国内旅游来说，旅游者往往来自经济发展较好的东部地区。中西部地区虽然经济发展总体情况不是很好，但其丰富、优美的旅游资源，对旅游者有较大吸引力。旅游以人的流动为基础，通过发展旅游，可以促进城乡之间、东中西部之间资金、信息、人才的流动和交换，并成为城市支援农村、工业反哺农业、东部地区支持中西部地区发展的有效途径之一，有利于平衡不同地区间的发展差距。

（五）调整产业结构，带动相关产业发展

旅游业是综合性很强的产业，一个完整的旅游活动涉及食、住、行等多个方面。旅游业自身的良好发展需要其他产业的支持和配合，同时，旅游业的发展也可以带动相关产业的发展。一方面，发展旅游业对基础设施和配套设施提出较高要求，为了提高接待能力，旅游目的地必须加大对基础设施的投入和建设，这促进了建筑工程及相关行业的发展。另一方面，旅游属于享受性需求，旅游者对各种消费品的质量、数量和规格的要求都比较高，这就要求轻工、纺织、交通等部门开拓领域，发展新门类，提高产品质量。同时，旅游者需要的娱乐、购物、电信等服务业促进了第三产业的发展，有利于产业结构的调整。

根据发达国家的经验，旅游业对公共事业的带动比例是 1∶5，即旅游业投入 1 元，相应的配套设施需投资 5 元。而世界旅游组织的统计分析认为，旅游业与相关产业的投资带动

作用之比为1∶7。

正是因为旅游业对经济发展具有诸多的积极作用，世界各国和地区都在加大发展旅游业的力度。在当前全球经济持续低迷的状态下，旅游业却冲劲十足。越来越多的经济体，将旅游业看作是拉动经济走出低迷的良方。中国政府高度重视旅游业的地位和作用，先后颁布了一系列促进旅游业改革发展的法律法规和政策措施，目的是把旅游业打造成国民经济的战略性支柱产业和人民群众更加满意的现代服务业。

三、旅游对经济的消极影响

（一）有可能引起目的地物价上涨

一般情况下，旅游者的收入水平要高于当地居民。也有的旅游者虽然收入水平不高，但受“穷家富路”等消费思想的影响，愿意以较高的价格购买各种产品和服务。旅游目的地长期接待外来旅游者，时间久了，物价水平难免上涨，这直接影响了目的地居民的经济利益。尤其是为了提高接待能力而兴建的大量饭店等设施，以及外来旅游者在目的地购买房产等行为，极有可能提高当地的地价，引起房屋价格过快上涨，引发通货膨胀，给当地经济健康发展造成较大的负面影响。

（二）有可能造成产业结构失衡

对于经济发展相对落后的地区，由于旅游业就业门槛较低，当社区居民发现从事旅游业所得收入高于其他行业收入时，便会转而从事旅游业，导致农业等其他产业不正常衰退，造成产业结构失衡。有的乡村为了吸引旅游者，将粮食作物改种成花卉，导致粮食减产，不仅造成产业结构失衡，而且有可能影响国家粮食安全。

（三）影响国民经济稳定

旅游资源的季节性变化导致大多数旅游活动有淡旺季问题。旺季时，某些旅游热点地区往往人满为患，给旅游设施和旅游资源造成巨大压力。进入淡季后，游客量减少，旅游从业者和生产资料进入闲置状态，收入减少，社会问题增加，影响国民经济稳定。

从旅游者角度来说，旅游者收入水平、闲暇时间、旅游偏好的变化都会影响旅游者对目的地的选择。一旦旅游者旅游兴趣发生转移，原来受欢迎的旅游目的地就会受到冷落而进入衰退期，影响当地经济的平稳运行。

旅游业本身比较容易受到冲击，较为敏感。不管是目的地国还是客源国的政治、经济、社会和某些自然条件的变化，都有可能影响旅游业的正常发展。一旦受到冲击，游客量会迅速萎缩，给旅游目的地造成极大的负面影响。

第二节　旅游对社会文化的影响

一、旅游对社会文化的积极影响

（一）有利于提高国民素质

旅游对国民素质的提高作用可以从两方面来理解。

(1) 对于旅游者来说，通过旅游可以放松身心，开阔眼界。现代社会生活节奏快，人们普遍感觉压力较大，容易陷入亚健康状态。暂时抛开工作，开展旅游活动，走近大自然，可以起到放松心情、缓解疲劳、恢复体力的作用，有利于保持良好身体素质；离开惯常居住地，到一个陌生的地方，和不同的人接触，有利于开阔视野，学习不同的处理事情的方式，突破传统思维束缚，增长见识。

(2) 对于目的地居民来说，旅游者的到来是增长见识、了解不同文化的机会。通过与来自不同地区的大量旅游者接触，目的地居民也会学习到很多新知识。为了提高服务能力和服务质量，旅游地会加强对当地居民的教育，促进当地居民语言能力、文化素质的提升。

(二)有利于促进旅游地传统文化的保护和发展

传统文化是旅游地重要的旅游资源，到异地去领略不同的文化是旅游者的主要旅游动机。为了吸引旅游者，旅游地首先需要对传统文化资源进行挖掘和开发。有些原本濒临消失的传统文化由于有了新的价值而被重新重视。例如，一些本来司空见惯的古迹、艺术品、动植物，在旅游者的关注下，也会引起重视，加以保护和利用。虽然是为了发展旅游业，但客观上却对传统文化起到保护作用。一些文化研究专家甚至提出了非物质文化遗产的旅游化生存方式，即借助旅游的发展来促进非物质文化遗产的保护和发展。

旅游业是文化性很强的经济事业，旅游业发展到成熟阶段，文化的作用就显得愈加重要。高层次的文化旅游非常注重文化环境及文化氛围的营造，以满足旅游者追求原汁原味的文化享受的需求。有些国家之所以举办国际文化节、艺术节、音乐节，对传统文化艺术进行集中展示，是因为这样既可以招揽旅游者，又有利于传统文化的保护和发展。

云南省是我国的文化大省，文化资源特别丰富。从 20 世纪 90 年代开始，云南省积极探索利用文化资源发展经济的方法，大力发展文化旅游产业，极大地促进了民族地区经济的发展，使很多濒临消失或者被遗忘的传统文化重新焕发了生机。据 2011 年 7 月 29 日的《云南日报》报道，云南省大理市通过保护和传承非物质文化遗产项目，将丰富的文化资源转化为特色产业优势，有力地促进了全市旅游业发展。努力打造国家级非物质文化遗产“白族绕三灵”品牌，“白族绕三灵”第一站“崇圣寺三塔”被评为国家 5A 级旅游景区，重点文物“三塔”得到了保护和修缮；依托国家级非物质文化遗产“大理三月街”，文化搭台，经济唱戏，促进了当地经济的发展，也让延续了千年的白族三月街得以传承和发展。

(三)有利于增进了解，促进世界和平

旅游作为民众普遍性社会交往的一种活动，在客观上起着促进不同地区、不同民族、不同国度之间的文化沟通作用，不仅有助于增进了解、消除偏见，而且有助于加强国家之间的友好关系。1980 年 9 月，世界旅游组织在《马尼拉宣言》中指出，旅游在国际关系和寻求和平方面，在促进各国人民相互认识和了解中，是一个积极的现实因素。随着旅游次数的增多、理解的加深，人们之间也就产生了情谊，阻碍与隔阂逐渐减少乃至消除，旅游对促进世界和平有着特殊的意义。近年来，我国积极同一些大国开展旅游外交活动，先后举办了“中俄旅游年”“中法旅游年”“中美旅游年”等活动，通过开展旅游活动，建立友好国际关系。世界上已经有一百多个国家和地区成为我国公民的出境旅游目的地，随着越来越多的中国公民走出国门,他们不仅可以将世界各地的先进观念带回来,还会促进中国文化在世界范围内的传播,有利于我国建立良好的国家形象。

2016年5月19日,首届世界旅游发展大会在中国北京举办并取得圆满成功,大会主题为"旅游促进和平与发展"。多国政要出席了会议,时任联合国秘书长潘基文发来贺信。来自一百多个国家及部分国际组织的领导人、旅游机构负责人以及业界代表出席开幕式。李克强总理在发言中表示,旅游是促进世界和平与发展的重要力量,要积极发挥旅游的和平桥梁作用,为促进各国人民友好交往、和睦相处、开放包容做出贡献。

(四)有利于促进社会文化的交流

旅游活动的开展同科学、技术、文化的交流从来都是密不可分的。科技是推动旅游发展的重要力量,旅游也是科学研究以及传播与交流的重要方式。旅游地通过发展旅游,一方面可以了解他人,促进人类整体观念和世界大同观念的形成;另一方面又可以宣传自己,树立自己的正面形象。历史上张骞出使西域,鉴真东渡日本,均为我国与东西邻国之间的宗教、科学、教育、文化交流做出了重要贡献。16世纪,意大利传教士利玛窦来到我国,除传教外,他把主要精力用在介绍西方的科学和研究我国的科学上,对我国科学技术的发展起到了积极的作用。当今世界的旅游者中,也有不少是科学家、发明家、专家学者或者是艺术界人士。他们通过旅游过程中对不同文化的了解,以及与同行的交流和接触,共同为人类社会的进步进行不断的探索和研究,为人类文明做出更大的贡献。

(五)有利于改善旅游地生活环境

为了提高旅游接待能力,在旅游开发过程中需要改善旅游地的基础设施,这在客观上也提高了旅游地居民的生活环境,方便了当地人的生活。2015年,我国提出发展"全域旅游"的观点,要求旅游的发展要破除景点景区内外的体制壁垒和管理围墙,实行多规合一,实行公共服务一体化,旅游监管全覆盖,实现产品营销与目的地推广的有效结合。旅游基础设施和公共服务建设从景点景区拓展到全域。例如,要从景点景区和城市的"旅游厕所革命"拓展为景点景区内外、城乡一体推进的"全面厕所革命"。全域旅游的发展和实现,有利于旅游地居民生活环境的进一步改善。

二、旅游对社会文化的消极影响

(一)传统文化遭到破坏或发生变异

1.传统文化遭到破坏

一是旅游者的不文明行为所带来的破坏。例如,由于有的旅游者文明旅游意识欠缺,建筑或雕塑因经常被攀爬而倒塌、破损;旅游地随处可见"某某到此一游"的印迹,极大地影响被刻画物体的美观;随意拍照行为对壁画等文化遗产造成极大损害;一些旅游者不遵守旅游地的规章制度,在禁止吸烟的地方抽烟,烟雾和温度的变化使得一些文化遗产发生变化。二是旅游业运行过程中不当的经营和管理行为。例如,由于施工的原因带来的文物破坏;旅游人数过多造成的破坏;还有一些是发展旅游业难以避免的破坏。敦煌莫高窟、长城、北京故宫等,由于长期对外开放,都不同程度地遭到破坏。

2.传统文化发生变异

旅游在经济方面的积极作用，使得很多目的地发展旅游的初衷是为了促进当地经济发展，改善人们的生活水平。为了吸引旅游者的到来，目的地居民会有意地按照旅游者的喜好进行旅游产品设计，以迎合旅游者的兴趣。而实际上，绝大多数旅游者对目的地的传统文化感兴趣主要是出于猎奇心理，至于所看到的是不是目的地真实的传统文化，旅游者并不是特别在乎。于是，在发展旅游的过程中，目的地的传统文化就有可能为了迎合旅游者而被歪曲，过度商品化、舞台化甚至庸俗化。例如，很多旅游者对旅游地饮食文化感兴趣，到达目的地后，希望能够品尝当地美食，以了解旅游地饮食文化。但是，由于饮食习惯的差异，旅游者往往并不能适应纯粹的当地饮食。于是，为了满足旅游者的需要，很多旅游餐就变成了打着地方特色旗帜的改良品，而实际口味已经发生了变化。为满足旅游者的需求，旅游地的传统艺术品被批量生产，造型和色彩以能引起旅游者注意为主，不再追求艺术创作，规格和大小着重考虑旅游者携带方便，艺术品原本的价值早已不再，变成了粗制滥造的纪念品。一些传统习俗也因旅游业而发生了变化，比如原本傣族的泼水节只在每年傣历新年的时候才过，但是为了满足旅游者的好奇心，西双版纳“傣族园”天天都在进行泼水节表演。参与泼水的傣族姑娘和小伙早已没有节日的激情和欢乐，而只是程序化的表演。婚礼仪式的表演也完全失去了结婚仪式应有的神圣感，而只是纯娱乐的搞笑表演。传统文化从日趋商业化进而面临庸俗化的危险。

（二）目的地居民价值观发生变化

旅游者来自世界各地，具有不同的政治信仰、道德观念和生活方式。在给旅游地带来异质文化、注入文化活力的同时，旅游者意识形态中的糟粕成分也会悄然而至，对旅游地居民造成不良影响。部分旅游地居民在大量接触这些外来文化后，思想认识出现偏差，开始盲目模仿旅游者的一些行为，如着装、娱乐方式等。部分居民的模仿行为进而波及旅游地社会各个阶层。年轻人由于接受新事物能力较强，更容易受外来文化影响。在外来文化的冲击下，旅游地传统的价值观念开始受到挑战，原有传统习俗开始变味甚至被丢弃。最为严重的是，外来文化中糟粕渗透到旅游地居民社会，对旅游地社会安全和稳定构成威胁。

（三）干扰目的地居民正常生活

大量旅游者的到来，会给旅游地居民的正常生活带来较大影响。首先是生活空间变得拥挤。每个旅游地都有一定的承载力，大量旅游者到来后，当地居民的生活空间会受到挤压，从而影响居民的正常生活。尤其是在旅游旺季，一些旅游热点地区拥挤不堪，当地居民要么躲在家里，要么只能逃离家乡。此外，旅游者的不文明行为，如对当地民俗的蔑视态度，乱扔垃圾等也会引起旅游地居民的反感，从而引发旅游地居民与旅游者的矛盾。这种矛盾解决不好，会导致旅游地居民对旅游者的态度从最初的欢迎转化为不满甚至怨恨，从而影响旅游业的健康发展。

在旅游发展的早期，旅游者数量较少，旅游的积极影响比较明显，当地人因获得投资和就业机会而感到高兴。且早期的旅游者带有“探险”的性质，对旅游地的社会标准和价值观也比较尊重。这些使得当地居民对旅游者的到来表现出友好和欢迎的态度。随着旅游者不断增多，居民对旅游所带来的经济利益变得习以为常，开始对旅游的负面影响感到烦恼。如果负面影响一直得不到处理,当地居民会因不堪重负而对大量涌入的旅游者从欢迎变为不满,甚至公开抵制旅游业发展。

例如,2016 年 4 月 25 日,著名的北京南锣鼓巷因瞬时承载量严重超出景区的承载能力,对街区环境和居民生活造成极大的影响,于是对外宣布暂停接待旅游团队,许多旅行社只能调整旅游线路。

三、正确对待旅游的社会文化影响

(一)正视旅游发展所带来的影响

毫无疑问,在旅游者与旅游地居民的接触中,彼此都会受到对方文化的影响,这种影响既有积极的一面,也有消极的一面。正如世界旅游组织所指出的那样,旅游对社会文化的影响总体上是积极的,但不可否认,旅游给旅游地社会文化所带来的消极影响也确实客观存在。但是,这些问题的形成不是没有条件的,也并不是不可克服或不可控制的。任何问题的形成都有一个从量变到质变的发展过程。一个国家或地区的文化只有与外来文化进行交流,才能不断发展、完善和前进。面对大规模旅游带来的消极影响,不能因噎废食,反对发展旅游,而应正视旅游所带来的影响,采取积极措施去控制和改变旅游带来的负面影响,确保旅游业的健康发展。

1. 旅游对社会文化的积极影响并非都能实现

旅游对社会文化的积极影响是自然而有限的。由于旅游者在旅游地停留的时间一般都比较短暂,除旅游服务人员外,他们接触当地居民的机会很少,也不可能在较短的时间内对目的地传统文化有深入的了解。这种短暂的接触和交流,对彼此的影响都是有限的。如果旅游者在旅游期间对旅游过程比较满意,实现了自己的愿望,得到了想要的东西,就会对旅游地抱有好感,从而形成对旅游地的良好感知印象。相反,如果旅游者在旅游期间由于某种原因对旅游过程不满意,那么其对旅游地的感知印象是负面的。这时,旅游促进文化交流与沟通的目的并没有实现,旅游地良好形象的宣传也并没有成功。

旅游在陶冶情操、提高旅游者素质方面的积极作用也不是必然的。18 世纪时,亚当·斯密在观察了当时欧洲青年学生的修学"大旅游"(Grand Tour)之后,发现参与"大旅游"的年轻人并没有如人们通常期望的会有"很大的长进"。他们虽然通常都会学习一两门外语,却因掌握程度不深而难以进行正确的谈话或写作。世界旅游组织通过对青年旅游进行研究后指出,如果计划不周或采取的形式有误,青年旅游要达到积极教育效果的目的也是难以实现的。

2. 旅游对社会文化的消极影响也并非必然

旅游对社会文化的消极影响不容忽视。很多西方社会学家在论及旅游对目的地社会文化的影响时,往往偏重于消极的一面。一些学者甚至把旅游视为发达国家推行"新殖民主义"的一种形式,这种观点明显带有偏激的政治色彩。事实上,在世界各地旅游发展过程中,特别是在一些发展中国家,的确出现了这样或那样的消极问题,但是,这些问题并不是在所有的旅游地都出现,而且出现的问题的严重程度也不尽相同。只要加强管理,旅游所带来的消极影响是可以控制的。

（二）采取积极措施减少不利影响

旅游带来的消极影响并不可怕，也并不是必然的，关键在于人们如何控制。认识旅游对社会文化的影响，主要目的是要在澄清问题的基础上采取措施，扩大旅游对社会文化的积极作用，抵制和最大限度地减少其消极影响。

1. 做好旅游规划和管理

旅游规划是对旅游业及相关行业未来发展的设想和策划，是使旅游者完美地实现其旅游目的，从而获得发展旅游业的经济效益、社会效益和环境效益的重要手段。一个国家或地区要发展旅游业，首先要做好旅游规划。为了降低旅游发展所带来的负面影响，良好的旅游规划应该结合旅游地资源和社会情况，确定科学合理的旅游承载力。旅游规划制定后，旅游地的开发和建设应该严格按照旅游规划的要求来进行，加强后期管理，防止和控制游客量饱和或超负荷，维护旅游地居民的合法权益。

2. 加强游客教育和管理

游客的不文明旅游行为是造成旅游对目的地社会文化负面影响的重要因素。游客教育（Visitor Education）主要针对旅游目的地的游客，是指通过一定的方式向游客传递影响技术知识等信息，改变游客行为，减少旅游活动对资源的影响的一种措施。游客教育可以提高游客的旅游素质及增强其生态意识，从而降低旅游活动给旅游目的地带来的负面影响，对旅游目的地的保护具有重要作用。游客教育内容应该包括负责任的旅游价值观的构建，旅游地的传统民俗礼仪等，让游客学会尊重目的地的传统文化和价值观。在进行教育的同时，旅游客源地与目的地都应有意识地通过一系列措施加强对游客的管理，减少或降低不文明旅游行为给旅游地带来的负面影响。

2015 年，中国国家旅游局（现文化和旅游部）发布了《游客不文明行为记录管理暂行办法》，将我国游客在出游过程中发生的不文明行为的相关信息纳入不文明行为记录，向社会公布，并向公安、海关、检验检疫、边检、交通、金融等部门和机构、行业组织及有关经营者通报。有关部门和机构、行业组织、经营者可以根据职责权限在征信系统中进行记录，以及采取在一定期限内限制出境旅游、边境旅游、团队旅游、乘坐航班等惩戒措施。这些举措对减少游客不文明的旅游行为，降低旅游对目的地的负面影响产生了积极效果。

第三节　旅游的环境影响

一、旅游和环境的关系

旅游和环境之间有着非常密切的关系，既相互依赖，又相生相克。一方面，环境是旅游发展的基础。良好的旅游环境是旅游业实现可持续发展的重要前提和基础，旅游业的发展必须具备良好的环境条件。人类发展到今天，工业生产不断发展，人口密度增加，工作压力巨大，城市污染严重，“回归自然”成了大多数人外出旅游的动机。从这个意义上讲，洁净的水、清新的空气、幽静的空间、茂密的植被本身就是一项旅游资源。只有拥有良好的环境，旅游地才可能源源不断地吸引旅游者前来。世界上旅游发展得好的地方,自然环境也都非常好。另一方面,旅游的开发又会对旅游地环境造成影响,既有积极影响,也有消极影响,既有直接的影响,也有间接和诱导的影响。人们应切实提高环保意识,高度重视旅游对目的地环境的消极影响,采取各种有力措施建设良好的生态环境,有力促进旅游业走可持续发展的健康道路。

二、旅游对环境的积极影响

(一)提高环保意识,增加环保资金

旅游地良好的自然环境是旅游业发展的基础。为了吸引旅游者,旅游地和旅游开发者都非常关注环境保护这一议题,并通过多种方式将环保理念传达给目的地居民,使他们深切感受到自然环境所具有的价值和意义,以及自然环境为他们带来的可观的经济收益,唤起居民的环保意识,形成居民与政府和企业共同进行环境保护的局面,这在客观上促进了对自然环境的保护。我国一些地区原来存在乱砍滥伐等现象,发展旅游业后,当地政府制定了一系列措施进行环境保护,一些污染环境的企业被停产,如造纸厂、硫酸厂等;禁止砍伐树木、采挖矿石,禁止携带火种上山;建立垃圾处理站、截污设施;并对垃圾焚烧、麦秸焚烧、房屋建设等进行严格规定,有效地保护了当地的自然环境。随着旅游的发展,当地环境不断向好的方向发展,原来消失的动物又回来了,甚至还吸引了新的动物前来栖息,为当地增添了美好的景致。例如,大理优美的自然环境不仅吸引了大批旅游者,从2012年开始,还有一批红嘴鸥来洱海过冬,又为人们增加了一个去大理的理由。

政府和企业对环保问题的重视,必将在环境保护和治理中投入更多的资金。旅游业自身的发展也可为环境保护提供资金支持。例如,门票收入的一部分可以用作环境保护和治理的费用;政府税收增加,也能保证环境保护和治理活动的开展。

(二)建设基础设施,改善环境质量

旅游地要改善景区的可进入性和接待能力,必须要进行基础设施建设。一些原本较落后的地区,在旅游开发过程中,通过引入资金,新修了高等级公路,不仅方便了旅游者,更方便了当地居民。旅游休闲和娱乐设施的建设,满足了旅游者的需要,也丰富了当地居民业余生活。外形美观的高端酒店、购物商场等设施的建设,美化了环境,也促进了旅游地的发展。为了提高旅游者满意度,旅游地非常注重清洁卫生工作。干净整洁的街道,布满花草树木的游步道,各种精致的景观小品,都优化了当地居民的生活环境,提高了他们的生活质量。

三、旅游对环境的消极影响

当前,旅游业已成为世界第一大产业,产生了较好的经济效益和社会效益,但同时也对环境造成了一些影响。托尔塞尔(Thorsell)曾以东非地区的旅游开发为例,整理了旅游对生态环境的一些常见的潜在影响(见表9-1)。

表 9-1　旅游业对环境的潜在影响(东非地区案例)

相关因子	对自然质量的影响	评注	景区案例
过度拥挤	环境威胁引起动物行为变化	刺激性能的降低,对承载容量的需要或更好调节	Amboseli
过度开发	过多的人造景观	不可预见的城镇式的发展	Mweya
娱乐			
电力船	对野生生物和宁静环境的干扰	在筑巢季节具有脆弱性、噪声污染	Murchison
钓鱼	无	自然捕食者的竞争	Ruaha
远足狩猎	对野生生物的干扰	过度利用,对小路的破坏	Kilimanjaro
污染			
噪声(如雷达)	对自然声音的干扰	对野生生物和观光者的不良刺激	许多地区
垃圾(乱丢)	对自然景观的破坏	对美学和健康的损害	许多地区
随意破坏景物者	碎裂和设施损坏	自然特征的消失、设施损坏	Sibiloi
动物的猎食	动物行为变化	栖息动物的消失、对游览者危害	Masai-Mara
交通工具			
高速行车	野生生物致死、尘埃	生态变化	Amboseli
路边或夜间驾驶	土地、植被破坏	对野生生物干扰	Ngorongoro, Amboseli
其他			
纪念品收集	自然景点消失	贝壳、珊瑚、猎物	所有地区
木材收集	野生生物死亡,生态环境破坏	对自然界的干扰	所有地区
道路和捕兽陷阱	选择不当造成岩石变化	对景观美学价值、自然交错带来的损害	所有地区
电线	植被的破坏	美学影响	Tsavo,Bale 山脉
人造水坑和盐地	植被的破坏和驯化	所要求的土壤类型变化	Aberdare
外来动植物引进	与野生物种竞争	公众认识混乱	所有地区

(一)开展旅游活动对环境的消极影响

旅游活动对旅游区环境的影响主要在于旅游过程产生的垃圾对景点环境的污染,以及旅游活动本身对景点自然生态平衡及旅游意境的影响。

1. 旅游增加污染来源,加重环境污染

大量旅游者涌入导致许多景区排污量增加。机动船只使用量加大,增加水体污染;旅游交通运输量增大和机动交通工具废气排放增多、人群集中等加重空气污染;酒吧、KTV 等娱乐设施建设,增加噪声污染。此外,旅游者的大量涌入还不同程度地造成旅游地视觉污染、垃圾污染、社会污染。污染源的增加,加重了旅游地环境污染程度,降低了旅游地环境质量,影响旅游地居民的正常生活,也不利于旅游业的进一步发展。

2. 旅游活动破坏生态环境,降低环境质量

随着旅游活动的开展,旅游者对自然生态环境的影响和破坏从一开始就不是潜在性的,而是显而易见的。例如,旅游者的狩猎活动会影响野生动物的生存环境;沙丘会因旅游者的过度活动而遭受侵蚀;植被会因旅游者的过度踩踏而被破坏;旅游者乱丢废弃物不但会影响环境的美感,而且还会危及动植物的生存。不当的旅游活动本身所带来的问题是严重的,忽视这种影响,只注重短期效益,盲目扩大规模,无限制地接待旅游者,将对旅游业未来的可持续发展带来严重损害。

(二)旅游开发和经营对环境的消极影响

1. 旅游开发和建设破坏旅游环境

旅游资源开发建设和经营会对环境造成一定的破坏和影响。在旅游开发建设过程中,有的旅游开发没有科学规划,急功近利,盲目建设和低层次扩张,不仅造成旅游资源的浪费,还使一些高品位、原生态的景观遭到破坏;有的从本部门或本企业的经济利益出发,以环境的损坏为代价进行开发。比如新建建筑与旅游地的整体环境不协调、景区城市化、自然景观人工化、农舍宾馆化、索道建设等,都会破坏旅游地环境。

2. 旅游经营中的不当行为破坏旅游环境

超过旅游地承载量的超规模接待会破坏旅游区自然生态系统平衡。构成自然景观的生态系统对旅游活动本身存在一定的承载能力,这种承载能力由生态系统的结构所决定,超过其承载能力的旅游活动将使旅游区生态系统结构发生变化,旅游区旅游功能丧失。有的旅游企业不顾相关部门的规定和环境保护的要求,在生态脆弱的旅游地随意建设接待设施,破坏了旅游地的生态系统和景观美感。近年来,随着休闲度假旅游的发展,我国部分滨湖旅游地建设了很多环湖休闲设施,如民宿,酒吧等。为了吸引旅游者,有的民宿经营者甚至把房屋建于湖中,破坏湖岸景观;部分经营者为了节约成本,直接将污水排入湖中,还擅自开展游湖活动,对湖泊生态系统构成极大威胁。

第四节　旅游可持续发展

一、可持续发展的由来和基本观点

(一)可持续发展的由来

人类社会在经历了早期以发展经济学为指导的经济高速增长阶段后,遇到了一系列的世纪性难题。自 20 世纪 60 年代起,一些经济学家、环境学家、生态学家率先开始反思和批判传统的发展观,探索人类可持续发展的道路,可持续发展观应运而生。

可持续一词来源于拉丁文,意思是维持下去或继续提高。现代意义上的可持续发展思想的痕迹历史上早已有之。但是可持续发展作为一个较为完整的思想体系和科学理论,其

形成过程则是始于20世纪60年代。一般认为,美国女海洋学家蕾切尔·卡逊于1962年出版的著作《寂静的春天》,是人类开始关心生态环境问题的标志。1972年,罗马俱乐部发表了由丹尼斯·米都斯主持的第一个研究报告《增长的极限》,提出了可持续发展的思想。1972年,在瑞典斯德哥尔摩召开的人类环境会议首次使用了“可持续性发展”这一表述,并将其中的“可持续性”定义为,在不牺牲子孙后代需要的情况下,满足我们这代人的需要。

1981年,世界自然保护联盟在其发表的《保护地球》这一具有国际影响的文件中,对可持续发展的含义做了进一步的阐述,即改进人类的生活质量,同时不要超过支持发展的生态系统的负荷能力。

1983年,世界环境与发展委员会成立了分别以当时的联邦德国总理勃兰特、瑞典首相帕尔梅和挪威首相布伦特兰为首的三个高级专家委员会,组织对全球性的环境与发展问题开展专门研究。这三个委员会此后根据各自的研究结果,分别发表了《共同的危机》《共同的安全》《共同的未来》三个著名的纲领性文件。在缩小差距、克服危机、保障安全和实现未来发展的途径方面,这三个文件不约而同地得出了世界各国必须组织实施新的可持续发展战略的结论。

1987年,由布伦特兰担任主席的世界环境和发展委员会提交了题为《我们共同的未来》的研究报告,这就是著名的《布伦特兰报告》(The Brundtland Report)。这一报告正式提出“可持续发展”这一术语和口号。报告中对“可持续”这一概念做了简短而明确的解释,即满足当代人的需要而又不损害子孙后代满足其自身需要的能力。也就是说,可持续发展既要以满足当代人的需要为目的,同时也要以不损害后代人为满足其自身需要而进行发展的能力为原则。

1992年,联合国在巴西里约热内卢召开的联合国环境与发展大会上通过了《里约环境与发展宣言》《21世纪议程》等一系列关于可持续发展的全球性协议及权威性原则声明,第一次把可持续发展问题由理论和概念推向实际行动。

（二）可持续发展的基本观点

可持续发展的基本观点包括可持续性观点、公平性观点和共同性观点。

1.可持续性观点

可持续性观点是指人类发展的横向平衡性和纵向永续性。横向平衡性是因为当代人类共同的家园是地球,而地球只有一个,故人类的发展首先寻求的是全球各区域的共同平衡发展;纵向永续性是因为人类有着共同的后代,当代人的发展不能影响危及后代人的发展,即发展的永续性。

可持续发展的实质是在发展过程中精心维护人类生存与发展的可持续性,它体现了人类与客观物质世界的相互关系。可持续发展不否定经济增长,但经济增长和发展必须以自然资源为基础,同环境承载力相协调,同社会进步相适应。在目前的科学技术水平下,人类发展的经济、社会、资源与环境三大要素中,主要限制因素是发展的基础——资源与环境,故人类的经济和社会发展必须维持在资源与环境的承受能力范围内,以保证发展的可持续性。

2.公平性观点

要满足人类需求,还必须实现资源利用的代内公平和代际公平。代内公平是指同代人之间的横向公平。发展是人类共同享有的权利,不论是发达国家还是发展中国家,都享有平等的、不容剥夺的发展权利。特别是对于发展中国家来说,发展权尤为重要。当今世界依然有大量的人口生活在贫困状态,而绝大部分的财富却集中在少部分人手中。贫穷和生态恶化把发展中国家拖入了艰难的境地,并引发了战争、难民、疾病等一系列社会问题。只有通过发展经济才能为解决贫富分化的社会问题和生态环境恶化的问题提供必要的资金和技术。公平性要求不能因满足一部分人的需要而危及另一部分人的基本需要,为一部分人的利益而损害另一部分人的利益。

代际公平是指当代人与后代之间的纵向公平。当代人与后代人具有同等享受地球上的资源与环境、谋求发展的权利。当代人不能只顾自己的利益,过度地使用和浪费资源,破坏环境,剥夺后代公平地享有资源与环境的权利。

3. 共同性观点

共同性观点是指全人类,不分国籍、种族、肤色、性别,全都生活在地球上,并以地球上的水、土壤、空气、生物圈为基础,不断繁衍。地球的共同性决定了人类与地球的关系是相通的,一旦环境被污染,受影响的将不仅是某个地区或某个国家,也不只是穷人。环境污染会随着空气和水流传递到其他国家和地区,富人也不能幸免。同时,生物圈的破坏最终也会影响到全人类。近年来频繁爆发的高温、干旱、洪涝灾害等气候问题以及一系列的连锁反应,充分证明了人类发展的共同性。此外,在现有的航天技术水平下,人类的后代只有以地球为基础,才能得以生存和发展。而资源和环境的有限性决定了当代人在发展的时候必须要爱护环境,为子孙后代的生存和发展留下宝贵的资源和良好的环境。

由于各国的历史、文化和发展水平的差异,可持续发展的具体目标、政策和实施步骤不可能完全整齐划一。但是,可持续发展作为全球发展的总目标,所体现的公平性和可持续性原则是共同的。并且要实现这一全球总目标,必须采取全球联合行动。

可持续发展不是不要发展,更不是反对发展。可持续发展要求经济发展和自然承载力相协调。发展的同时必须保护和改善地球的资源、提高环境成本,减少和消除不能使发展持续下去的生产和消费方式。

可持续发展理论是在人类面临生存危机时,对未来生存和发展道路的正确选择,是人与自然协调发展在人类发展战略中的折射。

二、旅游的可持续发展

旅游业在发展过程中对旅游地的经济、社会、文化和生态环境带来了深刻的影响,并引起了人们的关注。随着可持续发展理论的提出,部分学者开始将目光转向旅游的可持续发展。可持续旅游作为一种科学的发展模式,可以在尽可能保护环境的情况下最大限度地开发旅游资源,发展旅游业。

(一)可持续旅游的提出

可持续旅游的概念是在20世纪70年代初才形成的。当时,探讨旅游对环境和生态影响的学者逐渐增多,不同的组织机构和研究者以及各种相关会议都对"可持续旅游"下过定义。1995年4月,联合国教科文组织、环境规划署和世界旅游组织在西班牙加那利群岛的兰萨罗特岛召开了可持续旅游发展世界会议，会议通过了《可持续旅游发展宪章》和《可持续旅游发展行动计划》，并明确指出，可持续旅游的实质就是要求旅游与自然、文化和人类生存环境成为一个整体。

归纳以上对可持续旅游的分析，可持续旅游发展的概念可以表述为，以旅游目的地自然、人文和生态环境为基础，充分考虑旅游承载力，满足当代人的旅游需要，并能造福后代的一种旅游发展模式。

（二）可持续旅游发展的目标

1990 年，在加拿大温哥华召开的全球可持续发展大会上，旅游组行动策划委员会提出了旅游业发展的目标：

（1）增进人们对旅游所产生的环境、经济效应的理解，强化其生态意识。

（2）促进旅游的公平发展。

（3）提高旅游接待地居民的生活质量。

（4）向旅游者提供高质量的旅游经历。

（5）保护上述目标所依赖的环境质量。

可持续旅游的目标涉及多个层面，但其最核心的一点是要确保在从事旅游开发的同时，不损害后代人为满足其旅游需求而进行旅游开发的可能性。也就是说，旅游的开发和发展需要从长远出发，全面认识旅游的影响，在满足人们开发旅游业和开展旅游活动的需要方面，实现代内平衡和代际平衡。

（三）实现可持续旅游发展的关键

旅游业的可持续发展不是单纯的经济发展、产值增加，而是涉及生态、社会和经济共同的可持续发展。不断保持环境资源和文化的完整性，并且给旅游区的居民公平地分配旅游业的社会和经济效益，是可持续旅游发展的本质。

在讨论旅游对社会文化影响的问题时，我们提到旅游负面影响的出现并不是必然的。尽管在有的旅游地确实出现了一些比较严重的问题，但这些问题的出现是有条件的。也就是说，只要对有可能引起旅游负面影响的因素加以控制，就可以降低甚至消除发展旅游有可能带来的负面影响。一般认为，旅游承载力以及基于承载力的目的地管理是控制旅游负面影响从量变到质变的重要条件。

旅游承载力又称为旅游容量，是指一个旅游目的地在不至于导致当地环境和旅游质量出现不可接受的下降这一前提之下，所能接待外来旅游者的最大能力。旅游承载力决定着可持续旅游发展规模的限度。随着目的地旅游者数量的增加，旅游给目的地环境和社会文化造成的消极影响程度也会随之加深。如果旅游者来访量超过目的地的旅游承载力，那么这些消极影响的程度便会突破当地环境或社会文化的自我恢复能力，从而使原本处于潜在状态的消极影响转化为严重的现实问题。

旅游承载力是一个复合型概念，结合旅游业的特点，可将旅游承载力分成以下几种。

1. 旅游设施用地承载力

旅游设施用地承载力是指目的地适合于建造旅游设施的土地数量及这些旅游设施的最大综合接待能力。土地属于稀缺资源，在土地资源有限的情况下，如何合理安排用地是一个重要的问题。对于目的地来说，能够进行旅游开发和建设的土地数量是有限的，如果超过这一限度，就意味着过度开发，就会给目的地可持续发展带来较大的负面影响。

2. 物质环境承载力

物质环境承载力是指在不至于导致当地旅游环境的对外吸引力出现下降的前提下，所能接待来访旅游者的最大数量。

3. 生态环境承载力

生态环境承载力是指在不至于导致当地的生态环境和生态体系发生不可接受的变化这一前提下，所能吸纳来访旅游者的最大数量。

4. 社会承载力

社会承载力亦称社会心理承载力，是指在不至于导致当地社会公众的生活和活动受到不可接受的影响这一前提下，所能接待来访旅游者的最大数量。旅游的社会承载力即学者运用民意调查的方法来确定旅游地居民的承受能力，也可简单地把当地居民对待旅游者的态度作为衡量社会承载力是否得当的重要标志。

在进行旅游规划时，设计者一定要将旅游者接待规模限制在旅游地承载力范围之内，并运用经济、技术等方法，不断提高旅游地承载力，促进旅游地的可持续发展。旅游开发应控制在最优承载量的范围内，并加强后期管理，只有这样才能保证环境系统自我调节功能的正常发挥，进而实现可持续旅游。

（四）可持续旅游发展的模式

综合考虑旅游影响及人与自然和谐发展的理念，结合旅游发展过程中各方利益及其作用，可持续旅游发展的模式即以政府为主导，以循环经济为基础，以生态工程为手段，开发绿色、生态旅游产品，加强旅游资源管理，积极引导社会参与，开展旅游扶贫，促进旅游经济、社会、文化和环境的可持续发展。

在可持续旅游过程中，政府应发挥主导作用，做好旅游规划；引进企业管理和经营模式，促进旅游业发展；最大限度保护旅游地生态环境，构建生态型旅游发展道路；通过循环经济模式，提高资源利用率；利用生态工程理念，进行旅游基础设施建设。在旅游的发展过程中，还应引进项目认证与环境管理制度进行可持续旅游的管理。可考虑通过社区参与进行社会文化的保护，并吸纳当地居民从事旅游业，解决就业问题，提高居民的经济收入。

可持续旅游概念的提出，从战略的高度为旅游业发展指明了方向，有利于旅游地充分利用旅游发展正面、积极的影响，减少负面、消极的影响，引导旅游业健康、平稳发展。

本章小结

通过旅游促进目的地经济发展是很多旅游地进行旅游开发的主要目的。旅游的发展可以增加目的地国的外汇收入，平衡国际收支；可以扩大内需，促进货币回笼；还可以增加就业机会，促进目的地经济发展，平衡区域经济差距。但是，旅游的发展也有可能导致目的地物价上涨，造成产业结构失调，影响国民经济稳定。

旅游乘数是用来测量旅游经济影响的主要方法。

旅游对目的地社会文化方面的积极影响主要表现为，有利于提高国民素质；有利于促进旅游地传统文化的保护和发展；有利于增进了解，促进世界和平；有利于促进社会文化的交流；有利于改善旅游地生活环境。有可能带来的负面影响主要为，传统文化遭到破坏或发生变异，目的地居民价值观发生变化，干扰目的地居民正常生活。尽管旅游发展有可能给目的地带来负面影响，但我们不能因噎废食，停止发展旅游，而应正确对待旅游的社会文化影响，采取积极措施减少不利影响。

旅游和环境之间有着密切的联系，两者相互影响、相生相克。发展旅游可以提高环保意识，增加环保资金，建设基础设施，改善环境质量。但是，如果开发和管理不当，旅游业也有可能对环境造成破坏，主要有开展旅游活动而造成的破坏和旅游开发和经营所造成的破坏。

经济发展造成的负面影响日益引起人们的关注和思考，可持续发展理论应运而生。可持续发展理论是指满足当代人的需要而又不损害子孙后代满足其自身需要的能力，可持续性、公平性、共同性是可持续发展理论的基本观点。用可持续发展理论来研究旅游业，形成了可持续旅游的概念，即以旅游目的地自然、人文和生态环境为基础，充分考虑旅游承载力，满足当代人的旅游需要，并能造福后代的一种旅游发展模式。旅游业发展要达到的目标包括：增进人们对旅游所产生的环境、经济效应的理解，强化其生态意识；促进旅游的公平发展；提高旅游接待地居民的生活质量；向旅游者提供高质量的旅游经历；保护上述目标所依赖的环境质量。可持续旅游的发展应坚持以政府为主导，以循环经济为基础，以生态工程为手段，开发绿色、生态旅游产品，加强旅游资源管理，积极引导社会参与，开展旅游扶贫，促进旅游经济、社会、文化和环境的可持续发展。

思考与练习

1. 什么是旅游的乘数效应？
2. 旅游对经济的积极影响有哪些？
3. 应该如何对待旅游的社会文化影响？
4. 旅游是“无烟工业”吗？为什么？
5. 结合一个你熟悉的旅游地，谈谈如何才能实现旅游业的可持续发展。

案例分析

旅游对纳西东巴文语言景观的影响

丽江是世界文化遗产地，由大研古城、白沙居民建筑群、束河民居建筑群构成。纳西文化是丽江重要的旅游形象名片，其中，东巴文被称之为“纳西族古代社会的大百科全书”，是世界上唯一活着的象形文字，具有科学、历史、美学和艺术价值。2003年，东巴文被联合国教科文组织列入“世界记忆遗产名录”。虽然东巴文是纳西语的书写文字，但是自古以来东巴文主要用于宗教经文书写，仅由少数东巴人掌握，并不用于日常生活的信息沟通。清代汉文化大量进入丽江地区后，东巴教在纳西族的地位逐渐降低。20世纪50年代后期，东巴教被当作封建迷信的内容，被全面禁止，东巴文在纳西族城镇及城郊中消失，仅存于一些边远山寨；20世纪80年代以后，东巴文如何与现代结合等问题受到关注；到20世纪90年代丽江旅游开发后，东巴文作为可利用的重要资源被重新审视和运用。

东巴文具有研究价值和欣赏价值，且易于开发利用，适应旅游者需求，但东巴文是一种濒危的特殊语言，旅游既可能给它带来机遇，也可能给它带来威胁。旅游对其产生了什么影响值得关注，需要深入探讨。

徐红罡等于2012年研究了旅游发展对纳西族东巴文的影响，研究结果表明，东巴文语言景观形成来自政府、旅游业经营者推动，分别通过政策与营造商业氛围起作用，但这两种因素均与旅游直接相关，因为在旅游中东巴文语言景观的重要性才树立起来。深入分析来自政府、旅游业经营者、旅游者与居民的主观态度后发现，东巴文语言景观的作用在于它承载地方特色、传统等相关的象征意义，吸引旅游者，有利于旅游发展。而对于它的信息功能，无论是生产者还是阅读者都不在意，不认识东巴文，也不关注东巴文的文化内涵。生产者注重潜在经济效益，旅游者注重形式审美，政府和居民虽然对东巴文有认同，但是也更多地看到其在商业社会的文化符号价值和可能的经济价值。因此，将东巴文抽象为一种只有商业价值的象征符号，缺乏信息功能。

信息功能是语言活力的基本条件，从东巴文语言景观和英文语言景观在旅游目的地的不同作用，可以进一步看清旅游对东巴文的影响。英文语言景观不仅象征现代化与全球化，也具有突出的信息传递功能，因此，旅游让英文获得更多使用者，主观和客观活力都得到提高；而东巴文语言景观只是基于形式特色的符号象征，主要承担民族风情符号的作用，使用者与阅读者都不能识别，也不关心准确性，旅游没有让东巴文获得真正的传承。语言的信息功能重要性在于能够约束语言规范性，否则信息无法正确传递。而旅游开发中的东巴文语言景观缺少这种约束，没有统一的规范准则，可以被随意使用或篡改，这种盲目、不规范使用将会影响东巴文的准确性、纯洁性，久而久之阻碍东巴文识别，造成东巴文传承出现裂痕，甚至是断层。

东巴文有其特殊性，东巴文原本附属于东巴宗教，不在日常生活中使用，本身缺乏支撑信息功能的群众基础，即使旅游提升了东巴文的重要性，也很难让人们使用东巴文去沟通、交流。因此，仅仅依靠旅游复兴东巴文是不可能的。东巴文的真正复兴还是需要从东巴文原有的发展模式中去寻找启示。古代的东巴文属于纳西族内部的特定群体——东巴，他们代表了纳西族的文化精英，用东巴文进行思想交流，代代相传，赋予了东巴文生命力。在此过程中，信息功能和象征功能是平衡的，所以很小的群体也能保证东巴文代代相传。这就启示我们，现代的东巴文作为文化遗产，要变活，就要维护这样的平衡。在旅游开发中，商业因素很难恢复与保持东巴文语言景观的信息功能、象征功能的平衡，旅游仅仅起到了东巴文符号的传播作用，真正复兴可能还是应大力扶持东巴文的传承人，培养文化精英，使他们维持一定数量，让东巴文能够保持真正的活力，一代一代地传承下去。

（资料来源：根据徐红罡、任燕的《旅游对纳西东巴文语言景观的影响》一文整理。）

问题：

阅读案例，思考旅游发展对旅游地传统文化保护的影响。

第十章

旅游行业组织

学习引导

现代旅游不只是人们越过地缘政治界线的简单运动，它与政治、经济、文化等方面都有着十分复杂的关系。国家在旅游业的发展中有着十分重要的作用，而这种作用是通过旅游组织所制定的方针和政策来实现的。

学习重点

通过本章学习，重点掌握以下知识要点：

- 旅游组织及其职能
- 国际旅游组织
- 我国旅游组织
- 旅游政策

核心概念

旅游行业组织 Tourism Industry Organization　旅游行政组织 Tourism Administration Organization　世界旅游组织 World Tourism Organization　中华人民共和国文化和旅游部 Ministry of Culture and Tourism of the People's Republic of China　中国旅游协会 China Tourism Association　中国旅游饭店业协会 China Tourist Hotel Association　旅游政策 Tourism Policy

第一节　旅游组织及其职能

随着旅游业的不断发展，许多国家将旅游业纳入经济发展的整体规划中。为了促进旅游业发展、规范行业秩序、加强领导与管理，当今几乎所有国家和地区都设有专门的机构，负责制定和执行国家旅游政策，规划和管理国家旅游业发展。对于这类全国性的旅游行政管理组织，一般统称国家旅游组织（National Tourism Organization，简称 NTO；或称 National Tourism Administration，简称 NTA）。国家旅游组织是指为国家政府所承认，负责管理全国旅游行政事务的组织，通常情况下，一个国家最高旅游行政管理机构都代表这个国家的国家旅游组织。成立于 1901 年的新西兰旅游局是世界上最早的国家旅游组织。

一、旅游行政组织设立形式

旅游行政组织的设立形式有以下三种。

（一）由国家政府直接设立，并且在编制上作为国家政府的一个部门或机构

一是，设为一个完整而独立的旅游部或相当于部的旅游局。例如，菲律宾、墨西哥、埃及、泰国等国家中的最高旅游行政管理机构都属于这种形式。

二是，设为一个混合部，即与其他部门合并为一个部。

三是，设为某一部的下辖机构。

（二）经国家政府承认，代表国家政府执行全国性旅游行政事务的半官方组织

这种形式的旅游行政管理机构常见于欧洲的一些国家。在这些国家中，有关国家旅游发展的重大决策虽然划归国家政府中的某个部负责，但该部并不承担具体的旅游行政管理事务。因此，在这些国家的政府部门之外，另设一个组织执行全国性的旅游行政管理工作。即这一组织在编制上并非属于政府机构，其工作人员也不是政府雇员，但是该组织的主要负责人需由国家政府中分管旅游的部门任命，并且该组织的部分经费由国家政府拨款。例如，英国、挪威、爱尔兰、瑞典、丹麦和芬兰等国家的旅游局都属于这种半官方组织。

（三）经国家政府承认，代表国家政府行使旅游行政管理职能的民间组织

这种民间组织多为影响力较大的、由民间自发组成的全国性旅游协会。政府同意其代表旅游行政机构行使管理职权后，通常会定期提供一定的财政拨款，但是该组织的领导成员并非由政府指定，而是由该组织会员自己选举产生，如德国和新加坡的国家旅游组织都是由这种民间组织兼任。

二、国家间旅游组织存在差异的原因

世界各国的国家旅游行政管理机构除了在组织形式上不尽相同，在所拥有的权力和地位等方面也往往存在很大差别。造成这些差别的原因是多种多样的，通常从以下几个方面进行综合分析。

（一）国家政治经济制度

在政治上实行中央集权或在经济上实行计划经济的国家中，旅游业中的私营企业占比很小，主要旅游企业多为国家所有。在实行资本主义政治制度和自由市场经济的国家中，旅游业中的私营企业十分强大，旅游业的发展主要靠私营企业的力量。这意味着同资本主义国家发展旅游业的情况相比较，社会主义国家和发展中国家旅游业的发展通常需要政府较大程度的直接干预，否则旅游业便难以实现迅速发展。所以在大多数社会主义国家和发展中国家中，其国家旅游行政组织都是由国家政府直接设立的，并且将其列为政府的一个部门或机构。政府通过这一机构直接指挥、管理和参与全国旅游业的发展工作。因此，这些国家中的国家旅游组织在很大程度上既是国家的代表，又是旅游业的代表。

（二）旅游业发达水平

一个国家的旅游业的成熟程度和发达水平，可以影响其国家旅游组织的地位和权力。在多数发展中国家，旅游业的发展历史较短，有的国家的旅游业尚处于起步阶段。为了促使旅游业迅速成长，政府不得不进行干预。因此，这些国家中的国家旅游组织不仅被设为政府部门，而且它所拥有的权力也比较大。这主要反映在，其国家旅游组织不仅是国家旅游政策的监督执行者，而且在很大程度上也是国家旅游政策的参与制定者。因此，这些国家中的国家旅游组织一般都有权解释本国发展旅游业的大政方针。反之，在发达国家中，旅游业发展历史较久，一般都比较成熟和发达，加之私营企业构成其旅游业的主力，政府对旅游业的直接干预程度较低，所以在很多旅游业发达的国家，其国家旅游组织通常都不是政府部门，而是由半官方的法定组织或民间的旅游行业组织担当。这类国家旅游组织都无权制定国家发展旅游的大政方针。多数情况是由国家政府部门就发展旅游的重大方针做出决定之后，授权这些国家旅游组织制定具体的政策条例，并负责管理这些政策条例的实施。

（三）旅游业在国民经济中的地位

在有些发达国家中，其国家旅游组织的设立所采用的也是国家政府部门形式。这在很大程度上是因为这些国家的旅游业在国民经济中占据着非常重要的地位，所以这些国家在干预旅游业的过程中，赋予国家旅游组织政府部门应有的地位，并将其纳为国家政府部门编制的组成部分。因此，这些国家在设立国家旅游组织时，也都采用了国家政府部门的形式，以便于国家对旅游业的管理和控制。

总之，世界各国对国家旅游组织的设立形式并无统一的模式。一个国家的国家旅游组织的设立形式、地位高低和权力大小都是依据本国的国情来决定的。

三、旅游行政组织的职能

国家政治经济制度、旅游业的规模以及政府对旅游业的重视程度等因素都会影响国家旅游组织管理部门的组织架构。一般来说，处于旅游业发展初期或旅游业即将高速发展的国家，政府对旅游业的发展起重要作用。

尽管国家旅游行政组织的形式不同、地位有高有低、权力有大有小，它们作为旅游业发展的管理机构，一般具有以下职能。

(一)宏观调控职能

国家旅游行政组织的宏观调控职能主要表现在对旅游投资方向调整、旅游优惠政策调整、旅游发展环境营造、旅游产业结构优化、旅游规划引导和经济周期调整等方面。通过起草旅游法规拟定旅游业发展方针、政策、规章制度,制定标准进行市场秩序和服务质量管理,保证旅游服务质量。

(二)规范市场职能

明确管理角色、强化自身约束、完善法治建设、强化市场监督和建立诚信体系五个方面来规范市场。监督管理是规范市场的重要手段,贯彻执行国家的旅游政策,监督旅游政策的实施,运用行政职权,对旅游业实行全面管理。

(三)计划与控制职能

与有关部门做好旅游资源普查、开发和保护;研究人才需求,编制人才培训标准和大纲,加强人员培训和职业教育,直接投资或资助开办培训机构或院校;控制旅游行业发展规模。

(四)沟通协调职能

为了整个国家的利益,就有关旅游发展的重大事宜在中央与地方之间、区域之间、部门之间、行业之间进行沟通协调,主要包括利益沟通、目标沟通、效率沟通等。

(五)微观规划职能

旅游发展总体规划是旅游发展的纲领性文件,是旅游业健康、持续、稳定发展的根本保证。国家旅游组织不仅要制定科学的规划,确定合理的发展方向、目标与重点,更要按照总体规划的目标与思路,科学制定发展的阶段、步骤与政策,有计划、有步骤地发展旅游业,保证旅游业健康、持续、稳定发展。确定旅游业在国民经济发展中的地位;制定旅游发展的长期规划,编制中短期规划;监督和协调旅游资源开发。通过旅游市场准入规制、价格规制、质量规制、行政许可规制和旅游资源环境规制来实现这一职能。

(六)促销职能

旅游促销是国家旅游组织的基本职能,通常也是其最大的职能区域。国家旅游组织的市场部门通常会提出旅游促销策略,并负责广告策划、宣传资料设计,以及通过传媒及旅游交易会等进行旅游促销。将国家作为一个旅游目的地向海外推销,确立国家整体旅游形象,和其他国家或地区开展合作,设立旅游办事处,为国家或地区促进旅游业发展进行广告宣传,举办展览会,参加国际旅游博览会,推销旅游产品。

第二节　国际旅游组织

旅游业的发展促进了各国之间的交流,增进了各国人们之间的友谊和了解。但同时,各国在旅游交往中也可能存在矛盾和冲突,严重的话可能造成复杂的国际问题,因此需由各个国家参与,共同成立国际性旅游组织作为协调机构,订立共同合作的规范,从而加强联系和合作,促进各国旅游业顺利发展。

一、国际旅游组织概况

国际旅游组织有狭义和广义之分。狭义的国际旅游组织是指其成员来自多个国家并为多国利益工作和服务的全面性国际旅游组织，如世界旅游组织。广义的国际旅游组织则还包括那些工作内容涉及国际旅游事务的国际组织，以及专门涉及某一旅游行业的国际性旅游同业组织。

国际旅游组织可使用多种标准进行类型划分，常见的划分标准如下：

（1）按组织的成员划分，其可分为以个人为成员的国际性组织、以公司企业为成员的国际性组织、以机构团体为成员的国际性组织、以国家政府代表为成员的国际性组织等。

（2）按组织的地位划分，其可分为政府间组织和非政府组织。在国际旅游组织中，更多的是非政府组织，由来自不同国家的企业、团体机构或个人，有共同的兴趣或利益而成立，但是也并不排斥本国政府部门的加入。非政府组织对世界旅游的发展起着重要作用。

（3）按组织的范围划分，其可分为全球性组织和地区性组织。

（4）按组织的工作内容划分，其可分为部分涉及旅游事务的一般性国际组织、全面涉及旅游事务的专门性组织，以及专门涉及旅游事务某一方面的专业性组织。

二、主要国际旅游组织

（一）世界旅游组织

政府间国际旅游组织中，世界旅游组织最具代表性，它是目前世界上唯一全面涉及国际旅游事务的全球性政府间机构，同时也是当今旅游领域中最具知名度且最具影响力的国际性组织。

世界旅游组织（World Tourism Organization，简称 UNWTO）是联合国的专门机构，其宗旨是促进和发展旅游事业，使之有利于经济发展，国际社会的相互了解，以及和平与繁荣。世界旅游组织正式成立于 1975 年 1 月 2 日，总部设在西班牙马德里。1975 年 5 月，世界旅游组织承认中华人民共和国为中国唯一合法代表。1983 年 10 月 5 日，该组织第五届全体大会通过决议，接纳中国为正式成员，成为其第 106 个正式会员。

世界旅游组织的活动主要有：

（1）促进旅游适度发展，以保护环境。

（2）支持旅游设施的完善，以鼓励提高旅游质量。

（3）消除或缩小阻碍国际旅游发展的障碍。

（4）促进自由贸易的积极性，以刺激旅游的发展。

（5）为培养训练有素的高质量的旅游专业人才提供教育培训的教师、教材及其他便利条件。

（6）研究市场和统计工作。

世界旅游组织将每年的 9 月 27 日定为世界旅游日，目的在于给旅游宣传提供一个机会，引起人们对旅游的重视，促进各国在旅游领域的合作。为不断向全世界普及旅游理念，形成良好的旅游发展环境，促进世界旅游业的不断发展，该组织每年都会推出一个世界旅游日的主题口号。2017 年以来世界旅游日的主题如下。

2017 年为“可持续旅游业如何促进发展”。

2018 年为“旅游数字化发展”。

2019 年为“旅游业和工作：人人享有美好未来”。

2020 年为“旅游与乡村发展”。

2021 年为“旅游促进包容性增长”。

（二）世界旅游业理事会

世界旅游业理事会（World Travel & Tourism Council，简称 WTTC）是非政府组织，是全球性的独立的旅游研究咨询机构，是一个全球百强旅游企业的领袖论坛，成立于 1990 年。

世界旅游理事会的宗旨是充分调动旅游业所有部门的领导人及其公司的智慧和能力，使各国政府认识到旅游对国家和社会经济发展的巨大贡献，从而为旅游发展提供政策支持，促进旅游市场的扩大，减少旅游业发展的障碍，使旅游业在全球范围内的合作取得成功。始终坚持执行“提高公众对发展旅游业重要性的认知”的核心使命。理事会的成员由世界各国大型的旅游公司和与旅游相关的企业和机构的总裁、董事长和首席执行官组成，现有成员代表包括航空公司、旅游公司、联号酒店、汽车出租公司等，其业务直接或间接涉及住宿业、游船业、娱乐业、交通运输业以及其他与旅游业相关的服务行业。

（三）太平洋亚洲旅游协会

太平洋亚洲旅游协会（Pacific Asia Travel Association，简称 PATA），原名太平洋地区旅游协会，是一个民间性、行业性、地区性的国际旅游组织。太平洋亚洲旅游协会成立于 1951 年，1986 年更名为亚太旅游协会，其成员有国家旅游组织，也有各种旅游协会和旅游企业，分为两个总部，行政总部设在美国加利福尼亚州的奥克兰，运营总部自 1998 年 6 月迁至泰国曼谷，其他办事机构设在悉尼和摩纳哥。

太平洋亚洲旅游协会是一个具有广泛代表性和影响力的民间国际旅游组织，在整个亚太地区乃至世界的旅游开发、宣传、培训与合作等多方面发挥着重要作用。宗旨是发展、促进和便利世界各国的旅游者到本地区的旅游以及本地区各国居民在本区内的旅游。该协会受到亚太地区各国旅游业界的普遍重视。

该协会的章程规定，任何全部或部分位于西经 110°至东经 75°地理区域内所有纬度的任何国家、地区或政治区域均有权成为该协会会员。该协会成员不仅包括亚太地区，而且包括如欧洲各重要客源国在内的政府旅游部门和空运、海运、陆运、旅行社、饭店、餐饮等与旅游有关的企业。截至 2021 年 11 月，PATA 在全球拥有 7000 多个成员，其中包括 800 多个国际中心成员和 38 个行业的 6000 多个成员，囊括政府旅游机构、旅行社、大学、航空公司和机场、景点及其他旅游相关业务机构。PATA 作为深受信赖的行业协会，致力于促进亚太地区的旅游业发展。

（四）世界旅行社协会联合会

世界旅行社协会联合会（United Federation of Travel Agents' Associations，简称 UFTAA）是世界上最大的民间性国际旅游组织。其前身是 1919 年在巴黎成立的欧洲旅行社和 1964 年在纽约成立的美洲旅行社。1966 年 10 月，这两个组织合并，并于 1966 年 11 月 22 日在罗马正式成立世界旅行社协会联合会，总部设在比利时布鲁塞尔。该协会的成员有两类:正式成员为国家旅行社协会,联系会员为私营旅行社与旅游业务相关的机构。

该组织的宗旨是负责国际政府的或非政府的旅游团体的谈判事宜,代表并为旅游行业和旅行社的利益服务。该组织每年召开一次全体大会,交流经验、互通情报。该组织的最高权力机构是全体大会,负责决定组织工作的大政方针。1995 年 8 月,中国旅游协会被接纳为正式成员。

(五)世界旅行社协会

世界旅行社协会(World Association of Travel Agencies,简称 WATA)是一个国际性的旅游组织,创建于 1949 年。该协会由 237 家旅行社组成,其中半数以上为私营企业,分布在 86 个国家的 208 个城市中。世界旅行社协会设有一个执行委员会,有 9 名委员。总部设在瑞士的日内瓦,并设常务秘书处,管理协会的行政事务。协会每两年举行一次大会。协会把世界分成 15 个区,各区每年举行一次会员社会议,研究本区旅游业务中的问题。

世界旅行社协会旨在推动旅游业的发展,搜集和传播信息,参与有关发展旅游业的商业和财务工作。该协会每三年对各会员社的营业情况进行一次调查。在 1983 年的调查中,该协会所属旅行社的总营业额在 20 亿美元以上。该协会的刊物《世界旅行社协会万能钥匙》为每年一期,免费提供给各旅行社。该刊是一份提供最新信息的综合性刊物,主要刊登会员社提供的各种服务项目的价目表,还刊登各国旅行社提供的国家概况和饭店介绍等。协会的活动经费来源,一是会员社每年的捐款,二是出版发行《世界旅行社协会万能钥匙》年刊的利润。

(六)国际航空运输协会

国际航空运输协会(International Air Transport Association,简称 IATA)是一个包括全世界各大航空公司的国际性组织,于 1945 年 4 月在古巴哈瓦那成立。目前,该协会会址设在加拿大蒙特利尔。

协会的主要作用是简化和加快世界航空网任意两地之间以任意航线组合起来的客货运输。协会的宗旨是促进安全、正规和经济的航空运输;促进航空商业,并研究与此有关的问题;促进与联合国国际民用航空组织的合作。协会的主要任务是提出客货运率、服务条款和安全标准等,并逐步使全球的空运业务制度趋于统一;处理和协调航空公司与旅行社之间的关系。该协会主要的任务之一是确定票价,以实现各航线的快速预订和衔接。虽然确定票价是该协会的主要任务,但各国际航空公司的运费和价格归根到底是由它所服务的各个国家控制。

该协会最高权力机构为大会,大会每年召开一次。其他机构有执行委员会、常务委员会和常设秘书处。该协会的刊物有《国际航空运输协会评论》(季刊)和《年会备忘录》(年刊)。

(七)国际民用航空组织

国际民用航空组织(International Civil Aviation Organization,简称 ICAO)成立于 1947 年 4 月 4 日,同年 5 月,正式成为联合国的一个专门机构。总部设在加拿大的蒙特利尔。该组织的宗旨是发展安全而有效的国际航空运输事业,使之用于和平目的;制定国际空中航行原则;促进各国民航事业的安全化、正规化和高效化;鼓励民航业的发展,满足世界人民对空中运输的要求;保证缔约国的权利受到充分尊重,使各缔约国享有经营国际航线的均等机会。

国际民用航空组织的最高权力机构是大会，每三年举行一次，决定政策。常设机构是理事会，由每次大会选举的30个国家组成，常设执行机构是秘书处，由秘书长负责日常事务。我国于1974年2月15日正式加入，同年在大会上被选为理事国。

（八）国际饭店协会

国际饭店协会(International Hotel Association，简称IHA)成立于1947年，总部设在法国巴黎，为行业性民间组织。该协会的宗旨是联络各国饭店业协会，推动饭店行业人士接触，促进会员间的交流与技术合作；研究国际饭店业和国际旅游者交往的有关问题；协调饭店业与其他行业的关系；维护本行业利益。协会的主要工作是同各国政府磋商，促使各国政府实行有利于饭店业发展的政策；参与联合国国际投资和跨国公司委员会有关饭店业跨国经营方面的工作；通过制定有关饭店行业行为规范文件，协调饭店业与其他行业的关系；开展市场调研，汇集和传发饭店业市场信息；为各成员提供培训从业人员的条件和机会。

该协会的会员分为正式会员和联系会员。正式会员是世界各国的全国性的旅馆协会或类似组织，联系会员是各国旅馆业的其他组织、旅馆院校、国际饭店集团、旅馆、饭店和个人。国际饭店业协会每两年举办一次会员大会，商讨饭店业发展中的重大问题，修改、制定相关政策和行业规范，选举本协会包括主席、副主席和秘书长在内的下一届领导成员。

（九）世界旅游专业培训协会

世界旅游专业培训协会(World Association for Training Tourism Specialists，简称WATTS)于1969年在意大利科莫建立。该协会是由欧洲和地中海地区国家为主要代表组织进行旅游培训的国际性协会。

该协会的宗旨是确保国际旅游业中专业培训的合理化、规模化，力争五套标准化专业培训大纲。该协会现已发展成为一个国际合作中心，会员为各国的官方组织、研究中心、培训组织、贸易组织、企业以及具有专业高级文凭且有实际工作经验的旅游管理人员。

该协会在下列五个目标上力争达到国际水准：改进和发展旅游培训教材的提供、使用和编辑工作；为各种协议的签订、计划的协调和世界各国教员的培训提供方便；为旅游业方面的专家提供各种信息和交流的机会，鼓励他们传授经验和知识；为专业旅游组织提供场所，探索和研究各地区专业旅游培训的需要。

（十）世界一流酒店组织

世界一流酒店组织(the Leading Hotels of the World，简称LHW)是世界性的一流酒店和订房组织，1928年在瑞士成立，创办时有近50个成员。该组织的宗旨是将世界上最佳旅馆吸纳为成员，促使世界各地一流酒店保持和提升其卓越地位、一流服务；每年召开一次年会，交流经验，相互学习，相互促进；组织成员之间相互介绍客人。

总部设在美国纽约，世界各地办事处通过地球卫星通信系统准确、及时地提供每个世界一流酒店组织成员的客房信息，并能处理、确认宾客的预订。要成为世界一流酒店组织的成员，必须在位置、组织、管理、服务、烹饪、装饰和环境等方面都具备极佳条件和极高标准。只有具有设备先进、管理技术现代化、格调高雅、装修豪华等条件，以及极高的服务水平，经过专门的严格检查和审定，包括现场考察后提交执委会讨论通过的合格者才能被接纳为该组织正式成员。我国广州白天鹅宾馆于 1986 年 7 月 1 日被接纳为该组织成员。

（十一）国际旅游研究院

国际旅游研究院(International Academy for the Study of Tourism，简称 IAST)是第一个国际性旅游研究机构，于 1988 年 6 月 21 日至 24 日在西班牙北部名城桑坦德召开会议并宣告成立，11 个国家的 20 名学者出席了大会。时任世界旅游组织秘书长威廉巴尔德·帕尔博士在会上致辞表示支持，并着重阐述了旅游业的国际意义，强调急需在理论和实践上对旅游业做高质量的研究，高度重视旅游研究的价值和成果，并希望在研究院和世界旅游组织之间建立联系，保持联络。

该研究院的任务是推进对旅游业的学术研究和专业调查；鼓励应用研究成果；促进旅游知识的国际传播和交流。该院确定吸收会员上限为 75 名；新会员提出申请并且经现有会员推荐，通过院年度选举才能接纳为会员。

（十二）国际社会旅游组织

国际社会旅游组织(International Office of Social Tourism，简称 BIIS)是一个致力于"在国际范围内推行社会旅游理念"的非营利组织，在世界众多国家(尤其是欧美国家)拥有众多的分支机构和会员。其成员既有跨国旅游集团，又有旅游俱乐部、青年旅舍、汽车公司和非政府组织，还有 12 家政府组织是名誉会员。

国际社会旅游组织的一项重要目标是，让更多的人得到旅游机会，由此得到心灵的宁静和知识的拓展。国际社会旅游组织认为，旅游休闲服务的消费主要由收入决定。低收入者往往被排除在休闲活动之外，而不充分的休闲机会将导致其被社会排斥。为此，国际社会旅游组织倡导一系列消除休闲歧视和社会排斥的活动，主张人人享有带薪假期，推动了西班牙政府在旅游淡季为低薪的公务员提供休假，促进经营商们开发低价度假村和野外宿营地，提倡旅游地提供残疾人设施。在英国，该组织为单亲家庭和残疾人提供旅游资助，并说服一个大型连锁度假公司 Butlins 为单亲家庭提供低收费的度假机会。此外，国际社会旅游组织还为旅游从业者提供培训，帮助他们消除种族、文化、宗教、政治、心理等原因造成的对旅游者的歧视。

国际社会旅游组织在其章程中提出了社会旅游的四大使命：降低社会排斥，促进社会公平和人类自由发展；建立利益相关者之间新型的伙伴关系，让广泛的参与者共享发展成果；为落后地区带来新的非资源消耗型发展途径，促进可持续发展；使旅游成为全球发展计划的一部分，促进经济资源由发达地区向落后地区流动。国际社会旅游组织的口号"社会旅游：社会的塑造者"充分表达了这一国际组织的社会理想。

第三节　我国旅游组织

我国旅游组织主要分为两类：旅游行政组织和旅游行业组织。

一、旅游行政组织

旅游行政组织负责管理全国旅游行业发展，共分为三个层次：文化和旅游部（原国家旅游局），省、自治区和直辖市文化和旅游厅（局），省级以下的地方旅游行政机构。

（一）文化和旅游部

1. 国家旅游局的产生和发展

国家旅游局的前身是1964年设立的中国旅行游览事业管理局。1964年2月，中央外事工作小组上报中央《关于开展我国旅游事业的请示报告》，强调在新形势下加强旅游事业组织和领导的重要意义，提出了改组和扩大国家旅行社总社为旅游事业管理局的建议。6月，国务院决定设立中国旅行游览事业管理局，7月，全国人大做出了批准成立的决议。12月，中国旅行游览事业管理局正式开始办公。最初，中国旅行游览事业管理局实行的是政企合一的体制，与中国国际旅行社总社是"两块牌子，一套班子"。1978年3月，党中央和国务院同意将"中国旅行游览事业管理局"改为"中国旅行游览事业管理总局"，直属国务院。此后，根据我国旅游业管理工作的需要，国务院决定将中国旅行游览事业管理总局作为国家旅游行政机构，统一管理全国的旅游工作，从而确立了其作为国家旅游组织的地位。1982年年初，中国旅行游览事业管理总局与中国国际旅行社总社正式分离，不再承担旅游接待和业务经营的任务。1982年8月通过的《全国人民代表大会常务委员会关于批准国务院直属机构改革实施方案的决议》，决定将"中国旅行游览事业管理总局"正式更名为"中华人民共和国国家旅游局"，由国务院直接领导，作为我国旅游事业的最高管理机构。

2. 国家旅游局与文化部的整合

2018年3月，根据第十三届全国人民代表大会第一次会议批准的国务院机构改革方案，将国家旅游局的职责整合，与文化部合并，组建中华人民共和国文化和旅游部，不再保留国家旅游局和文化部。与原国家旅游局相比，文化和旅游部的主要职责基本保持不变，机构设置上有所调整。

3. 文化和旅游部主要职能

（1）统筹协调旅游业发展，制定发展政策、规划和标准，起草相关法律法规草案和规章并监督实施，指导地方旅游工作。

（2）制定国内旅游、入境旅游和出境旅游的市场开发战略并组织实施，组织国家旅游整体形象的对外宣传和重大推广活动，指导我国驻外旅游办事机构的工作。

（3）组织旅游资源的普查、规划、开发和相关保护工作。指导重点旅游区域、旅游目的地和旅游线路的规划开发，引导休闲度假。监测旅游经济运行，负责旅游统计及行业信息发布。协调和指导假日旅游和红色旅游工作。

（4）承担规范旅游市场秩序、监督管理服务质量、维护旅游消费者和经营者合法权益的责任。规范旅游企业和从业人员的经营和服务行为。组织拟定旅游区、旅游设施、旅游服务、旅游产品等方面的标准并组织实施。负责旅游安全的综合协调和监督管理，指导应急救援工作。指导旅游行业精神文明建设和诚信体系建设，指导行业组织的业务工作。

（5）推动旅游国际交流与合作，承担与国际旅游组织合作的相关事务。制定出国旅游和边境旅游政策并组织实施。依法审批外国在我国境内设立的旅游机构，审查外商投资旅行社市场准入资格，依法审批经营国际旅游业务的旅行社，审批出国（境）旅游、边境旅游。承担特种旅游的相关工作。

（6）会同有关部门制定赴港澳台旅游政策并组织实施，指导对港澳台旅游市场推广工作。按规定承担大陆居民赴港澳台旅游的有关事务，依法审批港澳台在内地设立的旅游机构，审查港澳台投资旅行社市场准入资格。

（7）制定并组织实施旅游人才规划，指导旅游培训工作。会同有关部门制定旅游从业人员的职业资格标准和等级标准，并指导实施。

（8）承办国务院交办的其他事项。

4. 文化和旅游部的机构设置

改革开放以来，随着我国旅游管理体制改革的深入，国家旅游局的机构设置也先后经历了几次大的调整，2018 年 3 月 13 日，文化和旅游部组建，这意味着旅游行政管理进入一个新的阶段。目前，文化和旅游部主要设立有以下职能司（厅）。

（1）办公厅：负责机关日常运转工作；组织协调机关和直属单位业务，督促重大事项的落实；承担新闻宣传、政务公开、机要保密、信访、安全工作。

（2）政策法规司：拟定文化和旅游方针政策，组织起草有关法律法规草案，协调重要政策调研工作；组织拟定文化和旅游发展规划并组织实施；承担文化和旅游领域体制机制改革工作；开展法律法规宣传教育；承担机关行政复议和行政应诉工作。

（3）人事司：拟定人才队伍建设规划并组织实施；负责机关、有关驻外文化和旅游机构、直属单位的人事管理、机构编制及队伍建设等工作。

（4）财务司：负责部门预算和相关财政资金管理工作；负责机关、有关驻外文化和旅游机构财务、资产管理；负责全国文化和旅游统计工作；负责机关和直属单位内部审计、政府采购工作；负责有关驻外文化和旅游机构设施建设工作；指导、监督直属单位财务、资产管理；指导国家重点及基层文化和旅游设施建设。

（5）公共服务司：拟定文化和旅游公共服务政策及公共文化事业发展规划并组织实施；承担全国公共文化服务和旅游公共服务的指导、协调和推动工作；拟定文化和旅游公共服务标准并监督实施；指导群众文化、少数民族文化、未成年人文化和老年文化工作；指导图书馆、文化馆事业和基层综合性文化服务中心建设；指导公共数字文化和古籍保护工作。

（6）科技教育司：拟定文化和旅游科技创新发展规划和艺术科研规划并组织实施；组织开展文化和旅游科研工作及成果推广；组织协调文化和旅游行业信息化、标准化工作；指导文化和旅游装备技术提升；指导文化和旅游高等学校共建和行业职业教育工作。

（7）艺术司：拟定音乐、舞蹈、戏曲、戏剧、美术等文艺事业发展规划和扶持政策并组织实施；扶持体现社会主义核心价值观、具有导向性代表性示范性的文艺作品和代表国家水准及民族特色的文艺院团；推动各门类艺术、各艺术品种发展；指导、协调全国性艺术展演、展览以及重大文艺活动。

（8）非物质文化遗产司：拟定非物质文化遗产保护政策和规划并组织实施；组织开展非物质文化遗产保护工作；指导非物质文化遗产调查、记录、确认和建立名录；组织非物质文化遗产研究、宣传和传播工作。

（9）产业发展司：拟定文化产业、旅游产业政策和发展规划并组织实施；指导、促进文化产业相关门类和旅游产业及新型业态发展；推动产业投融资体系建设；促进文化、旅游与相关产业融合发展；指导文化产业园区、基地建设。

（10）资源开发司：承担文化和旅游资源普查、规划、开发和保护；指导、推进全域旅游；指导重点旅游区域、目的地、线路的规划和乡村旅游、休闲度假旅游发展；指导文化和旅游产品创新及开发体系建设；指导国家文化公园建设；承担红色旅游相关工作。

（11）市场管理司：拟定文化市场和旅游市场政策和发展规划并组织实施；对文化和旅游市场经营进行行业监管；承担文化和旅游行业信用体系建设工作；组织拟定文化和旅游市场经营场所、设施、服务、产品等标准并监督实施；监管文化和旅游市场服务质量，指导服务质量提升；承担旅游经济运行监测、假日旅游市场、旅游安全综合协调和监督管理。

除以上 11 个主要的职能司（厅），文化和旅游部还设立有文化市场综合执法监督局、国际交流与合作局（港澳台办公室）、机关党委（党组巡视工作领导小组办公室）、离退休干部局，分管不同的工作。

（二）省、自治区和直辖市文化和旅游厅（局）

我国各省、自治区和直辖市设有文化和旅游厅（局），分别主管所在省、自治区和直辖市的旅游行政工作。这些旅游行政机构在组织上属于地方政府部门编制，在业务工作上接受地方政府领导和文化和旅游部指导。主要职能为负责本省、自治区和直辖市旅游业发展的规划、开发、旅游业管理以及旅游宣传和促销工作。

2018 年 2 月的十九届三中全会做出的《中共中央关于深化党和国家机构改革的决定》明确提出要"赋予省级及以下机构更多自主权""除中央有明确规定外，允许地方因地制宜设置机构和配置职能"，上下级之间既允许"一对多"，也允许"多对一"。之后有些地区参照国务院做法，将文化和旅游部门合并，但在一些旅游业作用重要的地区，依然有必要根据工作需要单独设立。

（三）省级以下的地方旅游行政机构

在省级以下的地方，很多地、市、县也设立旅游行政管理机构，负责其行政区范围内的旅游业管理工作。在未设立专职旅游行政机构的县、市，有关旅游业开发与管理方面的事务则在其上级政府旅游行政管理部门的指导下，由当地政府配合承担。

二、旅游行业组织

旅游行业组织是指为加强行业间及旅游行业内部的沟通与协作，实现行业自律，保护消费者权益，同时促进旅游行业及行业内部各单位的发展而形成的各类组织。通常是一种非官方组织，各成员采取自愿加入的原则，行业组织所制定的规章、制度和章程对于非会员单位不具有约束力。旅游行业组织是对政府官方旅游行政管理机构的补充，在旅游行业管理中发挥着重要作用。

（一）旅游行业组织的任务及职能

一般来讲，我国行业组织的任务主要包括：

（1）对旅游发展战略、管理机制和有关方针政策，国内外旅游发展态势和实践经验等进行调查研究,向国家旅游主管部门及有关方面提供建议和咨询。

(2) 联系各旅游行业组织、旅游学术团体及旅游企业事业单位,交流情况和经验,研究有关问题并探索解决方法,促进旅游经营管理者素质的提高。

(3) 加强旅游经营管理理论研究,开展学术交流活动,以及与国外旅游同行业组织的友好交往,促进旅游对外交流合作,同时向政府有关部门反映国内外旅游者的意见和建议。

(4) 旅游行业组织还要协调本行业内部成员之间的关系,维护本行业成员的利益,对外代表本行业的利益,维护本行业成员的合法权益。还应经常组织业务培训并出版本行业刊物,以提高旅游企业层次及从业人员的业务水平。

旅游行业组织具有服务和管理两种职能。但是行业组织的管理职能不同于政府旅游管理机构的职能,它不具有任何行政指令性和法规性,其有效性取决于行业组织本身的权威性和凝聚力。具体而言,旅游行业组织具有以下基本职能:

(1) 作为行业代表,与政府机构或其他行业组织商谈有关事宜。

(2) 加强成员间的信息沟通,通过出版刊物等手段,定期发布行业发展的有关统计分析资料。

(3) 开展联合推销和市场开拓活动。

(4) 组织专业研讨会,为行业成员开展培训班和专业咨询业务。

(5) 制定成员共同遵守的经营标准、行规会约,并据此进行仲裁与调解。

(6) 对行业的经营管理和发展问题进行调查研究,并采取相应措施加以解决。

(7) 阻止行业内部的不合理竞争。

(二)我国的旅游行业组织

全国性的旅游行业协会主要包括中国旅游协会、中国旅行社协会、中国旅游饭店业协会、中国旅游车船协会和中国乡村旅游协会等。

1. 中国旅游协会

中国旅游协会(China Tourism Association,简称 CTA)是全国性的旅游行业的社会团体。中国旅游协会由旅游部门与旅游业有关部门的人员和从事旅游实际工作、研究工作的专家学者组成,于 1986 年 1 月 30 日成立。

协会的主要任务包括:

(1) 对旅游业发展的战略、管理体制和有关方针政策,国内外旅游业发展态势和实践经验等进行调查研究,向国务院、国家旅游主管部门和有关方面提供建议和咨询。

(2) 联系各旅游行业组织、旅游学术团体以及旅游企事业单位,交流情况和经验,研究有关问题,探索解决方法,促进旅游经营管理水平的提高。

(3) 加强旅游经济等理论研究,开展学术交流活动。

(4) 编辑出版有关刊物、资料,传播交流国内外旅游信息和研究成果。

(5) 开展与国外旅游行业组织的友好交往,促进旅游科技交流与合作。

(6) 向政府有关部门反映国内外旅游者的意见和建议,承担政府和旅游主管部门交办的任务,接受旅游企事业单位委托的当办事宜等。

2. 中国旅行社协会

中国旅行社协会(China Association of Travel Services,简称 CATS)成立于 1997 年 10

月，是由中国境内的旅行社、各地区性旅行社协会或其他同类协会等单位，按照平等自愿的原则结成的全国旅行社行业的专业性协会，经中华人民共和国民政部正式登记注册的全国性社团组织，具有独立的社团法人资格。协会接受文化和旅游部的领导、民政部的监督管理和中国旅游协会的业务指导。

协会的主要任务包括：

(1) 宣传贯彻国家旅游业的发展方针和旅行社行业的政策法规。

(2) 总结交流旅行社的工作经验，开展与旅行社行业相关的调研，为旅行社行业的发展提出积极且切实可行的建议。

(3) 向主管单位及有关单位反映会员的愿望和要求，为会员提供法律咨询服务，保护会员的共同利益，维护会员的合法权益。

(4) 制定行规行约，发挥行业自律作用，督促会员单位提高经营管理水平和接待服务质量，维护旅游行业的市场经营秩序。

(5) 加强会员之间的交流与合作，组织开展各项培训、学习、研讨、交流和考察等活动。

(6) 加强与行业内外的有关组织、社团的联系、协调与合作。

(7) 开展与海外旅行社协会及相关行业组织之间的交流与合作。

(8) 编印会刊和信息资料，为会员提供信息服务。

3. 中国旅游饭店业协会

中国旅游饭店业协会(China Tourist Hotel Association，简称 CTHA)成立于 1986 年 2 月 25 日，是由经营接待国内外旅游者的饭店及其主管部门和相关部门组成的行业性组织，旨在研究改进旅游饭店的经营管理，帮助提高服务质量和经济效益，促进旅游饭店业的发展。协会面向基层，为会员饭店服务。其主要任务包括：维护旅游饭店的合法权益；研究交流旅游饭店管理经验；举办专业讲座，提高旅游饭店管理人员的业务水平；开展饭店经营管理方面的咨询服务；组织与国外饭店业之间经验交流与合作；向旅游饭店的行政管理部门提出建议及出版有关旅游饭店经营管理的刊物。

中国旅游饭店业协会挂靠在文化和旅游部，受文化和旅游部的指导。中国旅游饭店业协会已接受委托，协助文化和旅游部检查旅游涉外饭店星级评定工作。

4. 中国旅游车船协会

中国旅游车船协会(China Tourism Automobile and Cruise Association，简称 CTACA)是由全国各旅游汽车和游船企业自愿组成的联合组织，该协会挂靠文化和旅游部。协会的宗旨是加强对旅游车船行业的理论研究和经验交流；组织旅游车船行业在信息、人才、物资等方面的协作；促进我国旅游车船事业的改革与发展，更好地为旅游事业服务。

5. 中国乡村旅游协会

中国乡村旅游协会，原名中国农民旅游业协会，于 1987 年 12 月成立。1990 年 10 月 29 日协会第六次常务理事扩大会议上原则同意更名为中国乡村旅游协会。该协会是由广大乡村旅游事业的专家、学者、知名人士和有关的单位、团体等组成的乡村旅游领域中的全国性行业组织。协会挂靠文化和旅游部，业务上受文化和旅游部领导，具有社会团体法人资格。该协会是中国旅游协会团体会员。

该协会的宗旨是大力发展具有中国特色的乡村旅游事业，探索国际、国内旅游业发展的新趋势,促进我国乡村精神文明和物质文明建设,为中国旅游业的全面发展做出贡献。协会在政府有关部门和会员之间发挥桥梁与纽带作用,为会员提供信息、经验和服务,维护会员合法权益。

第四节　旅游政策

旅游政策在旅游业的发展过程中有着重要意义,是国家旅游业走向成熟的标志。国家和旅游行政管理部门对旅游业的领导和管理,主要通过其所制定的方针政策来实现。随着我国旅游事业的发展和经济体制改革的深入,运用法律手段加强旅游业的管理,是我国旅游业进一步发展的必然趋势。

一、旅游政策的概念与特征

旅游政策是国家和旅游行政管理部门为实现一定时期内的旅游发展目标,根据旅游发展的现状水平和社会经济条件而制定的行动准则。任何一个国家在发展旅游事业时,总是要从本国的实际情况出发,根据经济发展状况、国家政治利益和安全、人民群众的物质和精神需要,制定切实可行的方针政策。旅游政策是指导并服务于旅游业发展的全过程,同时也是衡量旅游事业取得成效的标杆。

(一)旅游政策划分

(1) 按内容划分,旅游政策可分为基本旅游政策和具体旅游政策。

(2) 按形式划分,旅游政策可分为直接旅游政策和间接旅游政策。

(3) 按层次划分,旅游政策可分为全国性旅游政策、地域性具体旅游政策和社区性旅游政策。

(4) 按指涉对象划分,旅游政策可分为一般性旅游政策、行动倾斜政策、区域倾斜政策、部门倾斜政策、行业倾斜政策、企业倾斜政策和项目倾斜政策等,它们从不同的角度对旅游业的整体发展提供政策的优惠倾斜。

(二)旅游政策的特征

科学合理的旅游政策应该包括如下特征。

(1) 可行性。

旅游政策必须从实际情况出发,经过仔细地研究和市场分析,提出可付诸实施的具体措施,通过各方面努力达到预期效果,而并非纸上谈兵,凭借主观想象和一时热情。

(2) 全面性。

旅游事业的发展必定会产生复杂的社会关系和经济关系,产生积极的效果,但也有可能带来某些消极的影响。在执行某项旅游政策时,要创造积极的劳动成果,同时也应该考虑到可能产生的消极影响,并采取一定的措施防止和减少消极影响的产生。

(3) 协调性。

旅游具有很强的综合性,涉及的行业和部门众多,旅游的发展依赖于各行各业的综合发展。好的旅游政策可以协调各方面的关系，照顾各方利益，进而统一各方力量，形成合力，实现旅游事业的总体目标。

(4) 灵活性。

旅游政策在实行过程中，不会按照既定情况发生，可能会出现新情况、新问题，与原定方向和目标产生分歧。好的旅游政策具有一定的弹性和灵活性，一旦有情况发生，可以适当地进行调整，通过新途径达到既定目标。

(5) 前瞻性。

旅游政策的制定，既要从实际出发，又要高于实际，指导实际活动，预见未来发展趋势，进而促进旅游事业不断发展。

二、旅游政策的制定

所谓政策，是国家政权机关通过整合和引导各方资源以达到某种目标所采取的若干措施。旅游政策是国家总的经济发展政策中的一部分，旅游政策的制定是从国家总的社会政治经济利益发展的总目标出发，根据国内外发展形势，谨慎做出判断并提出方针政策，进而指导旅游业发展。

在制定旅游政策的过程中，应采取科学的态度，进行深入的调查分析，对旅游发展趋势进行预测，然后在此基础上制定决策并指导旅游业发展。

(一)调查研究

应用现代科学的理论和方法，对本国、本地区的社会政治和经济发展做深入调查，充分收集各种资料和证据，全面客观地研究发展旅游业的优势和可能带来的经济效益和社会效益，研究发展旅游业的劣势和可能产生的消极后果。调查研究是科学制定旅游政策的基础。

(二)市场分析

对调查获取的资料、数据和信息进行分析研究，预测未来旅游市场的发展趋势。了解当地的旅游需求，深入了解本地区的旅游供给能力，主要包括食、住、行、游、购、娱旅游六要素所涉及的基础和服务设施，并以此作为制定旅游政策的客观依据。

(三)确定目标

旅游业的发展具有多方面的目标，如增加外汇收入、提高地区经济发展水平、帮助贫困地区进行基础设施建设，还有提高当地居民健康生活水平、加强往来等目标。政策的制定一定有其相应的目标，并明确指明目标完成日期。目标和方向是政策制定的核心。

(四)拟定政策

在进行市场分析、明确发展目标之后，就可以进行具体政策的拟定，此政策将成为实际执行和实施的准则。

(五)组织执行

政策的制定需要用实际行动来付诸实践，注意在组织执行的过程中，根据具体情况，切实的客观环境和条件，进一步制定实施细则，确保总体目标的实现。

(六)政策评估

政策实施之后，要判定政策完成情况，就需要进行评估，对成功与失败进行反馈，进而有助于后续政策更好地实施。

三、旅游政策的优化

优化旅游政策是一项系统工程,只有从不同方面予以考虑,多管齐下,才能真正实现旅游政策的突破与创新,为旅游业发展提供坚实的政策保障。优化旅游政策可以从以下几方面入手。

(一)战略上依托重大战略推动旅游政策

战略层面的对接是旅游政策的关键所在。旅游业与经济、社会、文化、生态发展息息相关。一方面,旅游业可以为国家和地方重大战略举措做出特有的贡献;另一方面,有关战略举措的实施也为加快旅游业发展提供了重要的契机。一般而言,高层领导会根据当下发展中的突出问题,提出"牵一发而动全身"的重大战略设想。在现有体制下,重大战略举措的提出有助于最大限度集聚各方资源,进而也为顺势推动出台相应旅游政策提供了重要的机遇;同时,结合重大战略举措提出的旅游政策也将得到高层和相关部门的大力支持,进而减少具体政策的协调难度。

从相关实践看,凡是与重大战略举措结合紧密的旅游政策措施,大都取得了比较好的效果。在国家层面,结合扩内需特别是扩大消费的总体战略,旅游部门充分发挥旅游消费在扩内需中的独特作用,争取到了国务院为旅游业专门出台政策文件。结合国家脱贫攻坚战略,旅游部门和扶贫部门一起出台政策措施,开展精准扶贫,把输血式扶贫转化为造血式扶贫,取得了较好的效果。结合国家"一带一路"倡议的实施,文化和旅游部充分整合地方旅游部门力量,推出相应的政策举措,既充实和丰富了"一带一路"倡议,同时也促进了"一带一路"沿线旅游业的发展。

为了抓住重大战略举措带来的相关机遇,旅游部门需要做不少艰苦细致的工作。首先要准确研判形势,要有前瞻性,对一些重大问题应做好储备性的研究。其次要在国家战略文件的制定中最大限度地体现旅游业的位置。从程序来说,一般是先由高层提出战略构想,然后指定相关部门制定相应的战略措施。这就要求旅游部门主动参与其中,为旅游业争取更好的政策空间。

(二)路径上结合旅游业不同属性确定不同的旅游政策取向

随着旅游业的深入发展,其产业特征得到充分的体现。各级政府部门看到旅游业可以带来很高的经济效益,可以在促进国民经济转方式、调结构中发挥重要作用,进而希望通过出台相关产业政策,推动旅游产业做大做强。但另一方面也应该看到,旅游已经融入百姓的日常生活之中,已经成为大众生活的重要组成部分,甚至成为一种新民生,这意味着旅游的事业属性进一步凸显。而这种事业属性要求各级党委政府充分保障公民的旅游权利,同时加大投入为公民旅游提供各种便利。

就产业政策而言,其目标主要是通过刺激旅游市场主体来扩大旅游经济规模。许多地方的旅游政策文件中都有支持旅游市场主体发展的政策措施。在经济发展的特定阶段,政府以产业政策支持旅游业发展具有一定的合理性;但从发展趋势看,随着市场经济体制的不断完善,单纯的产业政策将会逐步收缩。此外,从中央改革的方向看,通过简单化的财税或者土地政策来支持产业的发展不是未来的主要发展方向，其作用也会逐渐减弱。

发展旅游事业，其政策取向是保障旅游者的基本权益，为开展旅游活动营造一个良好的外部环境。旅游事业注重的是公益性和公共性，强调社会旅游功能的完善，需要通过相应政策来体现政府的作用。从未来的走向看，以完善旅游公共服务为主体的旅游事业支持政策应成为各级政府关注的重点，特别是一些经济发达的地区，其有责任在旅游事业政策方面走在全国的前列。

（三）内容上扩大需求和改善供给制定旅游政策

旅游业的发展离不开从需求入手的"拉"，也需要从供给入手的"推"，双管齐下，同时发力，共同促进旅游业又好又快发展。

扩大旅游需求主要的立足点在于尽可能地释放旅游消费潜力。总体而言，旅游消费增长的首要条件在于"有钱"和"有闲"。"有钱"取决于经济发展和城乡居民收入的增长，不在旅游政策范畴之内，因此扩大旅游需求，很大程度要在增加闲暇时间上做文章。

除国家层面推动带薪休假政策落实外，一些地方也在结合自身实际制定更具体的政策措施。带薪休假为旅游消费提供了可能，而旅游宣传推广及旅游市场秩序治理则有助于强化国内外旅游者的旅游消费意愿，将旅游消费意愿转化成旅游消费行为。

旅游目的地的宣传促销从某种意义上讲也是一种旅游公共服务，同时也是旅游部门重要的职能之一。为争夺国际旅游客源，全世界各个国家都投入了很大的人力和财力开展旅游宣传推广。旅游宣传推广需要通过政策的调整予以改进。

带薪休假和旅游宣传推广是从促进入手来扩大旅游消费，旅游市场秩序治理则是从规范入手让旅游者敢消费、愿消费、放心消费。旅游市场秩序问题是困扰我国旅游业发展的大问题，成为旅游政策的关注重点。具体而言，其政策方向在于以旅游目的地为重点，由地方政府牵头，整合包括旅游部门在内的各个部门的治理整顿政策，让旅游消费的各个环节变得更加透明，让旅游者的消费权益得到充分保障。

与旅游需求相对应的旅游供给也是旅游业发展的关键所在。按照经济学供给学派的理论，供给本身就可以创造出新的需求。从中国旅游业发展的实际看，旅游供给与旅游者日益增长、丰富多样的旅游需求并不匹配，这也在一定程度上制约了旅游业规模的扩大。特别是相较于人次和消费火爆的出境游市场，国内游的发展速度还显得不够快，这也从另一个侧面说明我国的旅游供给存在不少问题。

旅游供给是各地关注的重点，因为各个旅游目的地都希望通过增加旅游投资，增强自身的旅游吸引力，进而在旅游竞争中处于领先地位。目前，在增加旅游供给方面存在"一哄而上"的问题，而政府在引导旅游业发展的时候也缺少一定的标准和把控。这就需要在科学分析旅游目的地资源禀赋和发展特征的基础上，确定其需要重点发展的业态和产品。对符合方向的旅游项目，应在政策上予以支持；对不符合方向的，则在政策上予以限制。

除了旅游产品的供给，旅游目的地旅游公共服务设施、旅游公共服务信息的供给同样重要。随着旅游活动范围的扩大，旅游已不仅仅局限于单一的旅游景区景点，旅游者对一个旅游目的地的感受、体验与评价实际上远远不限于某一个旅游景区，因此，提高旅游者的满意程度，离不开旅游公共服务的供给与保障。只有通过有效的旅游政策将政府的公共投入和企业的市场投入有机衔接起来，才能真正提高旅游目的地的竞争力。

（四）方式上结合旅游业发展推动相关领域形成政策体系

旅游业具有很强的综合性，单靠一个部门的政策很难促进旅游业的发展，因此需要各个部门从各个角度出台支持旅游业的政策。此外，尽管旅游部门牵头推动旅游业发展，但旅游部门自身掌握的旅游政策并不多，迫切需要整合相关部门的政策资源，形成促进旅游业发展的合力。

首先，争取新增政策支持旅游业发展。比如财政政策，早在21世纪初，通过国家财政资金支持旅游公路等基础设施建设对改善旅游基础设施条件发挥了积极作用。近年来，随着一些地方对旅游业重视程度的提高，财政对旅游业发展的支持力度也明显加大。2013年，广西壮族自治区拿出了3亿元作为旅游发展专项资金；2012年，云南省提出旅游发展专项资金在现有每年2亿元的基础上，每年再增加1亿元，到2017年达到7亿元。再如签证政策，近年来我国通过与有关国家实施相互免签政策，在一些重点旅游城市实施72小时过境免签政策，为入境旅游发展提供了更多便利。随着我国开放程度的提高，未来签证政策会更加宽松、便利。

其次，需要争取相关部门通过调整现有的政策规定，以适应旅游业快速发展的需要。例如，过去我们的城市建设主要是为当地居民生产和生活服务，对旅游者的各类旅游需求考虑不足。在现行的《中华人民共和国城乡规划法》中没有为旅游者需求空间和旅游产业空间留出相应的位置。比如北京的延庆区，常住人口30多万，但是一年接待的旅游者数量近2000万，由于在规划上没有为旅游厕所、旅游咨询中心、旅游道路等旅游公共设施预留出足够空间，极大影响了旅游者的舒适度和满意度。再如，为防止土地资源浪费，保护耕地，自然资源部出台了一系列促进土地有效利用的政策，但有些政策却对旅游业的科学发展造成了制约，使得一些符合地方经济发展需要的旅游项目难以落地。此外，现有的规定对城乡居民利用自有住宅经营旅游活动存在诸多限制，但是在旅游业的现实发展中，像四合院、农家乐这类旅游产品又受到旅游者的广泛欢迎。对于这些问题，都需要通过政策调整加以完善。

最后，需要以旅游为工作平台，形成政策汇集，以达到不同的发展目标。例如，旅游部门有发展旅游业的需求，各个旅游资源管理部门有推动资源合理利用的需求，这就需要通过政策叠加形成工作汇集点。

（五）布局上差别化政策措施支持重点区域旅游业发展

全国各地都在发展旅游业，一些地区甚至提出了全域旅游的发展思路，尽管各种资源都可以为旅游业所用，变成可供消费的旅游产品，但客观来说，在不同层级的国土空间布局中，一些旅游资源条件好，旅游业发展潜力大，旅游业在整个经济发展中居于主导地位的区域将成为旅游业发展的重点区域。这些区域除了推行普遍性的旅游政策，有必要制定一些特殊的旅游政策以促进当地旅游业的发展。

本章小结

从国家旅游组织、国际旅游组织、我国旅游组织以及旅游政策的制定四个方面来讲述本章内容，了解旅游组织的设立形式，着重了解主要的国际及我国旅游组织及其职能。

思考与练习

1. 请解释国家旅游组织的概念。

2. 旅游行政组织的设立形式有哪些？具体职能是什么？

3. 简述对世界旅游组织、太平洋亚洲旅游协会，以及世界旅行与旅游理事会的了解。

4. 简述我国文化和旅游部的职能机构，以及旅游行业协调组织中国旅游协会的任务。

5. 简述旅游政策的特征，以及制定旅游政策需要注意的问题。

案例分析

中国已经成为世界旅游的领先者之一，这也对中国政治地位的提升做出了贡献。近年来，我国旅游业国内、出境、入境三大市场迅速发展，特别是出境旅游增长长期领跑全球。统计显示，我国已成为世界第三大入境旅游接待国和第一大出境旅游客源国，并且正形成全球最大的国内旅游市场。目前，我国已批准公民组团出境旅游目的地的国家和地区达到 150 余个。我国旅游业正迎来新一轮发展黄金期和战略机遇期，成为世界旅游经济增长的火车头。数据显示，2019 年中国旅游业继续实现稳步增长。全年接待国内外旅游人数超过 60 亿人次，旅游总收入达 6.63 万亿元。全年接待入境旅游人数 1.45 亿人次，实现国际旅游收入 1312.54 亿美元，同比分别约增长 2.8%和3.3%；中国公民出境旅游人数达到 1.55 亿人次，出境旅游花费 2546 亿美元。全年旅游业对 GDP 的综合贡献为 10.94 万亿元，占 GDP 的比重为 11.05%。旅游直接就业 2825 万人，旅游直接和间接就业 7987 万人，占全国就业总人口的 10.31%。

中国已经成为世界旅游业发展较快、受益人口较多、辐射带动力较强的国家，中国国内旅游、出境旅游的人次和消费均为世界第一。自 2012 年起，中国就一直是世界最大的出境旅游市场。花费方面，中国旅游者更是带给世界各国“惊喜”。根据世界旅游组织统计，2004 年，中国公民出境游消费始终保持两位数增长，2015 年更是增长了 25%，达 2920 亿美元，位列世界第一。中国已成为世界第一大国际旅游消费国，世界重要旅游目的地国家。中国旅游业对中国和世界经济与社会发展的贡献更加突出，是世界旅游业的重要一员。

（资料来源：根据相关资料整理。）

问题：

案例中哪些方面的成就凸显了中国国际旅游的地位？对中国在国际旅游组织中的地位有何影响？

第十一章

旅游行业管理

学习引导

进入21世纪以来，旅游业在我国经济中的地位日益凸显。作为国民经济新的增长点，旅游在创造外汇收入和拉动内需方面发挥了重要作用。但是伴随着旅游行业的迅猛发展，旅游者被强制消费、景区景点脏乱差等问题也接踵而至，旅游行业该如何进行管理？旅游行政组织该如何制定规章制度规范市场？旅游行业组织该如何具体实施？广大的旅游企业又该如何发展？

学习重点

通过本章学习，重点掌握以下知识要点：

- 旅游行业管理的概念、内容、目标与任务
- 旅游信息化管理
- 旅游标准化管理
- 旅游行业管理体制

核心概念

旅游行业管理 Tourism Industry Management　旅游标准化管理 Tourism Standardized Management　旅游信息化管理 Tourism Information Management　旅游行业管理体制 Management System of Tourism Industry

第一节　旅游行业管理概述

旅游行业管理是旅游业健康有序发展的基石，旅游行政组织和旅游行业组织在此过程中发挥着重要作用。旅游行业管理概述包括概念、主体、内容、目标与任务等。

一、概念和主体

（一）旅游行业管理的概念

旅游行业管理是旅游行政组织和旅游行业组织通过对旅游业的总体规划和总量控制，制定促进旅游业发展的方针、政策和标准，并以此为手段，对各种类型的旅游企业进行宏观、间接的管理。但实际上因为旅游业行业范围的广泛性和模糊性，难以进行全面、整体的管理，通常情况下所说的旅游行业管理更多的是狭义的概念，即直接从事旅游服务的旅行社业、交通客运业、饭店业、游览娱乐业和旅游购物业的旅游企业。

（二）旅游行业管理的主体

旅游行业管理的主体包括旅游行政组织和旅游行业组织。政府主管部门的职能是行政，旅游行政管理部门作为政府行政权力机构，代表政府行使行政权力。旅游行业组织是旅游企业自愿联合的社会旅游组织，如旅游协会、旅馆业协会等，它们以自愿和非营利为原则，积极参与旅游的发展活动，为国家协调旅游业的发展创造良好条件。

二、旅游行业管理的内容

旅游行业管理的主体在管理内容上有不同分工，可具体分为旅游行政管理部门的行业管理和旅游行业协会组织的行业管理。

（一）以文化和旅游部为代表的旅游行政管理部门的行业管理

文化和旅游部是我国旅游行政管理机构，负责统一管理我国旅游业。各省、直辖市、自治区均成立文化和旅游厅（局），是地方旅游行政管理机构，受地方政府和文化和旅游部的双重领导。

中华人民共和国文化和旅游部是国务院主管旅游工作的直属机构，内设机构包括办公厅、政策法规司、人事司、财务司、公共服务司、科技教育司、政策法规司、艺术司、非物质文化遗产司、产业发展司、资源开发司、市场管理司、文化市场综合执法监督局、国际交流与合作局（港澳台办公室）、机关党委（党组巡视工作领导小组办公室）、离退休干部局等职能部门。直属单位包括文化和旅游部机关服务中心（机关服务局）、文化和旅游部信息中心、中国艺术研究院、国家图书馆、故宫博物院、中国国家博物馆、中央文化和旅游管理干部学院、中国文化传媒集团有限公司、国家京剧院、中国旅游报社、中国旅游出版社有限公司、中国旅游研究院（数据中心）、文化和旅游部旅游质量监督管理所等30多个单位。

根据国家市场监督管理总局关于对旅游行业标准归口管理范围的规定，旅游行政管理部门对旅游行业管理的范围包括以下几点。

1.宏观管理、市场治理引导和综合治理

通过制定全国及跨区域的旅游发展长期规划、中期规划,指导各地区旅游发展规划的制定,引导全行业的投资和经营方向。通过国家宏观产业政策的制定,结合国家区域经济发展政策,合理布局旅游生产力,引导各地旅游开发和市场培育,调节旅游市场,使之保持动态平衡。通过贯彻执行国家的政策法规及制定若干行业规范、标准等,调节旅游市场运行机制,规范经营主体的行为,组建旅游执法队伍,进行有效监督管理。

2.服务行业的微观管理

进行旅游地的整体形象推广,组织旅游企业进行旅游产品的促销。收集、整理及发布行业信息,为旅游经营者、投资商提供行业发展动态、行业经营状况等方面的信息咨询、投资咨询及经营活动咨询服务等。为国家旅游政策的调整、新政策措施的制定提供行业咨询意见,为国家旅游发展产业政策的制定提供依据。协调各专业市场的建立,为旅游产品的经营者、旅游者和其他旅游相关部门提供市场对接服务。

3.沟通和组织

建立起旅游经营商、地方政府及旅游者之间的正常沟通渠道。指导和协调下级行业管理部门的工作,加强旅游行业的跨行业联系与合作。加强行业的国际交往与联系,建立国际合作机制。积极与旅游业的相关行业进行沟通,为制定促进旅游业发展的宏观政策服务。

(二)旅游行业协会组织的行业管理

我国的旅游行业组织是由有关社团组织与企事业单位在平等自愿的基础上组成,并接受政府指导的民间旅游行业协会。它们既非政府机构,又非营利性机构,具有独立的社团法人资格,主要发挥代表职能、沟通职能、协调职能、监督职能、公证职能、统计职能、研究职能及服务职能。

旅游行业组织对旅游行业管理的内容包括:制定国家或地区旅游发展规划;组织市场营销宣传;确定并参与旅游开发;就旅游发展问题同政府有关部门进行协调;规定旅游服务质量,并监控旅游服务质量;对旅游业的人力资源进行教育和培训;对旅游发展问题进行调研。

以中国旅游协会为例,其主要任务为以下五点。

第一,对旅游发展战略、旅游管理体制和有关方针政策、国内外旅游发展态势和实践经验等进行广泛而又有重点的调查研究,向国务院、国家旅游主管部门和其他相关部门提供建议等。第二,协助旅游主管部门建立旅游信息网络,做好质量管理工作,并接受委托,开展规划咨询、职工培训,组织技术交流,举办展览、抽样调查、安全检查,以及对旅游专业协会进行业务指导。第三,向旅游主管部门反映协会会员的愿望和要求,向协会会员宣传政府的有关政策、法律、法规并协助贯彻执行,组织会员订立行规行约并监督遵守,维护旅游市场秩序。第四,联系各旅游专业行业组织、旅游学术团体以及旅游企事业单位交流情况和经验,研究有关问题,探索解决办法,促进旅游经营管理水平的提高。加强旅游经济等理论研究,开展学术交流活动,必要时可协助有关单位开展旅游人才的培训工作。第五,编辑、出版有关资料、刊物。传播、交流国内外旅游信息和研究成果,宣传党和政府的有关方针政策,推动对外宣传工作,开展对外交流与合作等。

三、旅游行业管理目标和任务

（一）旅游行业管理目标

旅游行业管理的目标一般分为三个层次：第一层次为“发展驱动型”目标，通过发展旅游业实现平衡外汇、发展区域经济、改善经济结构、推动人民就业等目标，政府主要追求经济效益；第二层次为“秩序驱动型”目标，随着旅游业的急速扩张，确保旅游业的发展处于政府可控可调整的范围内，使旅游业与其他行业、旅游业内部各要素之间保持良好的秩序和合理的比例关系，形成法律框架和执法力量；第三层次是“质量驱动型”目标，维持处于弱势地位的旅游者的权益，旅游企业更加注重服务质量的提升。这三个层次的目标相互联系、相互作用，反映了旅游业发展水平和政府所扮演的角色和管辖能力。从发展现状看，我国旅游行业管理目标处于第二层次，主要目标还是管理市场，建立公平的市场环境，建立良好的市场秩序，形成规范的市场运行环境和高效的市场。

（二）行业管理任务

根据旅游行业管理的目标，可将我国旅游行业管理的主要任务归纳如下。

第一，从我国实际出发，根据世界旅游业的发展现状和我国产业政策要求，确定旅游行业发展的战略目标。我国旅游业近年来发展迅猛，产业规模不断扩大，但一直未受到足够重视，与国际旅游发展水平有一定差距，因此如何根据中国的实际确定旅游业的发展目标成为行业管理的首要任务。

第二，制定并组织实施产业发展规划，组织协调好各部门、各企业之间的分工协作关系。旅游业是一个综合性很强的产业，在制定和组织实施产业发展规划时，要充分考虑相关产业的发展前景和总体规划，落实旅游标准化管理和旅游信息化管理，加强旅游部门与其他部门、旅游企业之间的协作。

第三，不断改进和完善行业管理体制，探索具有中国特色的旅游行业管理体制和管理模式。由于历史原因，我国旅游业管理体制存在诸多弊病，如政企不分、旅游企业分属不同部门等。而这些弊病导致了政出多门，缺乏统一管理，市场机制不健全，行业管理较为混乱等问题。因此，必须尽快探索出一条适合中国发展的管理道路。

第二节　旅游信息化管理

旅游信息化管理是旅游业与信息技术、通信技术深度融合的产物，在“旅游＋”“互联网＋”的发展背景下，旅游信息化管理是旅游业管理不可缺失的重要组成部分。

一、旅游信息化管理的概念

旅游信息化管理是利用信息技术使得旅游管理实现电子化的过程。管理主体可分为旅游行政管理部门和旅游企业，分别对应于旅游行业信息化管理和旅游企业信息化管理。

值得一提的是，近年来旅游目的地信息化管理日渐受到重视，旅游目的地作为一个区域性的旅游环境,包含旅游企业和相关支撑行业,既有微观企业层面,又有宏观政府层面,其管理内容包括企业管理和行业管理两个方面。因此,本节主要介绍旅游行业信息化管理和旅游企业信息化管理。

二、旅游行业信息化管理(电子政务)

旅游行业信息化管理是旅游行政组织通过建设和利用各类旅游信息系统的网站,促进政府旅游部门管理的电子化、数字化、信息化,对旅游行业中的各项业务进行的有效管理。旅游行业的信息化管理主要有三个方面:业务的信息化管理(包括星级饭店业务的信息化管理、旅行社业务的信息化管理、导游人员业务的信息化管理、行业培训的信息化管理)、市场促销的信息化管理、规划和发展的信息化管理。

旅游行业信息化管理的主要系统包括办公自动化系统、旅游信息统计系统、旅游信息发布系统。

(一)办公自动化系统

办公自动化系统主要处理日常事务,如行业管理(包括旅游饭店管理、旅行社管理、旅游景区规范化管理等)、市场管理(包括市场推广、市场整治、市场营销等)、规划与发展管理(包括旅游规划、景区评星、项目引进、资源普查等)、政策法规管理(包括起草旅游法规、制订旅游法规宣传计划,以及监督旅游法规的落实执行等)、人事教育管理(包括指导企业人力资源培训、导游员资格考试、年检,以及指导旅游行业劳动工资考核和发放从业人员上岗资格证书等)。

(二)旅游信息统计系统

旅游信息统计系统主要处理旅游行业的经营信息和市场信息,包括旅游企业和下属行业管理部门上报的统计信息以及对市场调查汇总的信息,这些信息经处理汇总后上报给上一级旅游行业管理部门。

(三)旅游信息发布系统

旅游信息发布系统主要是把统计系统处理的实际数据汇总后由相关部门审核,经审核通过媒体或政府门户网站发布,供旅游企业经营和市场营销参考。信息发布一般由旅游部门把关,在旅游行业信息化管理中对旅游产生宏观影响。

随着网络的普及和技术的成熟,行业管理中各个信息系统被整合到一起,形成统一的集成信息系统,即旅游电子政务系统。旅游电子政务系统是指旅游行政管理部门通过构建旅游管理网络和业务数据库,建立旅游系统内部信息上传下达的渠道和功能完善的业务管理平台,实现各项旅游管理业务处理流程的自动化。其前台就是信息网站,作为政府开展行业管理的窗口,为企业和个人提供服务;后台是旅游办公自动化系统,包括旅游信息统计系统,主要处理来自网站的服务请求,如导游资格申请、培训报名、旅游投诉等。旅游电子政务系统是未来旅游行业信息化管理的核心系统。

我国旅游行业信息化以国家“金旅工程”为主,具体分为“三网一库”,即面向政府相关管理部门的内部办公网(内网)、面向行业管理的管理业务网(专网)、面向公众的公共商务网(外网)和旅游综合数据库。

三、旅游企业信息化管理

旅游企业信息化管理是旅游业信息化管理的重要组成部分，包括旅游饭店信息化管理、旅行社信息化管理、旅游景区信息化管理等，主要呈现方式为旅游信息系统或平台。

（一）旅游饭店信息化管理

旅游饭店是较早应用旅游行业信息系统的行业，美国在20世纪70年代已将信息系统应用于饭店，我国于1983年开始把信息系统应用于饭店。一开始人们认为信息技术不适合用于饭店业，因为信息技术不能体现个性化服务、温馨服务，而饭店讲究人性化服务和个性化服务。但从目前看来，信息技术不仅支持客户关系管理与服务，体现更加个性化的服务，还能支持各饭店及饭店各部门的交叉管理功能，主要包含饭店前台信息系统和客户关系管理系统。

1.饭店前台信息系统

饭店前台信息系统直接面对顾客，主要处理前台业务，包括预订接待系统、客房中心管理系统、财务审核系统等。预订接待系统主要完成对散客、团体的预订和接待登记任务，以及客房分配、加床、退房、拼房、续住等日常管理工作。客房中心管理系统主要控制客房状态、客房设备和客房用品等，保证可用房数、维修房数、自用房数、不可用房数等数据准确。财务审核系统主要功能是账户管理和财务审核，处理散客、团体的各类账务，客人从登记入住到结账离店所发生的一切账务都由该系统负责。

2.客户关系管理系统

客户关系管理系统的前身是会员管理系统，具有强大的分析能力，主要对客户消费偏好、客户消费倾向、客户未来需求和客户忠诚度等进行分析，形成客户关系分析报表，是未来饭店经营中的一个重要信息系统，是饭店围绕客户开展服务的经营系统。一般来说，饭店集团化发展到一定程度，单体饭店加盟连锁经营，客户关系管理系统将变得很有市场。

（二）旅行社信息化管理

旅行社作为中介企业，旅游信息是旅行社经营中很重要的资源。旅行社信息化管理便是利用计算机技术和通信技术构建信息系统，实现对旅行社经营的各种信息资源的电子化，利用网络进行综合管理。其中，信息资源包括旅游资源、交通资源、客户资源、环境资源以及住宿和餐饮资源等。

旅行社信息化管理的主要形式是信息系统，即旅行社经营管理系统，是利用信息通信技术实现对旅行社经营中各种信息进行收集、处理、使用和控制的人机综合系统，目的是提高旅行社经营管理的效率和效益。典型的经营管理系统的功能主要有旅游线路管理、接待管理、外联管理、陪同管理、组接团管理、成本核算管理和财务管理等，基本上以模块形式分布于各职能部门中，实现对业务操作的电子化管理。

（三）旅游景区信息化管理

各旅游景区由于自身差异较大，目前没有统一的信息化管理模式，但主要集中于经营管理方面和环境管理方面。

1. 经营管理系统

经营管理系统主要有两种类型，即基于地理信息系统的经营管理系统和基于办公自动化的经营管理系统。前者适用于高山型和海滨型旅游景区，在利用地理信息系统管理景区资源的同时，向旅游者提供电子地图服务，包括电子导游、电子导览等，并开展如电子门票、安全监控等经营管理电子化活动，如四川峨眉山风景区构建的“数字峨眉”便是基于地理信息系统的面向服务的经营管理系统。后者适用于人文景观和休闲度假型旅游景区，利用办公自动化网络系统实现一系列的经营管理电子化，如销售电子化、接待管理电子化和营销电子化，以及电子门票售卖和电子化检票等。

2. 环境管理信息系统

环境管理信息系统主要集中在两个方面：一是利用信息技术进行环境容量控制，二是借助信息技术进行环境治理技术的运用。环境容量控制是目前广泛使用的方式，通过电子门票售卖的方式将旅游者人数控制在环境容量以内。信息技术辅助的环境治理技术使用也较为广泛，一般用于景区内已经发生的环境污染或可能产生环境污染的各类设施，通过信息系统处理装置对已有的及可能发生的污染进行提示性处理，借助信息系统对景区生态信息的分析，可以防范景区生态环境的退化。

值得一提的是，旅游企业开展信息化管理的目的是实现完全电子商务。近几年，我国在线旅游发展迅速，从发展模式看，在线旅游大多以电子商务的形式实现。旅游电子商务是一种预约型商务，由于旅游产品的无形性，旅游企业尤其适合以电子手段进行交易。旅游电子商务要求企业信息系统之间无缝对接，如网络预订、网络营销和促销、与利益团体之间的商务协作、网络咨询、客户关系管理、互动社区、企业内部商务等，会涉及多个企业和部门的协作，从而实现商务信息的自动流转。

第三节 旅游标准化管理

行业标准化管理作为规范服务产品质量和生产过程的管理方式，在优化制度环境、促进区域合作与发展、提高产品服务质量、促进资源优化组合、保护企业和旅游者合法权益等方面有着不可替代的作用。

一、我国旅游标准化历程

我国旅游服务行业的第一个国家标准是国家旅游局（现文化和旅游部）于1987年启动的《旅游涉外饭店的星级划分与评定》（GB/T14308—1993）（2003年修订并更名为《旅游饭店星级的划分与评定》），1993年发布实施，开创了我国旅游服务领域实施标准化管理的先河。

1995年，国家旅游局（现文化和旅游部）成立旅游标准化专业机构——全国旅游标准化技术委员会（编号SAC/TC210，简称全国旅标会），主要负责旅游领域的国家标准编制和修订工作，对口国际标准化组织旅游及相关服务技术委员会（ISO/TC228）。随后起草制定了《全国旅游标准化技术委员会章程》《全国旅游标准化技术委员会秘书处工作细则》等。

2000 年，颁布实施《旅游标准化工作管理暂行办法》，在旅游标准化工作的宗旨、范围、任务、管理，以及旅游标准的制定、审查、发布、实施、监督等方面做出具体规定。同年发布《旅游业标准体系表》，构筑了以旅游六要素为基础的二维旅游标准体系框架。

2005 年，国家旅游局（现文化和旅游部）起草制定《全国旅游标准化发展规划（2006—2010）》，2009 年起草《全国旅游标准化发展规划（2009—2015）》，对旅游标准化管理进行战略规划。

2010 年，国家旅游局（现文化和旅游部）在全国范围内全面推进旅游标准化试点工作，并颁布《全面推进旅游标准化试点工作实施细则》。2011 年，旅游标准化试点工作在全国各重点旅游城市展开，进一步推动了旅游标准化工作的普及。

二、旅游业标准化管理的作用

旅游业标准化管理作为旅游行业管理的组成部分，对当前我国旅游业发展具有重要作用，具体可分为以下三点。

（一）有利于优化制度环境和促进旅游区域合作与发展

标准作为一种通用语言，通过建立一致的规范和统一的服务质量标准，在企业和企业、政府和企业，以及旅游者和企业之间形成有效的沟通桥梁，从而营造良好的制度环境。在旅游服务过程中，由于缺乏服务标准、标准不一致或者标准实施缺乏有效的监督机制，服务不规范、评价判断无依据而导致的企业与旅游者之间争论不休的事件屡屡发生，通过建立通用的旅游标准，形成统一的制度标准，对旅游业进行标准化管理，可以优化发展环境。此外，旅游标准化管理是避免区域旅游障碍的重要形式，通过标准化形成的通用语言，可以加强区域间的交流与合作，促进我国旅游业区域的协调发展。

（二）有利于提高产品服务质量和保证旅游者基本需求

旅游资源的有效利用、旅游产品的优化设计、各类旅游企业间的合理分工，都需要通过行业标准化管理予以协调。旅游经营者和管理者在旅游开发合作中以标准化思维展开工作，注重优化和衔接，有利于区域旅游整体合作的实现。此外，旅游者的基本生活需求是相同的，在不同地方体验不同旅游风情的同时，其安全、卫生、舒适的基本要求是一致的，这就要求旅游产品的个性化与服务质量的标准化同存。

（三）有利于保障旅游者合法权益和提升企业效益

旅游标准是旅游者放心消费的可靠保证，旅游标准所传递的法则是旅游者维护权益的依据。一方面，旅游者对旅游产品的质量很难有具体感知，旅游标准给了他们评价的参照和维权的依据；另一方面，通过采用标准化的管理和服务，能够提高旅游管理和服务质量，减少浪费，降低企业成本，提高企业效益，管理服务标准化在微观层面的运用为宏观层面上推行标准化、创造良好的发展环境奠定了基础。

三、旅游标准化管理的操作模式

我国旅游标准化建设为政府主导，由全国旅游标准化技术委员会具体负责。标准化工作首先要对旅游业发展现状进行调研，摸清需要标准化的对象、要素和范围，并根据标准化建设情况(如标准的系统化、体系化和综合标准化)等进行立项申请,上报国家市场监督管理总局和国家标准化管理委员会审批;审批通过后以招标或定向委托的方式组织业内专家开展编制工作;标准的审查工作也由文化和旅游部组织全国旅标会委员和业内专家完成;审查过后将标准文本(报批稿)提交到国家市场监督管理总局和国家标准化管理委员会发布;标准发布后实施、宣贯、认证、监督和复查等工作由文化和旅游部相关部门组织相关专家进行。下面主要介绍标准发布后相关工作的操作模式。

(一)"认证认可"模式

这一模式对各项标准的宣贯、推广、评估主要通过两种操作路径实现。一是由文化和旅游部自行成立认证中心,全面主导各项标准的宣贯、评估和监管工作。但此类路径工作量过大,宣传和评估的推行主体也过于单一。二是委托第三方建立认证中心,文化和旅游部采取政府采信、打包下放的方式,由第三方负责大部分标准的认证工作。第三方认证模式的推行使得标准化的宣贯执行和评估监管工作更为专业化,也更具技术性,但也存在第三方公信力的缺失,以及由于认证工作涉及的利益问题衍生出的设租寻租、权力旁落与难以管控等危机。

(二)"合作伙伴"模式

这一模式与认证认可模式相类似,即在各类旅游标准由旅标委等机构制定的基础上,文化和旅游部广泛发动社会力量,选择有资质的第三方机构作为合作伙伴,由第三方负责开展旅游标准的宣贯和评估工作,文化和旅游部负责部分评估与监管工作。

"合作伙伴"模式能够更好地配置社会资源,调动多方力量,但也存在第三方机构的知名度不够、公信力难以保障等问题。

(三)"行业协会"模式

这一模式主要针对各类国标、行标,对于制定好的标准,文化和旅游部和各地政府委托各地的行业协会组织实施标准的宣贯、推广和评估工作;若无行业协会,则由各地文化和旅游局负责宣贯、实施和评估。

"行业协会"模式在各地的推行比较广泛,体系较为成熟,但这一模式主要适用于国标、行标(如星级饭店评定标准等);且协会提供的是有偿服务,长久以来利益协调问题越发突出,也难以避免行业协会对所负责实施的标准挑挑拣拣。

(四)"主体联动,分类推进"模式

实践证明,旅游标准化既要坚持旅游行政主管部门统一管理,又要充分发挥各行业部门的监督工作,这种统一管理和分工负责的管理模式是确保标准化工作运行顺畅、推行有序、监督有力的有效手段。

一般来说,基础类、安全性标准由文化和旅游部会同各地政府主推并负责宣贯实施全过程,以确保标准的权威性与公信力;旅游业重点标准、旅游业要素类标准、旅游业支持系统类标准(即各类行标)由对应的行业协会组织实施宣贯、推广和评估工作;旅游业前瞻性标准、相关产业融合类、环保类标准采取政府采信、打包下放的方式,委托第三方设立认证中心,代表政府来组织标准的宣贯执行工作;旅游业工作标准、旅游企业内部操作类标准则由大企业或企业联盟来主导宣贯、推广和评估工作,对于运行良好、效果突出的企业标准,政府应鼓励其上升为行业标准。

第四节　旅游行业管理体制

十一届三中全会以来，我国的旅游行业取得了实质性的发展和进步。近年来，旅游行业已成为国民经济的重要组成部分，面对形势的转变，原有的旅游管理体制也需要进行适时的变革。本节主要对我国旅游行业管理体制的阶段进行梳理，进而提出相关建议。

一、旅游行业管理体制的概念

旅游行业管理体制，是指政府部门和旅游行业组织运用法律、经济及行政手段对旅游行业的发展进行指导、规范、制约及相互协调而组成的一套体系。该体系主要解决了旅游行业在整个经济的运行过程中的各项活动由谁来管、管些什么和怎么来管的问题，能够推动旅游经济的顺利发展、各种旅游活动的顺利进行、协调旅游行业中的各种角色之间的利益关系等。

二、我国旅游行业管理体制的阶段

从 1949 年中华人民共和国成立至今，我国旅游行业管理体制随着旅游行业的发展大致经历了起步、发展和深化三个阶段。

（一）起步阶段

1949 年以来，我国成立过华侨旅行社、中国国际旅行社、中国旅行社等旅游机构，尤其是中国国际旅行社取得了一定的发展，当时在全国的多个地区建立了分支机构。直到 1964 年，我国才成立中国旅行游览事业管理局（国家旅游局前身），该部门直属国务院，并且在多数的省级行政区设立了旅游局，隶属于外事部门，政企不分是当时的旅游管理活动的重要特点。1964 年至 1978 年，我国的旅游管理活动由政治接待的发展模式转向了经济事业的发展模式，这一变革更加契合我国的改革开放的大政方针和发展路线，这一变革给国内外各方带来了建设旅游事业的高涨热情，给我国的旅游行业的发展带来了第一次的繁荣。

（二）发展阶段

经过了 1978 年旅游经济的初步发展之后，国家对原有的旅游行业的管理体制进行了新一轮的改革。20 世纪 80 年代初，我国建立了国家旅游局（现文化和旅游部）和各级的旅游部门，形成了较为独立的旅游管理系统，为我国旅游行业的进一步发展奠定了坚实的组织基础。1988 年，国务院机构改革，为我国的旅游行业管理体制的改革带来了指导性的意见，奠定了我国旅游行业管理体制改革的基本框架。此后，国家旅游局在国务院的领导下，在全国范围内开展旅游行业全面改革，各级旅游部门的设立为政策改革的实施提供了组织保障，此时旅游行业正式与传统的管理模式告别，步入了新的发展阶段。

（三）深化阶段

1992 年以来，按照社会主义市场经济的各项要求，我国的旅游行政管理部门陆续开展了旅游行业的各项改革。同时，各种关于旅游行业的规范性文件也陆续出台，如《旅行社管理条例》《旅行社质量保证金赔偿暂行办法》等，逐步形成了国家的旅游全行业监督体系，切实保证了我国的旅游行业的持续性发展。尤其是 21 世纪以来，全国旅游工作会议逐年召开，这标志着我国的旅游行业的发展上升为国家的战略决策，受到了各级政府的高度重视，其发展正式进入了深化改革、深化发展的黄金发展阶段。

我国旅游行业管理体制是政府主导的分级管理模式，文化和旅游部以制定产业政策为工作重点，省文化和旅游厅以完善市场规则为重点，市文化和旅游局则以维持市场秩序为主。各级旅游行政管理部门是各级政府的职能机构，代表国家管理所辖区域内的各类旅游企业。在政府的主持之下，也成立了各级旅游协会、旅游饭店协会、旅行社协会、旅游车船协会等行业组织，但从人员安排、经费来源和协会职能来看，协会一般依附于各级旅游行政管理部门，并无独立地位。

三、旅游行业管理体制建设

当前，我国旅游行业管理正处在攻坚克难的深化改革期、转型期，旅游业发展迅猛，但旅游产业界定尚不清晰，产业组织尚不健全，旅游业发展的超前性与管理体制的滞后性之间的矛盾，已成为我国旅游业继续发展的最大障碍。因此，迫切需要改革现行的旅游管理体制，有效发挥政府的各项职能，以下对旅游行业管理体制的建设提出几点建议。

（一）坚持建设和完善旅游市场的准入制度

市场准入制度是保障一个市场的纯洁性和规范性的先决条件。旅游行业市场，涉及面广、涉及行业多，规范其市场主体就显得十分重要。要坚持建设更加合理和完善的市场准入制度，保障旅游经济中的各市场主体的健康发展，保证旅游经营服务者的服务质量和素质的提高，确保旅游经济的经济效益。从旅游经营许可制度入手，明确定点制度和资格审查制度，进一步使制度规范化，逐步扩大制度的使用范围，增强其使用效果，树立准入制度的权威性，加强旅游行业管理的法律法规体系建设，将旅游行业纳入市场经济的发展轨道，明确制定旅游行业中的饭店、住宿、交通等方面的服务标准，并且明确实施时间和监督标准，切实保障旅游行业的各个方面的发展。

（二）强化旅游市场的监督控制机制

在市场经济发展的大环境下，旅游行政管理部门必须加强对市场的检查、监督和管理，明确各类企业的生产经营的卫生和管理标准，确保各类企业经营活动的整体效益和经济效益。健全旅游服务质量监督管理网络，定期对旅游市场进行系统性检查和不定期抽查，加强监督力度，积极发现旅游市场中存在的问题，并及时解决。同时，旅游市场中，对不规范行为要进行及时的处罚，旅游行政管理部门切实实施惩处权，明确行政处罚的机构设置和人员配备，制定具体的实施细则。依法查处不仅可以规范市场，而且可对企业产生一种震慑作用，能够切实规范旅游行业的经营市场。

（三）进一步建立旅游市场服务系统

充分结合行政机关的优势和特点，为各种旅游市场主体提供政策咨询服务，引导、调节旅游市场的发展，进而实现促进旅游经济健康发展的目标。加强对旅游景点规划建设的指导和咨询服务，依托传统的规划手段，结合现代市场经济的发展模式，积极为地区景点建设提供一定的建议和意见。根据地方的人力资源发展现状，加强旅游经济发展过程中人力资源的开发和利用，及时组织旅游从业人员的教育培训，强化旅游服务精神，加强服务技能，弥补目前旅游专业人才短缺的问题。要建立健全旅游市场的信息服务体系和旅游信息的定期交流制度，督促旅游市场的主体交流学习新出台的政策法规，解决旅游经济主体在发展中遇到的纠纷和矛盾，畅通服务信息渠道，确保各项信息及时地传达到旅游市场的每个角落，从而增强政策的实施效果。

本章小结

了解旅游行业管理的定义、内容、目标与任务，对旅游行业管理进行整体概述。

旅游信息化管理包括以政府电子政务为代表的旅游行业信息化管理和旅游企业信息化管理，饭店前台信息化管理开启了旅游业的信息化管理。

旅游标准化管理为我国旅游业发展助力，其操作模式包括“认证认可”模式、“合作伙伴”模式、“行业协会”模式和“主体联动，分类推进”模式。

我国旅游行业管理体制如今正处在深化阶段，应适时进行变革以促进旅游业的发展。

思考与练习

1. 试述旅游行业管理的定义、内容、目标与任务。
2. 试述旅游信息化管理的各类系统。
3. 试述我国旅游标准化管理的操作。
4. 试对我国旅游行业管理体制的建设提出几点建议。

案例分析

中青旅的信息化管理之路

中青旅控股股份有限公司(以下简称中青旅)成立于 1997 年，是一家上市旅行社。作为国内三甲旅行社之一的中青旅经过多年发展，已成为一家综合性的国际化大型旅游运营商，公司始终以“以人为本，创造快乐”为使命，积极利用信息技术创造自己的竞争优势。

自 2000 年起，中青旅启动 ERP(企业资源计划)项目，成为国内第一家全面引进 ERP 的旅行社 ，第一期 ERP 项目主要实现旅游业务处理和财务处理的信息化，包括连锁销售系统、国内团操作系统、出境团操作系统、单团核算系统、财务系统等，实现旅游业务从开团、销售、单团核算到财务的集成处理。第二期项目主要实现入境旅游子系统、导游和车队管理以及客户关系管理系统的信息化，以期把客户资源整合起来，更主动地为客户提供专业的服务。第三期主要实现办公自动化、人力资源管理，以及各子公司的财务和业务管理系统的信息化。

2000年6月，“青旅在线”正式开通，主营自己的旅游产品，较好地实现了传统产业与电子商务的整合，同时开始建立连锁店，走上了将旅行社搬到寻常百姓家、主动为客户提供服务的道路，销售模式也实现了“电子商务+连锁店”的突破，其电子商务的开展主要通过中青旅遨游网(http://www.aoyou.com/)提供在线的旅游服务和网上组团。

业务的发展与迅速扩张给旅行社的经营管理带来挑战，尤其是中青旅电子商务的快速发展，使得以往公司的管理数据、电子商务产生的数据以及业务数据相互独立，更增加了管理难度和经营成本。2000年11月，中青旅ERP项目正式招标，中青旅的信息化建设向前跨了一大步。ERP的实施解决了数据交换的根本问题，将青旅控股和青旅在线的内部网、办公自动化系统、财务系统这些信息孤岛连成一片，成为一个大系统，实现了数据的无障碍传输，有力地支持了公司业务的拓展。

中青旅不仅在线下采取主动出击的策略，同时也将该策略运用到线上。作为中青旅电子商务前台的青旅在线，自2000年6月成立以来，于同年12月又推出了面向日语市场的青旅在线日文网站。2001年7月，青旅在线对网站系统进行了全面的升级和改版，信息更加全面，产品种类更加丰富，并加入自由行、产品资讯等个性化服务内容。2002年11月，青旅在线为适应市场需求又推出了英文网站。

随着顾客个性化需求的日益增长，为更好地为顾客提供个性化服务，2002年2月，青旅在线购买了宏道 One-to-One Enterprise 系列产品，由宏道在全球的合作伙伴惠普公司提供总集成服务，包括B2C(商对客电子商务模式)、B2B(企业对企业电子商务模式)、订单操作处理系统以及与后台ERP的对接。新推出的青旅在线的电子商务解决方案更趋完整：网站内的咨询更加丰富、全面，各类资讯均由系统智能地与线路等旅游产品紧密结合，线上销售、咨询、线下销售及内部销售管理的紧密结合使得个性化服务更加突出。新网站的推出将中青旅强大的传统资源和青旅在线先进的网络技术结合在一起，使得服务更加贴近顾客需求，如为适应市场竞争的环境，青旅在线率先推出机票加酒店的销售策略，这种销售策略对系统要求较高，在第一版网站中顾客不能任意选择所乘坐的航班及入住的酒店，在第二版网站中，该问题得到解决，顾客可以选择任意航班及任意酒店，且价格也随即弹出，使顾客拥有极大的选择权。

(资料来源：根据相关资料整理。)

问题：

1. 中青旅的信息化管理主要体现在哪些方面？
2. 试通过游览中青旅的网站，分析其信息化服务的特色。

第十二章

旅游政策法规

学习引导

我们知道2013年10月1日起实施了《中华人民共和国旅游法》，也知道国务院早在2009年颁布了《关于加快发展旅游业的意见》，那么它们之间有什么关系，又有什么区别呢？我国的旅游政策与法规制度具体是怎样的呢？通过本章的学习，我们将寻找到答案。

学习重点

通过本章学习，重点掌握以下知识要点：

- 旅游政策与旅游法规的概念
- 旅游政策与法规的主要内容
- 《中华人民共和国旅游法》的主要内容
- 旅行社法规的主要内容
- 导游人员法规的主要内容
- 旅游饭店法规的主要内容
- 旅游安全法规的主要内容
- 旅游者合法权益保护法规的主要内容

核心概念

旅游政策 Tourism Policy　旅游法规 Tourism Regulation　旅行社法规 Travel Agency Regulation　旅游饭店法规 Tourist Hotel Regulation

我国旅游业发展改革多年来，取得了令人瞩目的成就，旅游业已成为我国国民经济的重要产业和第三产业的龙头。当前，我国旅游业发展模式正逐步从政府主导型向市场主导型转变。为了将旅游业发展成为人民满意的现代服务业，实现旅游强国的战略目标，我国政府制定了一系列促进旅游和谐发展的旅游政策与法规。

第一节　旅游政策与法规概述

一、旅游政策与法规概念体系

(一)旅游政策的概念

旅游政策是国家和最高旅游行政管理部门为实现一定时期内的旅游发展目标,根据旅游发展的现状水平和社会经济条件而制定的行动准则。它指导并服务于旅游业发展的全过程,同时也是衡量旅游事业取得成效的尺度。旅游政策包括宏观旅游政策和微观旅游政策。宏观旅游政策即发展方针,确立旅游产业发展目标及其在国民经济中的地位,对全局起指引方向和总揽大局的作用;微观旅游政策是针对具体的旅游事项和为旅游基本运作单位而制定的,起具体的指导作用。

(二)旅游政策的特点

1. 指导性和强制性

政府对当地旅游业的发展起着至关重要的作用,自从旅游业出现以后,尤其是在现代旅游业飞速发展的背景下,各国普遍主动地应用旅游政策对旅游业进行宏观管理,并取得了一定的效果。旅游政策确立了旅游产业的发展目标,依靠其指导性与强制性的特点,通过引导、调控、扶持等手段,对旅游业产生积极的作用。

2. 稳定性和灵活性

旅游政策的制定必须高瞻远瞩,具有超前的预见性,以保证其指导思想和基本原则相对稳定,这是旅游政策的稳定性。但由于社会经济条件的不断变化,另外任何政策的推广和实施都有阶段性,一个阶段的旅游政策与这个阶段的经济发展水平和人们的收入水平密切相关;加之,我国旅游资源的不均衡分布、旅游业的不平衡发展,导致旅游政策体系呈现出一定的动态灵活性。

3. 协调性和系统性

旅游政策合理确立旅游业在国民经济中的地位,将有利于旅游业与各行业健康协调发展,进而促进国民经济的协调发展。旅游政策还协调了国家与地方、部门与地区、旅游内部产业之间的各种关系。另外,旅游产业既具有较强的关联性,也具有系统性。表现为,一方面,旅游政策必须与其他行业政策相协调;另一方面,旅游政策本身由若干具体子政策组成,子政策之间也需要相互协调。只有各政策之间高效配合,才能形成高效运作的政策系统。

(三)旅游法规的概念

旅游法规是指调整与规范旅游活动中产生各种社会关系的法律、法令、规章、条例、标准与条约的总称。旅游法规不是一个单一的法律文件,而是一系列的法律规范,它既包括国内规范,也包括国际规范,这一规范体系以旅游为主线统一起来。对于旅游法规的概念内涵,可分别从狭义与广义两个方面加以理解。

狭义上,旅游法规是指专门用于旅游部门的法律、法令、规章、条例、标准与条约,其中包括《中华人民共和国旅游法》(简称《旅游法》)、《旅行社条例》《导游人员管理条例》《旅行社投保旅行社责任保险规定》(简称《旅行社投保规定》)、《旅行社质量保证金赔偿暂行办法》(简称《质量保证金赔偿办法》)、《旅行社质量保证金赔偿试行标准》(简称《质保金赔偿标准》)与《中国公民出国旅游管理办法》等。这些法规不同于其他部门的法规制度,是专门规范旅游经营者、旅游者、旅游组织、旅游行政管理部门等旅游法律关系主体的行为准则。

广义上,旅游法规是指国家法律体系之中所有涉及旅游活动的相关法律、法令、规章、条例、标准与条约,其中包括《中华人民共和国宪法》(简称《宪法》)、《中华人民共和国民法典》(简称《民法典》)、《中华人民共和国消费者权益保护法》(简称《消费者权益保护法》)、《中华人民共和国保险法》(简称《保险法》)、《中华人民共和国出境入境管理法》(简称《出境入境管理法》)等。

(四)旅游政策与旅游法规的关系

(1)旅游政策是制定旅游法规的依据,旅游政策指导旅游法规的实施。

(2)旅游法规并不包括全部旅游政策,只是一部分旅游政策的法律化。

(3)旅游政策比旅游法规更具有灵活性,能够及时准确地反映不同时期的国家旅游发展的客观要求。

二、我国旅游政策与法规的内容

(一)旅游政策的内容

一个国家的旅游政策体系包含诸多方面,它们之间密切联系、互为前提、互为条件。①旅游产业结构政策。其明确规定了旅游业在国民经济中的重要地位,以及与其他产业的关系。②旅游产业地区政策。根据地区旅游资源、区位条件、客源市场、经济基础等各种条件,确定地区旅游业在经济中的地位,以及在国家旅游业中的地位,从而促进各地因地制宜地发展旅游业,合理进行产业布局。③旅游资源开发政策。旅游资源是旅游业发展的基础,合理制定旅游资源开发政策,以此指导对旅游资源的调查、评价、开发与保护,促进旅游业的可持续发展。④旅游市场开发政策。旅游市场的扩大促进旅游业的发展,旅游市场开发政策是不可缺少的内容。⑤旅游服务政策。旅游服务是旅游业的核心产品,旅游服务质量是旅游发展的精髓。将服务范围、服务标准以政策形式确定下来,以指导旅游业经营者提高服务质量,提高游客满意度。⑥旅游技术政策。旅游技术政策指导和促进旅游业利用现代科学技术,运用新兴技术工具,增加科技含量,增强竞争力,推动旅游业的快速发展。⑦旅游实施保障政策。实施保障政策是综合性的政策体系,它不仅要求其政策内部的一致性,还要求与各个方面相协调。⑧旅游体制保障政策。其指导和保障旅游管理体制顺畅运作,在上下垂直管理、左右横向联络方面能很好地衔接,使得政策能上传下达,顺利贯彻实施。

(二)我国现行的主要旅游法规

1978—1989 年是我国旅游法制建设的起步阶段,具有标志性的立法是 1985 年国务院发布的《旅行社管理暂行条例》,这是我国第一个规范旅游业的单行法规。1990—1998 年为我国旅游法制建设的发展阶段,1990 年国家旅游局(现文化和旅游部)初步完成了《旅游法》及其实施细则送审的起草工作,标志着我国旅游法制建设迈出了重要一步。1990 年以来是我国旅游法制建设的完善阶段。2013 年 4 月 25 日,第十二届全国人民代表大会常务委员会第二次会议通过了《旅游法》,作为规范旅游行业的基本法,依据《宪法》而定,统领旅游行业的法律建设,以实现旅游法制建设战略目标。我国现已出台的旅游法规主要有《旅游法》《旅行社条例》《旅行社投保旅行社责任保险规定》《导游人员管理条例》《旅馆业治安管理办法》《风景名胜区管理条例》《旅游投诉处理办法》《中国公民出国旅游管理办法》,以及旅游安全管理规章制度中的《旅游安全管理办法》和《特别重大事故调查程序暂行规定》。

三、旅游政策法规建设对旅游业的作用

(一)明确旅游各主体的权利和义务,保护其合法权益

旅游行业是多部门合作、多行业协同、多产品组合的产业,旅游行业对各部门产业经济的拉动作用是主要的,利益是共同的,成效是明显的。其矛盾是发展过程中的矛盾,解决此矛盾必须通过也只有通过旅游立法来加以规制调整,来明确旅游者、旅游经营者、旅游管理者之间的权利义务关系。旅游法规明确规定了各主体的权利和义务,对旅游活动中的各种社会关系起到了恰当合理的调整作用,维护了旅游行业发展的正常秩序。

(二)规范和引导旅游活动行为

调整因旅游产生的各种社会关系,以立法手段调整旅游社会关系就是规定旅游活动和旅游业务各主体的权利和义务,引导旅游活动和旅游业务各主体在法律允许的范围内行事。国家对合法、有效的行为不加干预,而对违法行为则必须干预甚至予以制裁,以达到调整社会关系的目的。旅游法律法规对人们在旅游活动行为中的行为模式、态度与观念起规范作用,这种直接的影响使得人乃至社会群体的行为改变,从而推动旅游产业的发展;间接影响上表现得更为明显,通过在政府机关内设立旅游行政管理部门扩大法律法规在旅游行业的影响,旅游行政管理部门的管理工作有利于旅游行业的法律环境形成,加快旅游行业的发展。

(三)对旅游行业进行宏观调控

在旅游行业的发展方面,制定旅游法律法规,确定旅游行业发展的基本原则、基本方针和产业政策,对旅游行业进行有效的宏观调控,把旅游行业纳入整个社会和经济发展之中,使旅游行业的发展能够起到促进社会和经济发展的作用。旅游法规对旅游行业进行了宏观调控,旅游行业的调控是指为实现旅游行业供需总量的平衡,保持旅游行业持续、稳定、协调发展,而对旅游市场进行的调节和控制。法制是加强旅游行业宏观调控的根本所在,通过出台一系列与旅游管理配套的政策、法律法规、措施,形成强有力的行政管理部门宏观调控机构,坚持发挥市场机制作用、健全宏观调控的原则,发挥行业管理的效力,真正改变部门各自为政的传统习惯。改变大量存在的局部利益和地方保护主义问题,使人们从与旅游相关的基本法、国家级旅游立法、地方性旅游立法等方面,了解并推进我国的旅游法制建设,使旅游行业的发展有法可依,这样才能保证我国旅游行业的良性发展。

(四)为旅游行业的发展提供法律保障,创设良好的法律环境

旅游法规对各主体的权利、义务、责任和行为规范进行明确规定,对旅游活动中的各种社会关系起到了恰当而合理的调整作用,进而维护旅游行业发展的正常秩序,为旅游行业的发展奠定法律基础,使各主体在法律允许的范围内从事自己的活动,各享其权、各尽其责、各

得其利，从而保证旅游活动的有序进行，为旅游的发展创设一个良好的法律环境。此外，旅游法规规范人们的行为，能够把人们的行为引导到有利于旅游行业发展的秩序中去，为旅游行业提供可预见的保障措施，也为旅游行业的发展提供法律保障。

四、旅游政策法规实现需完成的任务

（一）加快旅游基础设施建设

①制定全国旅游业发展规划。②旅游基础设施和重点项目建设要纳入国民经济和社会发展规划。③编制和调整旅游城市总体规划、土地利用规划、海洋功能区划、基础设施规划时，要充分考虑旅游业的发展需要。④要重点建设旅游道路、景区停车场、游客服务中心、旅游安全及资源环境保护等基础设施。⑤全面进行厕所革命，实施旅游厕所改建工程。⑥加强主要景区连接交通干线的旅游公路建设。⑦规划建设水路客运码头要充分考虑旅游业发展需求。⑧完善旅游航线网络等。

（二）提高旅游服务水平

以游客满意度为基准，提高游客对旅游产品的满意度与忠诚度，以人性化服务为导向，提升从业人员的服务意识和服务水平。①了解游客消费心理，加强其对旅游决策的指导性。②加强教育培训和人力资源管理，提高从业人员素质，培养旅游从业人员良好的服务态度。③加强对旅游目的地旅游基础设施建设，美化旅游目的地的旅游形象，优化旅游环境，维护良好的社会治安，建设安全有序的旅游目的地。

（三）推动旅游产品多样化发展

在全域旅游发展时代，国民旅游的意愿不断增强，对旅游产品的需求也显著提升，这就要求旅游产品供给侧必须向多元化、升级型消费市场发展。在妥善保护当地自然生态、历史文化的前提下，合理利用民族村寨、古镇古村，发展特色乡村旅游产品，规范发展农家乐，休闲农庄等旅游产品；依靠国家级文化，打造具有代表性的精品景区；积极发展休闲度假旅游，引导城市旅游多元化发展。

（四）加强旅游从业人员素质建设

从业人员的素质是一个行业综合发展水平的体现。提升旅游从业人员的基本素质，对于把旅游产业打造成为支柱产业具有重要意义。未来，必须把提高旅游从业人员素质摆在至关重要的位置，将旅游产业人才发展战略纳入旅游业发展规划和经济社会发展的人才规划，建立系统的旅游人才培养规划和配套政策，通过引进旅游高级人才带动从业队伍的成长。不断创新旅游人才工作机制，不断完善旅游从业人员管理和服务体系，形成规范化的旅游从业人员培训机制和上岗机制，建立健全公平透明的旅游从业人员保障机制和退出机制，完善旅游从业人员的激励机制和竞争机制。

（五）加大政府与金融支持

地方各级应加大对旅游配套设施建设的投入，国家旅游发展基金重点用于旅游公共服务体系建设等，安排中央财政促进服务业发展专项资金等。对符合旅游市场准入条件和信贷原则的旅游企业和旅游项目，加大多种形式融资授信支持，确定合理的贷款期限和贷款利率,进一步完善旅游企业融资担保等信用体系等。

第二节　解读《旅游法》

《中华人民共和国旅游法》(以下简称《旅游法》)已由第十二届全国人大常委会第二次会议于 2013 年 4 月 25 日通过并予以公布,自 2013 年 10 月 1 日起在全国施行。《旅游法》的颁布和实施是我国旅游法制建设史上最重要的里程碑,对我国依法兴旅和依法治旅具有极其重要的推动作用,是实现我国旅游业两大战略目标——把旅游业培育成国民经济发展的战略性支柱产业和人民群众满意的现代服务业的制度基石。纵观整个《旅游法》,可以把我国《旅游法》的主要内容概述及在旅游法律制度方面的重大制度创新归纳为以下几个方面。

一、确立了旅游者合法权益保护制度

《旅游法》将"旅游者"用专章予以规范,既规定了旅游者应享有的合法权益,也明确了旅游者应承担的义务,这在中外旅游立法上是一大创举。迄今,国外旅游立法一般都未将"旅游者"专门作为一章来规范。而我国《旅游法》从权利和义务两方面对旅游者做出明确规范,在目前旅游者整体素质不高的情况下,无论是为了保护广大旅游者的合法权益,还是为了规范少数旅游者的不文明旅游行为,促使和引导旅游者文明旅游,均具有重大的现实意义。在权利方面,《旅游法》规定了旅游者享有的各种权利,如知情权、受尊重权、旅游救助权等,突出旅游者合法权益的保护。在义务方面,《旅游法》强调了旅游者尊重旅游目的地习俗、爱护旅游资源,不损害当地居民、其他旅游者、旅游经营者合法权益的义务。

二、以旅游者为本的理念

《旅游法》各相关章节中,都融汇和贯穿着以旅游者为本的立法理念和基本精神。这样,既充分体现了我国旅游立法坚持以人为本的基本原则,同时也把保护旅游者合法权益的理念具体落实到各项制度建设中,使之具有可操作性。《旅游法》以明确的规范把旅游者享有的权利表示出来,无疑对现实旅游实践中切实维护旅游者的合法权益具有重要的作用,充分体现了我国立法机关以人为本的立法原则和理念,也是中国特色社会主义的人道主义精神在立法上的充分体现。因此,可以说我国《旅游法》从旅游者权利、旅游规划和促进、旅游经营规范、旅游服务合同、旅游安全救助、旅游监管和旅游纠纷处理等方面,全面构建了一个以旅游者合法权益保护为核心的法律制度。

三、关于旅游经营者的保护及要求

首先,我国《旅游法》确立了旅游经营者合法权益保护制度,虽然其以优先保护旅游者的合法权益为基本原则,但是并不否定对旅游经营者合法权益的保护,反而处处体现了对旅游经营者合法权益的保护。其确立的一些重要制度和监管、运营机制,如旅游综合协调机制、旅游经营者的权利和免责条款、旅游安全保障、旅游纠纷解决机制等,对大量诚信经营的合

法经营者具有重要的保护作用。其次,《旅游法》中对旅游经营者资质、从业人员资格及经营规则方面做了规定:①对旅行社实行经营业务许可,对导游和领队实行执业许可。②规定旅游经营的一般规则,旅行社的有关经营规范,质量保证金制度;景区开放的条件和门票管理制度,景区流量控制;导游、领队的从业规范;其他旅游经营形式的特别规定。③对与旅游密切相关的交通、住宿、餐饮、购物、娱乐的经营管理进行衔接性规定。

四、确立了导游人员合法权益保护制度

从某种意义上说,能否科学合理地设计导游人员合法权益保护制度,是衡量我国旅游立法是否成功的重要标志之一。我国旅游立法从若干方面对导游人员合法权益保护做出了明确规定:①《旅游法》规定,旅行社设立必须有必要的经营管理人员和导游人员。这便从源头上杜绝了以往某些旅行社没有任何导游的不合理现象,使一定数量的导游人员可以依法同旅行社确立合法的雇佣关系。②《旅游法》规定,旅行社与其聘用的导游人员必须依法订立劳动合同。这从法律层面上明确规定了旅行社与导游人员之间的劳动合同关系,而对劳动合同的内容,国家是有明确规定的。只要旅行社与导游人员签订了劳动合同,就必须依照《劳动合同法》的有关规定执行,因此导游人员的合法权益从根本上有了保障。③《旅游法》规定,旅行社应当为其聘用的导游人员支付劳动报酬,缴纳社会保险费用。这是从法律上进一步对导游人员的劳动报酬所做的具体规定。④《旅游法》规定,旅行社临时聘用导游为旅游者提供旅游服务的,应当全额向导游支付导游服务费用。法律明确此规定,主要是针对我国目前旅游市场的实际,防止某些旅行社在临时导游人员的服务费用上动歪脑筋,千方百计不给临时导游付费。⑤《旅游法》规定,旅行社安排导游为团队旅游提供服务的,不得要求导游垫付或者向导游收取任何费用。这也是针对当前我国旅游市场存在的某些潜规则而做出的法律规定。从长远看,这对整个旅游业持续健康发展和旅游经营者的合法权益保护,都有重要的意义。

五、旅游规划和促进方面

在旅游促进方面,主要规定各级人民政府应在产业政策和资金方面加大对旅游业的支持,编制土地利用总体规划和城乡规划时应充分考虑旅游设施的要求,加强旅游形象宣传和公共信息服务,鼓励和支持旅游职业教育和培训,提高从业人员素质。首先,《旅游法》明确规定了我国旅游发展规划的法律地位和编制主体。其次,《旅游法》规定了旅游发展规划编制的基本内容。再次,《旅游法》规定了对重点旅游资源的开发利用可以编制旅游专项规划。所谓旅游专项规划,是指以特定领域为对象而编制的旅游规划。它是旅游总体规划在特定领域的细化。最后,《旅游法》还明确规定,旅游发展规划应当与土地利用总体规划、城乡规划、环境保护规划以及其他自然资源和文物等人文资源的保护和利用规划相衔接;各级人民政府在编制土地利用总体规划、城乡规划时,应当充分考虑相关旅游项目、设施的空间布局和建设用地要求;规划和建设交通、通信、供水、供电、环保等基础设施和公共服务设施,应当兼顾旅游业发展的需要。

六、确立了旅游综合协调和监管制度

《旅游法》中涉及旅游综合管理制度的规范主要有三个方面。首先，建立健全了旅游综合协调机制。其次，建立健全了旅游市场综合监管机制。《旅游法》对旅游市场综合监管机制的基本要求有：①建立健全由政府牵头、部门分工负责的监管机制。②建立健全旅游联合执法机制。③建立健全旅游违法行为查处信息共享机制。④建立健全跨部门、跨地区督办机制。⑤建立健全部门公布监督检查情况制度。这些制度的确立为我国旅游市场的综合监管和治理奠定了基本的制度基础，弥补了我国旅游市场长期缺乏基本法律层面的制度建设的缺陷和不足，同时也为依法兴旅提供了基本的制度保障。最后，建立健全了旅游投诉统一受理机制。这是根据我国旅游业监管实际，结合国内外旅游执法和监管经验，创造性地做出的符合中国旅游市场运行实际的一项法律制度。

七、确立了旅游经营规范制度

《旅游法》针对旅游经营行为做了一系列规范，形成了符合我国目前社会主义市场经济发展阶段和现实要求的旅游经营制度。①《旅游法》明确了旅行社设立的基本条件、旅游景区的开放条件和旅游经营者的基本责任和义务。②《旅游法》明确了旅游经营中相关的民事规范。③《旅游法》在平衡旅游者与旅游经营者合法权益的基础上，加强了对旅游者的保护。④《旅游法》明确了相关的旅游经营规范。例如，对旅行社提出“五不得”要求；对导游、领队等旅游从业人员提出“三不得”要求。此外，还对其他旅游经营者提出“一不得”要求。这些要求倘若真正落实到位，我国旅游市场目前存在的大部分乱象，有望得到较好的改善。

八、确立了旅游服务合同法律制度

首先，《旅游法》明确了“旅游合同”这一概念，使旅游合同成为有名合同，这是《旅游法》对《合同法》的一大贡献，弥补了我国合同立法方面的不足和遗憾，尤其是对旅游法律制度的建立健全和进一步完善具有重大的现实意义。就旅游合同制度本身而言，《旅游法》主要确立了如下制度：①在特殊情况下对旅游者优先保护的原则，主要包括旅行社的告知及说明义务、旅行社严格履约责任、旅行社协助返程义务、旅行社无正当理由不得拒绝旅游者替换的义务、行程结束后的30日内旅游者要求无条件退货退费的权利、住宿经营者实际履行合同的义务。②特殊的责任承担制度，主要包括旅行社和旅游者之间的特殊责任承担、委托社和代理社的特殊责任承担、组团旅行社和地接旅行社之间的特殊责任承担、旅行社与旅游辅助人之间的特殊责任承担等。③特殊的变更、解除制度，这项制度的内容主要包括不能成团时的特殊处理、单方解除制度、因不可抗力等因素影响行程的处理等。

九、确立了旅游安全保障制度

注重旅游者的安全保障制度设计，是我国《旅游法》的一大创新点。这项制度的主要内容有：①确立了政府的旅游安全保障职责。②确立了旅游目的地安全风险提示制度。③制定了建立旅游应急机制的规定。④旅游安全与消防管理的相关制度得以确立。⑤对旅游经营者的说明与警示义务做了说明。⑥对旅游经营者的事故救助处置做了规定。其创新之处主要表现在三个方面：首先，把旅游安全单列一章，对旅游安全做出了明确的法律规范，充分体现了我国旅游立法以人为本的基本原则。其次，确立了政府统一负责、部门依法履行监管责任制度，明确提出县级以上各级人民政府统一负责旅游安全工作，县级以上人民政府有关部门依照法律、法规履行旅游安全监管职责。最后，确立了全程责任制度。

十、确立了旅游纠纷处理制度

《旅游法》对旅游纠纷解决的方式方法做出了明确规定，形成了符合我国旅游市场实际的旅游纠纷处理制度。①《旅游法》规定，县级以上人民政府应当指定或者设立统一的旅游投诉受理机构。受理机构接到投诉，应当及时进行处理或者移交有关部门处理，并告知投诉者。这是关于统一旅游投诉受理机制的法律规定。这一机制有望解决旅游者投诉无门或者投诉后有关部门相互推诿、久拖不办等问题。②关于旅游纠纷解决的途径，《旅游法》明确规定旅游者与旅游经营者发生纠纷后可以通过双方协商，向消费者协会、旅游投诉受理机构或者有关调解组织申请调解，根据与旅游经营者达成的仲裁协议提请仲裁机构仲裁和向人民法院提起诉讼这四种途径解决。③《旅游法》规定，在旅游者与旅游经营者发生纠纷时，旅游者一方人数众多并有共同请求的，可以推选代表人参加协商、调解、仲裁、诉讼活动。这一规定非常有利于旅游者维权，消除了旅游者个人通常不愿意为数额不多的旅游费纠纷而去诉讼的后顾之忧，对于保障旅游者的合法权益具有重要意义。

知识活页　　《旅游法》的颁布

第三节　旅行社法规

一、旅行社的设立与变更

(一)旅行社的设立条件

根据《旅游法》第二十八条规定的设立旅行社，招徕、组织、接待旅游者，为其提供旅游服务，应当具备的条件，以及《旅行社条例》中对旅行社设立条件的规定，将旅行社的设立条件做以下总结：

(1) 有固定的经营场所。

(2) 有必要的营业设施。

(3) 有符合规定的注册资本。

(4) 有必要的经营管理人员和导游。

(5) 法律、行政法规规定的其他条件。

(二)旅行社的审批与申请程序

1. 旅行社的审批

依照《旅行社条例实施细则》的规定,申请人应递交的文件有:设立申请书,法定代表人履历表及身份证明,企业章程,经营场所的证明,营业设施、设备的证明或者说明,工商行政管理部门出具的《企业法人营业执照》。

2. 旅行社的申请程序

依照《旅行社条例》的规定,申请设立旅行社,经营国内旅游业务和入境旅游业务的,应当向所在地的省(自治区、直辖市)旅游行政管理部门或者委托的社区所在的市级旅游行政管理部门提出申请,并提交符合规定的相关证明文件。受理申请的旅游行政管理部门应当自受理之日起 20 个工作日内做出许可或者不予许可的决定。

(三)旅行社分支机构的设立

旅行社根据业务经营和发展的需求,可以设立不具有法人资格的旅行社分社和旅行社服务网点,以设立分社、服务网点的旅行社的名义从事规定的经营活动,其经营活动的责任和后果,由设立社承担。旅行社应当加强对分社和服务网点的管理,实行统一的人事、财务、招徕、接待制度规范。

(四)旅行社的变更

旅行社变更名称、经营场所、法定代表人等登记事项或者终止经营的,应当到工商行政管理部门办理相应的变更登记或者注销登记,并在登记办理完毕之日起 10 个工作日内,向原许可的旅游行政管理部门备案,换领或者交回旅行社业务经营许可证。

(五)出境旅游业务的申请

旅行社取得经营许可满 2 年,且未因侵害旅游者合法权益受到行政机关罚款以上处罚的,可以申请经营出境旅游业务。申请经营出境旅游业务的旅行社,应当向国务院旅游行政主管部门或者其委托的省(自治区、直辖市)旅游行政管理部门提出申请,并提交原许可的旅游行政管理部门出具的证明其经营旅行社业务满 2 年且连续 2 年未因侵害旅游者合法权益受到行政机关罚款以上处罚的说明材料。

二、旅行社质量保证金制度

(一)旅行社质量保证金概念

旅行社质量保证金是指由旅行社缴纳,旅游行政管理部门管理,用于保障旅游者权益的专用款项。通常是旅游者付费在先,旅行社提供服务在后。同时,旅游消费不同于一般商品消费,一旦产生纠纷难以通过修理、退换、重做等方式救济,主要依靠事后经济补偿金予以解决。因此,许多国家和地区均实行质量保证金制度。

(二)旅行社质量保证金的使用

旅游行政管理部门可以使用旅行社质量保证金的有以下几种情形:旅行社违反旅游合同约定,侵害旅游者合法权益,经旅游行政管理部门查证属实的;旅行社因解散、破产或者其他原因造成旅游者预交旅游费用损失的;人民法院判决、裁定及其他生效法律文书认定旅行社损害旅游者合法权益,旅行社拒绝或者无力赔偿的,人民法院可以从旅行社的质量保证金账户上划拨赔偿款。

(三)旅行社质量保证金的管理

旅游行政管理部门对质量保证金实行“统一制度、统一标准、分级管理”的原则。国家旅游行政管理机关统一制定保证金的制度、标准和具体办法;各级旅游行政管理机关在规定的权限内,依据有关法规、规章和程序,做出支付保证金金额的决定。

三、旅行社的经营规范

(一)《旅行社条例》中的规定

《旅行社条例》着眼于保护旅游者和旅游经营者的合法权益,从旅行社行业的经营特点出发,针对旅行社经营中长期存在的突出问题,设置了较为全面的旅行社经营行为规范。其中包括:旅行社在旅游活动中应当遵循自愿、平等、公平、诚信的原则;关于旅游合同的签订以及履行;导游人员的要求;旅行社责任险的投保;互联网经营旅行社的要求等。

(二)《旅游法》中的规定

《旅游法》中针对旅行社经营也做出了具体的规定,其中包括:旅行社不得非法转让旅行社业务经营许可;禁止以不合理的低价组织旅游活动;旅行社与导游依法订立劳动合同;旅行社应为旅游者提供设计合理、可行的旅游服务。

四、旅行社的监督审查

(一)相关行政部门对旅行社监督检查

《旅行社条例》第四十一条规定:“旅游、工商、价格、商务、外汇等有关部门应当依法加强对旅行社的监督管理,发现违法行为,应当及时予以处理。”工商、价格、商务、外汇等部门,应当遵守《旅行社条例》之外的相关法律,在职权范围内,对本条例已涉及或未涉及的旅行社行为进行监督管理并查处违法行为。

(二)行政管理部门监督管理公告制度

旅游、工商、价格等行政管理部门应当及时向社会公告监督检查的情况。公告的内容包括旅行社业务经营许可证的颁发、变更、吊销、注销情况,旅行社的违法经营行为以及旅行社的诚信记录、旅游者投诉信息等。

五、旅行社的法律责任

依据《旅游法》《旅行社条例》及《旅行社条例实施细则》,对旅行社违法行为实施行政处罚的执法主体主要是旅游行政管理部门、工商行政管理部门和价格主管部门,以上三个执法主体对旅行社违法行为实施处罚的依据分别是各相关法律和行政法规。违反《旅游法》《旅行社条例》及《旅行社条例实施细则》的违法行为中损害旅游者合法权益的,应当承担相应的民事责任;构成犯罪的,依法追究刑事责任。

第四节　导游人员法规

一、导游人员概述

(一)导游人员概念

《导游人员管理条例》第二条规定:"本条例所称导游人员,是指依照本条例的规定取得导游证,接受旅行社委派,为旅游者提供向导、讲解及相关旅游服务的人员。"

上述导游人员的概念包含了三层含义:

(1)特定的程序。在中国担任导游工作的人员,是依据《导游人员管理条例》的规定,通过导游人员资格考试并取得导游证的人员,这是担任导游工作的前提条件。

(2)特定的委托。导游人员是接受旅行社委派而从事导游业务的人员,接受旅行社委派从事导游业务是导游人员概念的特征。

(3)特定的工作。导游人员的工作范围,主要是为旅游者提供向导、讲解及相关旅游服务。

(二)导游人员分类

由于工作范围、业务内容的不同,导游人员的服务对象和使用的语言各有差异,导游人员的业务性质和服务方式也不尽相同,即使是同一位导游人员,由于从事的业务性质不同,所扮演的社会角色也随之转变。可以从以下角度,对我国导游人员进行分类。

1.按语种分类

(1)中文导游人员:一般是为国内旅游者,回内地探亲的香港、澳门、台湾同胞和回国的外籍华人旅游者提供相应语言服务的导游人员。

(2)外语导游人员:主要是为外国旅游者提供导游服务的人员。

2.按工作性质分类

(1)专职导游员:专职导游员是指长期受雇于某家旅行社,为该企业正式职员的导游员,是中国导游队伍的主力军。

(2)业余导游员:业余导游员是指不以导游工作为主业,主要利用业余时间从事导游工作的人员。

(3)自由职业导游员:自由职业导游员是指以导游职业为主业,本身并不属于某家旅行社的正式员工,但通过合同形式与其供职的旅行社建立权利与义务关系的导游人员。

3.按工作区域分类

(1)地方陪同导游员(简称地陪):地陪是指受接待旅行社委派,代表接待社实施接待计划,为旅游团(者)提供当地旅游活动安排、讲解、翻译等服务的导游人员。

(2) 全程陪同导游员(简称全陪):全陪是指受组团旅行社委派,作为组团社的代表,为旅游团(者)提供全旅程服务的导游人员。

(3) 定点导游员(也称讲解员):讲解员是指在重要景点或参观场所一定范围内对旅游者进行导游讲解的人员。

(4) 国际导游员(一般称为领队):领队是指受雇于派出方旅行社,负责陪同国际旅游团的全程旅游活动并协调与接待方旅行社关系的旅游工作人员。

4. 按等级分类

(1) 初级导游人员:初级导游人员是指获得导游证资格证书 1 年后,通过技能、业绩和资历三方面考核合格,自动升级为初级导游人员。

(2) 中级导游人员:中级导游人员是指获得初级导游人员资格 2 年以上,业绩明显,经考核合格晋升为中级导游人员,他们是目前我国旅行社的业务骨干。

(3) 高级导游人员:高级导游人员是指取得中级导游人员资格 4 年以上,业绩突出,水平较高者,并在国内外同行中有一定影响,经考核合格晋升为高级导游人员。

(4) 特级导游人员:获得高级导游人员资格 5 年以上,业绩优异,有突出贡献,高水平的科研成果,在国内外同行中有较大影响,经评审考核合格者晋升为特级导游人员。

初级导游人员和中级导游人员资格主要通过考试取得,他们是导游员队伍的主要力量,所占比例较大。高级导游人员和特级导游人员资格主要是通过考核和同行专家评议,被旅行社所聘而取得,虽然在数量上只是少数,但对于保证导游服务质量和提升旅行社的形象起着非常关键和重要的作用,是旅行社中宝贵的人力资源。

5. 按持有证书分类

(1) 正式导游人员:正式导游人员是经过导游人员资格考试并合格,取得导游人员资格证书者。《导游人员管理条例》第八条规定,导游证的有效期限为 3 年。此外,正式导游证有效期限届满后可以申请办理换发导游证。

(2) 临时导游人员:临时导游人员是指具有特定语种、语言能力的人员,虽然未取得导游人员资格证书,但是因旅行社需要聘请其临时从事导游活动的人员。由旅行社向省、自治区、直辖市人民政府行政部门申请领取导游证。临时导游证的有效期限最长不超过 3 个月,即可以是数天、1 个月或者 2 个月,但是不得超过 3 个月。

二、导游人员管理制度

我国实行统一的导游人员资格考试,经考试合格后可取得导游人员资格证书,再根据《导游人员管理条例》的相关要求申请导游证。另外,为加强导游队伍的建设,提高导游人员素养,国家旅游局(现文化和旅游部)于 1994 年公布了《关于对全国导游员实行等级评定的意见(试行)》和《导游员职业等级标准(试行)》,开始了导游人员等级考核评定工作。这一制度在 1999 年发布的《导游人员管理条例》中得以确认。2005 年 6 月,国家旅游局(现文化和旅游部)又颁布了《导游人员等级考核评定管理办法(试行)》,进一步规范了导游人员等级考核评定制度。导游人员管理制度主要包括:①导游人员资格考试制度,其中规定了导游人员资格考试的报考条件,导游人员证书的颁发;②导游证的管理制度,其中规定了导游证的分类,领取导游证的条件,导游证的管理办法;③导游人员的等级划分及划分标准。

三、导游人员法律责任

(1) 无导游证进行导游活动的,由旅游行政部门责令改正并予以公告,处 1000 元以上 3 万元以下的罚款;有违法所得的,并处没收违法所得。

(2) 导游人员未经旅行社委派,私自承揽或者以其他任何方式直接承揽导游业务,进行导游活动的,由旅游行政部门责令改正,处 1000 元以上 3 万元以下的罚款;有违法所得的,并处没收违法所得;情节严重的,由省、自治区、直辖市人民政府旅游行政部门吊销导游证并予以公告。

(3) 导游人员进行导游活动时,有损害国家利益和民族尊严的言行的,由旅游行政部门责令改正;情节严重的,由省、自治区、直辖市人民政府旅游行政部门吊销导游证并予以公告;对该导游人员所在的旅行社给予警告直至责令停业整顿。

(4) 导游人员进行导游活动时未佩戴导游证的,由旅游行政部门责令改正;拒不改正的,处 500 元以下的罚款。

(5) 导游人员有下列情形之一的,由旅游行政部门责令改正,暂扣导游证 3 至 6 个月;情节严重的,由省、自治区、直辖市人民政府旅游行政部门吊销导游证并予以公告:①擅自增加或减少旅游项目的;②擅自变更接待计划的;③擅自终止导游活动的。

(6) 导游人员进行导游活动时,向旅游者销售物品或者购买旅游者的物品的,或者以明示或暗示方式向旅游者索要小费的,由旅游行政部门责令更改,处 1000 元以上 3 万元以下的罚款;有违法所得的,并处没收违法所得;情节严重的,由省、自治区、直辖市人民政府旅游行政部门吊销导游证并予以公告;对委派该导游人员的旅行社给予警告直至责令停业整顿。

第五节　旅游饭店法规

一、旅游饭店星级评定制度

(一)制度依据

1988 年 8 月,我国开始实行饭店星级评定制度,国家旅游局(现文化和旅游部)参照国际标准,结合中国国情,制定公布了《中华人民共和国评定旅游涉外饭店星级的规定》(以下简称《评定规定》)及《中华人民共和国评定旅游涉外饭店星级标准》(以下简称《评定标准》),我国开始实行星级评定制度。1993 年,《旅游涉外饭店星级的划分及评定》(GB/T 14308—1993)公布实施。1997 年,根据星级评定的实践,重新修订了上述规定。2003 年 8 月,《旅游饭店星级的划分与评定》(GB/T 14308—2003)代替了《旅游涉外饭店星级的划分及评定》(GB/T 14308—1997),用“旅游饭店”取代了“旅游涉外饭店”。2010 年 10 月,《旅游饭店星级的划分与评定》(GB/T 14308—2010)国家标准获批,自 2011 年 1 月 1 日起实施。

(二)星级划分和标志

根据《旅游饭店星级的划分与评定》(GB/T 14308—2010)的规定,饭店等级的标志采用的是长城和五角星的组合图案，根据星的数量和颜色划分为五个等级，分别是一星级、二星级、三星级、四星级、五星级（包括白金五星级），星级以镀金五星为符号。星星的数量越多，等级越高，服务水平与管理水平就越高（见图 12-1）。

中国四星级饭店标志　　中国五星级饭店标志

图 12-1　中国星级饭店标志

（三）评定范围和机关

凡在中华人民共和国境内，正式开业 1 年以上的旅游饭店均可申请参加星级评定；经相应的星级评定机构评定后，星级标志的使用有效期为 3 年，3 年期满后应重新进行评定。开业不满 1 年的饭店，可申请预备星级，有效期为 1 年。

根据《旅游饭店星级的划分与评定》(GB/T 14308—2010)的实施办法第四条规定，国家旅游局（现文化和旅游部）设全国星级饭店评定委员会，是全国星级评定的最高权力机构。它负责全国旅游饭店星级评定领导工作，并具体负责评定全国五星级饭店。各省（自治区、直辖市）旅游局（现文化和旅游厅）设饭店星级评定机构，在国家旅游局（现文化和旅游部）领导下，负责本地区旅游饭店星级评定工作和推荐工作，并负责将本地区所评定星级饭店的批复和评定检查资料上报备案。

（四）评定方法

饭店的星级评定应按照国家标准《旅游饭店星级的划分与评定》，将评定的重点放在必备条件、设施设备和饭店运营质量三方面。必备条件是指各星级饭店应具备的条件，即饭店达到相应标准所必须具备的硬件设施设备和服务项目，在评定检查时，应逐项确认。只有确认达到标准的才能进入后续打分的程序。设备设施是旅游饭店的硬件，也是饭店提供服务的基础所在。其考评项目主要是饭店的整体设计、建筑结构、装饰的材质与工艺、设备设施档次、服务功能区域数量与面积等要素。饭店运营质量评价主要考查的是饭店规章制度是否科学合理，操作是否明确规范，服务规范是否到位，清洁卫生和维修保养是否达标，是对饭店的管理环境和服务环境的综合评价。

（五）评定规程

饭店的星级评定规程分为五个步骤：①饭店向具有相应评定权限的评定机构递交星级评定材料。②当接到饭店星级评定申请后，评定机构于 14 日内做出受理与否的答复。③当受理申请或接到推荐报告后，相应评定权限的旅游饭店星级评定机构应在 1 个月内以明查和暗访的方式安排评定检查和评审。④对于通过评审的饭店，旅游星级饭店评定机构应给予评定星级的批复，并授予星级标志和证书。⑤由国家旅游局（现文化和旅游部）派出国家级星级评定监督员随机抽查星级评定情况，对星级评定进行监督。

二、旅游饭店行业管理制度

我国旅游饭店行业管理，除了依据国家法律法规政策，还主要依据本行业规范。中国旅游饭店业协会是我国旅游饭店行业管理主要机构，它于 2009 年 8 月再次组织修订了《中国旅游饭店行业规范》，并组织贯彻实施。它是一种自律性准则，对完善旅游饭店业法律法规建设具有重要意义。其中所涉及的行业规范包括预订、登记、入住、饭店收费、保护客人人身和财产安全、保管客人贵重物品、保管客人一般物品、洗衣服务、停车场管理等。

三、旅游饭店住宿业治安管理制度

旅游饭店住宿业治安管理法律依据有 1987 年 11 月 10 日公安部发布的《旅馆业治安管理办法》（2011 年修订）、2014 年 3 月 15 日正式实施修订的新版《中华人民共和国消费者权益保护法》、2008 年 6 月 11 日中国旅游饭店业协会发布的《中国饭店行业突发事件应急规范（试行）》。其中，对旅游饭店的开设条件、旅游饭店的治安管理要求、旅游消费者的合法权益、旅游饭店突发事件的处理应急等进行了规定。

知识活页　把在线点评当作每日的“星评考核”

第六节　旅游安全法规

一、旅游安全法规发展现状

旅游安全是旅游业的生命线，是旅游业可持续发展的核心要素。目前，我国尚未颁布旅游安全法。1987 年 8 月，国家旅游局（现文化和旅游部）、公安部发布了《关于加强旅游安全保卫工作的通知》，要求各地采取切实措施，保障来华旅游者的安全。1990 年 2 月，国家旅游局（现文化和旅游部）发布了《旅游安全管理暂行办法》，该方法作为对我国多年来旅游安全管理工作的总结，将我国旅游安全管理工作初步推上规范化的轨道。1994 年 1 月，国家旅游局（现文化和旅游部）颁布《旅游安全管理暂行办法实施细则》。2016 年国家旅游局（现文化和旅游部）颁布实施《旅游安全管理办法》。我国旅游安全管理制度正逐渐走向系统化、全面化。

《旅游法》中对旅游安全的规定如下：

第七十六条规定，县级以上人民政府统一负责旅游安全工作。县级以上人民政府有关部门依照法律、法规履行旅游安全监管职责。

第七十七条规定，国家建立旅游目的地安全风险提示制度。旅游目的地安全风险提示的级别划分和实施程序，由国务院旅游主管部门会同有关部门制定。县级以上人民政府及其有关部门应当将旅游安全作为突发事件监测和评估的重要内容。

第七十八条规定，县级以上人民政府应当依法将旅游应急管理纳入政府应急管理体系，制定应急预案，建立旅游突发事件应对机制。突发事件发生后，当地人民政府及其有关部门和机构应当采取措施开展救援，并协助旅游者返回出发地或者旅游者指定的合理地点。

第七十九条规定，旅游经营者应当严格执行安全生产管理和消防安全管理的法律、法规和国家标准、行业标准，具备相应的安全生产条件，制定旅游者安全保护制度和应急预案。旅游经营者应当对直接为旅游者提供服务的从业人员开展经常性应急救助技能培训，对提供的产品和服务进行安全检验、监测和评估，采取必要措施防止危害发生。旅游经营者组织、接待老年人、未成年人、残疾人等旅游者，应当采取相应的安全保障措施。

第八十条规定，旅游经营者应当就旅游活动中的下列事项，以明示的方式事先向旅游者做出说明或者警示：

（1）正确使用相关设施、设备的方法。

（2）必要的安全防范和应急措施。

（3）未向旅游者开放的经营、服务场所和设施、设备。

（4）不适宜参加相关活动的群体。

（5）可能危及旅游者人身、财产安全的其他情形。

第八十一条规定，突发事件或者旅游安全事故发生后，旅游经营者应当立即采取必要的救助和处置措施，依法履行报告义务，并对旅游者作出妥善安排。

第八十二条规定，旅游者在人身、财产安全遇有危险时，有权请求旅游经营者、当地政府和相关机构进行及时救助。中国出境旅游者在境外陷于困境时，有权请求我国驻当地机构在其职责范围内给予协助和保护。旅游者接受相关组织或者机构的救助后，应当支付应由个人承担的费用。

二、旅游安全事故及处理

依照《中华人民共和国安全生产法》《生产安全事故报告和调查处理条例》《旅游安全管理办法》《旅游安全管理办法实施细则》的规定，旅游安全事故发生单位在事故发生后应当按照以下程序处理。

（一）事故报告

旅游事故发生后，现场有关人员应立即向本单位和当地旅游行政管理部门报告。事故发生后，事故现场有关人员应当立即向本单位负责人报告；单位负责人接到报告后，应当于1小时内向事故发生地县级以上人民政府安全生产监督管理部门和负有安全生产监督管理责任的有关部门报告。

（二）保护现场和实施救援

旅游事故发生后，事故现场人员及有关单位应严格保护现场，并协同有关部门抢救。地方旅游行政管理部门和有关旅游经营单位及人员要积极配合公安、交通、救援部门，组织对旅游者进行紧急救援，并采取有效措施，妥善处理善后事宜。任何单位和个人都应当支持、配合事故抢救，并提供一切便利条件。

（三）事故调查

事故调查应按照实事求是、尊重科学的原则，及时、准确地查明原因并总结教训，提出整改措施。特别重大事故由国务院或国务院授权有关部门组织事故调查组进行调查。重大事故、较大事故、一般事故分别由事故发生地省级人民政府、市级人民政府、县级人民政府负责调查。省级人民政府、市级人民政府、县级人民政府可以直接组织事故调查组进行调查，也可以授权或者委托有关部门组织事故调查组进行调查。

（四）事故处理

有关机关应当按照人民政府的批复，以及法律法规规定的权限和程序，对事故发生单位及有关人员进行处罚，对负有事故责任的国家工作人员进行处分，对本单位负有事故责任的人员进行处分。负有责任的人员如果涉嫌犯罪，应对其追究刑事责任。

三、旅游治安与消防管理

旅游治安管理是指公安机关依照国家法律法规，依靠群众，运用行政手段，维护旅游过程中的治安秩序，保障旅游者与旅游经营者正常进行旅游行为的行政管理活动。1987年经国务院批准，公安部发布了《旅馆业治安管理办法》，这是我国旅游住宿业治安管理的基本行政法规。开办歌舞、游艺、音乐茶座等公共娱乐服务场所的，必须遵守1999年发布的《公共娱乐场所消防安全管理规定》、2006年发布的《娱乐场所管理条例》、2012年修正的《中华人民共和国治安管理处罚法》、2021年修正的《中华人民共和国消防法》等法律法规。

四、旅游安全与卫生管理

旅游安全与卫生管理方面的法规主要有《中华人民共和国食品安全法》《中华人民共和国食品安全法实施条例》《中华人民共和国安全生产法》《中华人民共和国消防法》《中华人民共和国文物保护法》《风景名胜区条例》《中华人民共和国自然保护区条例》《风景名胜区安全管理标准》《游乐园管理规定》等法律。在履行旅游安全与卫生管理的相关法规时，应秉承“谁主管，谁负责”的原则，加强安全与卫生管理。

第七节　旅游者合法权益保护法规

一、《旅游法》对旅游者在旅游活动中的权利的规定

（一）旅游者的基本权利

（1）自主选择权：旅游者有自主选择旅游产品和服务的权利。

（2）拒绝强制交易权：旅游者有拒绝旅游经营者强制交易的权利。

（3）知情权：旅游者有知悉其向旅游经营者购买的旅游产品和服务真实情况的权利。

（4）要求旅游经营者履行约定权：旅游者有要求旅游经营者按照约定提供旅游产品和服务的权利。

（5）维护尊严权：旅游者有要求其人格尊严、民族风俗习惯和宗教信仰得到旅游经营者尊重的权利。

（6）请求救助和保护权：旅游者在人身、财产遇到危险时，有请求救助和保护的权利。

（7）依法获得赔偿权：旅游者人身、财产受到侵害的，有依法获得赔偿的权利。

（二）旅游者中特殊群体的权利

（1）旅游者中残疾人、老年人、未成年人这些特殊群体有依照法律、法规和有关规定享受便利的权利。

（2）旅游者中残疾人、老年人、未成年人这些特殊群体有依照法律、法规和有关规定享受优惠的权利。

二、《旅游法》对旅游者维权的途径做出明确具体规定

针对旅游经营者的违约行为以及旅游者维权难的情况，《旅游法》明确规定旅游者维权的途径。旅游者在维权时，可以采用协商、调解、仲裁、诉讼等方式，也可以采用投诉的方式。

（一）协商

旅游者与旅游经营者双方发生纠纷时，双方可以通过协商解决纠纷。

（二）调解

旅游者与旅游经营者双方发生纠纷时，旅游者可以向消费者协会、旅游投诉受理机构或者有关调解组织就双方的纠纷申请调解。上述协会、机构或组织受理调解申请后，依照相关的法律规定对旅游者与旅游经营者之间的纠纷进行调解，在双方平等协商、自愿的基础上达成调解。

（三）仲裁

旅游者与旅游经营者双方发生纠纷时，旅游者可以根据与旅游经营者达成的仲裁协议，就双方的纠纷提请仲裁机构仲裁。

（四）诉讼

旅游者与旅游经营者双方发生纠纷时，旅游者向人民法院提起诉讼。

（五）投诉

在维权过程中，旅游者普遍采用的方式是投诉。《旅游法》对旅游者投诉的规定涉及投诉受理机构、处置投诉的方式、处置投诉方式的告知三个方面。

（1）投诉受理机构。旅游投诉受理机构由县级以上地方人民政府指定或者设立。

（2）处置投诉的方式。旅游投诉受理机构要对旅游者的投诉及时进行处理，如果旅游者的投诉不属于本机构管理范围，旅游投诉受理机构要将旅游者的投诉移交有关部门处理。

（3）处理投诉方式的告知。旅游投诉受理机构要将旅游者投诉的处理结果或旅游者的投诉移交有关部门处理的情况告知投诉者。

三、《旅游法》对旅游者义务的规定

旅游者的义务，是指旅游者根据旅游法规的规定，在旅游活动中必须做出某种行为或者不做出某种行为的责任。旅游者权利和义务的关系是一致的，不可分割的，两者之间是互动的关系。没有义务，权利便不再存在；没有权利，便没有义务存在的必要。法律通过权利和义务的规定对人们的社会行为进行调整。旅游者的权利与义务不可分离。旅游者在法律上既是权利的主体，又是义务的主体。旅游者既享有权利，又必须履行义务。只享有权利不履行义务，或只履行义务不享有权利，在法律上和事实上都是不存在的。权利的实现要求义务的履行，义务的履行要求权利的实现。《旅游法》对旅游者义务的规定包括：

（1）遵守社会公共秩序和社会公德的义务。

（2）尊重当地的风俗习惯、文化传统和宗教信仰的义务。

（3）爱护旅游资源的义务。

（4）保护生态环境的义务。

（5）遵守旅游文明行为规范的义务。

（6）旅游者在旅游活动中或者在发生纠纷、解决纠纷的过程中，对当地居民的合法权益不得损害、对他人的旅游活动不得干扰、对旅游经营者和旅游从业人员合法权益不得损害等义务。

（7）旅游者向旅游经营者如实告知与旅游活动相关的个人健康信息的义务。

（8）为了保证旅游者在旅游活动中的安全，《旅游法》要求旅游者履行遵守旅游活动中安全警示规定的义务。

（9）旅游者应当履行配合的义务。如有关部门、机构或者旅游经营者为应对重大突发事件而采取的安全防范和应急处置措施，旅游者具有履行配合的义务。

四、《旅游法》明确规定国家对旅游者合法权益的保障职责

旅游者和旅游经营者，是旅游市场的两个主体。国家是旅游市场的管理者、监督检查者。《旅游法》规定，国家依法保护旅游者在旅游活动中的权利。国家通过履行保障旅游者合法权益的职责，实现对旅游者在旅游活动中权利的保护。具体而言，国家履行保障旅游者合法权益的职责主要体现在以下几个方面。

（一）统筹协调对旅游业监督管理的职责

《旅游法》规定对旅游业监督管理的统筹协调工作由县级以上地方人民政府负责，县级

以上地方人民政府对本行政区域旅游业的监督管理进行统筹协调。统筹协调对旅游业监督管理的具体工作由政府明确指定的相关部门或机构进行。

（二）加强旅游基础设施建设和强化旅游公共服务的职责

旅游基础设施建设和旅游公共服务关系到旅游的安全性及舒适度。旅游基础设施建设和旅游公共服务的进一步加强，是实现旅游业成为人民群众更加满意的现代服务业这一战略目标的根本性措施。《旅游法》明确规定，对旅游基础设施建设和旅游公共服务的资金投入的职责由国务院和县级以上地方人民政府承担。

（三）无偿向旅游者提供必要信息和咨询服务的职责

《旅游法》规定，旅游者需要了解的信息，由国务院旅游主管部门和县级以上地方人民政府通过建立旅游公共信息和咨询平台的方式，向旅游者无偿提供。

（四）实施责任保险制度的职责

为了使旅游者能够放心大胆旅游，《旅游法》规定，按照旅游活动的风险程度，国家实施责任保险制度。其范围包括旅行社、住宿（经营旅游的旅店、饭店、农家院等）、旅游交通（公路、铁路、民航、船舶等）。对于旅游活动中的高风险旅游项目等，同样实施责任保险制度。

（五）履行旅游安全监管的职责

为了保障旅游者的安全，《旅游法》规定，旅游安全工作由县级以上地方人民政府统一负责。县级以上地方人民政府依法对本行政区域内的旅游安全工作进行监督管理。

（六）建立旅游突发事件应对机制及采取相应救援措施的职责

对于可能发生的旅游突发事件，《旅游法》规定，县级以上地方人民政府应当制定旅游突发事件应急预案，建立旅游突发事件应对机制，将旅游突发事件应急管理纳入政府应急管理体系。在突发事件发生之后，《旅游法》规定，由当地政府及其有关部门和机构开展救援活动。对于遭遇突发事件的旅游者，当地政府及其有关部门和机构有协助其返回出发地的职责。如果旅游者指定的地点合理，当地政府及其有关部门和机构也有协助其前往指定的合理地点的职责。

（七）及时救助、保护人身、财产安全遇有危险的旅游者的职责

在旅游活动中，旅游者在其人身安全、财产安全受到威胁的情况下，有权请求当地政府和相关机构给予救助和保护。当地政府和相关机构有及时进行救助和保护的职责。旅游者在境外旅游过程中，遇有陷于困境的情况时，有权请求我国驻当地机构给予协助和保护。在其职责范围内，我国驻当地机构对陷于困境的旅游者具有进行协助和保护的责任。

（八）监督管理旅游市场的职责

《旅游法》规定，县级以上地方人民政府的旅游主管部门和有关部门依法监督管理旅游市场。政府旅游主管部门和有关部门对旅行社、景区以及为旅游者提供交通、住宿、餐饮、游览、购物、娱乐等服务的经营者进行监督管理，对其旅游经营行为实施监督、检查。通过监督、管理、检查，预防和减少侵害旅游者合法权益事件的发生。

本章小结

旅游政策是国家和最高旅游行政管理部门为实现一定时期内的旅游发展目标，根据旅游发展的现状水平和社会经济条件而制定的行动准则。旅游法规是指调整与规范旅游活动中产生的各种社会关系的法律、法令、规章、条例、标准与条约的总称。

《旅游法》的主要内容包括确立了旅游者合法权益保护制度、以旅游者为本的理念、关于旅游经营者的规定，确立了导游人员合法权益保护制度、旅游规划和促进的规定、旅游综合协调和监管制度规定、旅游经营规范制度规定、旅游服务合同法律制度规定、旅游安全保障制度规定、旅游纠纷处理制度规定。

依据《旅游法》《旅行社条例》及《旅行社条例实施细则》，对旅行社违法行为实施行政处罚的执法主体主要是旅游行政管理部门、工商行政管理部门和价格主管部门。以上三个执法主体对旅行社违法行为实施处罚的依据分别是各相关法律和行政法规。违反《旅游法》《旅行社条例》及《旅行社条例实施细则》的违法行为，其中损害旅游者合法权益的，应当承担相应的民事责任；构成犯罪的，依法追究刑事责任。

旅游者和旅游经营者，是旅游市场的两个主体。国家是旅游市场的管理者、监督检查者。《旅游法》规定，国家依法保护旅游者在旅游活动中的权利。国家通过履行保障旅游者合法权益的职责，实现对旅游者在旅游活动中权利的保护。

思考与练习

1. 试述旅游政策与旅游法规的概念及区别。
2. 试述《旅游法》的创新之处。
3. 试述旅行社法规的主要文件及其主要内容。
4. 试述旅游饭店法规的主要文件及其主要内容。
5. 试述导游人员法规的主要文件及其主要内容。
6. 试述旅游安全法规的主要文件及其主要内容。
7. 试述旅游者合法权益法规的主要文件及其主要内容。

案例分析

案例一

某国际旅行社在获得出境旅游业务经营权后，为尽快开展出境旅游业务，遂与香港一家信誉不太好的旅行社建立了业务联系。同年12月，该国际旅行社组织了一个23人赴新、马、泰三国的旅游团，委托该香港旅行社接待，因时间仓促，某国际旅行社未与该香港旅行社签订书面协议。该旅游团在顺利完成新加坡、泰国两国游程后，在马来西亚入境时，当地接待社疏忽，未办妥入境手续，致使该旅游团因“非法入境”被扣留两天，未完成马来西亚段旅行而直接返回香港。该旅游团回国后，遂向旅游行政管理部门投诉，要求退还旅行费用并赔偿损失。经查，该旅游团投诉属实，而该国际旅行社则辩称，违约损害旅游者的事实均发生在境外，应由境外旅行社承担赔偿责任。

问题：

1. 根据《旅行社条例》的规定，损害赔偿责任应由该国际旅行社还是境外旅行社承担？为什么？

2. 根据《旅行社条例》的规定，对我国旅行社选择境外不良信誉旅行社，且未与之签订书面协议就委托其承担接待工作，应给予何种处罚？

案例二

某国际旅行社组织了一个赴长白山旅行团，委派导游黄某作为全程导游随团服务。当此旅行团将要攀越天池的前一天晚上，该团一些团员询问黄某，上天池是否要多添衣服，以免天气变化。黄某根据其在这个季节多次上天池的经验，回答游客不必多添衣服，可轻装上山。翌日，该团游客在黄某及地陪的引导下上了天池，不料天气突然变化，天降大雪，气候骤然下降，黄某急忙引导该团下山，但由于该团有些客人未带衣帽围巾等御寒之物，不少人耳鼻及手脚严重冻伤。其中4人经医院诊断为重度冻伤。为此，该团游客投诉导游黄某，要求黄某承担医治冻伤的费用，并赔偿因此造成的损失。黄某所属的国际旅行社接到此投诉后，认为此次冻伤事故是黄某工作失误所致，责令其自行处理游客投诉，旅行社不承担任何责任；黄某则认为此起冻伤事故是由于天气突然变化所致，是出乎意料的事情，与其无关，不应由其承担法律责任。

问题：

1. 旅行社认为此次冻伤事故是导游黄某工作失误所致，与旅行社无关的说法是否正确？有何依据？

2. 导游黄某认为此起冻伤事故是由于天气突然变化所致，与其工作无关是否正确？有何依据？

案例三

导游人员徐某受某国际旅行社委派，为法国某来华旅游团担任导游。在旅行游览过程中，徐某见某游客随身携带的照相机小巧玲珑，而且功能齐全，经询问，该相机在法国售价比在中国便宜，遂与游客商量，购买了该相机。后因此事受到旅游行政管理部门的处罚。

问题：

1. 导游人员徐某能否购买外国旅游者的物品？为什么？

2. 旅游行政管理部门根据什么法规对徐某进行处罚，具体规定是什么？

第十三章

旅游发展模式与趋势

学习引导

我们前面了解了世界与中国旅游的产生与发展，也了解了目前全球和中国的旅游市场状况，那么目前形成的旅游发展模式主要有哪些呢？世界和中国的旅游业总体发展趋势又是怎样的呢？通过本章的学习，我们或许能够找到答案。

学习重点

通过本章学习，重点掌握以下知识要点：

• 世界旅游业发展模式
• 中国旅游业发展模式
• 世界旅游业发展现状
• 世界旅游业发展趋势
• 中国旅游业发展趋势

核心概念

旅游发展模式 Tourism Development Model　旅游发展趋势 The Development Tendency of Tourism

随着世界旅游业的飞速发展，也逐渐形成了不同的旅游发展模式。采取不同的旅游发展模式，选择符合本国国情的旅游发展道路，是迈向世界旅游强国的必经之路。另外，在研究旅游发展模式的同时，也要重视分析世界及我国的旅游业发展趋势，为下一阶段的战略制定提供依据。

第一节 旅游发展模式

一、旅游发展模式的概念

旅游发展模式亦称旅游发展途径,是指在旅游发展过程中,一国或地区国内旅游和国际旅游的发展顺序和相互关系,以及它们之间的表现形式和特点。

二、旅游发展模式

(一)世界旅游业发展模式

关于旅游业的发展模式,不同国家和地区划分标准不同。世界多数国家或地区把本国或本地区公民在本国或本地区的旅游称为国内旅游,而将出境和入境旅游称为国际旅游。由于世界各国在政策、经济上的差别,导致各国旅游业发展情况差异较大。根据这些国家旅游业发展的情况,大致可以分为以下几种模式。

1. 欧洲模式

Social Tourism 在西方称为社会旅游、福利旅游或补贴性旅游,它起源于欧洲中北部的一些国家。社会旅游在这些欧洲国家已经形成了比较完整的发展体系,建立了比较专业的社会旅游服务机构。社会旅游发展模式提倡鼓励和帮助弱势群体参与旅游活动,这些弱势群体不仅包括身体健康状况欠佳的弱势群体,如残疾儿童或健康需求复杂的老年人,还包括经济弱势群体。为了让这些群体也参与旅游活动,欧洲一些国家的政府会设立一些专门的机构提供政府补贴的假日优惠券,使参与旅游活动成为一种大众福利,让那些经济弱势群体受益。例如,2001 年在比利时法兰德斯设立的假期参与中心,为了鼓励更多低收入人群参与旅游活动,通过与酒店和旅游景点沟通,为他们推出优惠政策。私营业主可以自愿地提供这些优惠政策,并通过这样的举措来增加业务量,提升对公众的宣传效应。不过这些优惠政策只针对低收入人群,他们需要提供能证明他们收入状况的证据来享受这些优惠。

社会旅游发展模式可以在一定程度上帮助政府和国家抵制金融危机、拉动内需和促进产业发展,同时还能够提高人民生活质量和增加社会福利。对于低收入人群来说通过参加社会旅游活动可以提升他们的自信,改善家庭成员之间的关系,扩大他们的视野,更加积极主动地面对生活,促使他们参与更多的教育和就业活动;社会旅游的发展还有助于在经济发展低谷期维持目的地国家的就业率并给目的地国家带来收入。

2. 美国模式

美国模式指当地旅游业发达程度与国民经济发达程度基本同步,旅游行政管理体制为地方政府主导型。旅游业经营以大企业为主导、小企业为基础,旅游企业几乎都为私营。此模式重视对旅游业的宏观管理,重视旅游业在政治、文化方面的意义,更加注重国家旅游业发展的总体规划,对国际旅游者的流向进行引导控制,提倡消除旅行障碍。

3. 西班牙模式

西班牙旅游发展模式指在一定经济发展基础上,旅游业成为国民经济的支柱产业,得到政府的特别重视。以邻国大众旅游市场为目标,在出入境、外汇管理与税收方面限制少。其旅游管理机制逐步完善,在产业政策中,发展旅游业成为国家主导政策之一。

4. 印度模式

印度模式主要指欠发达国家的旅游发展模式,其基本上采用的是国有企业与私营企业并举的混合型发展机制,注重国内旅游的同步发展。

5. 其他模式

其他模式主要包括以国际旅游业作为经济支柱的小国旅游发展模式。在此种旅游发展模式下,国际旅游为国民经济发展的支柱产业。旅游管理机构地位较高、权限较大,并且旅游业受世界经济影响较小。

(二)中国旅游业发展模式

1. 我国旅游产业发展基本情况

改革放开放以来,我国旅游业从小到大、从弱到强,逐步形成了较大规模的产业体系,在国际地位、国内协调、产业发展等各个方面已有相应的基础;旅游产品丰富,结构趋于合理,开始适应市场多元化的需求,市场互补的能力和优势正在增强;在总体客源市场上仍具有相当的吸引力和竞争力;我国的国内旅游业迅猛发展,与国际旅游业在产品及消费上的统一性逐步增强,即使国际旅游遇到了较大的困难,旅游经济主体仍能保持稳定。旅游产业在国民经济中的贡献作用日益凸显。如今的旅游业在中国第三产业中的活力逐渐显现,旅游产品结构日益完善,愈加符合现代旅游市场的需求,旅游业正在发展为中国国民经济新的增长点。

综上所述,我国旅游业呈现出以下几种特点:①传统优势旅游产品竞争力逐渐增强。我国的文物古迹、山水风光、民族文化、地域风俗等能反映出中华民族文化的博大精深,是我国旅游产品中具有竞争力的优势产品。②度假旅游产品客源市场广阔。随着我国旅游度假区的建立、全域旅游的兴起,以及人民生活水平的提高,家庭度假旅游市场前景广阔。③专项旅游产品发展势头良好。专项旅游产品以其独具特色,符合当代人们对深度旅游的需求,受到广大民众的喜爱,如以中国历史文化名城为主题的古城风貌旅游、以美丽乡村和农家田园风光为主题的乡村旅游等,近年来发展势头良好。④生态旅游产品发展势头强劲。随着人们对环境保护重要性的认识,生态旅游符合当代旅游业发展的主流,各地新建了一批生态旅游区,开发了森林旅游、探险旅游、农业旅游等各具特色的生态旅游产品。生态旅游以可持续发展观为理念,具有较强的生命力,广阔的发展前景。

2. 我国现有的旅游产业发展模式

旅游产业发展模式从不同角度分析,可以划分为不同的发展模式类型。从旅游产业成长与国民经济发展的总体关系划分,可以分为超前型旅游产业发展模式和滞后型旅游产业发展模式。从旅游产业成长的演进来划分,可以分为延伸型旅游产业发展模式和推进旅游产业型发展模式。从旅游产业成长的调节机制划分,可以分为政府主导型旅游产业发展模式和市场主导型旅游产业发展模式。政府主导型旅游产业发展模式是指由政府有关部门制定各时期旅游业发展规划或通过制定产业政策来推进旅游发展的一种模式。主要特点是:①旅游业发展主要由政府来推动,政府不仅通过制定有关政策和法规对旅游业的发展进行规范,而且还对旅游业的发展规模、发展速度进行规划和控制。②同政府的宏观调控相比较，市场对旅游业发展的调节作用处于辅助地位。③国家产业政策对旅游业发展的影响主要偏重于旅游供给。市场主导型旅游产业发展模式以市场调节为主，要求政府对资源配置作用弱化，市场通过供求关系的变化决定资源和要素的流向。政府的作用在于弥补市场的不足，政府对于旅游产业的发展处于辅助地位。市场主导型旅游产业发展模式中旅游业发展的调节作用是通过价格、供求和竞争手段来实现的，即通过这些手段的作用，实现旅游资源的配置，推动旅游产业内部的自发调节，使旅游供求在"不均衡—均衡—不均衡"和"不适应—适应—不适应"的矛盾运动中实现发展。市场主导型旅游产业发展模式要求政府优化旅游产业发展环境，做好旅游基础设施建设。在宏观的国家层面，政府将管理重心从直接管理转向间接引导；在中观的区域层面，政府要积极联合挖掘区域旅游产品内在的文化关联，在资源整合、产品开发、市场开拓等方面走区域联合的道路；在微观的企业层面，政府的作用在于引导企业走上健康、有序的发展轨道。

旅游产业发展模式主要涉及的问题是如何处理国内旅游、国际入境旅游和出境旅游三者关系。改革开放以来，我国普遍采取用的是政府主导下的超前推进型旅游产业发展模式。这种模式继承了计划经济的特点，充分发挥政府的主导作用，通过政府的产业政策等手段，积极引导、规范旅游市场行为，市场对旅游产业发展的调节处于辅助地位。在政府的支持下，首先发展入境旅游，以获取国家经济建设所需的外汇，在入境旅游发展形成产业基础的条件下，再通过旅游产业来带动相关行业的发展。伴随着国民经济的不断发展，逐步发展国内旅游和出境旅游。

通过超前推进型旅游产业发展模式，我国完成了旅游产业的扩张，形成了旅游经济体系，促使我国顺利完成了从旅游资源大国向世界旅游大国的转变。但是经过多年的发展，现有模式的弊端也逐渐暴露：过度主导造成的行政力量过分干预，导致资源配置的效率较低；重政绩造成的对资源掠夺性开发，导致只重视眼前利益而忽视长远利益；调控不当造成的旅游产业结构严重失调，导致一些部门过度竞争、经营活动艰难；长官意识和地方保护主义造成的地方矛盾，增加了社会不和谐因素等。实践证明，超前推进型旅游产业发展模式，虽然加快了我国整体的旅游发展速度，扩大了出入境旅游的规模和增加了旅游收入，却出现了宏观旅游经济形势看好而旅游产业微观整体经济效益低下的困局。

3. 转型时期我国旅游产业发展模式选择

随着我国国民经济发展水平不断提升，旅游产业发展面临的诸多问题将更为突出，超前推进型旅游产业发展模式掣肘很多。为了进一步推进我国旅游产业转型升级，需要转变旅游产业的增长方式，深度推进我国的旅游产业，使之向追求质量型、效益型方向发展。因此，在产业发展模式选择上必须加快从政府主导的发展模式向市场主导的发展模式转变。

第二节　世界旅游发展趋势

一、世界旅游业的发展现状

根据世界旅游组织发布的相关报告显示，世界旅游组织非常关注新兴目的地，经济体和目的地使用频度增加，中国元素继续成为关注焦点。2017 年全球国际游客到访量达到 13.26亿人次，世界旅游总收入达 13400 亿美元。

全球越来越多的目的地开始重视旅游并在旅游中投入资金用于发展，旅游已经成为创造就业和创业、出口创收以及拉动基础设施建设的关键驱动力。在过去几十年中，旅游经历了持续扩张和多元变化，已经成为全球经济中最大和增长最快的行业。许多新兴目的地已经成为继欧洲、北美洲等传统热门目的地之外的新宠。虽然偶遇震荡，但旅游业整体发展呈上升趋势。全球国际游客到访量从 1950 年的 2500 万人，到 1980 年的 2.78 亿人次，1995 年 5.27 亿人次，到 2017 年达到 13.26 亿人次。世界旅游总收入在 1950 年为 20 亿美元，1980 年增加到 1040 亿美元，1995 年增长至 4150 亿美元，在 2014 年达到 13400 亿美元。

推动世界旅游业迅速发展的关键因素有三个：①各国经济快速增长及与其相关的国民收入稳步提高，使人们有能力支付价格不菲的旅行费用。例如，在欧洲，一个月收入为 4000—6000 欧元的中等收入家庭可非常容易地到亚洲、非洲旅行。每人每次旅行的平均费用大约为 2000 欧元，比月收入低。在欧美地区的一些家庭，每年出境旅游已成为习惯。②交通运输技术的巨大进步，使长途旅行发生了革命性的变化，大大缩短了国家与国家之间的距离，使“地球村”的理念成为现实。③劳动生产率的大幅度提高和人权、民生状况的不断改善，使人们可以有大量的闲暇时间用于旅游。休闲度假已成为现代社会人们的重要生活方式，休闲经济成为经济社会发展的重要经济形态。

二、世界旅游业的发展趋势

（一）旅游市场进一步细分

未来旅游者的旅游目的将更加个性化，旅游机构也将更加重视从更深层次开发人们的旅游消费需求，旅游市场进一步细分，旅游产品更加丰富。除传统的观光旅游、度假旅游和商务旅游这三大主导项目和产品外，特色旅游、专题旅游更有发展潜力，如宗教旅游、探险旅游、考古旅游、修学旅游、民族风俗旅游等，将会形成特色的旅游细分市场。同时，观光、度假、商务三大传统旅游项目也将进一步升级。观光旅游在中低收入国家仍将占据主导地位，并逐步普及化、大众化；在高收入国家的市场则会逐步萎缩。在度假旅游方面，彰显区域文化特色和以生态、绿色、低碳的自然资源环境为支撑的这两类度假胜地，将成为旅游市场的主流产品。在商务旅游方面，随着世界经济多元化和经济增长中心、商务热点转移而出现多极化、多元化，欧洲、北美洲等传统商务旅游重点目的地的地位一时还难以撼动，但也会增加东亚、中东以及新兴经济体等新的商务旅游热点地区。

（二）旅游服务个性化，旅游方式散客化

在追求个性化的浪潮下，未来散客旅游特别是中短距离区域内的家庭旅游份额将逐步增加。旅游者在旅游中将追求更多的参与性和娱乐性，那些富有情趣活力、具有鲜明特点的旅游场所，那些轻松活泼、寓游于乐、游娱结合的旅游方式，将受到越来越多旅游者的青睐。民族风情、地方特色、游娱结合将成为未来旅游产品设计开发的重要方向。团体旅游是一种根据自己兴趣爱好进行的独自旅行的旅游形式，多采取单项服务委托的方式。散客旅游最突出的特点，也是其最大的优点即旅游者在旅游活动中，可以享有充分的自由，自由地安排旅游活动，并根

据自己的情况进行调整，因此，散客旅游方式将在世界各地越来越受到旅游者的欢迎。

（三）旅游安全日益受到重视

旅游目的地的局部战争、地区冲突、民族冲突、宗教冲突、国际恐怖主义、政局动荡、社会不安定，以及自然灾害、重大事故、传染性疾病等因素，都会打击旅游者的消费信心，从而对世界旅游业的发展产生不利影响。特别是在美国“9·11”事件之后，旅游安全成为旅游者首先要考虑的问题。毫无疑问，未来的旅游安全和旅游目的地的社会稳定和谐，将越来越被旅游机构和旅游者所重视。

（四）生态旅游成为一个新动向

各国越来越重视旅游业的可持续发展，日益重视对自然资源、人文资源和生态环境的保护，加强旅游目的地的环境建设；同时，引导旅游企业和旅游者积极履行社会责任、环境责任，关注和应对全球变暖问题，努力减少旅游活动对自然、人文和生态环境的负面影响。例如，1983 年世界自然保护联盟首先提出“生态旅游”这一术语，并将其定义为“具有保护自然环境和维护当地人民生活双重责任的旅游活动”。也有研究者将其定义为“回归大自然旅游”和“绿色旅游”。目前，生态旅游发展较好的国家首推美国、加拿大、澳大利亚等，它们在生态旅游开发中，避免大兴土木等有损自然景观的做法，旅游交通以步行为主，旅游接待设施小巧玲珑，并与自然融为一体，住宿多为帐篷露营，尽一切可能将旅游对旅游环境的影响降至最低。再如，韩国近年出台了绿色旅游方案，开发出多种绿色旅游产品。

（五）国际旅游区域的重心向东转移

从旅游目的地的区域板块划分来看，欧洲和北美洲长期以来一直是世界上较受欢迎的两大旅游胜地，是全球旅游市场的“双雄”。但近年来，情况却正在发生快速变化。经济全球化和区域经济一体化的进程深刻地影响着世界旅游业的发展，也打破了原有的旅游市场格局。国际旅游者对于旅游目的地的选择出现多样化，东亚及太平洋地区已经成为第三受欢迎的目的地，从而形成欧洲、北美洲、东亚及太平洋地区“三足鼎立”的新格局。近年来，欧美地区的经济发达国家仍是世界国际旅游的主体。但是亚洲及太平洋地区逐渐占有比以前更大的市场份额，使全球旅游市场格局发生了很大的变化。世界旅游组织 2019 年的报告显示，2018 年美洲地区共接待 2.16 亿国际旅游者，比上年增长 2%；欧洲共接待国际旅游者 7.10亿人次，环比增长 5%；亚太地区接待国际旅游者 3.48 亿人次，与 2017 年相比增长了 7%，在所有地区中增长速度最快。

（六）旅游业将实现集团化、网络化和国际化

随着国际贸易自由化的发展，各国在不断减少和消除各种有形的和无形的贸易壁垒。越来越多的国家为了鼓励旅游业的发展，开始简化签证办理手续，缩短签证办理时间，或实施落地签证甚至取消签证的政策。与此同时，越来越多的国家开始允许国际跨国公司和外国公司在本国以合资、独资等多种形式开办旅游企业，从事旅游经营活动，向国际化与集团化方向发展。另外，科技进步和技术创新已成为世界旅游业发展的主要推动力。信息技术、网络技术、交通技术的快速发展，促进了旅游需求多样化、旅游管理信息化、旅游装备科技化。在线旅游预订业务、电子旅游信息、电子签证和电子商务等正在改变旅游业的市场环境，社交网络的广泛应用也在改变旅游业的面貌。

第三节　中国旅游发展趋势

一、中国未来出入境市场位于世界第一位

根据国家文化和旅游部公布的数据，2019 年，我国国内旅游人数达 60.06 亿人次，实现旅游收入 6.63 万亿元。入境旅游人数 1.45 亿人次，入境过夜人数 6573 万人次，出境旅游人数达 1.55 亿人次。根据表 13-1 可知，我国入境过夜人数和国际旅游收入总体呈增长态势。根据世界旅游组织公布的数据，我国已经成为世界重要的旅游目的地和客源国。缅甸、越南、韩国、俄罗斯、日本和美国等是我国重要的国际客源市场。

表 13-1　1978—2019 年中国入境过夜人数、国际旅游收入及排名

年份	入境过夜人数/万人次	世界排名	国际旅游(外汇)收入/亿美元	世界排名
1978	71.60	—	2.63	—
1979	152.90	—	4.49	—
1980	350.00	18	6.17	34
1981	376.70	17	7.85	34
1982	392.40	16	8.43	29
1983	379.10	16	9.41	26
1984	514.10	14	11.31	21
1985	713.30	13	12.50	21
1986	900.10	12	15.31	22
1987	1076.00	12	18.62	26
1988	1236.10	10	22.47	26
1989	936.10	12	18.60	27
1990	1048.40	11	22.18	25
1991	1246.40	12	28.45	21
1992	1651.20	9	39.47	17
1993	1898.20	7	46.83	15
1994	2107.00	6	73.23	10
1995	2003.40	8	87.33	10
1996	2276.50	6	102.00	9
1997	2377.00	6	120.74	8
1998	2507.29	6	126.02	7
1999	2704.66	5	140.99	7

续表

年份	入境过夜人数/万人次	世界排名	国际旅游(外汇)收入/亿美元	世界排名
2000	3122.88	5	162.24	7
2001	3316.67	5	177.92	5
2002	3680.26	5	203.85	5
2003	3297.05	5	174.06	7
2004	4176.14	4	257.39	7
2005	4680.90	4	292.96	6
2006	4991.34	4	339.49	5
2007	5471.98	4	419.19	5
2008	5304.92	4	408.43	5
2009	5087.52	4	396.75	5
2010	5566.45	3	458.14	4
2011	5758.07	3	484.64	4
2012	5772.49	3	500.28	4
2013	5568.59	4	516.64	4
2014	5562.20	4	440.44	4
2015	5688.57	4	449.69	3
2016	5926.73	4	444.32	4
2017	6074.00	4	385.59	7
2018	6290.00	4	403.86	9
2019	6573.00	4	358.32	8

(资料来源:根据世界旅游组织的统计数据整理。)

二、旅游市场体系逐步健全,逐步从观光型旅游转向复合型旅游

我国旅游业经过几十年快速发展,正面临一个整体转型问题。到目前为止,旅游市场体系的结构还是比较单一的,即观光型旅游“一枝独秀”,无论是入境旅游、出境旅游还是国内旅游,观光型旅游都占主体地位。但这种状况正在发生变化,一个复合型的旅游市场体系正在快速形成,这个体系包括观光、休闲、商务旅游三大传统项目,还加上特色旅游,共四大板块。未来 10 年,观光旅游仍将保持第一位的市场份额。大众化旅游的第一步,必然是观光型旅游。休闲度假旅游将迅速崛起,成为中等收入以上家庭的首选,尤其是自助休闲旅游将成为时尚。随着交通越来越便利、私家车越来越普及、酒店网络化预订越来越普及,自助旅游者也会越来越多。商务旅游的规模会越来越大。据统计,我国现有各类商务大军约 4000 万人,以每人每年平均出行 3 次计,全国全年的商务旅游量在 1.2 亿人次左右,今后,商务旅游者每年都将以数百万人次的速度递增。特色旅游逐渐兴起,包括产业旅游、红色旅游、探险旅游、科学考察旅游、民俗旅游、生态旅游、体育旅游、保健康复旅游、文学旅游、美食旅游

等。其中,农业旅游、工业旅游、森林旅游、扶贫旅游等产业旅游比较有前途。农业旅游方面,农家乐、农业观光采摘和乡村旅游今后依旧会红红火火。工业旅游方面,蒸汽机车游、矿井游、油田游、陶都游、汽车城游等也会有所发展。我国旅游业日益注重文化因素,早期的旅游区划多以旅游资源、行政区划、管理等为依据,20 世纪 90 年代开始,旅游区划开始关注文化因素,后来将文化特征的统一性作为旅游区划的依据之一,这与我国旅游业从自然风景旅游到文化旅游的转变相一致,符合旅游发展趋势。

三、旅游信息化含量越来越高

传统旅游业的服务模式会产生革命性改变,服务效率大幅提高。旅游业是信息密集型产业,信息是其得以生存和运转的根本,贯穿于旅游活动的全过程。随着数字化、网络化、智能化的深入发展,信息技术必然会渗透旅游业的各个环节,得到比在其他领域更加广泛的应用。信息技术可以大大改进旅游资源的开发和管理,加快旅游信息的传播速度,提高旅游市场服务的效率,是保证旅游业可持续发展的重要力量。目前,互联网已经超过了报纸、杂志、电视等传统媒体,成为旅游信息传播的第一媒体,也是公众获取旅游信息的重要渠道,未来这种趋势会进一步加强。随着旅游信息化深入发展,一些显著的趋势需要关注:①旅行社的咨询、票务、营销等传统经营模式面临很大挑战,必须做出相应的调整;②旅游电子商务会获得突飞猛进的发展;③旅游业对科技进步特别是信息技术发展的依赖日益增强;④旅游的国际合作更加便捷,旅游信息化可以促进旅游国际化。

四、旅游产业规模不断扩张,多元化发展

旅游业在国民经济中的地位日益重要,在国际竞争力方面很可能超越中国制造业。理论界普遍认为,现代旅游产业综合性强、关联度大、产业链长,已经极大地突破了传统旅游业的范围,广泛涉及并交叉渗透到许多相关行业和产业之中。据世界旅游组织统计,旅游产业的收入每增加 1 元,可带动相关产业收入增加 4.3 元。旅游产业能够影响、带动和促进与之相关联的 110 个行业发展,其中包括民航、铁路、公路、餐饮、住宿、商业、通信、会展、博览、娱乐、文化、体育等。随着众多新的旅游形态的出现,旅游又扩展到工业、农业、教育、医疗、科技、生态、环境、建筑、海洋等领域,催生出一批富有生命力的新业态。据日本野村综合研究所的测算,在发达国家,旅游消费支出每增加一个单位,工业产值可扩大 2.71 倍,国民收入扩大1.36倍,投资扩大 0.25 倍。我国现在是制造业大国,作为“世界工厂”,处于国际产业分工链的末端,缺乏高新技术和自主品牌,以付出资源、环境和劳动力的巨大成本代价,来换取微薄的加工制造费。但是从旅游产业发展的角度看,其间却并没有很大的技术差距,这就意味着中国旅游业可能会超越制造业,直接参与世界先进水平的产业分工和国际竞争。从旅游区划的演变可以看出,随着旅游业从单纯的自然风光旅游向民俗风情旅游、历史文化旅游、生态旅游的转变,旅游业将形成全方位、多元化的开发格局,迎来旅游业新的发展前景。

五、全域旅游成为未来发展趋势

统计数据显示,2015 年 40 亿人次的国内游人群中,自由行人群占比 80%,达 32 亿人次;1.2 亿人次出境旅游者中,2/3 的旅游者选择自由行,达到 8000 万人次。在散客时代,原

本不是旅游景区景点的地方正在变成新的旅游目的地，无景点旅游逐渐成为常态。而目前，国内旅游市场的巨大需求面对的是旅游资源有效供给不足，仅靠旅游景区支撑，造成热门景点的旅游者过度聚集的现状。每到节假日，热门景区人满为患，"花钱买罪受"成为现实，这也给景区带来了很大的管理负担。

2016年年初，我国提出全域旅游战略，突破了传统的以抓景点为主的旅游发展模式，优化旅游资源，疏解和减轻核心景点景区的承载压力，成为未来旅游的发展方向。

（一）从"门票经济"到"产业经济"，打破景区内外的二元割裂

从"景点旅游"到"全域旅游"要实现几大转变，其中就包括从单一景点景区建设管理到综合目的地统筹发展的转变，从门票经济向产业经济转变等。发展模式的转变为未来的旅游产业发展提供了新思路。

南开大学石培华教授指出，传统的景区景点的节点开发模式使景区内外二元结构矛盾突出。由于封闭的开发模式，许多景区又处于发展的初级阶段，辐射带动能力不足，景区内外常常两极分化，无论是环境、服务、老百姓的收入水平等都是"两重天"，景区发展的成果也不能让当地民众受益。

景区内外的二元割裂还造成了更多问题：人造景点频频出现，但真正的历史文化内涵缺失；违规经营、诱导购物、消费陷阱等乱象不断，当地人都心知肚明，这些消费项目并非真正的"当地特色"等。旅游开发应当宜居和宜游兼顾，全域旅游的核心正是居民和旅游者互生互利，让生产、生活、生态，以及当地人和外地人和谐共处，改善行者和居者的关系，在保障旅游者享受高品质的旅游服务的同时，兼顾改善旅游目的地的宜居环境。

（二）从"以点带面"到"以面育点"，促进旅游要素在全域范围内流动

全域旅游提出以来，各地纷纷开启全域旅游的实践，尤其在乡村生态、民俗文化等方面颇受关注。数据显示，2016年上半年，乡村旅游实际完成投资1221.3亿元，较2015年同期增长62.3%。同时，城市旅游服务设施的建设力度也在加大。

全域旅游是空间全景化的系统旅游，是跳出传统旅游，谋划现代旅游；跳出小旅游，谋划大旅游。应拆除景点景区管理围墙，实现多规合一，推进公共服务一体化，旅游监管全覆盖，实现产品营销与目的地推广的有效结合。

知识活页　**全域旅游：实现旅游引领全面深化改革的重要手段**

六、旅游可持续化发展战略逐步得到落实

中国旅游业正在逐步向着“可持续旅游”迈进。旅游可持续发展的概念是在 1987 年世界环境与发展委员会发表的《我们共同的未来》的报告中提出的。1992 年，在里约热内卢召开了联合国环境与发展大会，有 183 个国家和 70 多个国际组织参加了这次会议，102 位国家元首或政府首脑到会，会议通过了《里约环境与发展宣言》《21 世纪议程》等重要的纲领性文件，这标志着可持续发展由理论概念走向了实践。可持续发展的理念已经成为全球各个领域的哲学。可持续理念在旅游中也越来越受到关注，我国旅游区划中越来越重视可持续旅游开发与保护。20 世纪 80 年代的旅游区划多从经济利益出发来进行考虑，新世纪旅游区划则综合考虑了经济效益、社会文化效益和环境效益，为我国的旅游业朝“可持续旅游”前进做出了一定的贡献。

七、民营资本成为主要投资方

对于旅游业增速上涨的原因，业界普遍认为，当前我国旅游业进入大众化、产业化发展的新阶段，旅游需求快速增长，旅游消费多元化、个性化日益明显。据预测，未来 20 年乃至 35 年将成为中国旅游业发展更好更快的黄金期。红色旅游、邮轮游艇、主题乐园等旅游产品正逐步成为新的投资热点。

数据显示，2015 年，全国 10 亿元以上的在建旅游项目有 2057 个，实际完成投资 6305 亿元，占全国的 62.6%。而且全国 60%的旅游投资来自民营企业，185 个投资百亿元以上的在建旅游大项目，投资主体都是民营企业。

民营资本成为近年来旅游投资中的主力军，这与市场的热情和旅游企业这些年来盈利能力不断提高是分不开的。国内景区板块 2014 年实现总体收入 95 亿元，同比增长 17%，其中黄山风景区旅游收入最高，达到了 14.9 亿元。传统景区资源优势明显，经营较为稳健；人文景区也逐步积累资本，实现快速扩张。

本章小结

世界旅游发展模式：欧洲模式、美国模式、西班牙模式、印度模式和其他模式。

世界旅游发展趋势：旅游市场进一步细分；旅游服务个性化，旅游方式散客化；旅游安全日益受到重视；生态旅游成为一个新动向；国际旅游区域的重心向东转移；旅游业将实现集团化、网络化和国际化。

中国旅游发展趋势：中国未来出入境市场位于世界第一位；旅游市场体系逐步健全，逐步从观光型旅游转向复合型旅游；旅游信息化含量越来越高；旅游产业规模不断扩张，多元化发展；全域旅游成为未来发展趋势；旅游可持续化发展战略逐步得到落实；民营资本成为主要投资方。

思考与练习

1. 试述世界旅游发展的主要模式。
2. 试述中国旅游发展的主要模式。
3. 试述世界旅游发展的主要趋势。
4. 试述中国旅游发展的主要趋势。
5. 结合实例，分析世界不同旅游发展模式的优缺点。

案例分析

政府主导型的旅游产业发展模式——栾川模式

曾是国家级重点贫困县的栾川，近年来旅游业得到飞速发展，使旅游资源转化为财富，栾川旅游已成为中原地区响当当的知名品牌。近年来，栾川旅游业各项指标每年以40%以上的幅度增长，栾川旅游业已成为栾川经济发展中最亮眼、最具活力、拉动力最强的经济增长点。2000年以来，全县平均每年接待旅游者150万人次，旅游收入2亿元，占地区生产总值的10%。国内旅游界资深专家把栾川旅游业迅速崛起的成功经验总结为"栾川模式"，并称"栾川模式"是中国旅游业在县级发展的样板和典型。栾川县从一个山区小县，一跃成为中原地区的旅游大县，为贫困山区依托资源优势发展旅游业走出了成功之路，也为我国内陆地区县级旅游发展提供了可借鉴的经验。

栾川旅游业的发展，验证了政府主导在旅游业的发展初期具有不可替代的作用。栾川在旅游业的发展过程中，始终坚持政府主导的原则，围绕基础设施建设、旅游规划和精品景区建设、旅游服务体系建设等方面实施了一系列的"大动作"。原国家旅游局规划发展与财务司司长魏小安在栾川实地考察后说："全国旅游发展看两川，省级看四川，县级看栾川，国家提倡多年的政府主导旅游业做法，在栾川找到了例证。"

旅游业是一项综合性产业，在坚持政府主导的原则下，只有通过职能部门的大力配合，才能实现旅游业的带动效应，才能完成食、住、行、游、购、娱各旅游诸环节的互动，从而在根本上实现旅游由资源型向效益型的转变。栾川县委县政府坚持实施"旅游强县"战略，把旅游业确定为"一把手工程"和"一号工程"，形成了以县委书记、县长为总指挥，县四大班子领导为成员的坚强领导集体，全县各职能委、局以旅游工作为中心，同心同德，同唱旅游发展一台戏。自2001年以来，县委县政府把旅游工作纳入全县各单位、各乡镇目标考核体系，真正做到目标明确，责任到人，措施过硬，奖罚分明。为了适应迅速增长的旅游市场需要，栾川县制定了一系列优惠政策，鼓励多元化投资，狠抓旅游服务体系建设，不断满足广大旅游者食、住、行、游、购、娱的需要。在基础设施建设方面，投入巨资建设服务中心、绿化工程和旅游公路，改善通信环境。在宾馆(饭店)建设和扩容改造上，提出了"办公场所要为旅游接待让路"的思路，对于改造标准间给予经费补贴。在旅游推介方面，全县47个县直单位和33个旅游企业共同参与促销，由政府牵头到全国进行宣传，使栾川"旅游风"吹遍中原大地和大江南北。在招商引资方面，栾川建立了旅游招商引资项目库，将招商任务下达到各部门，指标到人。

栾川模式是一个被实践所证明的旅游业成功模式，这种政府主导型的产业发展模式在旅游业的起步阶段具有无可比拟的优势。但是在规模较大的行政区域内，随着旅游业发展的逐步深入，政府将不可能再继续投入巨大的人力、物力、财力和精力来如此推动旅游业的发展。也就是说，栾川模式对于县域旅游产业可能是成功的，但相对于全国范围内的旅游产业发展，我们则更需要深入探讨市场主导型旅游产业发展模式。分析市场行为，是指企业为实现其经营目的而根据市场环境情况采取相应行动的行为，其中的市场环境主要是指企业所在产业的市场结构，市场结构是企业市场行为的主要制约因素，但同时企业市场行为又反作用于市场结构。

(资料来源：根据相关资料整理。)

问题：

1. 简述政府主导型旅游产业发展模式下的栾川模式。

2. 政府主导型旅游产业发展模式的局限是什么？它与市场主导型旅游产业发展模式有什么区别？

第十四章

旅游行业前沿

学习引导

2015 年 8 月,《关于开展“国家全域旅游示范区”创建工作的通知》印发,标志着国家全域旅游示范区创建工作正式启动。2016 年 7 月,习近平总书记在宁夏回族自治区视察时指出:“发展全域旅游,路子是对的,要坚持走下去。”2016 年 9 月 10 日,第二届全国全域旅游推进会在宁夏回族自治区中卫市举办,公布第二批 238 家创建单位名单,标志着全域旅游进入全面推进阶段。2018 年 3 月 22 日,印发《国务院办公厅关于促进全域旅游发展的指导意见》,就加快推动旅游业转型升级、提质增效,全面优化旅游发展环境,走全域旅游发展的新路作出部署。全域旅游作为我国新阶段旅游发展战略的再定位,是供给侧改革的重要方式。

学习重点

通过本章学习,重点掌握以下知识要点:

- 掌握全域旅游的概念
- 了解全域旅游的发展理念及发展模式
- 掌握智慧旅游的支撑体系、发展趋势
- 掌握低碳旅游的概念、特征
- 了解文明旅游的类别、特点
- 了解红色旅游的概念、特征

核心概念

全域旅游 All-for-one Tourism　智慧旅游 Smart Tourism　低碳旅游 Low-carbon Tourism　文明旅游 Civilized Tourism　红色旅游 Red Tourism

第一节　全域旅游

一、全域旅游研究评述

全域旅游的研究最早开始于概念,但学术界至今没有形成一个统一的定义。不同学者从不同角度分析全域旅游的内涵,对全域旅游的特征的见解也各不相同。全域旅游之所以能得到学术界如此热烈的关注,笔者并不认为这是社会面临转型升级给旅游学术界的一次恩惠,而是旅游业第一次树立主人翁的角色,以区域主人的姿态去整合资源,去谋求区域新发展。

(一)国外全域旅游研究进展

1964 年,斯塔斯菲尔德(Stasfield)在《美国旅游研究中的城乡不平衡》中首次指出城镇旅游研究是旅游业中一个不可忽视的领域。彼特・霍尔(Peter Hall)曾预言,20 世纪最后 30 年是欧洲主要城市和历史文化小城镇大旅游的时代。澳大利亚学者帕特里克・马林斯(Patrick Mullins)对旅游城市化这一概念做了最初的定义,他认为旅游城市化是 20 世纪后期出现的一种由单一的消费功能(旅游消费功能)而形成的一种新型、独特的城市化模式,是基于后现代主义消费和后现代主义城市观的一种城市发展模式,是由休闲娱乐的销售和消费而形成的一种城市化模式。

巴顿(Bardon)通过对西班牙近 20 年城镇旅游的研究证明了现代城镇旅游非常有利于推动西班牙农村地区的发展。在许多国家,城镇旅游被认为是一种阻止农业衰退和增加城镇收入的有效手段,豪(Hall)和金克斯(Jenkins)则指出,加拿大、澳大利亚、新西兰等许多国家都认为城镇旅游业是农村地区经济发展和经济多样化的动力所在。卢基安(Luchian)等认为,把旅游业作为主导产业发展的城市和县,其城镇建设和发展嵌入了与旅游消费社会特征相关的目标体系,具有与工业城市不同的发展特点。

全域旅游可能与政治关联也比较大,在中国的政治体制下实施全域旅游比较可行,大部分发达国家的案例都是市场主导,旅游规划也是针对旅游影响管理和可持续旅游发展的,很少有政府部门作为主导的旅游发展,只有国家重点旅游资源才会由政府主导,并持续进行监管运营,如美国国家地质公园,所以国外提全域旅游的并没有很多。

(二)国内全域旅游研究进展

通过梳理国内文献,笔者发现全域旅游概念的提出可以追溯到 2010 年。大连市委明确提出以"全域城市化"战略推进城乡建设和优化城市功能,来指导大连市未来发展。随后在编制《大连市旅游沿海经济圈产业发展规划》中,首次提出"全域旅游"这一全新理念,来指导大连全域城市化建设。这是全域旅游最早的地方实践和探索。

在国家旅游局(现文化和旅游部)下发的《关于开展"国家全域旅游示范区"创建工作的通知》(旅发〔2015〕182 号)中,对全域旅游的概念进行界定:全域旅游是指在一定的行政区域内,以旅游业为优势主导产业,实现区域资源有机整合、产业深度融合发展和全社会共同参与，通过旅游业带动乃至于统领经济社会全面发展的一种新的区域旅游发展理念和模式。

四川大学杨振之教授认为全域旅游的定义内涵主要包含五点：①区域旅游资源富集而工业发展基础薄弱或受限；②以旅游业为引导或主导，推进区域经济发展；③以旅游业为引导或主导，在全域合理高效地配置生产要素；④以旅游规划作为区域顶层设计，在旅游规划引导下实现"多规合一"，使"全域旅游"理念在城乡规划、土地利用规划、村镇规划、交通规划等方面切实落地，促使全域以旅游业为重心配置资源；⑤适时适度投入适当政策，改善基础设施和公共服务设施，保护自然文化和生态资源，增加公共旅游休闲福利，恢复历史城区、小城镇和农村社区发展活力，真正惠及社会全员。

吕俊芳(2013)认为全域旅游就是指各行业积极融入其中，各部门齐抓共管，全城居民共同参与，充分利用目的地全部的吸引物要素，为前来旅游的旅游者提供全过程、全时空的体验产品，从而全面地满足旅游者全方位的体验需求。

邓爱民(2016)认为全域旅游是指在一定行政区域内或者是一个地理板块和文化板块内，运用后工业化时代的发展理念，以旅游业为优势主导产业，实现区域各类资源(旅游资源、文化资源、行政资源、社会资源等)的有机整合、产业深度融合发展，社会共同参与，通过旅游业带动乃至统领经济社会全面发展的一种新的区域旅游发展理念和模式。

全域旅游发展战略秉承现代整体发展观念，突破景区局限，使区域建设、环境保护、交通运输、餐饮服务等各个方面都服务于旅游发展大局，形成全域一体的旅游品牌形象。全域旅游发展战略是把一个行政区看作一个旅游景区，是旅游产业的全景化、全覆盖，是资源优化、空间有序、产品丰富、产业发达的科学的系统旅游。通过该理念和模式，使该区域成为能够全面动员资源、全面创新产品、全面发展产业、全面促进社会进步、全面保护资源与环境、全面满足移居者和定居者的生活与休闲、旅游拉动经济社会发展效应明显的旅游目的地。

二、全域旅游发展理念

发展全域旅游本身就是发展理念的创新，也是发展模式的创新，是旅游转型升级的新方向。走全域旅游的道路，就是要提升旅游业发展能力，拓展区域旅游发展空间，培育区域旅游增长极，构建旅游产业新体系，培育旅游市场新主体和消费新热点，实施旅游品牌驱动战略和创造旅游发展新引擎。

(一)设施服务的安全便捷

全域旅游所带来的是居民生活方式的变革，这种变革使得旧式旅游服务不再能满足人们的出行需求。原有的类似"圈地式服务"使得旅游诉求都仅限于特定的空间与时间，而现在旅游者更迫切要求的是一种"此心安处是吾乡"的旅游体验，所体现出来的是一种无所不在又处于无形的服务。由此，发展全域旅游，首先要解决的是基础设施与基础服务问题。从交通到食宿、从虚拟搜索到现场服务、从经济成本到精神成本，都应该是关注焦点，以满足旅游者多层次的需求，提供更加安全便捷的服务。

(二)管理思想的开放共享

开放发展是我国基于改革开放成功经验的历史总结，也是拓展经济发展空间、提升开放型经济发展水平的必然要求。共享发展是社会主义的本质要求，是社会主义制度优越性的集中体现。旅游业是综合性产业,主要包括从事招徕、接待旅游者,为其提供交通、游览、住宿、餐饮、购物、文娱等服务,概括起来就是起于旅游者虚拟搜索,止于旅游者结束旅行的全过程。由此决定了旅游业的开放性和共享性。

全域旅游更加注重构建开放发展空间,打破地域分割、行政分割,打破各种制约,走全方位开放之路,形成开放发展的大格局,以释放旅游业综合功能、共享旅游发展红利,为居民(包括旅游者)共建共享美好生活、基础设施、公共服务、美丽生态环境。实施全域旅游,促进城乡旅游互动和城乡一体,不仅能够带动广大乡村的基础设施投资,促进厕所革命、道路建设、农田改造等,提高农业人口的福祉,缩小城乡差距,以旅游促扶贫,还能提升城市人口的生活质量,并形成统一高效、平等有序的城乡旅游大市场。

(三)资源配置的绿色协调

绿色发展是实现生产发展、生活富裕、生态良好的文明发展道路的历史选择,是通往人与自然和谐境界的必由之路。实行全域旅游,更加注重经济社会发展各类资源和公共服务的有效再配置,有利于发挥旅游作为资源节约型、环境友好型产业的优势。全域旅游强调的是既宜居又宜游,处处是风景,处处可旅游。发展全域旅游,融入了可持续发展理念,贯穿了人地和谐相处的思想,把生态和旅游结合起来,把资源和产品对接起来,把保护和发展统一起来,将生态环境优势转化为旅游发展优势,创造更多的绿色财富和生态福利,为社会提供舒适、安全、有利于人体健康的产品的同时,又以一种对社会、对环境负责的态度,合理利用资源,保护生态环境。

协调发展是全面建成小康社会之“全面”的重要保证,是提升发展整体效能、推进事业全面进步的有力保障。全域旅游推进旅游业协调发展,实现原有单一景点景区建设和管理到综合目的地统筹发展转变,旨在破除景点景区内外的体制壁垒和管理围墙,使得旅游基础设施和公共服务建设从景点景区拓展到全域。此外,发展全域旅游有利于统筹实施供给侧结构性改革,促进供需协调;有利于推进乡村旅游提质增效,促进城乡协调;有利于完善产业配套要素,促进软硬件协调;有利于提升整体服务水平,促进规模质量协调。

(四)建设规划的全面系统

传统规划大多各自为政。以旅游交通服务为例,公路有公路的规划、铁路有铁路的规划、民航有民航的规划,各有各的枢纽,各有各的标准,很难做到互通有无。发展全域旅游,则不能因循传统规划思路,必须改革创新经济社会发展规划理念,将旅游规划理念融入经济社会发展全局,将旅游资源与其他资源合理配置,推进多规合一和公共服务一体化。

全域旅游模式的规划与景点旅游模式的规划不同,不再只是规划景点景区、宾馆饭店,而是以旅游者体验为中心,以提高旅游者满意度为目标,按照全域景区化的建设和服务标准,系统全面规划景点景区内外协调发展、整合各类资源要素,优化旅游服务的全过程。例如,从景点景区和城市的旅游厕所革命拓展为景点景区内外、城乡一体推进的全面厕所革命。

在管理体制上,强调综合效应,表现为综合产业发展和综合执法需求,以提升治理能力,实现区域综合化管理。围绕形成旅游发展合力,通过综合改革,破除制约旅游发展的资源要素分属多头的管理瓶颈和体制障碍,更好地发挥政府的导向引领作用,充分发挥市场配置资源的决定性功能。围绕形成旅游市场综合监管格局，创新旅游综合执法模式，消除现有执法手段分割、多头管理又多头都不管的体制弊端。最终，构建全域大旅游综合协调管理体制。

知识活页　福建武夷山景区

三、全域旅游发展模式

（一）龙头景区带动型

依托龙头景区作为吸引核和动力源，按照发展全域旅游的要求，围绕龙头景区部署基础设施和公共服务设施，围绕龙头景区配置旅游产品和景区，调整各部门服务旅游、优化环境的职责。全域旅游范围内由龙头景区做大做强，从而带动周边区域旅游业发展，最终带动周边形成全域旅游区。这种全域旅游范围内的旅游发展，即先依靠景区做大，以市场消费带动周边景点、乡村、城镇配套旅游产品和旅游服务，形成大规模综合性目的地型旅游景区，然后逐步优化形成全域旅游区。

（二）城市全域辐射型

城市全域辐射型是指旅游区内城市与旅游融合发展、共生发展、相互促进的旅游区域。其以城市旅游目的地为主体，依托旅游城市知名的旅游品牌、优越的旅游产品、便利的旅游交通、完善的配套服务，以都市旅游辐射和带动全域旅游，推动旅游规划、城乡规划、土地利用规划、环境保护规划等"多规合一"，促进城乡旅游互动和城乡一体化发展，形成城乡互补、优势互动的城乡旅游大市场。

（三）全域景区发展型

全域景区发展型是指把整个区域看作一个大景区来规划、建设、管理和营销。按照全地域覆盖、全资源整合、全领域互动、全社会参与的原则，深入开展全域旅游建设，推进旅游城镇、旅游村落、风景庭院、风景园区、风景厂矿、风景道等建设，实现"处处是景、时时见景"的城乡旅游风貌。

（四）特色资源驱动型

特色资源驱动型是指以区域内普遍存在的高品质自然及人文旅游资源为基础，特色鲜明的民族、民俗文化为灵魂，以旅游综合开发为路径，推动自然资源与民族文化资源相结合，与大众健康、文化、科技、体育等相关产业共生共荣，谋划一批健康养生、避暑休闲、度假疗养、山地体育、汽车露营等旅游新业态，带动区域旅游业发展，形成特色旅游目的地。

（五）产业深度融合型

产业深度融合型是指景区依托特色产业，构建全产业链联动的全域旅游新模式，依靠特色产业的集聚和创意体验，构建新型的全域旅游区和新的产业功能区。以“旅游＋”和“＋旅游”为途径，大力推进旅游业与第一、第二、第三产业的融合，以及旅游业与文化、商贸、科教、体育、宗教、养生、教育、科研等行业的深度融合，规划开发出一批以文化休闲、生态观光、商务会展、休闲度假、乡村旅游为主的跨界产品。

第二节　智慧旅游

一、智慧旅游的起源

智慧旅游来源于智慧地球（Smarter Planet）及其在中国实践的智慧城市（Smarter Cities）。2008 年，国际商业机器公司(IBM)首先提出了智慧地球概念，指出智慧地球的核心是以一种更智慧的方法通过利用新一代信息技术来改变政府、公司和人们交互的方式，以便提高交互的明确性、效率、灵活性和响应速度。智慧城市是智慧地球从理念到实际落地城市的举措。IBM 认为，21 世纪的智慧城市能够充分运用信息和通信技术手段感测、分析、整合城市运行核心系统的各项关键信息，从而对包括民生、环保、公共安全、城市服务、工商业活动在内的各种需求做出智能的响应，为人类创造更美好的城市生活。我国专家对智慧城市也有自己的解读。中国工程院院士邬贺铨认为，智慧城市就是一个网络城市，物联网是智慧城市的重要标志；武汉大学教授李德仁指出，数字城市＋物联网＝智慧城市。IBM 的智慧城市理念把城市本身看成一个生态系统，城市中的市民、交通、能源、商业、通信、水资源构成子系统。这些子系统形成一个普遍联系、相互促进、彼此影响的整体。

在《国务院关于加快发展旅游业的意见》（国发〔2009〕41 号）的指引下，旅游业开始寻求以信息技术为纽带的旅游产业体系与服务管理模式重构方式，以实现将旅游业建设成为现代服务业的质的跨越。受智慧城市的理念及其在我国建设与发展的启发，智慧旅游应运而生。

二、智慧旅游概念

尽管我国许多地方已在尝试进行智慧旅游的建设，但相关的智慧旅游研究文献却较为少见，对智慧旅游的概念众说纷纭，没有统一的、标准的、科学的定义。

叶铁伟、黄超、李云（2011）认为，智慧旅游是利用云计算、物联网等新技术，通过互联网或移动互联网，借助便携的终端上网设备，主要感知旅游资源、经济、活动和旅游者等方面的信息并及时发布，让人们能够及时了解这些信息，及时安排和调整工作与旅游计划，从而达到对各类旅游信息的智能感知、方便利用的效果，通过便利的手段实现更加优质的服务。吴学安（2011）提出，智慧旅游是利用移动云计算、互联网等新技术，借助便携的终端上网设备，主动感知旅游相关信息，并及时安排和调整旅游计划。刘军林、范云峰（2011）认为，智慧旅游系统是智慧旅游的技术支撑体，它以在线服务为基础，通过云计算中心海量信息存储和智能运算服务的提供来满足服务端和使用端便捷地处理掌控旅游综合信息的需求。马勇(2011)指出,智慧旅游是物联网、云计算、下一代通信网络、高性能信息处理、智能数据挖掘等技术在旅游中的应用。

综上所述,本书认为智慧旅游是基于新一代信息技术,以提升旅游服务、改善旅游体验、创新旅游管理、优化旅游资源利用为目标,充分满足旅游者个性化需求、提高旅游企业经济效益和提升旅游行政监管水平,带来新的服务模式、商务模式和政务模式的智能集成系统,是智慧地球及智慧城市的一部分。

三、智慧旅游的支撑体系

智慧旅游系统是智慧旅游的技术支撑体,它以在线服务为基础,通过云计算中心海量信息存储和智能运算服务的提供,满足服务端和使用端便捷地处理掌控旅游综合信息的需求。构建智慧旅游系统的前期技术支撑主要包括云计算、物联网、高速无线通信技术、地理信息系统、虚拟现实技术等。

(一)云计算

云计算是指在分布式计算、并行计算、网格计算的基础上提出的一种新型计算模型。它可以提供安全可靠的数据存储,强大的计算能力和方便快捷的互联网服务。云计算按照属性和服务对象可以分为私有云计算、公共云计算和混合云计算,分别对不同的客户提供服务。

(二)物联网

物联网是指通过射频识别、红外感应器、全球定位系统、激光扫描器等信息传感设备,把任何物体与互联网相连接,进行信息交换和通信,以实现对物体的智能化识别、定位、跟踪、监控和管理的一种网络形态。

(三)高速无线通信技术

高速无线通信技术从距离上可以分为近距、中距和远距的无线通信技术,电信通信技术属于远距无线传输技术。近场通信(Near Field Communication,简称 NFC)即近距离无线通信技术,是一种非接触式识别和互联技术,可以在移动设备、消费类电子产品和智能控件工具间进行近距离无线通信。消费者可以使用支持该技术的手机在公交、地铁、超市等公共场所进行刷卡消费。高速无线通信技术的迅猛发展,智能手机、平板电脑等终端电子产品的广泛运用,使即时在线交流服务功能得到了极大的提升,为智慧旅游发展和普及奠定了基础。

(四)地理信息系统

地理信息系统(Geographic Information System,简称 GIS)是一种采集 、存储、管理、分析、显示与应用地理信息的计算机系统,是分析和处理海量地理数据的通用技术。人们将 GIS 应用于旅游地理管理,开发出旅游地理信息管理(Travel Geographic Information System,简称 TGIS),以及将 GIS 与网络技术结合,利用 Web 发布空间数据,使用户可以通过网络获取旅游信息,实现空间数据浏览、查询、分析相结合,集成旅游电子商务系统的优势,成为旅游信息提供的新模式。

(五)虚拟现实技术

虚拟现实技术分为基于图像的虚拟现实技术和基于矢量建模的虚拟现实技术,是一种人通过计算机生成虚拟环境以实现自然交互的人机界面,借助多维输入输出设备,旅游者可以漫游在旅游虚拟现实之中,通过旅游虚拟现实感受旅游地虚拟化场景,提升旅游地的吸引力。

四、智慧旅游发展趋势

智慧旅游有着广泛的应用前景,它不仅引领世界旅游的发展潮流,成为现代服务业与科技结合的典范,还可以改进管理平台、增强竞争优势,满足旅游者的个性需求。

(一)引领世界旅游发展潮流

智慧旅游以人文、绿色、科技创新为特征,利用云计算、物联网、高速通信技术等高科技提升旅游服务质量,改进服务方式,改变人们的旅游消费习惯与旅游体验,成为旅游发展与科技进步结合的世界潮流。我国提出争取用10年时间,初步实现智慧旅游的战略目标,这必将使我国在世界旅游竞争格局中占据优势地位,成为引领世界旅游产业发展的重要力量。

(二)打造现代服务业科技典范

智慧旅游建设是我国旅游业由传统服务业向现代服务业转变的突破口,借助智慧旅游示范城市、产业园区、示范企业的建设,强化我国智慧旅游装备制造、智慧旅游应用软件、智慧旅游经营发展模式等方面的探索和建设,以提升我国旅游业的科技含量,增强我国旅游创新能力,提升我国旅游服务质量和国际竞争力,使旅游业发展成为高信息含量、知识密集的现代服务业的典范。

(三)探索旅游管理创新平台

智慧旅游需要有智慧旅游系统应用平台的支撑。智慧旅游系统应用平台作为一个信息集成系统,收集景区物联网的监控信息,通过虚拟数据中心的云计算系统,传输到云计算中心,在云计算中心完成信息计算与处理,再返回虚拟数据中心,虚拟数据中心的系统平台提供分析结果,供决策管理者进行旅游信息决策,使智慧旅游景区管理更加高效合理。

(四)满足旅游体验个性化需求

智慧旅游发展的直接受益者是旅游者。旅游者通过智慧旅游系统的终端,完成网上旅游咨询服务,还可订制私人旅游线路,合理安排个人日程,最大化地利用旅游时间。智慧景区也将提供更加多元化、个性化的服务,旅游者能够根据自己的需要,选择性消费。旅游者借助虚拟辅助系统能够全面、直观、深入地进行旅游体验。旅游者与智慧景区系统不断地进行信息互动,进而使景区服务形式和消费内容不断创新,旅游者每次到来都有不同的体验和感受,从而乐于重复消费。

第三节　低碳旅游

低碳旅游是发展低碳经济的重要组成部分,也是协调旅游业发展与控制温室气体排放的必然选择。在实现低碳发展的过程中,各国、各地区因为不同的资源条件和社会经济发展状况,对什么是低碳、如何实现低碳发展有不同的要求。正确认识低碳旅游概念是开展低碳旅游规划，实现旅游行业低碳发展的前提。实现低碳旅游发展的途径主要有五个，包括节能、提高能源利用效率等常规的工作方式，也包括使用排放配额"抵消"已经产生的温室气体排放等途径。各地需根据实际情况制定低碳旅游发展规划，充分利用自身优势，扬长避短，既实现行业发展并促进地方低碳经济发展进程，同时又为保护气候环境、实现气候安全作出力所能及的贡献。

一、低碳旅游的提出

低碳旅游（Low-carbon Tourism）概念最早见诸世界旅游组织（UNWTO）与世界气象组织（WMO）、联合国环境规划署（UNEP）以及哈佛大学联合出版的《气候变化与旅游业：应对全球挑战》的报告中。该报告在针对旅游部门应对气候变化的战略途径中，首次提出了走向低碳旅游（towards Low-carbon Tourism）的旅游应对气候变化战略。随后，在2009年哥本哈根举行的气候变化问题全球商业峰会上，世界旅游组织联合世界经济论坛、国际民用航空组织、联合国环境规划署等其他组织机构正式呈递了题为《迈向低碳旅游业》的报告。此后，低碳旅游的概念逐渐被业界所认知。

从低碳旅游概念提出的背景来看，其主要源于国际旅游业界对全球气候变化问题的不断反思。2003年4月，世界旅游组织、世界气象组织、联合国环境规划署以及联合国教科文组织（UNESCO）在突尼斯杰尔巴召开了第一届气候变化与旅游国际会议，拉开了旅游业界应对全球气候变化问题挑战的序幕。这次会议主要围绕气候变化与旅游业之间的关系，详细探讨了人类温室气体排放所导致的全球气候变暖对旅游业可持续发展可能带来的严重挑战，以及旅游各部门应及时采取的应对措施，旨在唤醒政府以及其他各相关旅游部门应对气候变化问题的意识。

2007年10月，世界旅游组织、世界气象组织、联合国环境规划署在瑞士达沃斯共同组织召开了第二届气候变化与旅游国际会议，这次会议在第一届会议的基础上，重点讨论了旅游部门在人类温室气体排放上的"贡献"。根据这次大会的讨论结果，旅游业是人类二氧化碳与温室气体排放的重要组成部分，对全球气候变化具有重要的影响，会议最后还形成了旅游部门应对气候变化挑战的《达沃斯宣言》，以呼吁各级政府部门与国际组织机构、旅游产业和旅游目的地、旅游者，以及旅游研究和通信网络机构等各旅游相关部门，要高度重视并深刻认识旅游部门自身在温室气候排放上对全球气候变化的影响，并敦促各部门要在联合国应对气候变化的现有框架下，及时采取各种旅游节能减排措施，以应对和缓解气候变化问题。

会后，世界旅游组织将2008年世界旅游日的主题定为"旅游：应对全球气候变化挑战"，并联合世界气象组织、联合国环境规划署及哈佛大学等国际组织与学术机构，在《达沃斯宣言》以及第二届气候变化与旅游国际会议其他相关成果的基础上，出版了名为《气候变化与旅游业：应对全球挑战》的会议专题报告，并发布了《旅游部门对气候变化的适应与缓解：框架、工具与实践》指南。由此，低碳旅游的概念才被正式提出。

二、低碳旅游的概念

多个机构及学者从不同的理解角度，给出了低碳旅游的定义。总体来看，各方对低碳旅游的定义大致可以归纳为三种观点：第一种认为低碳旅游就是节能减排旅游，这种观点强调在旅游的各个要素、环节实施节能减排，从而实现旅游全过程的低碳化；第二种认为低碳旅游即通过控制旅游活动中的不必要的消费行为，实现低碳发展，如减少一次性用品的使用等；第三种认为低碳旅游是对生态旅游、绿色旅游的延伸和实践。

全面认识低碳旅游，首先要认识低碳旅游的起源和背景，低碳旅游是低碳经济的组成部分，而低碳经济是在全球应对气候变化的大背景下提出的，其目的是为了应对全球气候变化、维护全球气候安全。因此，低碳旅游更主要的目的是在发展旅游的过程中控制和减少温室气体排放，是低碳经济在行业层面的实践，是实现低碳经济的重要组成部分。与低碳经济一样，低碳旅游的实现途径是多样的，包括节能、提高能效、增加使用可再生能源、转移排放、碳抵消以及提高社会节能意识等，这些手段都是为了维持和提升现有的消费和生活体验，并以相对更低的碳排放获取这些体验。

综上所述，本书对低碳旅游进行定义：低碳旅游是为保障气候安全，旅游行业在不牺牲消费体验和质量的前提下，综合利用节能、可再生能源、碳汇等多种途径实现控制及减少温室气体排放的发展方式。

三、低碳旅游的核心要素

低碳旅游主要包括低碳旅游目的地、低碳旅游交通模式以及低碳旅游消费方式。低碳旅游目的地是指旨在为旅游者提供低碳旅游体验（游览、娱乐、经历体验、食宿、购物、享受或某些特殊服务）的旅游目的地。低碳旅游目的地主要包含低碳旅游吸引物、低碳旅游设施以及碳汇旅游体验环境等核心要素（见图 14-1）。

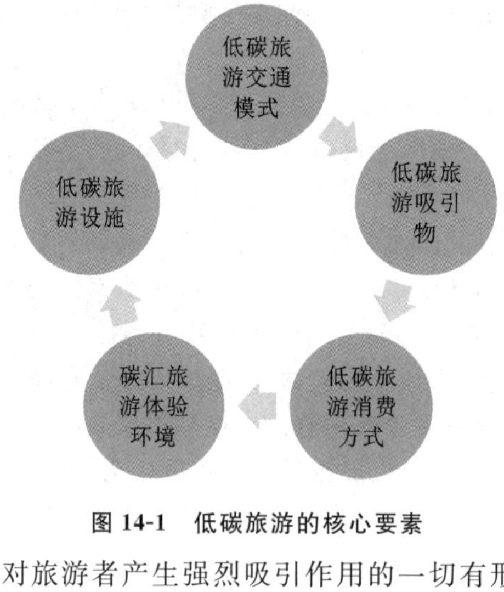

图 14-1　低碳旅游的核心要素

低碳旅游吸引物是指对旅游者产生强烈吸引作用的一切有形的、无形的，物质的、非物质的，自然的、人工的低碳旅游吸引要素，既可以是各种自然景观，如湿地、海洋、森林等自然旅游资源；也可以是人工创造的低碳设施景观，如低碳建筑设施、清洁能源设施、低碳服务业示范园区；还可以是多样化的低碳旅游活动产品，如休闲运动、康体活动、文化活动等。

低碳旅游设施是基于低碳技术改造或直接使用低碳技术产品所建造的，用以提供旅游接待服务的基础设施和专项设施。低碳旅游基础服务设施主要包括目的地交通设施、低碳环境卫生设施、低碳能源供应设施等；低碳旅游专项服务设施主要包括低碳旅游住宿餐饮设施、低碳旅游购物设施、低碳旅游娱乐设施以及低碳休闲游憩设施。

碳汇旅游体验环境是基于自然碳汇机制所营造的一种和谐、高品质的旅游体验环境。旅游者及社区居民是重要的碳排放体，他们排放的碳最好能通过景区或目的地的碳汇机制予以吸收和储备，实现碳中和或碳平衡，不仅成为"零排放"的旅游景区，也是区域性的碳汇地。碳汇旅游体验环境综合了各种形成和影响低碳旅游体验的自然和人文社会因素。起主导作用的是景区自然碳汇机制的强化、弱化或者最大限度降低旅游活动过程中的碳排放强度。

低碳旅游交通模式是指为旅游者提供各种低碳交通服务的交通运输管理模式。低碳旅游交通模式主要包括航空旅游交通运输模式与地面旅行交通运输模式。低碳旅游交通运输模式是实现低碳旅游发展的核心要素。

低碳旅游消费方式是指旅游者在进行旅游消费的过程中，旨在减少个人碳足迹的各种旅游消费行为。低碳旅游消费方式包括低碳旅游出行方式与旅游者在旅游目的地的低碳消费行为。低碳旅游消费方式是一种高品质的旅游消费方式，其要求旅游者具有高度的环境责任感，并愿意进行低碳旅游消费。低碳旅游消费方式主要包括"慢速旅行""低碳出行模式""碳抵消或碳中和"等各种低碳旅游消费行为。

四、低碳旅游的基本特征

（一）低碳性与经济性

"低碳"作为低碳旅游的基本特征，是低碳旅游发展的起点。低碳旅游中的"低碳"是一个相对的概念，意指"较低"或"更低"的旅游碳排放量，即单位旅游产出所需要的能源消耗不断下降。低碳旅游的核心理念是以更少的碳排放来获得更大的旅游发展效益，即旅游能源利用效率的不断提高。低碳旅游的本质是发展，"低碳"不是目标，而只是手段，即通过减少旅游碳排放，来实现旅游经济的更好发展。从技术经济发展的角度来看，"低碳"不仅是一种压力，同时也是一种机遇，要实现旅游经济的高效化和集约化，就需要不断通过新型低碳技术的使用来创新管理模式。随着国际社会对气候变化问题的日益重视，低碳旅游产品必将成为旅游市场主流产品。因此，旅游企业要抓住这次产品革新的趋势和机遇，提前加大对低碳技术旅游装备的使用，对旅游基础设施以及旅游接待设施进行低碳化改造，营造低碳旅游吸引物，形成旅游产品的核心竞争力，抢占低碳旅游发展的机遇。

（二）技术性与创新性

低碳旅游的技术性主要取决于其对现代低碳技术的依赖，低碳旅游技术的创新是低碳旅游发展的根本动力。低碳旅游的实质是提高旅游能源利用效率和创建旅游清洁能源结构，核心是低碳旅游技术的创新，即通过低碳旅游技术创新，建立一种较少排放温室气体的旅游经济发展模式。

低碳旅游的创新性主要体现在低碳技术的创新，以及由此产生的低碳旅游产品的创新、低碳旅游消费理念的创新。低碳技术的创新是推动低碳旅游发展的直接动力，低碳技术的创新反过来又可以推动低碳旅游产品的创新，即通过不同的低碳技术，设计出不同的低碳旅游产品。此外，低碳旅游还要求旅游消费理念的创新，即摈弃传统的无节制的旅游消费方式，建立一种新型的绿色旅游消费模式。

因此，低碳旅游是人类建设生态文明，实践可持续旅游发展理念，寻求旅游经济发展模式的新突破，是人类旅游发展方式、旅游消费方式以及旅行方式的一次全新变革，它将全方位地改造建立在化石燃料(能源)基础上的传统旅游发展方式，促进旅游向生态经济和生态文明的转型，即摈弃传统旅游增长模式，采用新世纪的创新技术、管理模式和创新制度，通过低碳发展，实现旅游的可持续发展目标。

(三)普遍性与实践性

低碳旅游的普遍性是指低碳旅游活动普遍存在于各种旅游形态中，也涉及旅游发展中的各个环节。这直接导致了低碳旅游的可操作性，即实践性特征。概括来说，低碳旅游的实现路径包括：一是减少能源的使用，如通过改变交通运输行为，增加公共交通的使用、使用铁路和长途汽车来取代小汽车和飞机运输；二是提高能源使用效率，如通过新技术的使用来减少能源的需求，也就是用较低能源输入来完成相同的操作；三是增加可再生能源的使用，可再生能源具有可再生性和低排放性，如有机物、水力发电、风能和太阳能等；四是通过碳吸收分离二氧化碳，二氧化碳可以储存在有机物中、蓄水层或海洋中和下沉的地质中。这些路径可应用在旅游交通运输、旅游酒店住宿以及旅游吸引物的营造等各个环节。因此，低碳旅游是一种具有极强实践性的旅游发展模式。

第四节　文明旅游

2013年10月1日，《中华人民共和国旅游法》颁布实施，其中，文明旅游作为需要旅游者、旅游企业共同承担的重要内容被多次提及。总则部分第五条指出：“国家倡导健康、文明、环保的旅游方式，支持和鼓励各类社会机构开展旅游公益宣传，对促进旅游业发展做出突出贡献的单位和个人给予奖励。”第十三条规定：“旅游者在旅游活动中应当遵守社会公共秩序和社会公德，尊重当地的风俗习惯、文化传统和宗教信仰，爱护旅游资源，保护生态环境，遵守旅游文明行为规范。”旅游文明作为一大亮点被写入法律，引起了我国人民的关注和重视，与此同时，随着出境游的迅速发展，出境旅游规模日益庞大，一些旅游者的不文明行为引起了其他国家的担忧和不满，严重影响了我们国家的形象，因此，文明旅游的提出具有现实的必要性。

近年来，中国旅游业的蓬勃发展使我国人民如此直接地接触外国文化，同时向世界全面展现中华文化的独特个性，使中外文化在碰撞中寻求共存。然而，有悖于“文明古国”形象的“中国式旅游”让世界错愕，接踵而来的有关国民素质的负面报道激发了全社会的自省与反思。

一、不文明行为的界定

(一)不文明旅游行为的类别

从心理层面来看，不文明行为状态可以分为以下几类：第一类是无知型，即部分文化涵养和个人素质较低的旅游者，由于缺乏文明意识，而出现不文明行为；第二类是知而不做型，即部分拥有较高文化涵养和个人素质的旅游者，不约束自己的行为，故意做出的不文明行为；第三类是知而未做型，即部分文化涵养高、文明意识强的旅游者，知道一些行为属于不文明行为，但是由于受到外部环境因素的影响，导致其做出了与自己认知不相符的行为。

（二）不文明旅游行为的表现及特点

旅游者不文明旅游行为是指旅游者在旅游景区景点游览过程中所有可能有损景区景点环境和景观质量的行为。它主要表现为两大类：一类是旅游者在景区游览过程中随意丢弃各种废弃物的行为，如随手乱扔废纸、果皮、饮料瓶、塑料袋、烟头等垃圾，随地吐痰，随地便溺等；另一类是旅游者在游览过程中不遵守旅游景区景点有关游览规定的违章行为，如乱攀乱爬，乱涂乱刻乱画，越位游览，违章拍照，违章采集，违章野炊、露营，随意给动物喂食，袭击动物、捕杀动物等。这两类行为在旅游景区都极为常见。上述不文明旅游行为的危害体现在多个方面，从最根本的危害而言，旅游者的不文明旅游行为可能导致旅游景区环境污染、景观质量下降甚至寿命缩短，其最终结果必然是造成旅游景区整体吸引力下降、旅游价值降低。

不文明行为主要具有两大特点：复杂性与普遍性。所谓复杂性，主要是指不文明的旅游行为并不是通过单一的方式表现的，其行为的构成较为复杂。这主要是因为引发不文明行为因素的构成带有一定程度的复杂性，包括旅游者个人的行为习惯、自身的文化修养以及社会影响等。同时，不文明行为不仅表现多样，其造成的影响也十分的复杂，行为影响的实际范围也有大有小，产生的后果也具有可以恢复和不可以恢复两种。所谓的普遍性，主要是指：第一，空间上的普遍性，即这种行为无论是国内还是国外，都是存在的，具有世界性的特点；第二，时间上的普遍性，即不文明行为出现的时间较为久远，从旅游行业开始不久便出现了，一直存在到今天；第三，年龄结构上的普遍性，即旅游者不文明行为的年龄构成比较广泛，小到咿呀学语的幼儿，大到满头银发的老者，都可能有不文明的旅游行为。

二、不文明旅游因素

（一）公德文化教育较差

从我国文化发展的角度来看，从古至今，我国倡导的一直都是以“仁、义、礼、智、信”为主的文化教育，这使得我国在对公民的自身修养和公德心方面培养的力度较弱，造成我国社会还没有形成一定程度的公德文化氛围。长此以往，处于此种文化氛围下的旅游者就会形成私德思想，在旅游时，只顾及自己和身边人的感受，而将保护旅游环境和资源抛之脑后。因此，我国大部分的景区在假期之后，便会变成人造垃圾场。这一现象，不仅将我国公民自身修养和公德心缺失的弊端表现出来，也将当前我国在公民教育方面的缺失显现出来，在破坏了旅游景区生态环境的同时，又对公民的素质提出了质疑。

（二）道德感较弱

道德感较弱也是当前导致我国旅游者在出游过程中出现不文明行为的重要因素。在国民经济水平不断提高的今天，人们选择旅游消费，主要是为了享受放松、休闲、娱乐，但是旅游者处在这样的环境中，其心境发生变化的同时，对自身行为的约束力也会随之降低，道德感也随之弱化,导致其对自己行为的控制能力减弱,经常会有意或无意地做出破坏旅游景区环境的举动。这也会使得部分原本修养较高、文化水平较高的旅游者也会在出游的过程中出现不文明的旅游行为。这些行为与原本修养较低的旅游者行为相叠加,将会对旅游景区的环境和资源产生极大的破坏和浪费。

(三)环境保护意识不完备

目前,虽然我国的旅游行业发展比较迅速,但环境保护意识还不是很完备,仍然存在着一定程度的缺失。并且,由于旅游活动自身带有的暂时性和随意性的特点,人们对于保护景区环境和资源并不是很重视。责任意识的弱化使得旅游者在出游的途中出现了不文明行为,又因为旅游者的一个无意识的举动而破坏了景区的环境和资源。另外,由于旅游行业在我国兴起的时间较短,只有几十年的时间,在这短短的几十年里,我国公民还没有积累到足够的旅游经验,这使得其无法有效地平衡个人私心同保护景区环境资源之间的关系,从而导致我国大部分的景区都出现了不同程度丢失景区物品情况,使得景区的环境和资源被破坏,对其经济效益造成了不利的影响。

三、文明旅游对策

(一)公民教育与旅游规范

中国式文明旅游要从基础教育抓起,从青少年抓起,更要从国内旅游、从身边的一点一滴的文明小事与意识培养抓起。这需要教育部门将培育文明公民作为刚性考核指标对基础教育进行全系统部署。同时,国家旅游行政管理部门在旅游各环节仍需加以大力引导和监控,不文明旅游黑名单应持之以恒。

(二)制定规则与约束提醒

根据当前旅游者存在的不文明行为,制定出具有约束力的手册或公约,既对文明的旅游行为进行有效的宣传,也可让旅游者通过阅读手册和公约中的相关行为规范,为自己的出游行为提供参考标准。实施有效治理,不仅采用道德手段约束,还要利用法律手段管理。我国相关的政府部门已经制定出关于不文明行为的法律治理规范,并处罚了许多在景区有不文明行为的旅游者。景区管理者在处理不文明行为时,还要对旅游者的行为进行适当的提醒,将自律同他律相结合,将文明出游变为旅游者的责任和义务,帮助旅游者养成良好的出游习惯。

(三)增进主客互信与谅解

中国公民在出境旅游过程中应自我约束,多听、多看、多思,少一些喋喋不休。出境旅行社全面实施出国行前"旅游文明"说明会、旅行中的文明提醒与督导(包括文明使者),以及旅行后的奖惩(黑名单与奖励文明行为),都将有效提升中国公民文明素质和出境旅游的正面形象,从而增进与旅游目的地国居民之间的主客文化互信与文明谅解。

(四)发挥监督与引导作用

对于旅游者在出游时出现的不文明行为,旅游团的导游和景区的管理者也应该承担一些责任。导游应及时给予提醒,并在整个旅游过程中全面监督旅游者的行为。景区管理者应设置带有引导、劝阻、提示的指示牌,提醒文明旅游;完善景区服务设施,为旅游者扔垃圾提供方便。

（五）社会舆论传播理性化

对于已经发生的个别不文明突发事件，国内的媒体应以负责任的心态冷静处理，少些围观和起哄，逐渐营造客观公正的新闻氛围，最终引导国际社会舆论传播理性化。

第五节　红色旅游

一、红色旅游的概念

2004年12月，中共中央办公厅、国务院办公厅印发《2004—2010年红色旅游发展规划纲要》（以下简称《纲要》），《纲要》中将红色旅游的概念界定为，以中国共产党领导人民在革命和战争时期建树丰功伟绩所形成的纪念地、标志物为载体，以其所承载的革命历史、革命事迹和革命精神为内涵，组织接待旅游者开展缅怀学习、参观游览的主题性旅游活动。

根据这一界定，我国的红色旅游是一个特指概念：一是特定载体，指以中国共产党领导人民在革命和战争时期建树丰功伟绩所形成的纪念地、标志物；二是特定内涵，指中国共产党领导人民在新民主主义革命和战争时期建树丰功伟绩的革命历史、革命事迹和革命精神；三是特定目的，指思想政治教育、发展经济，传播先进文化等；四是特定形式，指主题性文化旅游和专项旅游活动；五是特定群体，指全国人民、特别是党政干部、青少年学生以及国际友人；六是特定的革命和战争，指无产阶级接受中国共产党领导的新民主主义革命和战争；七是特定的时间段，指1921年中国共产党成立至1949年新中国建立；八是特定的地理空间，指国内12个重点旅游区、30个精品线路和100多个经典景区（点）。

《2011—2015年全国红色旅游发展规划纲要》对红色旅游的外延又做了拓展，范围扩展为自1840年鸦片战争以来的革命遗址遗迹和新中国成立后社会主义革命和建设以及改革开放新时期以来的纪念地。因此，红色旅游的范围就大大扩展了，时间范围达180多年，内容是以承载了中国人民争取民族独立、人民解放，实现国家富强、人民富裕的革命历史、革命事迹、革命精神的纪念地、标志物为基础开发的旅游产品和进行的旅游活动，都是红色旅游的内容。发展红色旅游是加强爱国主义和革命传统教育、培育和践行社会主义核心价值观、促进社会主义精神文明建设的重大举措。

二、红色旅游的特征

（一）红色旅游的一般特征

红色旅游是红色文化与旅游活动的有机结合。红色文化是内涵，旅游活动是形式。作为旅游活动的一种类型，红色旅游具有旅游活动的一般特征，即审美性、异地性、暂时性、综合性。这些特征是所有旅游活动共有的基本特征。

（二）红色旅游的独有特征

红色是核心，旅游是载体。发展红色旅游是凝聚党心民心，繁荣红色文化，带动革命老区致富的伟大工程。因此，从根本上来讲，红色旅游具有自身独有的特点。

1.政治教育目的的直接性

政治教育目的的直接性是红色旅游的本质内涵所决定的，是红色旅游的灵魂和最终目的，是红色旅游赖以存在的根本。旅游者可通过红色旅游，学习革命历史，了解革命事迹，领会革命精神，建设先进文化。开展红色旅游的目的就是直接服务于当代社会主义现代化建设事业。通过红色旅游，启迪广大党员干部群众的思想，陶冶情操，净化心灵，提高觉悟，提升贯彻执行党的各项路线、方针和政策的自觉性。这也决定了发展红色旅游必须坚持社会效益优先的原则。

2.经济政策的倾斜性

旅游作为一种经济活动，具有发展经济的功能，同样受经济规律支配。红色旅游资源分布的特点，决定了发展红色旅游不是促进一般区域的经济发展，而主要是促进革命老区这一特殊区域的经济发展，是带有明显政治色彩和国家战略性质的扶贫活动，具有经济政策上的倾斜性。

3.旅游资源的整合性

与一般旅游资源不同，红色旅游资源分布上的零散性和地域性，决定了发展红色旅游必须实行相关自然与人文旅游资源的整合，实行不同行政区域的旅游合作，延长红色旅游的产品链。红色旅游资源具有的可融合性、延展性，旅游资源的整合有利于增强红色旅游的吸引力，有利于实现红色旅游资源的相对完整性，也有利于更好发挥发展经济的功能。

三、红色旅游的重要意义

红色旅游是我国特有的红色文化事业与旅游业创新融合的结果，对新时代增强“四个意识”，坚定“四个自信”，做到“两个维护”，统筹推进“五位一体”总体布局，协调推进“四个全面”战略布局，具有重要意义。

（一）发展红色旅游有利于执政党的执政能力建设

中国共产党自诞生之日起，就非常重视自身的思想教育和实践活动，并随着社会的不断进步，而不断改善和发展思想政治教育工作的内容。中国共产党的优良传统有的以文字形式保存下来，有的则以纪念馆、博物馆等物质形式保存下来，红色精神就是以纪念馆和博物馆等形式保存下来的优良传统。红色旅游是党员保持党性、提高修养的重要渠道。党员的党性修养关系到党的建设、国家的前途、人民的命运，通过红色旅游的洗礼，全体党员能够树立坚强的革命意志、保持旺盛的革命斗志，不断加强先锋模范作用。

（二）发展红色旅游有利于加强和改进新时期爱国主义教育

红色旅游，以其承载的老一辈无产阶级革命家的精神内涵和历史事实，引导人们深入其中去体验生活、汲取精神、接受思想政治教育优良传统的熏陶，对提高人们的思想道德素养，树立奋斗目标，增强社会主义价值观念认同，坚守行为准则，坚定社会主义理想信念等有指导促进的作用，从而达到政治导向的效果。

积极发展红色旅游，寓思想道德教育于参观游览之中，将革命历史、革命传统和革命精神经过旅游传输给广大人民群众，有利于传播先进文化，提高人们的思想道德素质，增强爱国主义教育效果，给人们以知识的汲取、心灵的震撼、精神的激励和思想的启迪，从而使人们更加满怀信心地投入中国特色社会主义建设事业。

（三）发展红色旅游有利于带动革命老区经济社会协调发展

发展红色旅游是带动老区人民脱贫致富的有效举措，能够将历史、文化和资源优势转化为经济优势，推动经济结构调整，培育特色产业，促进生态建设和环境保护，带动商贸服务、交通电信、城乡建设等相关行业的发展，扩大就业，增加收入，为革命老区经济社会发展注入新的生机与活力。

红色旅游不再固守单一的发展模式，而是与其他旅游资源不断进行整合，成为促进老区经济发展的重要动力之一。红色旅游不仅在精神上造福广大旅游者，更是在实际物质上帮助老区人民摆脱经济发展困境，提高人民生活水平，为老区经济文化的发展增添新的动力。

（四）发展红色旅游有利于保护和利用革命历史文化遗产

革命历史文化遗产是中华民族宝贵的精神财富。遍布全国各地特别是革命老区的纪念馆、革命遗址、烈士陵园等爱国主义教育基地，是社会主义思想文化的重要阵地。发展红色旅游，对革命遗址等进行保护和修缮，把这些革命历史文化遗产保护好、管理好、利用好，对于建设和巩固社会主义思想文化阵地，大力发展先进文化，支持健康有益文化，努力改造落后文化，坚决抵制腐朽文化，具有重要而深远的意义。

（五）发展红色旅游有利于文化整合与传播

红色旅游与当地历史文化脉络整合，可以形成红色文化与区域文化、民族文化等历史传统资源的融合，展现历史文化发展的传承性和地域文化的独特性。红色旅游产品是中国革命进程的体现，其前赴后继、奋斗不止的精神也是中华传统精神的延续，深深打上了地域文化的烙印，丰富了红色旅游的文化内涵。

（六）发展红色旅游有利于培育发展旅游业新的增长点

全国红色旅游发展规划纲要实施以来，全国各地结合当地特色，确定各自的具体主题，组织开发红色旅游产品，将红色旅游资源与其他自然和人文旅游资源的开发有机结合，努力开发对旅游者更具吸引力的红色、绿色加古色的旅游精品线路。红色旅游作为中国特色旅游业的重要组成部分，对于满足旅游需求，促进旅游业发展，增强旅游业发展后劲，开拓更广阔的旅游消费市场，具有积极作用。红色旅游这种传承文明、振奋精神、增加阅历的旅游形式，正在旅游市场持续升温，逐步成为文旅融合的新焦点。

四、推进红色旅游高质量发展

（一）丰富红色旅游内涵

目前，我国国内的红色旅游景区普遍存在的现状是内容单一，对旅游者的吸引力不够，综合效益低，不能有效带动当地革命老区经济社会协调发展。要改变红色旅游景区的现状，就要丰富红色旅游的内涵，要在红色旅游资源开发建设过程中，深挖红色元素，丰富红色旅游内涵，融合当地历史、文化价值，突出当地红色文化特色，促进多元化旅游者类型的形成，提高红色旅游的综合效益，带动革命老区社会协同发展。

（二）红色旅游要更贴近生活

针对许多红色旅游产品缺少吸引力，项目内涵空乏，展陈方式单一，表现手段落后，不符合现代审美观念和旅游者消费取向的问题，发展红色旅游必须在保证思想性的前提下，贴近实际、贴近生活、贴近群众，融教育性、知识性、科学性、娱乐性于一体，从而真正达到寓教于游、以游促教的目的。

（三）树立红色旅游品牌

以品牌树立形象、以品牌开拓市场，是推动红色旅游健康快速发展的重要基础。一方面，应加大对基础设施、旅游服务设施、公共服务设施的建设，精心打造红色精品景区，完善红色旅游目的地产品体系，推出红色精品线路。另一方面，应充分利用媒体宣传、活动推广，如举办节庆活动、推出大型实景演出等多种方式，对红色旅游品牌进行宣传推广，运用红色文化元素，打造红色旅游商品，增强红色旅游的市场竞争力。

（四）实施"红色旅游＋"发展战略

旅游产业具有与其他产业融合的特性，红色旅游尤其需要走融合发展的道路。推进产业内融合，加强与绿色、古色等其他旅游资源融合，形成以红色为主导的多彩旅游产品；推进产业间融合，大力发展"红色旅游＋体育健身""红色旅游＋户外拓展""红色旅游＋文化教育"等新型旅游业态；推进景区间融合，以各自不同的特色，形成主题性、复合性线路，满足旅游者的多元需求。

（五）强化区域合作

积极开展跨区域、跨省的红色旅游的联合协作发展，将本区域内的红色旅游发展与全国红色旅游发展联系起来，做到整体的统筹规划，避免各地方红色旅游景区的雷同发展，突出区域红色旅游的特色，增强市场竞争力。

本章小结

全域旅游发展模式：龙头景区带动型、城市全域辐射型、全域景区发展型、特色资源驱动型、产业深度融合型。

智慧旅游发展趋势：引领世界旅游发展潮流、打造现代服务业科技典范、探索旅游管理创新平台、满足旅游体验个性需求。

低碳旅游的核心要素主要包括：低碳旅游交通模式、低碳旅游消费方式、低碳旅游吸引物、低碳旅游设施以及碳汇旅游体验环境。

思考与练习

1. 试述全域旅游的发展模式。
2. 试述全域旅游的发展理念。
3. 阐释智慧旅游的发展趋势。
4. 阐释低碳旅游的基本特征。

案例分析

武夷山生态旅游的可持续发展之路

一、武夷山生态旅游概况

武夷山市前身为崇安县，公元994年建县，1989年8月，国务院批准撤销崇安县，改设武夷山市，武夷山是福建省唯一以名山命名的新兴旅游城市，是世界文化与自然双重遗产，素有“奇秀甲东南”之美称。武夷山拥有丰富的旅游资源，冬暖夏凉的宜人气候，浓郁的朱子理学文化，是旅游者旅游观光、休闲度假的理想胜地。武夷山依托资源优势，从旅游发展的全局出发，提出旅游顶层规划设计理念，科学编制《武夷山旅游发展总体规划》《武夷山国家旅游度假区总体规划》《武夷山国家风景名胜区控制性详细规划》《生态旅游示范区建设规划》，明确提出“生态立市”“保护生态就是保护生命力，建设生态就是发展生产力”的发展战略，坚持“生态一张蓝图绘到底”的发展理念，相继出台了加快旅游产业发展、加强生态旅游资源保护建设、加强公路沿线美丽乡村建设和村庄及村庄住房建设管理的规范和办法。

二、武夷山生态功能区依托型全域旅游发展

首先，武夷山将旅游、林业、国土、水利、规划等部门进行联动，全面整合全市旅游资源，为全面发展全域旅游而对全市重点旅游资源区进行红线划定，将全市旅游资源分为核心区、控制区和保护区三类进行合理保护和开发。其次，武夷山保护当地资源的原生态，进一步规范河道采砂、开山采石、捕杀野生动物等行为，有效杜绝了圈占资源、破坏生态环境等现象的出现。通过以上一系列强有力的工作措施，武夷山开创了独具特色的生态建设之路，逐步形成山区森林化，市区、度假区园林化，“三边”林荫化，院落花园化的生态格局，为全域旅游发展提供了方便。

(一)打造生态全域旅游新名片

党的十八大报告首次提出“美丽中国”这一概念，把生态文明建设摆在总体布局的重要位置。武夷山市委、市政府顺势提出“既要金山银山，更要绿水青山”的生态旅游发展理念，将旅游业与农业和林业融合发展，积极发展“旅农林”生态旅游产业链，开发特色农产品，发展生态功能区依托型全域旅游。同时，将生态旅游的发展优势与当地特色乡土风情整合起来，将武夷山国家旅游度假区连同云河漂流、印象大红袍、武夷水秀、紫阳古城、崇阳古城、极地海洋公园、澳洲酒庄、壹街等一批旅游商贸项目，一同列入武夷山民俗文化旅游板块的核心支撑项目。

(二)整合生态资源的聚集优势发展全域旅游

武夷山近年来一手倾力打造绿色山水名片，一手狠抓旅游项目建设和品牌创建。2014年，武夷山动工6个建设项目，既有旅游综合体项目，也有迎高铁旅游服务设施以及建设拆迁安置小区项目。其中旅游项目3个，分别为太古奥特莱斯风情街、神秘地球村、武夷山下梅文化旅游综合开发项目。

（三）全域旅游促进农民就业创业

生态旅游的发展与当地社区建设互相推进，调动生态旅游区居民参与积极性。在九曲溪的保护规划中，武夷山市政府将九曲溪上游的两个采育场划入景区统一管理，使伐木工转变为护林员，并拨出专款补助给所在区域的村委会，同时加强对上游区域的卫生管理，帮助村民建立垃圾池，配备卫生管理员和清洁工对村容村貌进行整治和维护。在建设全域旅游项目中，优先雇佣当地农村劳动力，有计划、有目的地扶持和引导村民从事旅游业，使农村劳动力逐步从传统农业向旅游生态农业、旅游产品加工业和旅游第三产业转移。这些做法既调动了村民参与保护区的建设与保护工作的积极性，又增强了村民保护意识，达到了既发展生态旅游，又促进当地社区建设和经济的发展的目的。在温州打工的村民，看到创业园发展前景良好，2013 年年初返乡共商创业大计，集资 600 万元，申请注册了武夷山梦松蔬菜农民专业合作社，一年内已吸引 300 多户农民入股，出产的生态果蔬供不应求，生意越做越大。

（资料来源：根据相关资料整理。）

问题：

1. 总结武夷山生态功能区依托型全域旅游发展的特征。
2. 武夷山全域旅游发展模式对其他地区是否有借鉴意义？是否可以推广？

References 参考文献

[1] Mattila A S, Mount D J. The impact of selected customer characteristics and response time on E-complaint satisfaction and return intent [J]. International Journal of Hospitality Management, 2003(2).

[2] Buhalis D. Strategic use of information technologies in the tourism industry [J]. Tourism Management, 1998(5).

[3] Anderson L F ,Littrell M A. Souvenir-purchase behavior of women tourists[J]. Annals of Tourism Research, 1995(2).

[4] Cohen J H. Textile, tourism and community development [J]. Annals of Tourism Research, 2001(2).

[5] Heung V C S, Qu H. Tourism shopping and its contributions to Hong Kong [J]. Tourism Management, 1998(4).

[6] Dellaert B, Borgers A, Timmermans H. A day in the city: Using conjoint choice experiments to model urban tourists' choice of activity packages [J]. Tourism Management, 1995(5).

[7] Timothy D J. Political boundaries and tourism: borders as tourist attractions [J]. Tourism Management, 1995(7).

[8] Snepenger D J, Murphy L, O'Connell R, et al. Tourists and residents use of a shopping space [J]. Annals of Tourism Research, 2003(3).

[9] Gartner W C. Rural tourism development in the USA [J]. International Journal of Tourism Research, 2004(3).

[10] Sharpley R, Roberts L. Rural tourism —10 years on [J]. International Journal of Tourism Research, 2004(3).

[11] Ko D W, Park S H. Articles: Five aspects of tourism image-A Review [J]. International Journal of Tourism Sciences, 2000(1).

[12] Akroush M N, Jraisat L E, Kurdieh D J, et al. Tourism service quality and destination loyalty-the mediating role of destination image from international tourists' perspectives[J]. Tourism Review, 2016(1).

[13] Ingram H, Grieve D. Exploring the nature and effects of perception and image in

hospitality and tourism[J]. Worldwide Hospitality and Tourism Themes,2013(1).

[14] Russo A P. The "vicious circle" of tourism development in heritage cities [J]. Annals of Tourism Research,2002(1).

[15] Wu R, Zhang M. Research on the tourism effect and marketing strategy of convention & exposition industry:A case study of Shenzhen city of China[J]. Journal of Service Science and Management,2013(2).

[16] Min C K,Roh T S,Bak S. Growth effects of leisure tourism and the level of economic development[J]. Applied Economics,2016(1).

[17] Duvail S, Hamerlynck O. Mitigation of negative ecological and socio-economic impacts of the Diama dam on the Senegal River Delta wetland(Mauritania),using a model based decision support system[J]. Hydrology and Earth System Sciences,2003(1).

[18] Gutiérrez L R. The environmental effects of tourism architecture on island ecosystem in Cayo Guillermo,Cuba[J]. Journal of Environmental Protection,2015(9).

[19] 李莉. 春秋战国旅游活动的历史文化考察[D]. 西安:陕西师范大学,2013.

[20] 吴必虎. 旅游系统:对旅游活动与旅游科学的一种解释[J]. 旅游学刊,1998(1).

[21] 彭佳姝. 户外旅游活动游客需求特征及其运作模式研究[D]. 南京:南京师范大学,2012.

[22] 陈兴中,郑柳青. 旅游活动"六要素"新论——以德国与四川比较为案例[J]. 人文地理,2007(5).

[23] 唐红艳. 旅游活动中的认知与审美[D]. 呼和浩特:内蒙古师范大学,2013.

[24] 程遂营. 基于旅游活动背景的我国现行休假制度刍议[J]. 人文地理,2006(5).

[25] 王德刚. 聚会与宴飨——人类旅游活动起源新探[J]. 旅游科学,2015(1).

[26] 陈愉秉. 从西方经济史看旅游起源若干问题[J]. 旅游学刊,2000(1).

[27] 李天元. 旅游学概论[M]. 5 版. 天津:南开大学出版社,2003.

[28] 陶汉军. 新编旅游学概论[M]. 北京:旅游教育出版社,2001.

[29] 白翠玲. 旅游学概论[M]. 杭州:浙江大学出版社,2013.

[30] 王大悟,魏小安. 新编旅游经济学(修订本)[M]. 上海:上海人民出版社,2000.

[31] 王德刚. 旅游学概论[M]. 3 版. 北京:清华大学出版社,2012.

[32] 张陆,徐刚,夏文汇. 旅游产业内部的行业层次结构问题研究——兼论旅游产业和旅游业的内涵及外延[J]. 重庆工学院学报,2001(6).

[33] 韩春鲜,马耀峰. 旅游业、旅游业产品及旅游产品的概念阐释[J]. 旅游论坛,2008(4).

[34] 石美玉. 关于旅游购物研究的理论思考[J]. 旅游学刊,2004(1).

[35] 俞金国,王丽华. 国内外旅游购物研究进展[J]. 人文地理,2007(1).

[36] 王瑜. 旅游餐饮文化资源的开发[J]. 西南民族大学学报(自然科学版),2003(4).

[37] 卢小丽,武春友,于海峰. 基于可持续发展的生态旅游餐饮产品的设计[J]. 中国人口·资源与环境,2004(1).

[38] 苗学玲. 旅游商品概念性定义与旅游纪念品的地方特色[J]. 旅游学刊,2004(1).

[39] 梁学成,郝索.对国内旅游者的旅游商品需求差异性研究——以西安市旅游商品市场为例[J].旅游学刊,2005(4).
[40] 李蕾蕾.旅游地形象策划:理论与实务[M].广州:广东旅游出版社,1999.
[41] 乌铁红.国内旅游形象研究述评[J].内蒙古大学学报(人文社会科学版),2006(2).
[42] 黄河.城市旅游形象策划实践应用效果不佳的原因探析[J].生产力研究,2009(14).
[43] 张宪荣.现代设计辞典[M].北京:北京理工大学出版社,1998.
[44] 谢苏.旅游公共关系[M].武汉:华中师范大学出版社,2006.
[45] 陆林,章锦河.旅游形象设计[M].合肥:安徽教育出版社,2002.
[46] 朱竑,韩亚林,陈晓亮.藏族歌曲对西藏旅游地形象感知的影响[J].地理学报,2010(8).
[47] 凌善金.旅游地形象设计学[M].北京:北京大学出版社,2012.
[48] 李玉华,仝红星.旅游学概论[M].北京:北京大学出版社,2013.
[49] 马勇,周霄.旅游学概论[M].北京:旅游教育出版社,2004.
[50] 厉新建,张辉.旅游经济学原理[M].2 版.北京:旅游教育出版社,2008.
[51] 张立明,敖荣军.旅游学概论[M].武汉:武汉大学出版社,2003.
[52] 李云霞,李洁,董立昆,等.旅游学概论——理论与案例[M].北京:高等教育出版社,2008.
[53] 文首文,徐洁华.游客教育的概念、体系与意义刍议[J].中南林业科技大学学报(社会科学版),2009(1).
[54] 杨桂华,陶犁.旅游资源学[M].昆明:云南大学出版社,1999.
[55] 吴必虎.区域旅游规划原理[M].北京:中国旅游出版社,2001.
[56] 李天元.中国旅游可持续发展研究[M].天津:南开大学出版社,2004.
[57] 杨桂华,钟林生,明庆忠.生态旅游[M].北京:高等教育出版社,2000.
[58] 章小平,任啸.世界遗产旅游可持续发展研究——以九寨沟为例[M].成都:西南财经大学出版社,2009.
[59] 高峻,刘世栋.可持续旅游与环境管理:理论·案例[M].天津:南开大学出版社,2009.
[60] 马勇,李玺.旅游规划与开发[M].3 版.北京:高等教育出版社,2012.
[61] 谢彦君.基础旅游学[M].3 版.北京:中国旅游出版社,2011.
[62] 王纪忠.旅游市场营销[M].北京:中国财政经济出版社,2008.
[63] 赵志霞,于英丽.旅游市场营销[M].北京:中国轻工业出版社,2014.
[64] 周宏桥.就这么做产品[M].2 版.北京:机械工业出版社,2011.
[65] 厉新建,张凌云,崔莉.全域旅游:建设世界一流旅游目的地的理念创新——以北京为例[J].人文地理,2013(3).
[66] 樊文斌."全域旅游"视角下大连旅游专项规划探析[J].规划师,2015(2).
[67] 付云.全域旅游视角下长沙沙坪小镇新型城镇化建设研究[D].长沙:中南林业科技大学,2014.
[68] 曾祥辉,郑耀星.全域旅游视角下永定县旅游发展探讨[J].福建农林大学学报(哲学社会科学版),2015(1).
[69] 石培华.如何认识与理解"全域旅游"[J].西部大开发,2016(11).

[70] 李红.全域旅游视阈下县域旅游发展探究——以安徽省霍山县为例[J].泰州职业技术学院学报,2016(1).
[71] 吕俊芳.城乡统筹视阈下中国全域旅游发展范式研究[J].河南科学,2014(1).
[72] 刘军林,范云峰.智慧旅游的构成、价值与发展趋势[J].重庆社会科学,2011(10).
[73] 张凌云,黎巎,刘敏.智慧旅游的基本概念与理论体系[J].旅游学刊,2012(5).
[74] 徐波林,李东和,钱亚林,等.智慧旅游:一种新的旅游发展趋势——基于现有研究成果的综述[J].资源开发与市场,2013(7).
[75] 邬贺铨,刘健,戴荣利,等.信息化与城市建设和管理[J].信息化建设,2010(6).
[76] 李德仁,龚健雅,邵振峰.从数字地球到智慧地球[J].武汉大学学报(信息科学版),2010(2).
[77] 庄贵阳.低碳经济:气候变化背景下中国的发展之路[M].北京:气象出版社,2007.
[78] 张坤民,潘家华,崔大鹏.低碳经济论[M].北京:中国环境科学出版社,2008.
[79] 王谋.低碳旅游概念辨识及其实现途径[J].中国人口·资源与环境,2012(8).
[80] 蔡萌.低碳旅游的理论与实践[D].上海:华东师范大学,2012.
[81] 李萌,何春萍.游客不文明旅游行为初探[J].北京第二外国语学院学报,2002(1).
[82] 伍延基.文明旅游与旅游文明:提升国际旅游竞争力的软实力[J].旅游学刊,2009(9).
[83] 刘住.旅游学教程[M].大连:东北财经大学出版社,2007.
[84] 王雨慈.我国旅游者不文明旅游行为的原因及对策研究[J].城市地理,2015(8).
[85] 齐善鸿,焦彦,杨钟红.我国出境旅游者不文明行为改变的策略研究[J].人文地理,2009(5).
[86] 昌晶亮,余洪.旅游法对游客不文明行为全方位制约探讨[J].求索,2013(12).
[87] 郭鲁芳,李如友.国人不文明旅游行为的治本之道[J].旅游学刊,2016(7).

学生自主学习材料目录

一、课外拓展推荐阅读文献及网站

(一)课外拓展推荐阅读文献

[1] 查尔斯·R.戈尔德耐,J.R.布伦特·里奇,罗伯特·W.麦金托什.旅游业教程[M].8版.大连:大连理工大学出版社,2003.

[2] 伦纳德·J.利克里什,卡森·L.詹金斯.旅游学通论[M].北京:中国旅游出版社,2002.

[3] 威廉·瑟厄波德.全球旅游新论[M].张广瑞,等,译.北京:中国旅游出版社,2001.

[4] 维克多·密德尔敦.旅游营销学[M].白萍,等,译.北京:中国旅游出版社,2003.

[5] 尼尔·沃恩.饭店营销学[M].程尽能,等,译.北京:中国旅游出版社,2001.

[6] 鲍勃·麦克切尔,希拉里·迪克罗斯.文化旅游与文化遗产管理[M].朱路平,译.天津:南开大学出版社,2006.

[7] 约翰·斯沃布鲁克.景点开发与管理[M].张文,等,译.北京:中国旅游出版社,2001.

[8] 科恩.旅游社会学纵论[M].巫宁,马聪玲,陈立平,译.天津:南开大学出版社,2007.

[9] 亚德里恩·布尔.旅游经济学[M].龙江智,译.大连:东北财经大学出版社,2004.

[10] 亚伯拉罕·匹赞姆,优尔·曼斯菲尔德.旅游消费者行为研究[M].舒伯阳,冯玮,译.大连:东北财经大学出版社,2005.

[11] 爱德华·因斯克谱.旅游规划:一种综合性的可持续的开发方法[M].张凌云,译.北京:旅游教育出版社,2004.

[12] 瓦拉瑞尔·A.泽丝曼尔,玛丽·乔·比特纳,德韦恩·D.格兰姆勒.服务营销(原书第5版)[M].张金成,白长虹,译.北京:机械工业出版社,2012.

[13] 菲利普·科特勒,约翰·T.保文,詹姆斯·C.迈肯斯.旅游市场营销[M].4版.谢彦君,译.大连:东北财经大学出版社,2011.

[14] 丹尼逊·纳什.旅游人类学[M].宗晓莲,译.昆明:云南大学出版社,2004.

[15] 罗伯特·朗卡尔.旅游及旅行社会学[M].蔡若明,译.北京:旅游教育出版社,1989.

[16] 迈克尔·奥尔森,约瑟夫·威斯特.饭店与旅游服务业战略管理[M].徐虹,王妙,译.天津:南开大学出版社,2004.

[17] 王恩涌,赵荣,张小林,等.人文地理学[M].北京:高等教育出版社,2000.

[18] 谢彦君.基础旅游学[M].2 版.北京:中国旅游出版社,2004.
[19] 谢彦君.旅游体验研究:一种现象学的视角[M].天津:南开大学出版社,2005.
[20] 李天元.中国旅游可持续发展研究[M].天津:南开大学出版社,2004.
[21] 黄安民.休闲与旅游学概论[M].北京:机械工业出版社,2007.
[22] 魏小安,沈彦蓉.中国旅游饭店业的竞争与发展[M].广州:广东旅游出版社,1999.
[23] 吴必虎.区域旅游规划原理 [M].北京:中国旅游出版社,2001.
[24] 谢贵安,华国梁.旅游文化学[M].北京:高等教育出版社,1999.
[25] 彭兆荣.旅游人类学[M].北京:民族出版社,2004.
[26] 邱扶东.民俗旅游学[M].上海:立信会计出版社,2006.
[27] 戴斌,杜江.旅行社管理[M].2 版.北京:高等教育出版社,2002.
[28] 夏林根.国际化进程中的中国旅游业[M].上海:上海三联书店,2006.
[29] 杜江.旅行社经营与管理[M].天津:南开大学出版社,2001.
[30] 保继刚,楚义芳.旅游地理学[M].3 版.北京:高等教育出版社,2012.
[31] 马波.现代旅游文化学[M].4 版.青岛:青岛出版社,2010.
[32] 王柯平.旅游美学新编[M].北京:旅游教育出版社,2000.
[33] 杨慧,陈志明,张展鸿.旅游、人类学与中国社会[M].昆明:云南大学出版社,2001.
[34] 张广瑞,魏小安,刘德谦,等.2003～2005 年中国旅游发展:分析与预测[M].北京:社会科学文献出版社,2005.

[35] 陈才.区域经济地理学[M].北京:科学出版社,2001.
[36] 李蕾蕾.旅游地形象策划:理论与实务[M].广州:广东旅游出版社,1999.
[37] 马钧,毛瑛.投资项目决策[M].北京:中国经济出版社,1997.
[38] 马勇,李玺.旅游规划与开发[M].3 版.北京:高等教育出版社,2002.
[39] 马勇,王春雷.旅游市场营销管理[M].广州:广东旅游出版社,2002.
[40] 马勇,周霄.WTO 与中国旅游产业发展新论[M].北京:科学出版社,2003.
[41] 马勇,周霄.旅游学概论[M].2 版.北京:旅游教育出版社,2008.
[42] 肖星,严江平.旅游资源与开发[M].北京:中国旅游出版社,2002.

(二)主要网站

1. 中华人民共和国文化和旅游部, http://www.mct.gov.cn/.
2. 中国旅游协会, http://www.chinata.com.cn/.

二、"旅游学概论"课程各部分学生自主学习目录

(一)基础理论与相关概念

1. 什么是旅游?("艾斯特"定义)
2. 试析现代旅游活动的性质。
3. 总结现代旅游的特点并指出认识这些特点的意义。
4. 衡量旅游发展状况的常用指标有哪些?
5. 分析旅游季节性的成因。
6. 奖励旅游市场何以迅速扩大?
7. 为什么说人类的迁移活动不属于旅游活动?

8. 人类最初的旅行需要是如何产生的?
9. 近代以前的旅行发展有哪些特点?
10. 试析产业革命对近代旅游发展的影响。
11. 为什么人们将托马斯·库克尊为近代旅游业的先驱?
(二)旅游活动的构成
1. 旅游业的概念是什么?
2. 旅游业是由什么构成的?
3. 旅游业的性质包括哪些方面?
4. 旅游业的基本特点包括哪些方面?
5. 简述旅游动机的基本类型。
6. 影响人们旅游动机的主要因素有哪些? 如何起作用?
7. 试析不同类型旅游者群体的需求特点。
8. 旅游者和旅行者的区别有哪些?
9. 请问是否同意将旅游动机概括为“追求心理回报和逃避日常环境”?
10. 国内的旅行社分为哪几种类别?
11. 旅行社的作用体现在哪些方面?
12. 饭店在旅游目的地的社会经济中起到哪些作用?
13. 旅游交通在旅游业的发展中起到什么样的作用?
14. 旅游景点的定义是什么? 它可以分为哪些类别?
15. 旅游产品的定义是什么? 它有哪些特点?
(三)旅游影响研究
1. 为什么要对旅游市场进行细分?
2. 简述划分旅游市场的常用标准。
3. 简述国际旅游客流的基本规律。
4. 简述我国旅游业海外客源市场的基本现状。
5. 请问进行旅游市场细分的意义是什么?
6. 试归纳旅游对目的地经济的有利影响和不利影响。
7. 可持续旅游的基本内容涉及哪些方面?
8. 试归纳旅游对目的地社会文化的影响。
9. 旅游对目的地环境的影响包括哪些方面?
10. 旅游的发展如何促进目的地经济的发展? 其主要理论依据是什么?
11. 简述我国旅游行业组织的现状。
12. 简述政府干预旅游发展的必要性。
13. 国家旅游组织的基本职能包括哪些方面?
14. 政府干预旅游发展的主要手段有哪些?
15. 国际旅游组织分为哪些类别?
16. 旅游发展模式主要有哪几个?
17. 试析国际和国内旅游发展趋势。

教学支持说明

普通高等学校“十四五”规划旅游管理类精品教材系华中科技大学出版社“十四五”规划重点教材。

为了改善教学效果，提高教材的使用效率，满足高校授课教师的教学需求，本套教材备有与纸质教材配套的教学课件（PPT 电子教案）和拓展资源（案例库、习题库视频等）。

为保证本教学课件及相关教学资料仅为教材使用者所得，我们将向使用本套教材的高校授课教师免费赠送教学课件或者相关教学资料，烦请授课教师通过电话、邮件或加入旅游专家俱乐部 QQ 群等方式与我们联系，获取“电子资源申请表”文档并认真准确填写后发给我们，我们的联系方式如下：

地址：湖北省武汉市东湖新技术开发区华工科技园华工园六路

邮编：430223

电话：027-81321911

传真：027-81321917

E-mail：lyzjjlb@163.com

旅游专家俱乐部 QQ 群号：758712998

旅游专家俱乐部 QQ 群二维码：

群名称:旅游专家俱乐部5群
群　号:758712998

華中科技大學出版社
http://press.hust.edu.cn

电子资源申请表

填表时间:________年____月____日

<table>
<tr><td colspan="10">1. 以下内容请教师按实际情况写,★为必填项。
2. 相关内容可以酌情调整提交。</td></tr>
<tr><td rowspan="2">★姓名</td><td rowspan="2"></td><td rowspan="2">★性别</td><td rowspan="2">□男 □女</td><td rowspan="2">出生
年月</td><td rowspan="2"></td><td>★ 职务</td><td colspan="3"></td></tr>
<tr><td>★ 职称</td><td colspan="3">□教授 □副教授
□讲师 □助教</td></tr>
<tr><td>★学校</td><td colspan="3"></td><td>★院/系</td><td colspan="5"></td></tr>
<tr><td>★教研室</td><td colspan="3"></td><td>★专业</td><td colspan="3"></td><td colspan="2"></td></tr>
<tr><td>★办公电话</td><td colspan="2"></td><td>家庭电话</td><td colspan="2"></td><td>★移动电话</td><td colspan="3"></td></tr>
<tr><td>★E-mail
(请填写清晰)</td><td colspan="5"></td><td>★QQ 号/微信号</td><td colspan="3"></td></tr>
<tr><td>★联系地址</td><td colspan="5"></td><td>★邮编</td><td colspan="3"></td></tr>
<tr><td colspan="2">★现在主授课程情况</td><td>学生人数</td><td colspan="2">教材所属出版社</td><td colspan="5">教材满意度</td></tr>
<tr><td>课程一</td><td></td><td></td><td colspan="2"></td><td colspan="5">□满意 □一般 □不满意</td></tr>
<tr><td>课程二</td><td></td><td></td><td colspan="2"></td><td colspan="5">□满意 □一般 □不满意</td></tr>
<tr><td>课程三</td><td></td><td></td><td colspan="2"></td><td colspan="5">□满意 □一般 □不满意</td></tr>
<tr><td>其　他</td><td></td><td></td><td colspan="2"></td><td colspan="5">□满意 □一般 □不满意</td></tr>
<tr><td colspan="10">教 材 出 版 信 息</td></tr>
<tr><td>方向一</td><td></td><td colspan="8">□准备写 □写作中 □已成稿 □已出版待修订 □有讲义</td></tr>
<tr><td>方向二</td><td></td><td colspan="8">□准备写 □写作中 □已成稿 □已出版待修订 □有讲义</td></tr>
<tr><td>方向三</td><td></td><td colspan="8">□准备写 □写作中 □已成稿 □已出版待修订 □有讲义</td></tr>
<tr><td colspan="10">请教师认真填写表格下列内容,提供索取课件配套教材的相关信息,我社根据每位教师填表信息的完整性、授课情况与索取课件的相关性,以及教材使用的情况赠送教材的配套课件及相关教学资源。</td></tr>
<tr><td>ISBN(书号)</td><td colspan="2">书名</td><td colspan="2">作者</td><td colspan="3">索取课件简要说明</td><td colspan="2">学生人数
(如选作教材)</td></tr>
<tr><td></td><td colspan="2"></td><td colspan="2"></td><td colspan="3">□教学 □参考</td><td colspan="2"></td></tr>
<tr><td></td><td colspan="2"></td><td colspan="2"></td><td colspan="3">□教学 □参考</td><td colspan="2"></td></tr>
<tr><td colspan="10">★您对与课件配套的纸质教材的意见和建议,希望提供哪些配套教学资源:</td></tr>
</table>